民国四大家族全传系列

蒋氏家族

全传

陈廷一 著

中国青年出版社

（京）新登字 083 号

图书在版编目（CIP）数据

蒋氏家族全传/陈廷一著. —北京：中国青年出版社，2013.5
（民国四大家族全传系列）
ISBN 978-7-5153-1554-6

Ⅰ.①蒋… Ⅱ.①陈… Ⅲ.①蒋介石（1887~1975）—家族—史料
Ⅳ.①K820.9

中国版本图书馆 CIP 数据核字（2013）第 070506 号

策　　划：王　瑞
责任编辑：王　瑞　王钦仁
装帧设计：瞿中华

出版发行：中国青年出版社
社　　址：北京东四 12 条 21 号
邮　　编：100708
网　　址：www.cyp.com.cn
编辑电话：010-57350507
门市电话：010-57350370
印　　刷：三河市世纪兴源印刷有限公司
经　　销：新华书店

开　　本：675×975　1/16
印　　张：31.25
插　　页：2
字　　数：477 千字
版　　次：2013 年 5 月北京第 1 版
印　　次：2013 年 8 月河北第 2 次印刷
印　　数：5001-8000 册
定　　价：49.00 元

本图书如有印装质量问题,请凭购书发票与质检部联系调换
联系电话:010-57350337

序　言

　　陈廷一先生的《民国四大家族全传》，洋洋近二百万字，即将由中国青年出版社出版，作为老朋友，我首先表示祝贺。应当说这也是中国传记文学界的一大喜事、盛事。中国传记文学，经过党的十一届三中全会后30多年的发展、繁荣，很多作家的创作已经是硕果累累。陈廷一先生辛勤耕耘，更是著作等身。

　　陈廷一是中国传记文学学会的资深会员，早在上世纪八十年代初，他就完成《许世友传奇》三部曲创作，由中国青年出版社出版，在北京人民大会堂召开作品讨论会，轰动当时文坛。与会著名作家刘白羽、魏巍、王愿坚均对此书给予了很高的评价，并预示传记文学的春天即将到来。陈廷一先生传记创作也从此扬帆起步，疾飞奋蹄。

　　陈廷一先生慧眼独具，选材新颖。倘若说他的《许世友传奇》是在"活人不能立传"期完成，接下来他又在海峡两岸的"冰冻期"，适时拿出了一部记述风华绝代的宋美龄的传记，更引起了大陆同胞极大的阅读兴趣。此书像《许世友传奇》一样，先声夺人，畅销大江南北，发行百万，一版再版，成为领衔中国传记文学的畅销书，并创造了中国图书发行史上的奇迹。

　　《宋美龄传》写作的成功，给了陈先生更多的自信。同时，作者的名字也引起了出版界和广大读者的关注。上世纪九十年代初，他作为传记文学的畅销书作家，被全国最大的城市出版社——青岛出版社看好并买断，签订了十年的写作合同。值得一提的是，陈先生是中国出版界深化出版改革后，第一批被出版社买断的作家。应该说这十年开启了陈廷一先生传记文学创作的"黄金期"。军人出身的陈廷一先生非常珍惜这一机会，拿出了军人雷厉风行的作风，牺牲十年中所有的星期天、节假日，几乎以每年一部新作的速度，先后推出了《宋庆龄全传》《宋霭龄全传》《孙中山大传》《蒋介石传》《孔祥熙传》《宋子文传》《宋查理传》《陈氏兄弟》《张氏父子》，为青岛出版社带来了社会经济双效益，成为该社的一块金字招牌。

进入 21 世纪以来的十年，则是陈廷一创作的"钻石期"。陈先生的创作视野更为开阔，集中力量完成了《民国四大家族全传》这一宏大巨著。这也是了不起的成就。

应该说，讲共和国的历史，不讲民国的历史不行；讲社会主义的优越性，不讲民国的黑暗、腐败不行；讲中华民国的历史，绕不开以蒋介石为首的"四大家族"的历史。有言道："蒋家天下陈家党，宋氏姐妹孔家财。"这是对民国历史最生动的诠释。

"四大家族"无疑是中华民国之谜。

"四大家族"的致富秘笈是以权谋钱，银行变私有，国产变家产。

"四大家族"的最大背叛是对孙中山的联俄、联共、扶助工农的背叛。

中华民国后来作为一个衰败落英的王朝，时间虽过去大半个世纪，但世人对它的兴趣仍然未减。应该说它的初创，颠覆封建专制的大清王朝，可歌可泣，可圈可点，可后来的蒋中正背叛孙中山，国将不国，山河破碎。研究中华民国之落英，不能不研究"四大家族"及其悲喜人生。

为对历史和读者负责，陈廷一先生多年潜心研究钩沉，采用最新史料和观点，多元呈现，解密释惑，融史料、故事、轶闻于一体，增加可读性、启迪性和真实性。剖析家族隐私，解读民国命运，史料全面权威，观点精辟深刻。相信这部巨著，会吸引人们的眼球，引起史学家的注意。

陈先生文风动人，笔功扎实，行文自然流畅，我想他吸引世人注目、成为畅销书大家的奥秘大概就在于此。

以上仅是我对陈先生和其书的印象，聊作他的《民国四大家族全传》的序言，也是对他的祝贺。

于友先

二〇一二年秋月

目　录

引　言

| 魂断孤岛，魄牵故乡

公元 1975 年 4 月 5 日深夜 23 时 50 分。

这是一个传统的节日——中国古老的清明节，又称鬼节。

一颗流星在冥冥长空中，画了个休止符，坠落天际……

蒋中正，字介石，浙江奉化人，终于走完了他该走的路，享年 88 岁，身着长袍马褂，覆盖着青天白日旗，入殓灵榇，安厝于台北之南的桃园县慈湖行馆正厅。这是蒋介石生前选中的地方，因为这里的风光秀丽，酷似浙江的老家奉化。早在上世纪 60 年代，蒋介石就在此修建了一座四合院落的行宫，暂厝于此的目的，是为了"以待来日光复大陆，再奉安于南京紫金山"。

大限将至，蒋介石是有预感的。

早在他 87 岁生日那天，他同意当局为他"冲喜"。

在一片"万寿无疆"的祈祷声中，放飞巨型气球到大陆，似雪花般地投放了无数张有关蒋"总统"身体安康的照片。

冲喜归冲喜。生日过后，台湾流行感冒，蒋介石首当其冲。

一天，他突发高烧，曾发过炎的左肺叶上部及右肺叶下部开始感染，当即服用大剂量抗生素治疗，三个星期后无明显疗效。12 月 27 日，前列腺炎复发和膀胱内出血，心跳急剧加速，心律极为失常，当即进行输血抢救。虽说病情一时有所稳定，但体力开始不支。1975 年 1 月 9 日，并发症发生，心跳突然减慢，医疗小组认为病人因心肌缺氧，已出现严重病变，特别是极易在医护人员无法发现的情况下于睡眠中死亡。蒋经国也觉得父亲此次病情非同以往，故分外关心，每日至少探视三次，每次父亲都抓住儿子的手久久不放。蒋介石还把最后一件墨宝、病中手书的"以国家兴亡为己任,置个人死生于度外"送给了蒋经国。

3月29日。

蒋介石已预感死期将至,便口授遗嘱,由国民党中央委员会副秘书长秦孝仪笔录。后由宋美龄、严家淦、蒋经国、倪文亚、田镛、杨亮功、余俊贤等人签字。

遗嘱全文如下:

> 余自束发以来,即追随总理革命,无时不以耶稣基督与总理信徒自居,无日不为扫除三民主义之障碍,建设民主宪政之国家,艰苦奋斗。近二十余年来,自由基地日益精实壮大,并不断对大陆共产邪恶,展开政治作战。反共复国大业,方期日新月盛,全国军民、全党同志,绝不可因余之不起,而怀忧丧志!务望一致精诚团结,服膺本党与政府领导,奉主义为无形之总理,以复国为共同之目标,而中正之精神自必与我同志、同胞长期左右。实践三民主义,光复大陆国土,复兴民族文化,坚守民主阵容,为余毕生之志事,实亦即海内外军民同胞一致的革命职志与战斗决心。唯愿愈益坚此百忍,奋励自强,非达成国民革命之责任,绝不中止!矢勤矢勇,毋怠勿忽。中华民国六十四年三月二十九日秦孝仪承命受记。

4月5日,大限那天,夕阳的余晖,通过窗口照在"荣总"医院的急救室。蒋介石面色如土,心跳微弱,死神一步步地向他逼近。医生护士进行了全力以赴的抢救。

蒋经国是这样回忆的:

> 早晨向父亲请安之时,父亲已起身坐于轮椅,见儿至,父亲面带笑容,儿心甚安。因儿已久未见父亲笑容,父亲并问及清明节以及张伯苓先生百岁诞辰之事。当儿辞退时,父嘱曰:"你应好好多休息。"儿聆听此言心中忽然有说不出的感触。谁知这就是对儿之最后叮

咛。余竟日有不安之感。傍晚再探父病情形,似无变化,在睡眠中心脏微弱,开始停止呼吸,经数小时之急救无效。

当蒋经国赶到医院时,蒋介石已处于昏迷状态。医生见人工呼吸无效,改用药物和电极直接注击心脏,心脏正常后不过几分钟,再度停止跳动。此时,在场的还有宋美龄、蒋经国、蒋纬国、蒋孝武、蒋孝勇等。

蒋介石似乎是有预感,所以他在生前的最后一句话,是感谢医生的治疗。他说:"非常谢谢你!"

接到通知后匆匆赶来的"副总统"严家淦和"五院"院长们,与宋美龄一起在蒋介石的遗嘱上签字。其中蒋经国签字时"双手发抖,已不成书"。2小时又10分钟后,"行政院"发布了由主治医师签字的医疗报告和蒋介石的遗嘱。

一生轰轰烈烈的人终于停止了轰轰烈烈。

一生争权夺利的人终于死在了权利场上。

一生争强好胜的人终于闭上了眼睛。

蒋介石的故乡情,跃然遗嘱之中,就是念念不忘反攻大陆,反攻大陆要年年讲、月月讲、日日讲,就是在他临终前的几个小时还在讲。

有位哲学家形象地讲,中国的近代史乃是两个强人的争斗史,一方是蒋介石,一方是毛泽东。胜者为王,败者为寇。是毛泽东最终把蒋介石赶到了孤岛。反攻反攻,至死没有成功,这不能不说是蒋介石的最终悲剧,也是他人生最大的遗憾。

然而历史又是这样的巧合,蒋介石去世的第二年,笑到最后的毛泽东也与世长辞。不管蒋介石承认不承认,或者服气不服气,历史却是无情的。

有人说,老鼠怕猫,老蒋一生最怕两个人:一是毛泽东,二是日本人。

蒋介石一生可说是苦斗不休,他曾击败了无数政治对手,可他在毛泽东面前却束手无策。江西时期,蒋介石调动几十万军队"围剿"毛泽东的星火军队,却连续三次被毛泽东轻而易举地"破阵",从鼻子下溜之大吉。第五次"围剿",好不容易得手,可遵义会议毛泽东重掌兵权后,三下五除二就跳出了危机的圈子,令蒋介石望(金沙)江兴叹。

蒋介石惧怕日本人主要是怕与日本人打仗。蒋介石1927年上台以后,遇到的第一个打中国人的老外就是法西斯日本鬼子。蒋介石对日本鬼子望而生畏。再加上他自己策略的失误,所以1931年日本在中国东北发动九一八事变时,仅用了1.5万鬼子兵就把蒋介石的30万军队打进关内。继之,蒋介石除了丢河山就是签卖国条约,几乎没有一次彻底赢一把。自从日本鬼子疯狂侵入中国后,蒋介石政府被赶得把首都迁到洛阳、迁到武汉、迁到重庆,几乎一天也没有安稳过。抗战期间,他虽然在一些战役中打得顽强,但也仅是顽强而已,胜少败多。1944年日本发动"大陆交通线战役",他败得更惨。世界反法西斯战争接近尾声,别人都一步步取得胜利,可蒋介石却仍然是一输再输。就连他的结发之妻也惨死在了日本飞机的轰炸下。呜呼,惨哉惨哉!

不过,蒋介石也算是一代乱世枭雄。

应该说,一个人的政治发迹,一般要具备四个较好的因素:靠山、机遇、才干、手腕。

而蒋介石这四个方面的素质,是比较一流的。

早年,蒋介石投靠上海都督陈其美,死心塌地跟着陈其美干,经陈其美介绍、引荐,蒋介石又结识了大总统孙中山,靠着孙中山,蒋介石才有得以发迹的希望。

机遇,其实对每个人来说都是均等、重要的。关键在于你是否抓住每一次机遇。抓不住小机遇,就不会出现大机遇。孙中山永丰舰遇难,蒋介石乘机紧紧相随,赢得了孙中山的信任。在共产党和苏俄对中国广东革命大有帮助的时候,他大喊"联俄联共扶助农工",赢得了当时的人心。在与他的政敌几次斗争时,他均抓住了机遇。

才干,蒋介石在国民党要人里,应该说是很有才干的,首先他能笼络住一批亲信党羽,使其为己卖命。其实,国民党各派军阀头子,都在干着培植笼络亲信党羽的勾当,但这些人都干不过蒋介石,其亲信党羽没有蒋介石的亲信党羽厉害、人多、势大。在互相争斗中,蒋介石能轻而易举地收买政敌的亲信党羽,可其他军阀头子,却很难从蒋介石手下挖走他人。

能笼络人并笼住人，应是蒋介石的才干之一。其次，能逐个击败政敌而不被政敌所击败应是蒋介石的才干之二。

在国民党内，蒋介石的手腕是多而齐全，为其他国民党要人所不及。

国民党的内部斗争，从大的方面来说，基本上是两种手腕：一种政治手腕，一种军事手腕。蒋介石两种手腕兼备，还应再加上一种流氓黑社会的手腕。蒋介石在上海滩，和青红帮混迹过，学会了暗杀、绑架一系列流氓手段。蒋介石在上海滩，又涉足过一段在证券交易所经商轶事，他虽然未赚到很多的钱，但他看到和见习了商人的投机耍奸手段。这些，为一般国民党要人所没有的。当国民党内部展开激烈斗争时，蒋介石时不时使用流氓手腕，置对方于死地。

说蒋介石是一代枭雄，是说蒋介石凭着才干和手腕一个个击败了自己的政敌，从大陆到台湾，干了不少在国民党看来是所谓"轰轰烈烈"的事业。

说蒋介石不是一位资产阶级政治家，是说蒋介石没有完成一位资产阶级政治家所要完成的历史任务。

近代的中国，其历史任务之一是推翻外来压迫和统治。蒋介石没有完成这一历史使命。近代中国的历史使命之二是推翻封建专制，使中国的生产力获得发展。蒋介石对于这点，不但没有完成，而且变成了中国封建专制的反动代表，抑或"自卫士"。

一代王朝已经过去。

反思王朝，反思蒋介石，有待于理清历史，以史明鉴，开续当代历史新的华章。

第一章　身世秘笈

| 钟灵毓秀的家乡山水传颂着蒋介石的童年故事，
和他晚年对家乡的深情眷恋……

从上海到宁波，再乘船西南行39公里，便到了山清水秀的奉化溪口。

溪口，故名以剡溪流入锦溪之口。如今观光旅游已成了溪口的支柱性产业。溪口的闻名遐迩，并非是这里出了个蒋介石，而是这里原始自然的旖旎风光。

大海和山水是开放的象征。故溪口与近代文明有较密切关系。自沿海到山地居民区，溪口又是必经之地，行人往返，甚是繁盛，自古就是一个开化较早的地方。

蒋介石出生时，溪口约有六七十户人家，依山面溪，沿溪一条街，长约三华里。两边的低房浅屋，像棋子似的散落在街的两侧。中间夹杂着小商铺、盐店、米行、酱油店、布行、饭馆、面店、茶馆等。玉泰盐铺就是蒋家所开，它位于溪口中心，当年生意兴隆，蒋家在溪口还算是数得上的大户人家。

再说这剡溪，发源于四明山的余脉横溪岭。四明山余脉有九条，故有九曲而会于甬江，再浩瀚东流入海。第一曲为"六诏"。相传为东晋王羲之隐居之处，晋元帝曾六次下诏征其入朝，王均不从，后人遂名之为"六诏"。第二曲为"跸驻"。相传五代十国时代，吴越王曾驻跸于此。第九曲为注入锦溪之处，即溪口。杜甫、李白对剡溪风光也均甚称道。杜曰："剡溪秀异"；李曰："山中水石清妙"。漫步山中，拾级而上，你会时不时地望到李、杜的赞词。

八百里的四明山，山高峰叠，共有280座山峰，其中70峰雄踞奉化。溪口北面，群山连绵，云蒸雾罩，镇、山之间有桑园、水田、樟木林互相掩映，不是仙境胜似仙境。

溪口既风景优美，亦多名胜古迹，相传有溪口十景。武岭潭墩山是十景之首，山巅有文昌阁，建于清雍正九年。1924年蒋介石回乡时，其兄蒋介卿又兴建"乐亭"于其上，由蒋介石为之命名，并撰有《乐亭记》一文，以记之。文曰："余以其位在山水之间，凡远方同志来游者，莫不徘徊依恋而不忍舍，盖无间乎仁与智，皆有乐于此也，乃取其义，而名之曰乐亭。"据风水先生说，乐亭地处"龙潭虎穴"，子孙兴旺的地方。蒋氏素信风水之说，于此建亭，最合心意，此后他成了国民党的要人后，每年必游这里。

武岭潭墩山东麓，有泉水流出，冬暖夏凉，因名之为"武岭暖浪"。后蒋介石又于此建造欧式小洋楼一幢；蒋经国与其夫人蒋方良、长子爱伦曾在此居住。乐亭后为日机炸毁，洋房至今尚存。

和武岭山相对应的雪窦山，风光更胜武岭一筹，人谓溪口名胜，首推雪窦。它是四明山在奉化70峰中最享盛名的一座山峰。山上有雪窦寺，寺距溪口镇约11公里，在溪口西南，为浙东第一刹。北宋又于此建有雪窦山亭；元朝石室英禅师于元统三年（1335年）予以重修；明嘉靖年间，两次重修，题名曰"息善亭"。此亭抗战期间亦为日机炸毁。抗战胜利后，由杜月笙重新修复，改名为"入山亭"。由此而上，十里处又有"御碑亭"，由南宋理宗赵昀修建，并题有"应梦名山"四字，谓此山为仁宗梦中所见之山。山顶有雪窦资政禅寺。东晋时于此建"瀑布院"，至唐朝会昌元年（841年），将此院改建于山窝平坦处。咸通元年（860年），毁于战乱。八年重修，改名为"瀑布观音禅院"。

景福元年（892年），常通禅师自安徽宣城来此，将其扩建为"十方禅寺"。至宋真宗咸平二年（999年），始改名为"雪窦资政禅寺"，相沿至今。后又经多次毁、修。清初寺中主持石奇禅师又铸造大钟和修葺山门。至于民国，蒋介石为此寺题字"四明第一山"。蒋介石所崇拜的明朝王阳明，曾于此游历时题下诗句。其中有："林间烟起知僧在，岩下云开见飞鸟"的佳句。十年浩劫中，该寺被毁，荡然无存。

此外，雪窦山又有千丈岩瀑布、飞雪亭、消烦台、妙高台、伏虎洞、狮子岩、三隐潭等名景胜处。三隐潭因有上中下三个潭而得名。蒋介石最喜

欢此处胜景,曾于1920年回乡时,写诗明志,诗曰:

> 雪山名胜东南最,
> 不到三潭不见奇;
> 我与林泉盟在凤,
> 功成退隐莫迟迟。

　　传说当年,蒋介石吟咏完这首诗后,侍从官问道,功成退隐含不含自己的百年之后? 蒋介石听后赫然大笑道:山以名威,名以山显。这大山就是我的墓地。

　　且说1949年,蒋介石兵败大陆时,他没有忘记最后一次游恋雪窦山,而后漂向孤岛。家乡的山水风光无时无刻不在撞击他的心扉。对家乡的思念和眷恋,时常徘徊在重病中蒋介石的心头,挥之不去,驱之不散。而蒋氏儿孙们,今天你们有机会游览溪口的山水美景后,我想你们会对长辈人的心理更加深理解一步吧?

｜　爱家乡和修家谱

　　我们在山清水秀的溪口采访,如今的溪口人仍很敬重蒋介石,用家乡人的话来说,他的口碑很佳。一位83岁的毛姓老人告诉我们,兔子还不吃窝边草哩,老蒋对家乡人好着哩! 别看蒋介石当年是大司令对部下很凶,可是他来到家乡就不一样了,给人敬烟让茶,谁家有什么困难,能帮的忙他都会帮。说起蒋在家乡做的好事,毛老汉烂熟于心,如数家珍:孝敬父母,修桥铺路,修谱续宗,溪口建设,对家乡人的扶植等,他都做得很好。

　　在众多公益事业中,首推他对家谱修订的认真,得到了众乡亲的称道。且不说他修家谱的动机如何,而是他确确实实尽了努力。

　　在蒋介石出生的第二年,蒋氏的家谱修订过一次。后来,在他当了粤军总部作战科主任的时候,家谱又重修一次,这时野心在胸的蒋介石对重修的家谱表现出明确的不满意,核心的问题是家谱上没有显赫一时的先辈,过于平凡,难于衬托出后辈的不平凡。为了光宗耀祖,按蒋介石的意见重修。

话说1943年11月,在抗日烽火燃烧正浓的年代,这时老蒋的家乡奉化已成了地地道道的敌占区。他派儿子蒋经国,秘密化装回到家乡溪口,冒着日机炮火轰炸的危险,将家谱偷偷运出浙江,经过江西,辗转四川,最后到达重庆。正如蒋介石在《先系考序》中说的那样,经过"三复循诵,几忘寝食",详校了天台龙山蒋氏家谱与鄞县横山蒋氏、奉化蒋氏两家谱之异同后,认为鄞县和奉化两谱要比龙山谱更可信。就这样,蒋家就在奉化找到了祖宗头。到1948年上半年,按照家谱每30年修订一次的习惯,才出任"总统"的蒋介石当然更有理由重修家谱,具体由蒋经国负责,让蒋介石的头号文胆、中央政治会议秘书长兼国策顾问、有"文章机器"之称的陈布雷编纂,聘请了几位历史专家专事修谱工作,终于查清了蒋家在宁波的祖根,北宋神宗金紫光禄大夫蒋浚明府位于采莲桥蒋家带,白水巷附近的蒋家祠堂就是蒋家所有,奉有蒋浚明的牌位。以后历代蒋家的祖坟都在奉化附近,所以奉化的蒋家就是从宁波过去的一支。蒋介石得知祖"根"已查到,非常高兴,当晚破例饮了酒。1948年5月16日家谱祠堂落成时,他又在日理万机中,特意从南京赶到家乡主持竣工典礼。还于1949年正月初一,派蒋经国到宁波蒋家祠堂、天童山的蒋宗霸(蒋浚明的祖父、被称为"摩诃太公")墓祭扫认祖归宗。至此蒋家的家谱正式得到确定。

在中国,大凡大人物的祖上,如果是富庶之家,每写及,便是乐善好施,周贫济穷,蒋的祖父,也不例外,并信奉佛教。蒋说他能够研究佛家经典,并手抄佛经多种。蒋对他的祖父蒋斯千,评价极高,说他"性慈善,待人以恕,而教子孙则严。衣布茹素,耽好内典(佛经)"。又说其祖父对于来往行旅,"施茶给饭以食之,凡六七年","而博爱之旨趣,充然溢乎事境如此也"。1862年,因为清军镇压太平军,奉化遭逢战乱,蒋祖父盐铺停业,家产亦近于毁灭。

太平天国失败后,蒋父肇聪22岁,受父命重振家业,专开盐铺。几年后,很幸运,又把家业复兴起来。祖父于1894年12月去世,终年81岁。

蒋父小名明火，字肃庵，1842年（道光二十二年）生。精明强干，善于言词。据乡里人说，凡事不吃亏，还要占三分便宜。镇上人给他送了一个绰号叫"埠头黄鳝"，意指办事圆滑周到，推为乡人邻里排解纠纷。一生未当官，另有田地30亩。初娶徐氏，生一子周康，即介卿；生女瑞春，嫁宋运周为妻。徐氏死后再娶孙氏，孙不久病故，又续娶王采玉，生蒋介石。对于蒋介石之父，邵元冲评价很高，与乡里传说颇有不同。说他"秉性刚直，处事公正，待人诚挚，而自持勤俭。较玉表洁的性格，更富于阳刚的方面"。既自己凡事不吃亏，怎么处事公正呢？但其性格刚强和凡事不吃亏方面，则在蒋氏本身有所印证。蒋父于1895年7月去世，终年54岁。

有关蒋母王采玉身世，《金陵春梦》先入为主，疑窦纷纭。

史学专家王俯民做了如下的考察，他说自唐人《金陵春梦》问世后，难辨真假，其实蒋籍河南之说完全是荒诞无稽之谈。王采玉的先世自明初即已迁入奉化县连山，与河南省毫无干系。河南原籍说，可能系出于河南的某人长相有与蒋氏相似之处，于是便从中附会出一系列的传奇故事来。小说家自可由此演义，而蒋氏也无与问闻。但如将其拉入正史则大错特错。

王采玉，原名彩玉，后改采玉，1864年（同治三年）生，浙江省嵊县葛竹村人。幼读诗书，尤工女红。

王氏祖先王爽，于明朝洪武年间自奉化连山迁居于葛竹村。该村在奉化西南，位于葛溪岸边，葛溪则流于两山之间，风景清幽宜人。

蒋母王采玉的祖父王毓庆，为第十六代子孙。王毓庆生有三子二女，长子为王有则，次子王有模，三子王有金，都是国学生，但都未取得功名。王有则，字品斋，精通诗、礼，1820年（嘉庆二十五年）生，1882年（光绪八年）死。原配姚氏生三子一女。姚氏死后，王又续娶姚振昌之女，又生二子一女：一女即为采玉，为长姊，即蒋介石之生母。

王有则曾于皖南、浙西招集流亡人口开垦战乱中留下的荒地，晚年回家乡葛竹村，独资捐修葛溪至奉化县城之大路。后家道中落。蒋母19岁时，其大弟贤钜15岁，即赌博成性；二弟贤裕11岁，神经有病。因家计十分艰难，全靠蒋母一双巧手做针线补贴家用。王氏先嫁曹家田竺姓为妻，但不几年，即丧夫守寡，23岁，由蒋父盐铺伙计、王采玉堂兄王贤东介绍，改嫁于蒋父,生活才较富裕起来。王采玉既善女红,亦受父教,颇通文字,能念诵《楞严经》《金刚经》等经卷。王氏生有二子二女。长子由祖父起乳名曰瑞元,名周泰,即蒋介石,次子瑞青,名周传,夭折。长女瑞莲,1906年嫁竺之珊为妻,次女瑞菊,夭折。王于蒋家勤俭持家,并经常辅助娘家老母和幼弟。

天有阴晴,人有祸福。1895 年 7 月蒋父因病去世,蒋母再次守寡,带着二男二女度日如年,1921 年 6 月 14 日病故,终年 58 岁。

后传蒋母孤坟一座,没有与蒋父合葬,大逆不道,实属罕见。应该说这是真的。

后来作者查询原因,在张明镐所写的《蒋介石在溪口》一文中找到了权威性的记述。且说这张明镐当年受蒋介石之邀在其家乡担任武岭学校校长。

张明镐说:

王氏在生前曾对蒋介石谈起自己百年后的坟地。因为蒋介石的父亲和前妻徐氏、孙氏的坟墓合葬在溪口镇北一里许的桃坑山,如果将王氏棺枢与他父亲合葬,王氏就得屈居徐、孙之下,这是王氏所不愿的。蒋介石当初曾向他的生母建议,将桃坑山父坟迁葬,单独与王氏合穴,但王氏亦不愿这样做。她态度坚决地说:"瑞元(蒋的小名),你千万要记住,我将来坟墓不要与你父亲合葬。"蒋介石是个满脑子封建迷信的人,他请了广东和江西走红的风水先生在溪口附近到处找寻"龙潭虎穴"、子孙兴旺的好坟地,最后选定在白岩山山岙,作为他母亲的墓穴。

这就是最后的答案了。

张明镐又调查出王太夫人的历史:

其父王有则,以贩卖土产为业。她有兄弟四人,长兄,王贤钜,次兄王贤裕,余二人不详其名。王氏先嫁给本地人某某为妻,夫亡,在娘家茹素念佛,度其寡居生活。但那时王氏只有22岁,她的哥哥王贤钜、王贤裕都劝她改嫁,庶能终身有靠。适蒋明火继室孙氏新丧,由其堂兄王贤东说合,嫁给蒋明火为填房,次年(1887年)生蒋瑞元(即蒋介石,又名周泰),其后生女名瑞莲、瑞菊及子瑞青。

这又告诉我们王太夫人本是再嫁的。她的思想本来封建,因再嫁而不能或无颜与第二任丈夫合葬,也是事理之常也!

| 少年传奇

蒋介石6岁上学时,正值清王朝走上衰败,国防空虚,财政拮据,国运自危。孙中山为推翻大清正奔走呼号,这年中日甲午战争爆发。7月25日,日舰在牙山口外丰岛附近的海面击沉清政府运载援兵赴朝的英船高升号,清军七百余人丧生海口。7月29日,日军攻击牙山东北成欢驿清军,清军败走,牙山失陷。8月1日,中日两国宣战。

学生时代的蒋介石以顽皮和淘气著称。

据他自己回忆:3岁时,因为好奇,竟将筷子插入自己的喉管,呼吸受阻,血流不止,一时昏晕了过去,吓得母亲欲哭无泪。5岁那年,还是好奇,院中有一水缸,他与同伴要进行水中捞月的试验,谁知人小缸大,他一上去,就一头栽到了水底,动弹不得,多亏祖父及时发现,要不小命归天。在学校里,他也多与同学到溪流游泳玩水,有好几次险象环生。与同学做游戏时,常做恶作剧吓人。有一天夜里,他装扮成钟馗,把同学吓昏。他更多的是自充学生王,舞刀弄棒,抬脚挥拳,演习作战,每次都是身先士卒。很多同学惧怕他,但也跟他玩耍,常以"瑞元无赖"戏称之,而他不恼。有一次,他因出拳太重,伤了一位同学的眼睛,被家长告到学校,学校老师又找到家长。母亲把他关在屋里痛打一顿,他无奈之下,就钻到床底下,恰有邻居来访,他趁母亲开门之时,从床底爬起,溜之大吉,蒋母追之不及,气得号啕大哭。

因为小蒋淘气,时常有家长或学校来家告状,母亲也感到为难。于是,在蒋介石 13 岁那年,母亲执意把他送到了外婆家的溯源堂求学。所师者名叫姚宗元,姚也是当地名师。姚找他谈话时,他心不在焉,姚一眼没看到,他就跑到了竹林下打秋千乘凉。姚触景生情地道:"一望山多竹",对方随口应答:"能生夏日寒。"

原为一副绝妙的对联!姚老不禁点头称许,大为感叹。于是他像伯乐识马,见人就说,逢人便夸,后生可畏,如教养得法,此生前程不可估量。逐教他《尚书》《诗经》《易经》。因为姚宗元又与孙中山的同盟会有联系,也常向蒋讲解孙中山的反清革命,尤其是孙中山在伦敦蒙难的故事,在蒋介石心中掀起了冲天巨浪。于是尚武救国的思想深深地扎在他的心底。

同年夏秋之交,一位孙中山的同盟会员,亦称革命党人竺绍康,身着中山制服,骑着一匹高头红马,来到学堂访问。蒋与其交谈后,极赞其风度。并爱其马,便牵马野外,百般戏耍。马怒吼,突咬蒋的后背。蒋倒地流血不止,极为狼狈,暑假回家,见母面未开言而大哭。从此,蒋每外出求学,总是哭泣辗转,不肯离去,其母送至 30 里外,仍是哽咽难舍。

这一年,有一外乡看相人,见蒋头部不一般,常到其家摸其头部,并自言自语:"我从未见到如此骨相,此孩子殊奇特。"如是者二三次,后不复再来。蒋母也信以为真,无疑使她对未来有了一丝希望。寡妇熬儿不容易,母亲便把这唯一的希望都寄托在儿子的学业上,并努力实现这一线光明。

| 初恋传奇

蒋母王采玉恨铁不成钢,恰在儿子学业有所抬头的时候,淘气的蒋介石发生了早恋。

这时的蒋介石论年龄不过十三四岁,世界对他来说都是新奇的。朦胧中他爱上了自家的表妹毛阿春。此时的毛表妹打完新春 15 岁,豆蔻年华,白皙的皮肤,穿着一件带花格格的短衫,扎着两条长长的辫儿,一笑嘴边有两个深深的酒窝。

阿春住在岩头村，离溪口陆上30里，水路18里，是堂姑蒋赛凤的小女。每年堂姑来溪口走娘家，或在娘家小住的时候，总是要带上阿春。瑞元和阿春年龄相差无几，因此他们也常常在一起玩耍，两小无猜。溪口镇北头有一条溪流，每逢下雨，溪流陡然流急，从山上带下来不少鱼虾。每到这时，他常叫上阿春和伙伴们，到那里去捉鱼虾。每每都是满载而归。自己家吃不完，还要送邻居尝尝鲜。这种青梅竹马的生活，使瑞元偷偷地爱上了阿春。别看瑞元是匹不羁的野马，可在小阿春面前百依百顺。后来，瑞元到榆林村上学时，这里离阿春家较近，只有两里路，闲暇时他常到岩头村，名为探视堂姑，实为看望表妹阿春。天长日久，瑞元喜欢阿春，阿春喜欢瑞元，到一起就有说不完的话，两人就暗暗定下了终身。

世上没有不透风的墙，就在他们十分要好的时候，一缕乌云遮挡了明丽的阳光。阿春的母亲蒋赛凤坚决不答应这门亲事。因为他知道瑞元调皮捣蛋的名声在外。于是她运用了家长的威严，把女儿阿春关在屋里，不让其与瑞元相见。

却说蒋母得知儿子与阿春要好的事，她不像堂妹蒋赛凤那样，而是一百个满意和称心。她成全儿子，决定找媒人到对方家提亲，把阿春娶过来，使这匹小野马套上"笼头"，也就省心了。

媒人蒋阿叔终于在一个早晨叩响了蒋赛凤家的门。

"不要敲了，我不想见你！"蒋赛凤还没有起床。

"你把我当成谁了，这么大的气？"蒋阿叔反问。

"你不是瑞元还是哪个龟孙！"

"快开门吧，我不是瑞元。"

蒋赛凤这才开了门。令她吃惊的是娘家大哥来了，又是道歉，又是端茶倒水，问吃饭了没有？蒋阿叔说："我来这里一趟不容易，七老八十的不是小孩子了，我问你家阿春与瑞元的事，你生哪门子的气啊，这不是天上一双，地上一对吗？"

"大哥，都是自家人，说起瑞元，人家不了解，我还不了解吗？他那个劣性，我纵是有十个姑娘嫁不出去，也不嫁他那号的人！"

"话可不能这样讲,男孩儿淘气不算毛病。要我看瑞元童心四溢,活泼聪明,说不定还是国家栋梁之才呢!你不同意我也不劝,咱们骑驴看唱本——走着瞧,让你后悔一辈子。"果如蒋阿叔所料,后来瑞元当了高官总统,蒋赛凤再也不到溪口走娘家。传说有一年,蒋介石下野,住在老家,坐轿在溪口周边转悠,碰到了蒋赛凤,羞得她无地自容。蒋总统落落大方,让她坐轿,送她一程。蒋赛凤面如桃花,连连摆手,声称不要相送。

蒋赛凤送走娘家哥后,不到半个月就将阿春择婿嫁给了西山的一户人家。临上轿前阿春哭得泪人一般。结婚不到半年,两人就分手了。此是后话不说。

再说蒋阿叔回到家中把蒋赛凤的话一摆,气得蒋母差点儿背过气去:"她不同意不打紧,都是娘家人,不该恶话伤人。我不相信我儿子找不到好过阿春的姑娘,我发誓要在岩头村的毛姓人家娶一个比毛阿春更好的儿媳妇。"

蒋阿叔说,此事不妥,因为瑞元心中只有阿春,事情未过,硬要拉郎配显然是不合适的,只能酿成悲剧。王采玉问他有什么好主意?蒋阿叔说:"你不要太着急上火,等过了这段时间,双方都冷静下来。我会到岩头村姚宗元那里为瑞元寻亲。一来说姚是瑞元的尊师,二来说姚也喜欢瑞元,三来说姚在十里八乡也是个有头面的人物,家中的私塾收了不少村里村外的学生上学。姚给年轻人介绍对象不在话下,我想求他没有解不了的难题。"

蒋阿叔的一席话说得蒋母尽是点头的份儿了。

果然在不长的时间,蒋阿叔就大驾光临,姚宗元一一点头答应。说毛姓人家中,要找出比毛阿春漂亮、贤惠的姑娘虽有难处,我要尽心。在姚看来,能与毛阿春相比的姑娘大有人在,这就是岩头村的毛鼎和家。于是毛福梅的形象映在了姚老的脑海里,身体修长,那可是个大辫子姑娘,长得不比阿春差,也是姚老教过的学生。

岩头村位于天台山中,四面环山,村民们主要靠出卖山货度日。毛鼎和家世代经商,在村上开有一家祥丰米行和一家杂货店。毛家生意兴隆,收入不薄,在附近经常做一些修桥补路的善事,鹊声四乡。

毛鼎和生有二子二女，长子毛怡卿、次子毛懋卿，长女毛英梅、小女毛福梅。后者之所以叫福梅，是因为出生时算命先生称她是一颗"福星"，顺其取名为"福梅"。既有福相，又是小女，自然深得父母疼爱，视为掌上明珠。只是她出生在清光绪八年（1882年）农历十一月初九，已经19岁，在当时还未婚嫁已属大龄。福梅没有嫁出去，主要原因当然是因为没有合适的人家。

令姚老先生担心的是福梅的年龄要比瑞元长5岁，有言道，女大三抱金砖。成不成先与毛鼎和放放风再说。一日，姚老先生找上毛鼎和，声言要为小女物色一位公子。毛鼎和与婆娘正在为小女没有婆家而发愁哩，一听是这事，马上眼睛瞪大了："说说看，是哪户人家？"

姚老先生开口道："也是我的学生，我看中的学生，村里人都知道，三年前我已说过大话，此生聪明过人，前程不可估量。"

"快说，叫什么名字？"毛鼎和也等不及了。

"蒋周泰。"

"是不是那个小名叫瑞元的孩子？"

"对对对。"姚老先生接着说。

"那可是个调皮出名的孩子。"

"不错，在我教的孩子中他是调皮第一，还应该再加上一句话，也是聪明第一。我们不能一叶蔽目，不见泰山啊！"姚老先生凭着三寸不烂之舌，把毛鼎和说得直点头地说是是是。

姚老先生又乘势进攻道："在溪口，蒋家曾是大户人家，莫同一般，蒋斯千、蒋肇聪曾为当地名流，溪口首富。可谓门当户对。瑞元虽说调皮但绝顶聪明，已经上学多年，算命先生更是有言在先，日后谋个一官半职岂不易如反掌。你这个岳父大人再也不是草民一个了。"

且说溪口蒋家，本来毛鼎和就与其有生意来往，经姚这么一说，毛鼎和开始动心，为慎重起见，他还借生意上的事亲自赶到溪口进行一番暗查。暗查结果，果然如此，对蒋家和王采玉，邻居都说不错。唯一不足之处，只是对瑞元有些微词，认为瑞元调皮过度，但没有吃喝嫖赌这些方面的问题。

他同意了这门亲事。毛鼎和是有眼光的，因为他找了蒋介石作为自己的小婿，在对女婿的才华和运气上他的估计没有错，毛福梅以后也是妻以夫荣；问题是出在女婿没有看上他的女儿，所以夫妻不可能长久。这在媒妁之言、父母之命的旧式婚姻下，是常有的事。以后，毛鼎和没有沾到女婿的好处，在毛福梅被蒋介石休掉后，他再也没有见过蒋介石。蒋介石对岳父不满，但对毛家人还是另眼相待，毛福梅的不少亲戚投靠蒋介石后得道升官。

于是选定吉日良辰，在 1901 年的冬春之交，蒋介石与毛福梅拜了天地，入了洞房。可是却在这时，新郎官不见了。这下可急坏了蒋母，马上派人去找。从前院到后院，从镇西到镇东，哪儿也找不到新郎官，急得蒋母直跳脚骂娘："这个憨娃儿！"

无奈之中，蒋母只得派小女进了洞房，陪伴新娘说话儿。

日头落山了，夜幕笼罩着山镇。

蒋家洞房里的松油灯闪着昏黄的光。

新娘毛福梅坐在床边，心里有一团百思不解的谜：是不是新郎官不满意这门亲事逃跑了呢，还是……尽管陪伴的小妹再三解释，毛福梅还是眼泪哗哗地流着。直到吃过晚饭的时候，才见一个顽皮的孩子，被婶婶大娘推进了洞房，而后门"砰"的一声被反锁上了。

这时，新娘才如梦初醒，原来这才是真正的新郎官！新娘害羞地扫了一眼新郎官，立时像触电一般惊骇了：此人分明是个玩兴正浓的孩子，他左手拿着一把木制手枪，右手拿着捡来的纸炮仗；上身穿着土布褂子，下身是裤子，裤带长了些，半截露在了外边；藕节般的两条小腿上沾满了星星点点的泥斑……新娘哪里知道，这新郎官是被人从稻田地里捉鱼时拉回来的。

当婶子、大娘们把他推入洞房，他扫了一眼新娘，吃惊的程度并不亚于新娘。新娘长得姿容秀丽，光彩照人。人贵有自知之明，他面对着菱花镜子，看看自己的模样儿，竟像是一个做错了事的小孩子，不知是站着好还是坐着好，连手也不知往哪儿放了。待了片刻，他冲着新娘"嘻嘻"一笑，随后泥腿没洗，衣服没脱，便像单身时一样，直挺挺地钻进了被窝，很快响起了香甜的鼾声……

坐在床边的新娘,面对着这位陌生的新郎官,不禁又惧怕起来,他和自己想象里的意中人是多么的迥然不同!要是早知这样,还不如一辈子不嫁人。她有些难过,又有些不解人生之谜:为什么要离开家?为什么要到这举目无亲的地方来?女人的命运啊,苦啊!她失声痛哭起来,泪水沾湿了胸前的梅花,沾湿了大半片衣襟。但泪水却冲刷不了她那满腹的愁思和忧伤……

窗外想听悄悄话的人都替新郎官捏着一把汗。有的人担心地走掉了,但也有的"愣头青",偏不走,想要看出个究竟来……

1910 年 3 月 18 日,毛氏为蒋介石生下一子,取名蒋经国。

| 父子情深

蒋经国是蒋介石与结发妻毛福梅生育的蒋家嫡传之子,也是蒋介石娶妻四房唯一的亲生骨肉。

蒋经国的降世颇具戏剧性,传言很多。由于蒋介石与毛福梅婚后感情一直不融洽,加上蒋介石长期离家在外,夫妻相聚的时日为数寥寥,所以蒋经国的身世在野史中被演绎得颇为神秘。

按照蒋经国的出生日期推算,1909 年(清宣统元年)春夏期间,在日本振武学校留学的蒋介石回国度假,确曾同毛福梅生活过一段时间。据蒋介石留日同学林绍楷的后人说:当时蒋介石从日本回家度暑假,不愿与毛福梅住在一起,林绍楷做了许多工作之后,蒋介石勉强同意,这样毛福梅才怀了孕。林家这位后人由于世交关系,常在蒋家走动,有一次曾率直地对蒋经国说:"你是在我们林家的帮助下才出生的。"蒋经国听后笑而不语。

事实上,大多数人都认定,夫妻感情已经失和的蒋介石、毛福梅最后能够得子蒋经国,主要应"归功"于蒋母王采玉。

原来,相依为命的王采玉、毛福梅婆媳虔诚礼佛,笃信算命先生所言:"蒋氏贵子必得元配所出。"蒋介石从日本返国度假,滞留在上海,王采玉

偕毛福梅前往探望。但是,蒋介石嫌弃"黄脸婆",不肯与毛福梅同住。王
采玉无奈只得软硬兼施,以"投黄浦江"来威胁,要求蒋介石与毛福梅和
好。素以孝子自谓的蒋介石难违母命,只得留毛福梅在沪居住。不久,毛
氏身怀六甲,而蒋介石返归了学校。

　　第二年春天,已返回家乡的毛福梅在丰镐房生下了一个男孩,这就是
蒋经国。这时,蒋介石仍在日本,无缘亲践舐犊之情,直到第二年夏天,蒋
经国一周岁多了,蒋介石托故假归,回乡探亲,才得以父子第一次相见。

　　蒋经国的出世,使蒋家的香火有人承继,令常年孤寂的王采玉、毛福
梅婆媳欣喜异常,感到莫大的安慰,她们在蒋经国身上倾注了全部的爱心
与宠护,望子成龙。蒋经国从小就受到严格的传统教育。

　　1916年,蒋经国5岁,开始在家乡接受启蒙教育。在溪口本镇的武岭
学校学习。第二年,师从顾清廉。顾清廉,一生靠砚耕为业。过去教过蒋介
石,现在又教蒋经国,誉为"二世治教"。在顾清廉之后,蒋介石又为蒋经国
延聘了塾师王欧声。从1916年到1922年,蒋经国接受了整整六年的传统
文化的教育,顾清廉对他的评价是:"天资虽不甚高,然颇好诵读。"

　　蒋经国幼年所受教育的模式,几乎就是父亲蒋介石当年的翻版。蒋
经国曾回忆道:"父亲指示我读书,最主要的是四书,尤其是《孟子》,对于
《曾文正公家书》,也甚为重视。"

　　不久,由于蒋介石的坚持,蒋经国曾离开溪口镇到奉化县城锦溪学校
读书。

　　后来,由于毛福梅舍不得蒋经国长离膝前,将蒋经国从县城召回,惹
得蒋介石大发脾气,认为毛氏"妇人短见",骂她耽误蒋经国的前程。

　　1922年,蒋介石不顾毛福梅的反对,把蒋经国接到上海读书,先入万
竹小学读四年级,毕业后,蒋经国又考入浦东中学,继续接受教育。这时,
蒋介石的政治活动重心已移至广州,于是,他便委托蒋经国的塾师王欧声
和姑丈竺芝珊监护蒋经国读书,缺钱"则向舜耕及果夫哥哥取"。

　　虽然,蒋介石长期不能亲自在蒋经国身边施教,但他对儿子学习的督
促却从不懈怠。蒋经国在上海读书期间,差不多每隔十天半个月,就可收
到父亲寄来的家信,从日常生活、为人处世到功课学业,事无巨细,蒋介石

无不过问。

蒋经国在上海读书期间,正值中国社会大变革的动荡年代,新思想、新观念无时无刻不在冲击着求知欲正旺、可塑性正强的蒋经国,同许多激进的爱国青年一样,蒋经国的思想境界不断发生着变化,开始投身到大革命的洪流中去。

1925年,震惊中外的"五卅惨案"突发,蒋经国也走出课堂,参加到上海全市各阶层人民的反帝示威游行的行列中,而学校当局竟以"该生行为不轨"为由将他开除。蒋经国气愤难平,离沪北上。经蒋介石介绍到北京国民党元老吴稚晖所办的子弟学校——海外补习学校学习俄文。不久,又因参加反对北洋军阀的示威游行,被北京警察局关押两周。获释后,他便于同年8月南下革命发源地——广州探父。

到广州不久,蒋经国便听说黄埔军校在选拔一批学员赴苏留学。能有机会到世界革命圣地去接受革命的教育和熏陶,对于当时的蒋经国来说是一件再向往不过的事情。于是,他就向父亲提出留学苏联的要求,起初蒋介石并不同意,可后来在蒋经国的一再请求下,蒋介石出于对儿子的疼爱才勉强同意。

1925年10月19日,蒋经国由广州乘坐苏联轮船前往莫斯科。与蒋经国同行的有30名国民党要员的子弟,著名的有:廖仲恺之子廖承志、叶楚伧之子叶南、于右任之女于芝秀及女婿屈武、冯玉祥之子冯国洪、之女冯弗能等。

到莫斯科中山大学后,蒋经国学习刻苦、勤奋,各方面表现都非常活跃。再加上他的特殊身份的光环,年仅15岁的蒋经国就引起了学校苏共党支部的重视。不久,他被批准加入了共产主义青年团。

蒋经国所在的团小组长就是邓小平。

邓小平的年岁比蒋经国要大,革命的经验又很丰富,工作的能力有目共睹。而且,小平性格爽朗、活泼,又很健谈。因此,蒋经国和一些同学非常喜欢和邓小平在一起。一方面他佩服小平,视小平为他学习的榜样;另一方面他非常喜欢听小平讲他们在法国的革命经历,讲他们如何开展革命斗争,如何进行秘密工作,如何与法国警方周旋等等。又由于两人个子都比较矮，排队的时候经常是肩并肩并排站在最后，所以接触的机会就比较多。渐渐地两人成了朋友。

莫斯科的冬天是非常美丽的，皑皑白雪将古老而庄严的克里姆林宫等典型的俄罗斯建筑物，装点得像一座座水晶宫。漫步在莫斯科宽阔的大街上，犹如走进了安徒生的童话世界。邓小平、蒋经国经常会邀上几个朋友一起到街上散步。边走边聊，很是开心。

有一次，蒋经国突然问邓小平：

"你们为什么老围着一条大围脖呀？多累赘啊？"

原来，邓小平与傅钟、任卓宣三人同在法国留学，又同时来到莫斯科中山大学，三人虽性格迥异，关系却很亲密。在许多场合，三人经常同时出现，而且脖子上总是都围着一条蓝白道相间的大围脖，非常扎眼。

见蒋经国好奇，邓小平拿起飘在胸前的围脖的一端说："你可不要小瞧这围脖，在法国，它可是无产阶级的标志啊！"

一听是无产阶级的标志，蒋经国更加不解，瞪大了眼睛："噢？什么无产阶级的标志？"

"那当然！"邓小平的语气中充满了自豪，"在法国期间，资本家剥削得我们吃饭都吃不饱。为了能填饱肚子，我们经常会去当清洁工，干一些如捡马粪、扫大街的体力活。干一天能挣出一个星期的花销来呢！"

"是吗？清洁工的工资这么高啊！"蒋经国接着问。

"工资高是因为没有人愿意做这种活呀！清洁工作是又脏又累又没有什么技术，还时常会遭到有钱和没钱人的白眼和侮辱，当地人稍微有点钱的，是不屑一顾的。因此，只有出大价钱才能使一些人放下架子，不顾所谓的什么'脸面'的去做。

"当时，我们留学生中，很多人因饥饿而死。为了生存，谁还顾得了那么多。所以，起初，我们做清洁工只是为了能有口饭吃。后来，慢慢的我们的生活好一点了，也学习了马列主义思想。我们才逐渐认识到，当清洁工没什么丢人的，清洁工和其他的知识分子、工人阶级是一样的，都是无产阶级的一部分，都是劳动大众一分子，而且是最最基层的工作。因为从事了这样的工作，我们是应该引以骄傲和自豪的。

"法国的清洁工每人都有这样一条围脖，所以，我们就一直戴着它。"

邓小平边说边抚摸着胸前的围脖。

"原来如此啊！"

蒋经国没想到，他这样一个简单的、带有玩笑性质的提问，竟然牵出这样一段感人的故事。

他发现他越是走近邓小平，了解邓小平，对邓小平就越发敬畏。他感觉眼前这个不起眼的小个子，虽然只大他 6 岁，但是他的内涵却丰富得像一本永远读不完的书。可以想象得出，邓小平的经历和思想对蒋经国的这段经历产生了一定的影响。但是，谁会想到，若干年后这对昔日的同窗好友，居然成了政治舞台上的对手。

后来，由于蒋介石在国内的恶劣行径，蒋经国被迫滞留苏联 12 年。这 12 年中，他被下放到工厂、农村接受锻炼，度过了一段艰苦的生活，但他始终保持了坚强而乐观的生活态度并坚守着共产主义的信念。在相当长的一段时间内，蒋经国还公开与蒋介石断绝父子关系，这使得蒋介石多少有些气愤。

但毕竟父子情深，在蒋经国历尽磨难回到蒋介石身边后，亲情的力量，使蒋介石原谅了儿子。

第二章 人生知己

| 邂逅陈其美,改变人生路

且说蒋介石没有沿着父辈指引的路——"读书—科举—做官"走下去,到 1906 年,他尚武报考了保定军校。

这时的中国,已变得衰落下来,昔日我们祖先发明的火药装入了列强的炮膛,我们祖先发明的指南针也装入了列强入侵我国的战舰,列强的战舰和炮火轰开了中国的大门,顷刻间中国成为列强的殖民地。

19 世纪后的中国,国衰力微,可谓宛如一头气喘吁吁的老牛被西方近代发达工业国家的蒸汽机车远远甩在历史的后头。

国将不国的乌云,笼罩着中国的上空,不愿做亡国奴的惊雷,不时地回荡,震撼着人们的心灵。面对着清廷的软弱无能,少年的蒋介石和其他同学一样举起了小拳头:国家这般受欺,百姓这般遭难,我们要奋起,洗雪国耻,重振国威。

于是蒋介石不再满足于崇文而是尚武,在其母亲的支持下,报考了留日军校学习。按照姚宗元老先生的说法:"要抵抗外国列强,武备不可缓。"

一个晨曦满天的早晨,母亲泪水涟涟,19 岁的蒋介石踏上了东瀛日本的求学经历。与他同去的还有张群、杨杰、王柏龄、马晓军和陈星枢等。

开船了。蒋介石站在船头,向送行的母亲使劲地挥手。

蒋介石挥手应道:"船上风大,回去吧,母亲。"

在日本军校,蒋介石有两个"不能忘":一是邂逅陈其美,二是陈其美讲给他听的两个动人动情的故事,即民族英雄岳飞精忠报国的故事和民族英雄文天祥为国分忧的故事。就是这两个故事让蒋介石永记心中,激励他学习,时刻记住自己与别人不一样。闲散时间,别人游山玩水、会亲访友,他却如饥似渴地苦学,腊梅开放,喜鹊登枝,苦去甜来,他以第一名的优异成绩毕业于日本士官学校。

再说陈其美东渡扶桑,先入警监学校,后入东斌军事学校。当陈其美在东京就学时,孙中山的东京同盟会刚成立不久,为壮声势,正在街头散发广告,招兵买马。这一天,陈其美上街买袜子,与散发传单的孙中山不期而遇,于是他加入了同盟会,后来成为了孙中山的左膀右臂和最信任的人。

蒋介石与陈其美的邂逅是在1907年的秋夏之交。据《民国两兄弟》一书中记载:

> 一日黄昏,陈其美在校园里散步,看见一位陌生的青年在树下舞剑,一招一式,甚为认真。上前一打听,才知那青年叫蒋介石,浙江奉化人,是清廷官派的留学生,目前正在士官学校的预备学校里读书。陈其美见蒋姓同学相貌清奇,谈吐不俗,又是学军事的,很想与他结交。

> 经过一段时间的交往,陈其美发现蒋介石为人做事都极投自己的脾性,禁不住江湖豪气勃发,提出了拜把子结盟的要求,有酒同饮,有福同享,有难同当。

> 结盟那天,两炷香插上,八支蜡烛点亮,兄弟相敬如宾,跪在红地毡上,举杯邀天敬地,同发誓言。

> 参加结盟者除陈其美、蒋介石以外,还有黄郛。三人互换了兰谱,陈其美居长,黄郛其次,蒋介石最小。事后,蒋介石特意把结盟的誓约刻在宝剑柄上,送给大哥、二哥,誓约云:"安危他日终须仗,甘苦来时要共尝。"这段誓约后来也确实成为他们兄弟共勉的准则。

1908年初,经陈其美介绍,蒋介石加入了孙中山的同盟会,成为会内各项工作的积极参与者。在同盟会中,蒋介石的资历不算深,因为此时同盟会已成立3年,而同盟会的前身兴中会已成立11年。1910年6月,孙中山经檀香山到达日本,经陈其美引荐,孙中山先生召见了蒋介石,应该说这是两人的首次会面。

　　会面后的这一晚上，蒋介石睡不着觉了。他在回忆录中写道："我还牢牢记得，总理说革命党的青年，应该不计名位，而要为革命任务牺牲、奋斗。美国建国有英雄华盛顿，也并不是他一个人的力量造成的，而是由千千万万无名的华盛顿共同奋斗，为他们的领袖华盛顿牺牲而造成的。我们的革命者，不是要成为有名的华盛顿，而是要成为无名的华盛顿——无名英雄。我听了这个训示以后，就立定了志愿，要实践这个训示，决不辜负总理对党员的斯勉。"此次见面，孙中山先生对蒋介石的印象很好，把他当成最可信赖的人。蒋介石也通过孙中山先生看到了革命党人的前途，把追随孙中山当成自己的毕业追求。这种政治投资，后来给蒋某带来巨大的政治效益。

　　1911年10月10日，辛亥革命第一声枪响源自武昌城头，八方响应。黑夜中的武昌城炮火隆隆，火光熊熊，杀声冲天。衣衫各异的民军挥动十八星旗高呼"共和"，从各个角落，潮涌一般，汇聚一起，直到江岸。大江扬波，掀起了辛亥革命的狂潮，敲响了清王朝覆灭的丧钟。正在这个特殊时期，陈其美电召蒋三弟回国，襄助革命。当时，蒋介石正在日本高田野炮兵第十三团第十五联队服役。他接到电文后，二话没说，立即找部队长请假，只获得48小时的自由。部队长告诉他，假如不能按时归队，将以逃兵罪惩处。蒋介石见正规的途径已被堵死，情急之下，索性脱去军装，换上和服，再请人将衣物和军刀送还部队，以表达自己不可动摇的归国决心。他以个人仕途换取忠诚情义的壮举，当时曾让陈其美感动不已。

　　当时，陈其美为策应武昌起义，奔波江浙一带，风餐露宿，胃病复发，他刚吃下药，他的义弟蒋介石就推门而进：大哥，是你找我？陈其美点点头，示意他到身前坐下。蒋介石坐稳后，陈其美问，杭州方面的起义准备得怎么样啦？蒋介石见陈其美的脸色蜡黄，不忍心地说：大哥，今天你脸色不好，我改期再汇报吧。不——陈其美坚定地说。

　　话说蒋介石正要汇报，一位少年推门进来。

　　陈其美忙向蒋介石介绍道："这是我的大侄陈果夫，现就读于南京陆军四中，正在南京组织义举活动。今后你要多多帮助他。"

　　蒋介石打量了一番陈果夫，高条条的个头，白白净净，一表人才，道：

"与我那经国儿差不多高。"

陈其美接着又说:"果夫侄,这就是我给你哥俩常讲的义弟蒋介石。在日本留学时,我和他,还有黄郛,是真正的桃园三结义,生死与共。今后他也是你的叔叔啦,快给叔叔敬礼!"

这时,陈果夫双脚一并,右手抬起,向蒋介石敬了个标准的军礼。

"这个侄我收下了!"蒋介石哈哈地笑了,笑得是那样开心。

在陈其美指示和领导下,蒋介石回故乡带领敢死队光复了浙江省城杭州市。蒋介石凯旋上海后,这时上海也被陈其美光复了,上海大都督陈其美接见了他,大加赞许:"劳苦功高。"遂被陈其美任命为沪军第五团团长。

暗杀高手

不久,风云突变,辛亥革命的成果被袁世凯篡夺。

当孙中山先生因为国民党主要领导人宋教仁被刺杀,而从袁世凯所高呼的"孙中山先生万岁"声中清醒过来时,发动了讨袁"二次革命",誓与袁贼血战到底。

在孙中山"二次革命"的呼号下,哗啦啦一批旗帜举了起来:

1913年7月12日,江西都督李烈钧声言江西独立,公开打出"反袁讨袁"大旗。

7月14日,革命党主要领袖黄兴先生由上海赶赴南京,强迫江苏都督程德全宣布江苏省独立,声言倒袁。

7月16日,陈其美宣布就任上海讨袁军总司令。19日宣布上海独立。

……

有反抗就有镇压。

袁世凯一看大势不好,尤其是上海方面,更使他如坐针毡。为了加强对上海的控制,急命郑汝成任上海镇守使,同时重金收买了海军司令李鼎新。

这时,蒋介石在故乡溪口,辛亥革命失败后,他正在做赴德留学的准备,看到二次革命起来后,马上回到上海,经不住孙中山的几句劝说,便改变了赴德留学的想法,跟随陈其美在上海组织讨袁的军事行动。

蒋介石向陈建议:上海制造局是敌人的咽喉,占领了制造局就等于控制了大上海。陈其美听从了蒋的建议,决定7月22日晨,攻击上海制造局。

晨曦中,三发信号弹腾空,革命军在陈其美的指挥下,发起了对制造局的总攻战斗。谁知敌人早有准备,一连两天,战斗毫无进展。这时蒋介石又秘密化装到了龙华原属自己五团旧部,亲临指挥战斗,终因海军支持郑汝成,炮火强大,兵力稠密,不得不撤出了战斗。临撤出战斗时,蒋介石狠狠地骂道:"郑汝成,等着吧,先胖不算胖,后胖压塌炕!"就这样,上海讨袁失败,陈其美、蒋介石远走日本避风。

在樱花开放的日本,蒋介石再次受到了孙中山先生的召见,27岁的蒋介石犹如再次充了电。为了庆祝革命党成立和向袁贼示威,蒋介石再次领命前往上海,参加陈其美发动的起义。蒋介石返回上海,密谋了方案。炮声还未打响,革命总部便被摧毁,不少组织者被捕。蒋介石是幸存者,死里逃生。已逃亡日本的蒋介石成为第一个通缉对象,袁世凯称:"此次谋乱,系蒋介石代表孙文主持一切,伪示地图及款项均由蒋介石受孙文伪令给付。"这是袁世凯唯一的一次如此重视蒋介石的地方。

1915年10月,陈其美再次秘密回沪,在孙中山的讨袁宣言的感召下,决定再次行动,并电召蒋介石离日回沪,共商义事。常言道:打蛇打七寸,擒贼先擒王。两人决定先除掉上海镇守使郑汝成,以报上海二次革命失败之仇!两人握手后,蒋介石领命而去。

且说这天是10月15日上午,晴空万里,风静天蓝,郑汝成镇守使官衙门前,已备好一台八角大轿,要送郑前往日本领事馆祝贺日本大正天皇加冕成功。上午9时,郑汝成手拿荷叶扇出门,上得轿中,悠然自得。途行外白渡桥头,忽然,三名蒙面大汉从桥墩下蹿了出来,不由分说,上得桥来,对着郑汝成胸口就是一刀,白刀子进红刀子出,郑汝成一命呜呼!而那一位勇士,没有来得及躲藏,就被清兵包围被捕。

郑汝成被刺成功,极大地鼓舞了蒋介石,实现了他那"先胖不算胖"的誓言。

　　12月初蒋介石又起草了《淞沪起义军事计划书》，准备夺取海军军舰和陆地炮台，占领上海制造局。本来12月5日开始起义进行得较为顺利，岂知已被争取过来的军舰"肇和号"和制造局之间缺少有效联络，攻占制造局的战斗宣告失败，另外蒋介石具体指挥的进攻警察局、工程局的战斗也先后失利。在警察的搜捕中，蒋介石的住处被发现，他和一起策划起义的邵元冲等人跳窗而走，幸免于难，不少勇士牺牲。

　　陶成章是浙江绍兴人，义和团运动时，22岁的陶成章两次计划刺杀慈禧太后未成，以后一直从事反清秘密活动。1904年10月，在上海和蔡元培等人一起筹组光复会，成为中国近代资产阶级的又一个政治团体，以后利用光复会组织过多次反清武装起义。1910年他又在东京成立光复会总会，与同盟会有公开对立之势，公开反对孙中山。同时他又借孙中山拿日本人的一万五千元的事，大造舆论，如何如何品质败坏，掀起了一场"孙中山风波"，闹得满城风雨，唯恐天下不乱。据《国父年谱》（增订本）1907年条下记载：

　　　　清廷以革命风声，震撼中外，甚为悚惧。又以萍、浏之变，及长江方面累次破获党人，已知革命策源地日本东京。乃命驻日公使杨枢向日政府交涉，要求驱逐先生出境。日政府一面迁就清政府之请，一面亦欲示好于先生，探得先生有事于两广云南，不日离日，其外务省转托私人送程仪，开饯宴，殷勤备至。并以五千元相馈。东京股票商铃木久五郎亦馈赠一万元，藉示好感。先生不得已从之。即偕胡汉民暨日人萱野长知、池亨吉等离日南游……

　　　　先生接受日政府馈金，因未经众议，故离日未久，同盟会员章炳麟、张继、宋教仁、谭人凤、田桐、白逾桓、日人平山周等即大起非议，而炳麟尤为激愤，竟将《民报》社所悬先生像除下。及潮惠、钦廉军事相继失利，反对者日众，炳麟等复提议免去先生总理职，而以黄兴继任。独庶务干事刘揆一力排众议，因与张继互殴。其所刘光汉复提议改组本部，日人北辉次郎、和田三郎等主张尤力，亦以揆一反对而止。揆一以党内纠纷日甚，乃移书冯自由、胡汉民，请就近劝告先生，向东京本部引咎罪己，以平众愤，引万方有罪在予一人之古语为譬。冯、胡然其议，联名函请先生采纳。先生得书后，谓诸同志皆热血青年，在无事时自不免易生事端，此种党内纠纷，惟事实足以解决，绝无引咎之理由可言。黄兴亦致书东京同志，谓宜倾心拥护先生，万勿举己为总理，而陷于不义……

这一反孙中山风波，延续到 1909 年，更加白热化。同年 9 月，陶成章等发布《七省同盟会员意见书》（又名《孙文罪状》），文中列孙中山罪状多条，说孙中山借革命猎取名誉地位，"蒙蔽同志"、"败坏全体名誉"，认为"恶莠不除，则嘉禾不长"。要求同盟会总会开除之，改选总理。黄兴对此，极力抵制，陶成章乃将该公函在中外各报发表，自云与孙中山"已不两立"。

陶成章这一"已不两立"，不是说着玩的，他真的着手自己去革命了，不跟同盟会扯在一起了。1910 年 1 月，他成立的光复会东京总会，以章炳麟为会长、他自己任副会长，大力展开了革命运动。

陶成章的举动，显然他的光复会死友徐锡麟给了他极大的启迪。徐锡麟早在光复会与同盟会合并的时候，就拒绝加入同盟会，因为他看不起孙中山。后来徐锡麟自己去革命了，以一做作宣传，完成了伟大的殉道。这一不合作主义，当然深深地影响了陶成章。陶成章在徐锡麟殉道后拒绝同徐锡麟看不起的人合作，当然是别有深意存焉。

辛亥革命爆发后，陶成章在江苏和浙江等地号召旧部响应起义，浙江军政府成立后，他和陈其美展开了浙督之争。但是随着革命的短暂成功，陶成章对同盟会和国民党的成见不断加深，特别是对陈其美的不满越来越多；而陈其美对陶成章的所作所为的意见也越来越大。对陶出任的浙江都督一事，陈其美无论如何不能接受。蒋介石念及与陈其美的友谊，怀着知恩报恩的思想，于是，派出凶手王竹卿将正在住院治疗的陶成章暗杀。

对陶成章的被杀，同盟会的领袖们悲痛万分，他们没有忘记陶成章为推翻清王朝所作出的杰出贡献。孙中山表示一定要追查凶手，陈其美的都督府也不得不公开悬赏 1000 银元捉拿凶手。在这一背景下，蒋介石不得不第三次赴日避风。

暗杀郑汝成,刺杀陶成章,说明蒋介石是一位暗杀高手。同时也事实确凿地说明蒋介石是一位追求效果的革命者。

陈其美中弹身亡,蒋介石舍命收尸

"肇和"起义失败后,陈其美、蒋介石、陈果夫等人再次逃往日本。在那里总结经验教训,以待东山再起。找出失败原因有:一是革命军并没有同时占有"应瑞"、"通济"两舰,致"肇和"有孤立之势,而卒遭两舰攻击。二是担任陆上各方面攻击之敢死队等,武器只有手枪、炸弹,不能与正式军队之枪械抵抗。三是总部机关被破坏后,各方联络中断。四是陆军方面不能确实响应,是因为无根据地凭借。

通过总结教训后,也对这次起义的意义做了正确的估价:起义虽然失败,但是影响深远。不仅影响到全国,也影响到世界。在国内可以打破袁世凯种种欺骗性的宣传,纠正袁世凯认为兵力能够镇压全国的错误,同时在本党中间,也因此重新鼓舞起各同志积极的勇气,在各处做种种发难的准备。

经过全面整顿,如果说昔日的逃亡者个个颓唐,则今日组织健全,纪律严明,人心一致,同仇敌忾。无疑又成了一只"下山虎",令窃国大盗袁世凯大为不安。

再说,身登龙椅、黄袍未加身的袁世凯,自"肇和"举事后,得知中华革命党在东京东山再起的信息,当夜就失眠了,这无疑是他实现皇帝梦的一大障碍。于是连忙召集大臣密谋一番,既然武力鞭长莫及,最好的办法就是金钱收买、分化瓦解。方针既定,派谁去做这件事呢?他想到了蒋士立,此人与革命党关系甚密,又是自己的亲信,是个"两栖"人物,万无一失。于是召来蒋士立,面授机宜一番,当场送款50万,作为这次的活动经费。蒋士立见钱眼开,也是表现自己的好机会,向主子表白一阵,翌日便登船去了日本。

在驻日公使陆宗舆的配合下，一幕诱人上钩的把戏上演了。

不多日子，一则新闻就在革命党内部传开了，袁政府派员携重金来日，为留日人员办好事：一是资助回国，予以政治地位；二是在国外休养，予以优裕生活费；三是资助留学，为国公派。即日起，凡留日人员均可任意选择登记。

这一招真灵，果然有人上钩报名，愿意回国做官。

革命党内部对此认识不一，莫衷一是。

有阴谋就有反阴谋。孙中山、陈其美及时召开会议，研究防范对策。湖南籍年轻党员吴先梅主张以牙还牙，先斩掉魔爪——蒋士立再说。

"杀掉蒋士立！"大家立即赞成，称绝称妙。

暗杀蒋士立，是在一个大雨滂沱的夜晚。

这天雨大，蒋士立没有外出宣传，只身一人在屋内，起草电函给国内袁大总统，申请邀功请赏之事。恰在此时，急促的电话铃声响了。蒋士立操起听筒："啊，是吴先生，外面大雨倾盆，有什么事啊？"

"上次见面后，我已做了工作。我手上现有一份关于革命党的机密要件，趁雨夜，想给你送去。为防意外，我就不上楼了。你在宅门等候！我10分钟内到达面交。"

"那好。"蒋士立正做升官梦，也不多想，就答应了对方。尔后，草草将信画了句号，便匆匆下楼等候。

果然，10分钟内一个冒雨举伞的不速之客在幽暗的灯光下出现了，渐渐地向宅门走来。

"你好，蒋兄！"

"你好，吴先生。"

"文件我已带来。"

"那好。"

吴先梅佯装从手提包内取文件，结果取出了手枪，黑色的枪口对准了蒋士立："我是革命党，明年的今日是你的周年！"

蒋士立一时目瞪口呆。

"啪！啪！啪！"吴先梅手疾眼快，对准蒋士立连开三枪，蒋应声倒地。

吴先梅收枪而走。

袁世凯得知此事,大为恼火。

魔爪被斩,党心大快。

接着,作为中华革命军总司令的孙中山,为扩大战果,又令陈其美赴上海,成立中华革命军东南军部;令居正赴青岛成立东北军部;令胡汉民赴广州,成立西南军部;令于右任赴陕西,成立西北军部;令夏重民、胡汉贤去加拿大,组织华侨讨袁敢死队,机关设在《新民国报》社,还在加拿大阿尔伯塔省会埃德蒙顿成立军事社,训练队伍。报名参加的有五百多人,孙中山得力副官马湘就是在这时参加革命队伍的。后来华侨讨袁敢死队又奉孙中山电召,在团长夏重民的率领下,开往日本横滨。经过五个月的训练,调到山东潍县周村,归中华革命军东北军部指挥,准备进攻济南。至1915年冬末,中华革命党除部分党员在南洋筹饷外,多数党员已潜入国内各省组织中华革命军分部,进行联络策动工作,讨袁战火开始蔓延全国各省。

革命党人在国内一些城市四处出击,举行暴动、暗杀抑或策动兵变等,使袁世凯的地方军政爪牙如坐针毡,惶恐不安。

陈其美在上海积极组织讨袁活动引起袁世凯及其爪牙的刻骨仇恨,他决定以牙还牙,于是,一场暗杀陈其美的阴谋开始了。

其实,从"宋(教仁)案"以来,袁世凯一直不断派人跟踪陈其美,前后共派了六七批人。陈其美的弟弟陈其采,接到北京一位朋友的来信,说袁世凯忌恨陈其美比忌恨孙中山、黄兴还要厉害。嘱托陈其采赶紧转告陈其美,行动务必十分秘密谨慎。恰在这时,陈其美办事极不顺利,经济也越来越困难,各方面的事情又十分繁忙,日夜难得休息,心情既不好,身体也越来越坏,形容枯槁,疲惫不堪。当他看到革命事业面临重重困难,护国运动各派蜂起,而上海的反袁斗争进展缓慢,心里十分焦急,他决心不惜冒一切风险也要搞到发动起义的一笔经费。这就使在上海的刺客们有了可乘之机。

土匪出身的张宗昌,原是陈其美的部下,后倒戈投靠冯国璋的门下。此人了解到陈其美的困境后,忙收买会党分子程子安,策划暗杀陈其美。

暗杀必须知底。

程子安一伙得知陈其美眼下经费紧缺，就设计组织了一个鸿丰煤矿公司，来引诱陈其美上钩。程子安设法找到革命党人王介凡，又通过王介凡找到陈其美手下一个亲信李海秋，让李去向陈其美游说：鸿丰煤矿公司有一块矿地，要向日商中日实业公司抵押借一笔款子，日商要求有人担保，鸿丰公司希望陈其美作保，借到款子后，以十分之四（20万元）帮助陈做革命经费。陈其美虽然觉得这件事有点不太妥当，但当时经费紧缺，正苦于没有办法，既然有此机会，就想冒险试试，便答应可以作保。李海秋就同陈其美约定了日期。这时很多革命同志也劝说陈不要去，可能有诈。陈其美说，没钱什么事也干不成，如是待毙，不如冒险一试。

5月18日下午，陈其美按时到萨坡赛路14号赴约。与此同时，袁世凯收买的凶手们，秘密地张出了罪恶之网，里里外外进行着周密的布置。程子安召集了一帮凶手，王殿章、王润章、王子连、潘甫庭等拿了手枪、石灰包分布在萨坡赛路14号周围的马路上，随时准备袭击。李海秋是这里的熟人，负责带路。程子安、王介凡、许国霖及一个日本人分乘马车前去与陈其美见面。杜福生租借了汽车、马车在门外等候，以便行刺后迅速逃跑。李海秋既是这里的常客，又按约定前来，门卫没有戒备。李海秋把许国霖带进来之后，就去请陈其美。陈其美随即下楼在客厅与客人相见，刚刚坐定，准备谈正事的时候，李海秋突然推说合同底稿忘了带来，必须亲自去取，说完就匆匆忙忙离席走了。陈知事情不好，正要退出，两个凶手冲了进来，拔出手枪齐向陈其美头部射击。陈其美连中几枪，倒地身亡。时年40岁。

陈其美遇刺后，孙中山丧失了一个得力的助手。他悲痛异常，但局势非常紧张，又不能亲临祭奠，更增添了孙中山先生的无限伤感。

陈其美殉难后，因慑于袁世凯的淫威，一时间无人敢去认领尸体。唯独结义之弟蒋介石狂奔现场，抚尸痛哭，随即又冒险将义兄的遗体送往蒲石路（今长乐路）家中入殓，并亲自撰写祭文："悲乎哀哉，而今而后，教我勖我，抚我爱我，同安同危，同甘同苦。而同心同德者，殆无其人矣。"

为陈送葬时，蒋介石哭得很痛。有人曾出一言："英士与介石不枉兄弟一场。"

1916 年 11 月 20 日,孙中山在陈其美国葬《致各总长各议员函》中充分肯定了陈其美:

平生事功,艰苦卓绝,百折不挠,卒以身殉,死义甚烈。

陈其美的去世,使孙中山失去了左膀右臂,使蒋介石失去了恩师,使陈果夫、陈立夫失去了父辈。"孙陈情结"、"蒋陈情结"自然不自然地也会传染给下一代,让陈果夫、陈立夫兄弟二人从中受益不小,得到许多精神上的补充和慰藉。因此,蒋介石与陈果夫、陈立夫的关系也由此非常起来,用两兄弟的口吻表述:公开场合里,他们称蒋介石为"蒋先生";私下的场合里,则叫他"蒋三叔"。

第三章　上海职场

｜　错位的职业军人

　　袁世凯妄想恢复帝制的倒行逆施,不但激起了全国人民的强烈反对,而且连他的心腹亲信,也开始众叛亲离。他手下的大臣,包括副总统黎元洪等接二连三地从他身边离开。袁世凯见大势不好,于 3 月 22 日发表声明,宣布取消帝制,妄想保住总统的地位。接着,他忧虑成疾,卧床不起。从推行"洪宪帝制"、龙袍加身到他病死,前后 83 天。他当了 83 天的闭门天子,登基大典尚未举行,就被全国人民从君主的宝座上赶了下来。6 月 6 日,北京传出袁世凯的死讯,全国人民无不拍手叫好,南方起义各省更是悬旗相庆,"三军雀跃,万众欢腾"。

　　消息传来,孙中山兴奋得彻夜难眠,夜半起来,手书任命蒋介石为东北军居正总司令部参谋长。好钢要用在刀刃上。因为当时东北军地处山东,离京都较近,易从根本上解决后患。

　　蒋介石奉命上任是在一个阳光明媚的日子——7 月 31 日。第二天,他作为参谋长就出现在操练场上。

　　"报告蒋参谋长,二营列队完毕,请指示。报告人二营副张立为。"

　　"稍息!"蒋介石喊了一声,然后走近队伍前列,目光严厉,问道:"营长来了没有?"二营副张立为回答道:"营长家属昨天来队。"

　　"家属来队是原因吗?"

　　……

　　"你快把他给我喊来,我要见识见识他!"

　　"是,参谋长。"

　　等营副把营座从老婆的被窝拉过来时,蒋介石说话了:"你身为一营之长,应该身先士卒。撒泡尿照照自己,你还是只野性未退的光屁股猴子!"

"是,参谋长,我错了。"

"下不为例。再撞到我的枪口,我就要撤职查办。"

"是,参谋长。"

"操练吧!"

霎时间,步伐整齐,口号震天。

蒋介石望着一队队士兵从他身旁走过,脸上露出了笑容。

应该说蒋介石在任内,还是很尽心尽力、认真负责的。他每天都写军中日记,记载他于职中每天忙于修改操法,整顿队伍,并到师、团制定军训计划和设施。增设军医科,各师、团设军医编制等。他是走到哪儿说到哪儿,尤其是他眼中不能看到问题,看到问题就要点名批评。他又向总司令提议"代理总司令命各队出操时,须先施 5 分钟柔软体操,以练筋骨",大有喧宾夺主之势,按士兵们的说法:"这个蒋参谋长不知道自己官有多大了!"等到他在军任期 13 天的时候,他的军中日记写不下去了,有人告了他的状。

大概因为锋芒毕露,得罪了同僚,并为同僚所不容。而蒋又盛气凌人,目中无物,则矛盾日益激化,遂于 8 月 12 日奉命离开部队。此次共上任 13 天。不久自京归沪,一方面主持东南党务、军事,一方面经营上海证券交易。后来有人戏说:"看来,孙先生没有把蒋看透,他是当司令的料,却让他当了参谋。"

对此事,后人有记载:

　　(蒋)性倔强,躁而易怒,偶不惬意,辄暴跳如雷。处事则往生偏执一见,无他人之地,故同僚……常表恶感……众不能忍,群向孙先生告发……不得已,乃悄然引去。

┃ 证券交易初试身手

蒋介石 1916 年离开军队只身回到上海,从事投机证券的行业。

一干就是六年。

只不过后四年他离开上海去了广州，而其业务交由陈果夫代其处理。

当时他们的合伙人的牌号叫"恒泰号"，资本有 35000 元，1000 元一股，共 35 股。股东总共 17 人，张静江本人 5 股，全家合起来共 13 股。因此，张静江的侄子秉三，为"恒泰号"经理。蒋介石 4 股；戴季陶 2 股；陈果夫 1 股。蒋之 4 股，是张静江代他交的，他本人则一无所有。他们和日本某企业共同组织"协进社"，进行证券交易。这种交易活动，蒋介石一直干到 1922 年。

话说当年蒋介石来上海不久的一天清晨，陈果夫正在信房里写信，蒋介石走了过来，陈果夫停下笔来："三叔无事不登三宝殿。找我有事？"蒋介石回答：你说对了，找你是有事。请你跟我出去一趟，我们单独谈。陈果夫问，什么事这么神秘？蒋介石说，一会儿你就知道了。

他们找到了一家僻静的茶馆坐下来，首先蒋介石向陈果夫通报了孙中山的"革命党人要经商"的最新指示。原来，孙中山分析了革命屡起屡败的原因，一个重要的原因就是没有强大的经济基础做后盾。为此，作为革命领袖的孙中山奔波于国内外，其主要精力是筹备资金。历次起义的教训告诉他，革命精神与金钱比较，他更是缺少金钱。时值上海刚刚兴起交易所行当，孙中山认为交易所买空卖空，本钱不大，获利多多，今后革命经费应由华侨们捐款转移到自己兴办实体企业，比如像交易所等行当。在孙中山的指示下，江浙大财阀虞洽卿已经示范创办了上海证券物品交易所。戴季陶、张静江，包括蒋介石也都入了股。虞洽卿为董事长，常务理事 6 人，理事 17 人。监察人为周骏，此人是蒋介石的老师。

陈果夫听后扑哧笑了，道："什么孙总理的指示啊，蒋阿叔，看来你是奔我的钱袋来了。"

蒋介石也笑了："你说对了，你袋里没钱我还不来哩！"

陈果夫想了想，说："我只问一句话，三叔，这生意你做不做？"他知道三叔的精明，更相信三叔的判断能力。他相信三叔更胜于相信自己。

"能挣钱的事，我怎么不做呢？"蒋介石回答，"上海证券物品交易所那里已有了我的股份。"

陈果夫听后又笑了,笑得那样灿烂:"为革命,你做我也跟!"

就这样,在晋安钱庄做事的陈果夫,本与上海证券物品交易所无大干系,但在蒋介石的游说下,也卷进了交易所的事务中来。

陈果夫事后有这么一段回忆:

> 在民国九年的秋天,总理命令本党同志在上海筹设证券物品交易所。蒋先生把这件事告知了我,并且要我研究这问题,我因特地到日本人办的上海取引所去参观了两次。不久,蒋先生就要我和朱守梅(孔扬)兄及周枕琴(骏彦)先生、赵林士先生等商量,组织第 54 号经纪人号,名茂新,做棉花、证券两种生意。因为我比较内行,推我做经理,守梅兄做协理。我就写信到秦皇岛去,邀希曾弟回上海,做代理人。我们这一个号子布置妥当,恰巧交易所筹备就绪,于是一面开幕,一面开张,我的商业经验又转入了一个新的阶段。

随着交易兴隆,蒋介石也打了个经济翻身仗,他也获利多多,先娶妻(姚怡诚)后纳妾(陈洁如),又在上海、奉化购置两处寓所。为光宗耀祖,他还扩充了祖宅,兴建了牌坊,倡办了家乡小学。

蒋介石的母亲去世,孙中山写来了祭文。蒋母下葬时,陈果夫亲去溪口的白岩山,代表孙中山宣读了祭文。令蒋介石感激涕零。

另外,蒋介石的爱子蒋经国在上海求学时,完全托付给陈果夫,包括零花钱都可以向哥哥要,不必客气。

到 1920 年年底,上海证券物品交易所获利 270 万元。除日商押款和保存的 4 万股应缴钱外,仍余 32.5 万元,全部归戴季陶、张静江和蒋介石所得。又 4 万股股票每股因涨价至 120 元,共值 480 万元之全部股金,亦全为他们三人所获,蒋介石就这样凭空发了大财。到 1922 年,蒋介石离开证券交易所时,得 4 万元到广东任职。

应该承认,蒋介石在证券交易所这段时间里,一夜暴富的他私生活颇欠检点。吃喝嫖赌,娶妻纳妾,无所不为。蒋介石次子蒋纬国就是在这时出生的。因为蒋介石生活腐化,蒋纬国的基因遗传始终是个不解的谜。

传说很多，一说是蒋，二说是戴（季陶），包括蒋纬国自己也解不开这个谜。有一天，长大后的蒋纬国憋不住气地跑到戴季陶那里问："我是谁生的？"

戴季陶一听笑而不答，走到桌子上取下一面铜镜，道："你自己照照，像谁，不就清楚了吗？"

蒋纬国照后，摇摇头说：反正我不像蒋。

戴季陶随后又道，回家问你妈去吧。

蒋纬国又跑回家中，去问姚怡诚。姚告诉他，不用问了，你是蒋介石的儿子。尽管妈妈说了，他还是似信非信，他在努力地查找资料。果然在一堆日本资料里面，有一种说法最时髦，说蒋纬国是蒋介石和日本女人所生。再说这位漂亮的日本女人同时也与戴季陶保持着暧昧关系。据说蒋纬国是戴季陶与日本女人的私生子，因为戴季陶怕老婆，不敢认养，就由蒋介石交给姚怡诚抚养带大。对于后种答案，蒋纬国表示默认。

| 永泰失败之役

1917 年 7 月 14 日，段祺瑞在北京复任后，拒绝恢复"约法"和国会，又有"西原借款"、"吉长铁路借款"、"第一次军械借款"、"第二次军械借款"等一系列的大借款，共计 7592 万元。这是一个庞大的数字。于是段祺瑞便把吉长铁路出卖给日本人。"乖乖儿，当年连袁大头（袁世凯）都不敢干的事，他段祺瑞都干了！"孙中山怒发冲冠，拍桌而起："给我备船，我要护法去广东！"

孙中山说一不二，当夜乘"应瑞"、"海琛"等舰，偕同朱执信、陈炯明、章炳麟等人浩浩荡荡到达广州黄埔。25 日，召开"非常国会"，决议建立中华民国军政府。9 月 1 日，孙中山当选中华民国大元帅。

为了迎合孙大元帅的北伐作战，蒋介石在上海把自己关在斗室，伏案两夜，搜肠刮肚，写出了洋洋万字的《对北军作战计划》，虽未被大元帅采用，但得到了大元帅的表扬。蒋介石并不甘心，接着又起草了《今后南北军行动之判断》。此稿还没有完成，他就接到了大元帅的电召，离沪赴粤，正好途中有时间,把《今后南北军行动之判断》结了尾。于1918年3月10日到达广州,把此稿呈上孙中山,孙中山阅后大加肯定:我会考虑的。你这次来粤,我任命你为陈炯明总部作战科主任,也为炯明做个好参谋,建立好一支新军。蒋介石回复道:大元帅的话我清楚了,一定要尽心尽职。

看来,孙中山对蒋的军事才干是很信任的。蒋也不负重任,稍作休息两日,便到陈部就职,运用他的《今后南北军行动之判断》,帮助陈炯明重新拟定了《粤军第一、二期作战计划》。

好的计划得有好的将领实施。接着蒋介石作为总部作战主任,就前往一线督战。每到一地,他就讲解自己的作战企图和指导思想。黄冈留下他的足迹,潮安留下他的演讲,松口留下了他操炮的身影……他仍像到山东中华革命军东北军任职一样,积极卖力,敢作敢为。

5月9日,朝阳染红的东方,他赶到三河坝行营,传达了陈炯明的作战命令,打响了对闽军的第一炮。

炮火隆隆,闽军对这突然飞来的炮弹惊骇。片刻,闽军的阵地一片火光冲天,火光中不少人倒了下去……

然而就在这时,令蒋介石意想不到的事发生了:后院大本营"起了火",发生了政变。广州护法军政府因唐继尧、陆荣廷有不同政见,极力反对孙中山出任大元帅而闹了起来。通过改组军政府案,实行七总裁制,降孙中山为七总裁之一,约束他的权力。孙中山一气之下,启程离粤。

那是一个北风呼号的傍晚,夕阳西下,一片乌云遮盖了夕阳的余晖,昏天黄日,几只乌鸦在榕树上泣声地叫着,着实让人伤感。

蒋介石听到这个消息,特来三河坝为孙中山先生送行。因为孙先生是他特别敬重的人。此时蒋介石见孙中山形容憔悴,又听宋庆龄诉说先生已瘦下去十多斤肉,蒋介石伤心得直掉眼泪,不时地讲:先生要多保重啊!国不能没有先生啊!留有青山在,不愁没柴烧啊!

蒋介石的一番肺腑之言让孙中山动容:你也要注意啊。

蒋介石点头。

"前方情况怎么样?"孙先生问。

"不错,我们已接连打了三个胜仗了,攻克永定城在望。"

"好啊。祝你们成功!"

这天,孙中山与蒋长谈到深夜。孙中山于 6 月 1 日自汕头启程经台北赴日本,然后再由日本转道上海,开始了他的著书立说,旨在唤醒民众。回到前线的蒋介石亲自指挥作战,一天一夜就攻克了永定城的大门。用蒋的话来说,这也是为大元帅的送行。

同年 7 月 9 日,蒋介石拟定《第二期作战计划》,主题是先巩固潮汕,再兵分两路向漳州、福州挺进。蒋介石的计划,最后因为右翼军失利而没有成功,但是不管这类计划的可行性如何,蒋介石不断提出作战计划本身就是一种最好的说明,即蒋介石的军事才能要高于他人,起码他能不断思考部队下一步的趋向。所以说蒋介石早期能够不断地升迁,不断地向孙中山和上司提出自己的军事计划和见解,不断刺激大元帅和上司的头脑,这不能不说是个原因。

且说蒋介石的计划因 7 月 18 日粤军要地大埔失守而无法执行。30日蒋介石率军夺回大埔,但粤军内部一些将领开始埋怨蒋介石了,认为如今的失败主要"归功于"蒋介石冒险的军事计划所致。听到这些怨言,蒋介石一气之下离开前线回到上海,并向孙中山诉说遭粤军排挤的经过和是非,这是他第一次离开护法北伐的前线。

8 月初,粤军开始反攻,31 日攻克漳州,继续向厦门推进。

9 月 18 日,蒋介石在孙中山、陈炯明和邓铿的催促下,返回漳州前线粤军总部,八天后升任第二支队司令官,司令部设在长泰,下辖有梁鸿楷、丘耀西统领所部共 1000 人。刚升官的蒋介石血气方刚,大吐狂言:"伏愿而今而后,战必胜,攻必克,统一中华,平定全亚,威震寰瀛,光耀两极,完成革命伟大之盛,皆自神灵所赐也。"

永泰,福州的门户。

蒋司令率部于 11 月 19 日向福州进发,浩浩荡荡,到达福州西南要地永泰县城下不顾陈炯明要其停战的命令,12 月 8 日一口气攻陷永泰和汰口、葛岭等地,此时离福州只有 60 里之遥。原来李厚基向陈炯明求和,是缓兵之计,图谋部署反击,陈竟答应,故下令停战。蒋不听陈命,仍令梁、丘二将继续前进,逼近福州。但梁、丘二将已接到陈炯明的停战令,不再听从蒋的指挥。

这时李厚基于15日指挥五千余人反扑,两城相继攻占,蒋介石措手不及,在所部全部自行后撤的情况下,只身逃出泰城,狼狈不堪。他坚持6年的日记和平时最喜爱、画满记号的两部兵书《巴尔克战术》和《战争论》也来不及拿。

应该说,这是蒋介石第一次在两军对垒的战场上遭到失败,他对战役做了一些像模像样的检讨。但是此次的失败主要是兵力差距过大,当时不管是谁指挥,最好的结果就是尽量组织有秩序的撤退,而不是像此次这样的逃跑。

1919年3月5日,永泰失败后一直闷闷不乐的蒋介石请假回到上海,这是第二次离开前线。

5月初,蒋介石回到前线。6月间,他写信给粤军参谋长邓铿将军,诉说第二支队中,没有人才,不能自选兵将,也不能如意整顿和革新;自己到粤军一年来一再受人指责,忍辱负重,特别是永泰失败以后,更是"诽谤交作,雌黄沸腾"。7月12日,正式上书辞去"第二支队司令"职务,时过不久又第三次离开前线回上海。

在沪期间,他两次与孙中山密谈,一再要求出国留学。10月3日,孙中山在和蒋介石见面时,十分看重蒋介石的作用,他语重心长地说:"为了重建革命党,必须要有军事方面的助手,如果让你远游欧美,长期留学,对革命阵营来说,实在是很大的损失。"这年10月10日,中华革命党又恢复原名——中国国民党。同月蒋介石受孙中山之托赴日本看望友人山田纯太郎、萱野长智、头山满、秋山定浦、森福等人,这些日本友人都是孙中山革命活动的资助人,甚至还直接参加了中国革命者组织的推翻清王朝和北洋军阀的斗争。

1921年5月5日,驻闽粤军将把持多年的桂系军阀驱逐出广东后,邀请孙中山返粤,孙中山第二次回广州就任非常大总统。革命形势峰回路转,出现了朝阳。

且说这一天,广州街头,10万市民进行了游行。孙中山总统检阅了游行队伍,随后和宋庆龄又参加了游行。

一个月后,游行变成了打仗。战火重起。

孙总统下令要打倒桂系军阀陆荣廷,于是北伐大军迅速攻占了内河港口梧州,接着直捣陆荣廷的老巢——桂林山城。恰在此时,一个人跳将出来,公开反对孙中山的北伐。他正是邀孙来粤的粤军总司令陈炯明。

第四章　追随中山

┃　患难与共，忠心可鉴

　　早在孙中山发出北伐号令之前，蒋介石就预见到陈炯明必将叛变，就向总统建议，先平陈，然后北伐不迟。这也叫先清内患，再图中原。可是孙中山并未听取蒋的意见，总希望陈炯明回心转意，至少不为北伐大计找麻烦。蒋见己见不被用，心情闷闷不乐，自然又要以辞职表示抵触情绪。4 月 23 日，蒋辞去第二军参谋长之职。孙中山则一再挽留，并动感情地对蒋说："此时你若走，则我与汝为机能全失，人无灵魂，躯壳何用？"蒋闻之也自然伤感，乃暂中止辞归。后又终因对军队部署和大政方针无能为力，仍然辞职，于当夜离开广州。途中曾给陈炯明写信，执意劝陈服从孙中山和北伐大计。但陈叛心已定，劝亦无用。

　　果然不出蒋介石所料，陈炯明终于公开叛变了。

　　1922 年 6 月 16 日。

　　这天，孙中山和夫人进入广州总统府，刚刚送走来穗看望宋庆龄和孙中山的大姐宋霭龄和侄女洛士文，夜半子时，反叛的炮声就打到了总统府。那炮弹似流星般带着呼啸，拖着长长的火尾，从四面八方飞往总统府。一时间，总统府周围成了一片火海。爆炸的炮弹震耳欲聋，随处开花，映红夜空；炮声、枪声、惊叫声、交战声汇成一片；狂风作祟，火苗作浪，使燃烧着的房间楼阁顷刻化为灰烬。

　　显然这是一场事先有组织、有预谋、有计划的反叛。指挥者便是孙中山的信任者——粤军司令陈炯明。陈炯明在外围督战，命令尖刀分队一梯队一梯队地跟上。摧毁要点，使孙中山无藏身之处，连同夫人宋庆龄，一同全歼。并扬言漏网责任者，拿人头相见。

　　从第一声炮声响起,孙中山似乎有些清醒:在凌晨 2 时,他接过一个电话,说陈军将攻本府,催速整装逃出,即刻进入战舰,由舰上剿平叛变。电话刚放下,炮声即响。先是零星,后是遍地开花。

　　孙中山无比愤怒,他后悔当初没听蒋介石的话。这陈炯明已是今非昔比,恩将仇报,拿自己当炮灰。谈判说服已是梦想,消灭自己才是真心。人不顺道天行道,多行不义必自毙。祸患生于肘腋,干戈起于肺腑。

　　接着孙中山指挥卫队,固守总统府,戡乱平逆,自己也做好了报忠祖国的准备:"如力不足,唯有一死,多少同胞战友先我而去,虽死无憾。"

　　这时,宋庆龄从容进屋,虽是万危之中,仍处变不惊,不失大家闺秀之风。面对着众人劝孙中山撤离,苦口婆心,场面感人肺腑。

　　"中山,你快撤!"宋庆龄也站到了众人的立场。

　　"庆龄,我们同走!"孙中山不放心。

　　"这样做目标更大更危险。"宋庆龄急说。

　　"那么你先走!"孙中山知道宋庆龄正怀着身孕,这是她结婚七年来的第一次,也是一生中唯一的一次怀孕。

　　"我求你了,中国可以没有我,不可以没有你!你答应我吧!"面对危急时刻,宋庆龄几乎声泪俱下。

　　外面的枪声一阵紧似一阵,炮弹不时在周围爆炸……

　　"好,我先走!"孙中山终于应允下来。说完向夫人审视一眼,"保重!"接着又决定把自己的全部卫兵留下掩护宋庆龄,自己只带两位卫兵冲进了夜色中……

　　须臾,炮弹又落到房前,形势十万火急。此时,宋庆龄并不担心自己,更重要的是担心孙中山先生的安危。孙中山走后半个小时,忽又枪声四起,如炒豆般地向宋庆龄住宅射来。宋庆龄住宅是龙济光所筑私寓。位居半山腰,四周树木丛生,一条桥梁式的封闭过道,宛如一条空中走廊,长一里许,蜿蜒着由街道及住房之上经过,直通观音山总统府。叛军占据山头,居高临下,左右夹击,向宋庆龄住宅射击,高喊着:"打死孙文!打死孙文!"

　　宋庆龄异常镇静,示意卫兵暂不还击,因为四周漆黑,敌情不明。

　　黎明时分,卫队开始用来福枪及机关枪与敌军对射。因卫队经过专门训练，个个都是神枪手，击毙敌人不少，也给其嚣张气焰以压制。敌人见枪射效果不佳，便用野炮瞄准向宅中轰击。突然一声爆炸，宋庆龄里间澡房中弹起火。此时，卫队伤亡已有三分之一，但其余的人，仍英勇作战，毫不畏缩，誓与宋庆龄同生死。有一侍仆见势危难，从宋庆龄身边冲了出去，爬到高处，挺身而战，一连击毙了不知多少敌人。这时，宋庆龄命令卫队停止还击，只留几盒子弹，等候着最后的决斗。

此时情势，强留已没有实质意义。这时孙中山卫队营长叶挺站出来向宋庆龄报告："请夫人下山，不然我们都要全军覆没！"

卫兵伤残不少，皆劝宋庆龄下山。宋庆龄望着伤残的卫兵，从不流泪的她此时已泪水潸潸了。

在忠诚的卫兵掩护下，先是一阵机枪扫射，接着宋庆龄就离开了住宅。姚观顺副官长（孙中山的侍卫）在前带路，宋庆龄在后，两位卫兵掩护随之。突然间，正前方有机枪封锁扫射，头顶流弹飞鸣。姚示意宋庆龄卧倒，借以两旁夹板掩护，匍匐而进。行至夹板击毁之处，没有掩护，只好鱼跃而过，跟着就是一阵哔哔剥剥的枪声。在经过这一段之后，姚副官忽然高叫一声倒地，宋庆龄连忙过去一看血流如注，一粒子弹穿过他的大腿，击中一条血管。宋庆龄立即命两个卫兵把他抬着走。片刻，只听"轰隆——"一声巨响，转身望去，刚走过的"空中长廊"已经落下山崖。这时，他们才感到：苍天有眼，实是不幸中之大幸。在枪林弹雨中，经过曲曲折折，最后走完这条通道而进入了总统府的后院。

这时总统府四周也是炮火连天，更为不便的是附近都是民房，所以房内的士兵不能向外射击。

宋庆龄示意卫兵把姚观顺抬进一间房屋，赶快包扎抢救。两个卫兵加快脚步，走进附近一间房屋，姚副官剧痛难忍，宋庆龄不忍相看，最令人感动的是姚副官还在安慰宋庆龄："夫人，将来总有我们胜利的一天！"说完便闭上了眼睛……

自早 8 时至下午 4 时，他们一直处在炮火连天的地狱中。流弹不停地四射。留在房间的危险更大，宋庆龄决定再换一个房间。就在他们离开房后的顷刻间，一颗炮弹飞来，落在房顶爆炸。刚到的房间又是弹火冲天,这时,宋庆龄已准备随时牺牲。恰在这个当儿,一向恪守中立的魏邦平师长派一军官来商议条件。宋庆龄的卫兵提出的第一条就是保证宋庆龄平安。但是那位军官说他不能担保宋庆龄的安全,因为袭击的不是他的军队,而且连他们自己的官长,都不能约束。正在说话之间,前面两扇大门"哗——"一声打开了。敌兵一拥而进,宋庆龄的卫兵子弹已尽,只好将枪放下。四周这些敌兵拿着手枪、刺刀指向宋庆龄。登时就把她手里的一些包裹抢去,用刺刀挑开,大家便拼命地乱抢东西。她乘机逃开,直奔入两队对冲的人丛里,一队是逃出的士卒,又一队是由大门继续闯来抢掠的乱兵。幸而宋庆龄头戴着姚副官的草帽,身上又披着孙中山先生的雨衣,由那混乱的人群里脱险而出。

出大门后,又是一阵炮火,左边来了一帮乱兵,宋庆龄一行只好穿东走西曲折地向巷里逃,这时宋庆龄再也走不动了,突感腹部剧痛,便对两位卫兵说:"我恐熬不过去了,请你们把我枪毙了吧!"万般无奈,两位卫兵一人架住一边肩膀扶着走……四周横列着的都是死尸,有的是士兵,有的是居民,胸部中弹、断腿失臂地横列在街上的血泊中。

正走时,忽有一队士兵由小巷奔出,向他们这里射击。宋庆龄示意大家伏在地上装死。那些乱兵居然跑过去,到别处去抢掠了。他们爬起来又跑,卫兵劝宋庆龄不要看路旁的死尸,怕宋庆龄看后要昏倒。约过了半个小时,枪声渐少、稀落,他们跑到一座村屋,把那上闩的门推开躲入。此时宋庆龄昏倒过去,醒过来时,两位卫兵正在给宋庆龄烧热水,用扇子为宋庆龄扇风。一名卫兵出门去观察动静,忽有一阵枪声,卫兵中弹倒地。屋内的卫兵赶紧把门关闭。

枪声沉寂之后,宋庆龄化装为一村姬,卫兵扮作贩夫,离开这村屋。穿过一两条街,宋庆龄拾起一只菜篮及几根菜,便拿着走。也不知走了多少路,经过触目惊心的街上,他们才到了一位同志的家中过夜。这间屋子早已被陈炯明的军队搜查过,因为有嫌疑,但是宋庆龄再也无力前进,就此歇足。通宵闻听炮声……再后才欣然听见战舰开火的声音,这时宋庆龄知道孙中山先生已安全上舰了……第二天,宋庆龄仍旧化装为村姬,逃到沙面,在沙面由一位革命同志替宋庆龄找一小汽船。宋庆龄与卫兵才到岭南,住进友人家。

在河上,他们看见满载抢掠品及少女的几只船,被陈炯明的军队运往他处。后来听说有两位相貌与宋庆龄相似的妇人被捕监禁。正巧宋庆龄离开广州那天下午,宋庆龄所借宿的友人家又被搜查。晚上,宋庆龄终于在永丰舰上见到孙中山先生,真如死别重逢,化险为夷,孙中山异常高兴。

然而这时,危险并没有过去,随时都在威胁着他们。

叛军在监视着他们,炮弹不时地打到舰边。

6月16日,陈炯明的反叛、孙中山遇难的消息传到上海。这消息没让蒋介石意外,但他从中却悟出了一个道理,这也是中国人常说的一句话——患难之中见真情。我何不借此机会表现表现,在患难中支持他,万一他脱险,我这个总统的救命恩人还愁没事做吗? 想到这里,他便向爱妾陈洁如辞行。

"这是很危险的,"陈洁如规劝蒋介石,"机会还有得是,你早不去晚不去,偏在这个时候,我看危险得很!"

"你真是头发长见识短,"蒋介石不悦,"你以为我此去一定活不成吗? 反正到处没办法,碰碰运气,至少比待在上海孵豆芽强!何况大总统坐的是大兵舰,陈炯明又没有船,怕什么?"

……

蒋介石冒着连天的炮火到达广州,几经周折,潜到孙中山的座舰,倒叫孙中山怔住了:"你怎么来啦?"

"没想到吧!"蒋介石慷慨激昂,"知道总统有危险,所以不避艰难,星夜兼程,追随左右,担心总统啊!"

处在危难中的孙中山被蒋介石这番话感动得说不出话来。

"孙夫人呢?"蒋介石急问。

"她差点给机枪打死!是她最后一个撤离,是她保全了总统的命。"在一旁的侍卫老赵替孙说道,"卫士们弹尽援绝,便向叛军缴械,双方言明:一经缴械,对方就不再实施射击。"

"孙夫人好险!"老赵喘了口气,"双方讲好以后,对方马上变卦,卫士同黄副官、马副官护卫孙夫人刚离开总统府,叛军就开枪扫射,死掉不少人！叛军老是不见总统出来，于是进内搜索，才知道总统早已离开……"

正说到这里，舰上空地一阵骚动，原来是外交总长伍廷芳、卫戍总司令魏邦平上永丰舰来了。蒋介石跟着大家进入会议室，前后左右站立戒备，商量了片刻，只见孙中山声色俱厉，指着魏邦平说道："魏司令！你现在回去，把队伍集中在大沙头，策应海军，拦截叛军炮火！"

"是！"魏邦平离座站起，向孙中山敬了个礼，便下了小汽艇。

"伍总长，"孙中山站起来，"今天，我要亲自率领舰队，击破叛军！否则中外人士以为我已经丧失力量，而且也不知道我在什么地方。如果躲在舰上，潜伏黄埔，不尽职守，仅仅为我个人避难偷生着想，中外人士都会笑话我们的。"

炮声震撼着河流，震撼着舰身，远处白烟迷漫，火舌飞舞，山谷中响起巨雷似的回声。叛军一颗炮弹落在永丰舰船舷旁，水柱激到半空中，蒋介石心脏剧跳，双腿酸软，拉着孙中山的胳膊劝道："报告总统，这里危险，赶快进去！"

"让开！"孙中山挣脱他那只手，正气凛然，传令舰长道："目标正前方，敌炮车！"

舰队猛烈攻击着目标，叛军显然没有料到这一着，抵抗渐告微弱，终于冷寂。舰上的炮弹掠过长空，"轰轰轰"地在叛军中起爆，只见叛军抱头逃窜，狼狈不堪。魏司令的炮火又打了过来，孙中山的攻势胜利了！

这时，永丰舰加大速度到达了白鹅潭，因此四处有外国舰船停泊，陈军不敢再开炮，稍为安定，也可以等待北伐回师援军前来接济和解围。

"李舰长，快取出照相机，咱们和大总统一起留个影吧，欢呼我们的胜利！"蒋介石对舰长讲完，马上又跑到孙中山跟前："报告总统，大家对总统的指挥有方非常感谢。我尤其愿意追随总统一辈子，舰长也说总统伟大，愿意和您一块照个相，作为胜利纪念，嗯，他已经在那里等了！"

"好吧！"孙中山整了整衣帽，阔步向前走去。

蒋介石喜上眉梢，忙不迭搬出一把椅子，让孙中山坐定，便立在他身旁，一手撑腰，照下了一张相片，喜得他一夜没合眼。待照片洗好，送到战报一登，从此蒋介石身份倍增，逢人便说："瞧，我是孙大总统最亲信的人!"好一张政治资本照。

| 政治新星

阳光总在风雨后。

且说蒋介石这个彻头彻尾的政治投机商,他两面三刀,阳奉阴违。表面上对孙中山百依百顺,可是对下面群众却是傲慢无理,不可一世。平叛战争一结束,在孙大总统号召下,国民党人怀着兴奋、新奇的心情回到广州。孙中山设立了大本营,复任大元帅,组织了国民党军事委员会,蒋介石由孙中山直接提名任命为军政大员。

当时在孙中山周围的人有汪精卫、胡汉民、廖仲恺三人,这时的蒋介石,已紧排其三人之后。蒋介石很珍惜自己的资本,他认为要超越这三人,还要有段时间,因此他很会察言观色,他认为廖是深深体会孙中山联俄、联共、扶助农工三大政策,而且参与机要的左派;胡却是右派;汪是一个动摇的软骨头。蒋介石早就知道廖仲恺的分量,在他面前表现得特别积极,换取他的信任。不久孙中山与廖仲恺决定派蒋介石去苏联,观摩人家的优点,回国以后帮助廖仲恺创建军校。

孙中山为了多多培养革命干部,又派张继同行。临走之前,免不了鼓励一番,于是蒋、张二人在民国十二年(1923年)7月中旬,从广州到上海,出发莫斯科。

蒋介石在上海的"师友"们疯狂地欢送他,整天在秦楼楚馆消磨日子,连陈洁如都难见到他。大地主、大商人、大"师父"们,把他们未来的日子寄托在蒋介石身上:"快点回来啊,你一上台,我们的日子就好过了!"

8月间,蒋介石同张继到达了莫斯科。

鲜艳瑰丽的莫斯科,紧张兴奋的苏联人,宽广朴素的高尔基大街,端庄高耸的克里姆林宫的塔尖,多彩多姿的各种歌剧和戏院,矗立云霄的圣巴塞尔教堂的穹隆,银白色的河流,和谐的手风琴……

蒋介石对这些没什么印象,他只对一个山头有兴趣,那个山头拿破仑曾经到过。他的愿望,凡是拿破仑到的地方,他一定要去。

光阴似箭,不知不觉半年过去。

蒋介石走马观花回到中国后,一天,孙中山把他召去。

"我们决定办一个革命的军事学校!依靠军阀队伍来革命是不行的。进行革命,必须要有革命的武装,我考虑很久,决定按照苏联赤卫军的组织,成立陆军军官学校。"孙中山兴奋异常地说道,"这是前年苏联代表马林给我的建议,我考虑很久了。"

"太好了。"蒋介石附和。

"我们想派你做黄埔军校校长!"

"啊!"蒋介石乍听,不知如何是好。

"你可以试试,"孙中山笑道,"大家多研究,多帮助你。你是英士介绍给我的。在永丰舰上你也表现了对党国的忠诚。再者你履历表上还写着在日本学过军事,我想你是可以胜任的。"

"实在,"蒋介石惊喜参半,"我没有经验。"

"别怕,"孙中山从卷宗里抽出一张名单,"有这么多朋友帮你,你怕什么?瞧,党代表廖仲恺、校长蒋介石、政治部主任周恩来、军事顾问鲍罗廷、教务主任加仑、教官邓演达、恽代英、聂荣臻。"

"恐怕他们会笑话我。"蒋介石故作掩饰,"我看还是另外派一位同志担任校长吧。"

"你不要推辞了,"孙中山坐下来,"这是你的一个机会。我现在批一张条子,要他们拨 500 支奥造毛瑟枪给你,教练学生受训。"

"什么时候成立?"

"6 月 16 日开学。"

黄埔军校按照计划准时开学。从此,蒋介石走马上任。尽管白手起家,困难重重,但他还算忠于职守,当了军校校长,他平生第一次感到有所建树。

眼下他正在热恋宋家三小姐,按照他追求宋家小姐的"三步走"计划,已实现了两步,目下还有请月老做媒一步。他想,自己来广州,和孙大总统的关系非同一般,交往日益密切。此时蒋介石的野心更大,如果能把宋家三小姐娶到手,做大总统的连襟,何愁未来军政中没有位置? 关于向宋小姐求婚之事也应该开口了。再者,陈洁如如何处理呢? 黄埔军校校长的职衔毕竟不小,关键是正牌的。如果再让陈洁如这个爱妾做夫人毕竟不大体面。姚怡诚给他来信要来广州居住,还有原配夫人毛氏呢? 心事重重的蒋介石反而睡不安宁了。

蒋介石心里一急上了点火,牙也疼。军校政治部主任周恩来得知蒋校长身体不佳,劝说:"学校已走上正轨,我看你就休息几天吧!"

蒋介石虽没说可以不可以,反正躲在宿舍不出来了。整整三天,他才把自己乱麻一团的思绪理清。万事之首,他要找孙大总统谈谈。谈什么? 如何谈? ……总之,他把腹稿已经打好。

蒋介石说干就干,赶巧翌日是一个星期天,蒋介石便信步来到孙中山家里。

孙夫人虽不喜欢他,但却热情地接待了他。

"孙总统呢?"

"他去隔壁打个电话,马上就回来。"宋庆龄说完,马上摆上茶杯,给他沏上了酽茶,"蒋校长,先喝茶!"

"好,好。"蒋介石接过茶杯,道,"国有今天,党有今日,全靠大总统。上次跟着总统,在永丰舰上蒙难不死,全是总统的洪恩啊!"

"你这说到哪儿去了? 平叛战乱的胜利,全靠我军全体官兵的共同努力作战。我看单靠他一人,恐怕我们现在都当炮灰啦!"

"夫人说得对! 夫人说得对!"蒋介石呷了一口酽茶,哈哈笑了起来。

这时,孙中山从隔壁走过来,满面春风道:"你们又讲起我的蒙难史来了。"

"可不是嘛!"蒋介石站起身。

"快坐下。"孙中山摆了摆手道,"上次蒙难也多亏老友在难中帮忙。说实在的,原来我对你们江浙人是有看法的,说得多做得少,油头滑脑。难中见诚心,自从那次蒙难,我才真正认识了你。干好了,你蒋校长还是前途无量的。"

"哪里哪里!"蒋介石故作谦虚道,"我这个人是属狗的,只要别人对我以诚相见,我能拿心掏给你看。"接着,他把身子向孙中山那里靠了靠,又道:"今天来,不是工作,而是一些隐私事,想同总统谈谈,以便总统能给我做个参谋。"

"什么私事公事,你就只管说吧! 凡是我能帮办的,尽量成人之美。"孙中山道。

"总统不是别人,恕我直说了。"蒋介石察言观色后,说道,"国有国父,家有家长。我们这些单身汉还缺老婆啊! 总统阁下向来关心部下生活,乃至柴米油盐,这个事也定能帮忙吧。"

"这个问题好说。中国还不像苏联,那里女性缺,中国人口多,怕你这个堂堂有名的大校长,还找不到一个俊老婆!"孙中山说这番话也是颇有几分真诚。接着,他又问道,"听说你溪口老家不是有原配之妻吗?"

"唉!"蒋介石叹了一口气,"总统还不知,因感情不和,早几年间,我们就离了婚。"

"这,这,我还不知道。"孙中山说完,在一旁倒水的孙夫人插言道:"那你的美人姚小姐呢?"

"看我刚要说起她,夫人便就提起了她。我猜想是陈英士告诉夫人的吧? 她,这个人长得倒是不错,花儿一般,就是不大正经,我已去信跟她脱离了关系。"

"看来蒋校长倒是正经的啦!"宋庆龄反唇相讥,实际她是知道蒋介石在上海交易所老底的,也是风言风语传到她耳朵里的。但是有关他和陈洁如的婚事,宋庆龄和丈夫并不知晓。蒋介石察言观色,见他们没有相问,也就隐瞒下来了。此时,他只顾笑笑,道:"关于我的事,还请总统和夫人多关照。有关条件吗? 人才容貌且不论,主要是有些文化教养,最好能懂些外文,日后也好给我当助手什么的。"蒋介石的这番话是有所指的,也是他想了几天才想出的。孙中山是明眼人,他马上意识到小妹是最合适的人选。孙中山可不像花花肠子的蒋介石,他待人忠厚,为人正直,早年间人们对他曾有"大炮"之称。听了蒋介石一番话后,把头转向宋庆龄道:"夫人,按照蒋校长的条件,我看三妹宋美龄挺合适的。不行,你就给他们俩做个月老红娘吧?"

孙夫人嗔了丈夫一眼:"小妹那脾气你又不是不知道,她要看不上,你就休想说通她。再说,她那眼光也高着哩! 要做红娘,我看还是姐夫的话她听。"

宋庆龄把"皮球"踢了过去,实际上她是一千个不同意。因为蒋校长在跟前,有些话不好明说罢了。

"好,我做红娘,找个空闲时间,先给岳母透个话。"孙中山为之一笑。

"总统先生,您的事很多,我告辞了,不过您要保重身体,您的福寿也是我们党国的福寿啊!"

"谢谢!"孙中山和宋庆龄站起身送客。

蒋介石走后,平时稳重的孙夫人对丈夫好埋怨一场。

"你也不看看蒋介石是个什么人?上海十里洋场谁还不认识他?今天跟这个扯,明个跟那个混,脑袋光秃秃,满身流氓气。"

"人言可畏。不能光听那些流言蜚语,也不能光揭人家短处。最近,我看他对党国还蛮忠诚的,广州蒙难足以证明。中国有句俗语:危难之时见忠心。看人就要看关键时刻。这个人有才干,工作有魄力,用好了说不定是位将才哩!"

"什么将才帅才的! 我就不同意你的看法。我看他纯属一个野心家!甭看现在在你面前装得正经,说不定百年之后还要挖坟鞭尸呢!"

"看你说到哪里去啦!"

宋庆龄气了,站起了身:"我郑重提醒你,蒋介石这个人不可重用。还是先头那句话,他是个野心家。你愿做好事你尽管做去,我家小妹决不嫁这样的男人!"

"那如果小妹要是同意呢?"

"我看小妹是不会同意的!"

"话不要说绝了,那可不一定。"

两人不欢而散。恰在这时,一只花猫跑了出来,嘴里叼着一只老鼠。孙中山看了,感到又悲伤又好笑。

｜　黄埔军校校长

黄埔军校位于广州西南 40 里美丽的黄埔岛上。

这里面向大海，环境优美，是建校的理想场所。

清晨，太阳跃出大海，一队队黄埔士兵，迈着正步，唱着军歌，雄姿英发地走向操场，进行操练。口号声、军歌声，整齐有序的步伐声与大海的涛声媲美。

蒋介石出任黄埔军校校长后，非常勤奋，他把日本军校的一套搬到了黄埔，要求十分严格。他经常深入队排，亲自检查教官、学员的训练与生活情况，常常在起床号吹响后，他直奔教官、学员的宿舍巡视。有些人以为蒋校长不在校而睡懒觉者，被蒋袭击抓获，就集合起来训斥，让你当众出丑。

每餐必唱军校歌，以示激励。"怒潮澎湃，党旗飞舞，这是革命队伍的黄埔。主义须贯彻，纪律莫放松，预备做奋斗的先锋。打条血路，领导被压迫的民众。携着手，向前行，路不远，莫要惊！亲爱精诚，继续永守，发扬吾校精神，发扬吾校精神！"

当时军校生活费，每人初为六元，后增加到八元。外面士兵生活费每人四元。但实际生活情况，据学员们回忆说，生活不错，每人只许添一次饭，基本上能吃好。大家穿的是草鞋，洗澡套用日本军校的做法，用冷水浴。蒋介石当时不吸烟不喝酒，他在校时与学员实行三同，同吃同住同教学。教职员工必须等他动筷后动筷，大有严肃认真、励精图治之气概。

蒋对军校学生很重视言教。讲话是家常便饭，而书写格言、对联，也时而为之。同年夏，蒋就于黄埔军校书写对联一副：

"居安宜操一心以虑患，处变当坚百忍以图成。"

蒋一直标榜"处变不惊"的心志，应当说这个时期已经开始形成。

6 月 29 日，蒋对黄埔一期学生训话，强调党员学生（学生均入国民党）要学习苏共党员的忘我、服从、团结的品格，但决不学马列主义思想，这是显而易见的。

为了加强军事业务的研讨,蒋又于7月1日,成立黄埔军校革命军事研究会。凡属军校毕业生,均得为会员。中央研究会设于军校本部。各地方可组织地方研究会。五人以上者,均可组会。每月开会一次,会纲分八类:一为情报,二为时事,三为编制,四为调查,五为教育,六为兵器,七为培材,八为建设。

这个研究会的作用和意义是十分重大的,对国民党的建军和军事科学的发展,是有着极重要作用的。这从其详细、全面的研究纲目中,是不难看出的。

周恩来曾在1943年写过《关于一九二四至二六年党对国民党的关系》一文,其中讲过一段话,可以为蒋介石办黄埔军校时的当时情形做个扼要的总结,他说:

蒋介石开始办黄埔军校时,表面上赞成革命,但他的思想实际上是反共反苏的,并不是真心诚意地与共产党合作,有一次苏联顾问为革命说了几句话,他就不高兴,拂袖跑到上海去了。当时黄埔军校有近600名学生大部分是我党从省秘密活动来的左倾青年,其中党、团员五六十人,占学生的十分之一。蒋介石对这些人是提防、限制的。他的军阀思想在那时也是发展的。他让最为人所不齿的王柏龄负责训育。他所能用的就是奴才。对有些骨气不愿做奴才的邓演达,他就容不下;对经王柏龄介绍的何应钦,这第二个奴才,他却非常相信。黄埔军校内的队长都是他的私人。有一次我派了几个左派的人当队长,他就大为不满,撤销任命。他用人的方法是制造矛盾、利用矛盾、操纵矛盾,拿一个反动的看住一个进步的,叫一个反左派的牵制一个左派,用反共的牵制相信共产主义的,例如第一师师长何应钦,党代表就可以用周恩来。第二师师长王懋功因接近汪精卫而成为当时的左派,我推荐我党的鲁易同志去当党代表,他就无论如何也不干,用了右派的人。第三师师长谭曙卿是右派,他就用鲁易同志为党代表。第一次东征以前,1925年1月,黄埔军校成立了青年军人联合会,他接着就在4月,在戴季陶的分裂阴谋下,成立了孙文主义学会,以相牵制。

有人不禁要问,蒋介石诚心诚意地办军校的目的是什么? 应该说是两个字:野心。蒋介石深知,在现时的政治斗争中,不掌握军队,就没有实力,一切都无从谈起。他十分崇拜拿破仑,因为拿破仑是以赫赫武功称霸欧洲一时。蒋介石更崇拜曾国藩,曾国藩也是以治兵有道、屡建军功而成为封疆大吏。尤其是民国以来,蒋介石看到袁世凯由于掌握北洋军事实力,不但威迫清廷,还能左右民国大局,窃取了辛亥革命的果实。其后各大小军阀也是凭借个人的军队才能割据一方。蒋介石同时也看到孙中山所从事的国民革命,以及为打倒军阀、统一中国而发动的"北伐"也屡遭失败,就因为孙中山手中没有可靠的军队。而他自己也因为手中没掌握军队,在军队中一直充任参谋一类的幕僚、副手。"为他人作嫁衣",还受人排挤、奚落,以至长期一事无成。

但是,蒋介石根据当时的社会历史情况和自身的经验,又深知要掌握军权、建立自己的军事实力,却又不能走当时南北军阀走过的老路。这是因为蒋介石开始政治活动就是以革命者身份出现的,他身在革命营垒,要搞军队,必须以革命的名义,公然建立自己的派系,这不但不符他"革命党"的身份,还将被视为革命的叛逆。当时"打倒军阀"的呼声很高,走旧军阀的道路是不得人心的。同时,蒋介石也不能像广东革命政权下的一些"革命将领"那样,借革命的名义,培植私人军队,这些人其实是一批失意的小军阀,或者丧失实力,这些人想趋附于革命一时,寻找机会再恢复和壮大自己的军事势力。这种挂羊头卖狗肉的"革命将领"蒋介石也做不来,因为他原来就没有可以凭借的派系势力和地盘,蒋介石知道走这条路也是斗不过这些军阀的。并且,蒋介石在粤军中工作时看出,这样建立起来的军队仍然是旧式的雇佣军,不可靠,也不足为用。在蒋介石给孙中山、廖仲恺、胡汉民、许崇智等人的信中,可以看到,他曾为使用这样的军队苦恼,而又找不到办法。由于蒋介石的苏俄之行,使他看到苏联红军的建军原则,启示了他,使他认识到,以当时中国的社会情况及他本人的具体条件,就是必须利用苏联的帮助,借以党和革命的名义,才能建立起一支区别于当时任何军阀的、新式的、有战斗力的革命军队,并使这支军队成为他实现其政治野心的工具。走一条他自己的与众不同的新军阀的道路。这就是蒋介石最后能诚心诚意办黄埔军校的原因。

什么是蒋介石的新军阀道路?概括地说,就是凭借党和革命的名义,建立自己的军事实力,又凭借军事实力来抬高自己的政治地位,这样,军权党权互相促进,交替上升,最终集党权、军权于一身,使自己成为掌握军事实力的"革命领袖"。于是,蒋介石和一般军事首领相比,他是"革命家",是执行三民主义的"总理忠实信徒",有政治资本,不会被视为军阀;和当时国民党的领袖人物(如汪精卫、胡汉民等)相比,他又是掌握军事实力的首脑,而不是没有实力的空头政治家。兼有二者之长而避其短。从以后的历史上我们可以清楚地看到,这就是蒋介石比他在国民党内的军事上、政治上的对手高出一筹,终于一一战胜他们的根本原因。

| 孙中山北平仙逝

蒋介石当了黄埔军校校长后,拉帮结伙,野心也极度膨胀,就连孙中山的话他也不顺从地听了。

且说9月3日,国民党中央政治委员会举行第七次会议,发布北伐宣言,决定大本营从广州前移韶关。然而蒋介石却不执行北伐议案。

9月9日,孙中山给蒋写信,要其坚决舍弃广州北上韶关,以战场为学校,乘此三方联合之机,击败曹(锟)、吴(佩孚),但蒋仍不服从。1924年9月12日,孙中山设大本营于韶关指挥北伐军事。10月9日孙中山再令蒋放弃广州,移军校于韶关,合力北伐。此时北方正是直奉第二次战争时期,是一个很好的北伐机会。但蒋却坚决不同意北伐,也不移军校于韶关。

10月9日,孙中山密电蒋曰:

……然我来韶之始,便有放弃守广州之意,为破釜沉舟之北伐。今兄已觉广州有如此危险,望即舍弃黄埔一孤岛,将所有枪弹并学生一齐速来韶关，为北伐之孤注。此事电到即行，切勿留恋，盖我必不回广州也。当机立决，万勿迟疑。孙文。青亥。

而蒋则坚不服从，回电曰：

埔校危在旦夕，中正决死守孤岛，以待先生早日回师来援。必不愿弃根据重地，致吾党永无立足之地也……务望先生早日回省，是为今日之成败最大关键也。

10日，英国买办陈廉伯率广州商团，于广州市街建立街垒图谋武装叛乱。11日，商团贴反政府标语。

同日，蒋又电请孙中山放弃北伐：

中正料，不久逆敌必反攻韶关，各军非准备南下，击灭逆敌，断难北伐。中正当死守长洲，尽我职务。尚请先生临机立断，勿再以北伐为可能，而致犹豫延误。

……二千元枪费，既无望，北伐更难。

孙中山又立时电催曰：

北伐必可成功，无款亦出，决不回顾广州，望兄速舍弃长洲来韶。因有某军欲劫械，并欲杀兄，故暂宜避之，以待卫队练成再讲话。陈贼来攻，我可放去……乱无可平，只有速避耳。

接着孙中山又一连数信催蒋北上和运械韶关。14日，孙中山命胡汉民代理革命委员会会长，廖仲恺为秘书。命蒋率各军镇压商团叛乱。同时蒋电请孙中山南下广州，放弃北伐。

先生可否率部队南下平乱，中正之意！必如此方有转机也。

至 15 日,蒋经半日时间即平定商团之乱。陈廉伯逃往河西,胡汉民下令通缉。此战神速告捷,无疑提高了蒋的威信,亦为蒋之不小贡献。但蒋不能独领其功。

16 日,孙中山再电催蒋服从北伐大局云:

> 枪械运韶既未办到……然则此械兄竟以何用为最适宜?请详细考虑以告我为盼。北伐志在必行……张静江有电催出师江西甚力,亦云宁弃广东,亦当为之。此可见各省同志之望,我不可不有以慰之也。此次一出,必有大成功,可无疑议。望兄鼓励各人速出。一由东江击破陈逆而出福建;一出西江,则川湘各军必争先而出武汉。而中原可为我有。否则无论直、奉谁胜,西南必亡。际此时,能进则存,不进则亡,必然之理。望兄万勿河汉吾言幸甚。
>
> 孙文

蒋仍然不从。26 日,孙中山又催蒋从命:

> ……则所余三千支枪,必要即日运韶,以利北伐……江西得后,则湖南不成问题。然后再合滇唐、川熊、黔袁,会师武汉,以窥中原。曹、吴不足平也。

10 月 23 日,冯玉祥囚禁曹锟。30 日,吴佩孚自津南下,直系失败。如果此时乘机全力北上,学生军加上建国豫军,则两湖苏、皖可为根据地,中原可得,冯玉祥国民军可用,南北相合之后,复可据有平津,然后统一东北,南平陈、唐,则北伐之胜利,可早二年完成。当然此时孙中山尚健在人间,则蒋之军事大权,难以独揽;而蒋最怕这一局面,所以坚决反对北伐。故孙中山含恨而逝。前则有陈炯明叛变,后则是蒋介石拒不执行北伐大计,孙中山含着难言之隐,与世长辞,不亦悲乎!

由此可以知道蒋介石自 1918 年南下广州,跟随孙中山以来,从无真正服从过孙中山,只有与个人愿望相符合时才服从。至于国民党中央决定的革命大政方针和北伐大计,蒋更是一意孤行,坚决反对,拒不服从军令。他只抱着民族主义、个人功业两事不放,其他,则不在心中。故孙中山的三民主义和北伐大业,自己终无法实现。蒋虽实行了北伐与统一,但无实行孙中山之三民主义,这种北伐虽然成功,亦只是蒋介石的成功,而决非孙中山和其三民主义的成功。这由蒋之后事可证。

孙中山能容蒋之坚持己见,拒不执行决议和命令,蒋则决不容许他的部下对他有半点违抗。这是事实。后来,由于种种原因,北伐归于失败。

1924 年 10 月 31 日,孙中山回到广州市,蒋介石始终未奉命移驻韶关。这时风云突变,10 月 23 日,冯玉祥在北京政变,囚禁曹锟。30 日,吴佩孚自津南下,直系失败。孙中山受北京政府冯玉祥之邀,北上商讨国是,孙中山痛恨军阀混战与割据给人民带来的灾难和痛苦,不愿放弃一线和平统一的机会,果断地接受了邀请。

公元 1924 年 11 月 13 日,一个风和日丽的上午。

广州军港。

孙中山偕同夫人宋庆龄健步登上了永丰舰,向送行的党政要员挥手致意。随着舰长一声令发,汽笛长鸣,永丰舰缓缓离岸,向墨蓝色的深海驶去,任重道远,目的地——北京。

途中孙中山视察了黄埔军校。

刺刀闪亮,军旗猎猎。

作为黄埔军校校长蒋介石,一身戎装,精神抖擞,他整理完队伍后,跑向检阅台,向大总统报告:"报告总统,全校学员列队,请检阅!"

"是!"孙中山敬起了军礼。

在黄埔军校的歌声中,一队队学员方队,精神抖擞,手持苏式步枪,以崇敬的目光注视着孙大总统,通过检阅台。

汪精卫看着这场面感慨万千地说:"镇压商团,黄埔学生军初试锋芒。冯玉祥在北京政变,又邀请先生去主持国事。局面总算日趋好转!"

廖仲恺走到孙中山身旁,恳切地说:"请先生训示。"

孙中山摇一摇头,沉默。

军旗随风飘动……

　　廖仲恺再一次劝请:"先生还是说几句吧!"

　　孙中山右手按着肝部,凝望着这支军容严整、生气勃勃的新型军队,不禁心潮激荡。在他眼前交替地出现了一幅幅图景:火奴鲁鲁的华侨兵操队在操练;头包红巾的惠州起义军蜂拥而来;臂缠白布的黄花岗之役的敢死队拼杀向前;辛亥革命时期的各路军民汇成汹涌的海洋……叠印的画面又化为阳光下行进的黄埔军。他的声音哽咽,似乎是对自己说:"我可以死而瞑目了。"

　　廖仲恺心头一震,面容戚然。

　　码头上站满了欢送的人群。

　　军人们一齐向孙中山、宋庆龄敬礼告别。

　　黄埔校歌高唱,响彻珠海:"怒潮澎湃,党旗飞舞,这是革命的黄埔……"

　　孙中山在检阅黄埔军校学生时对蒋介石说:"余此次赴京,明知其异常危险,将来能否归来尚未一定。然余之北上,是为革命,是为救国救民而奋斗,又何危险之可言耶?……余,所提倡之主义,冀能早日实行,今观黄埔军校学生,能忍苦耐劳,努力奋斗如此,必能继吾之革命事业,必能继续我之生命,实行我之主义。凡人总有一死,只要死得其所,若二三年前余即不能死;今有学生诸君,可完成吾未竟之成,则可以死矣。"孙中山深沉的目光,凝在革命军战士身上……

　　战士们望着缓缓离去的舰只,热泪盈眶。

　　永丰舰当天抵达香港,再由香港换船,经过四天四夜的航行,抵达上海港。然后由上海抵达北京。孙中山到达北京不久,协和医院的大夫明确诊断为:肝脓肿转为肝癌后期。

　　夕阳西下,落霞的余晖挤进了协和医院的急救室。化疗后的孙中山从昏迷中苏醒过来,脸上露出微笑,不无幽默地说:"我和列宁见了一面,列宁没有收下我这个弟子。"

　　"大夫,还需要手术吗?"守在床前的宋庆龄急问。

　　"手术方案已经定了下来,请夫人放心,我们会尽力的。"大夫回答。

　　1月26日动了手术。孙中山顽强地同病魔抗争,精神尚好,各种慰问电函及来探视者络绎不绝。宋庆龄日夜守护床前。2月9日,宋庆龄终生之好友——廖仲恺夫人何香凝闻到此讯，千里迢迢特意赶来襄助宋庆龄，使孙中山夫妇得到了极大的安慰。

在给孙中山放射治疗的日子里，何香凝常把宋庆龄拉到隔壁房间进行劝慰："先生的病，主要是长年艰苦工作，颠沛流离，备受煎熬所得。多亏婚后十年，你对他的无微不至的照顾和在饮食上精心调理，要不，还到不了这个时候。"

"中间，他的健康大有好转，胃病几乎痊愈。他也告诉我，他可以加倍工作了。"宋庆龄又道，"这次病的突发，主要是他带病北上的，长途跋涉，几度转换车船，再加上一路天色不好，雨雪交加，在船上饱受风浪之苦，每到一地，还要接见中外记者、当地要人，参加欢迎会，发表讲演等，使他精疲力竭。12 月 4 日，抵达天津大沽口时，朔风呼啸，天气很冷，他站在船头上同簇拥在码头上的欢迎群众见面，又受了风寒。"

"这种情况下，段祺瑞还在继续作恶，外崇内骗，实不像话，对先生的病无疑是雪上加霜。这个账我们要记在心里。"何香凝语气坚定地说。

……

3 月 11 日下午，孙中山病情恶化，此时他想的不是自己而是宋庆龄还年轻，今后的日子……他特意把何香凝喊来，把宋庆龄托嘱给她，千叮咛万嘱咐地交代：他死后要"善视孙夫人"，"弗以其夫人无产而轻视"，说着说着，舌头硬了，话也讲不清楚了。何香凝立时表示："先生，我亲近先生 20 多年，同受甘苦，万一先生不测，我们当尽力保护夫人及先生遗族，我虽然知识能力都很薄弱，但是总算能够亲受总理三民主义的教训，我有一分力量，必定尽力宣传。"此时，宋庆龄在旁悲痛欲绝。孙中山含泪望着何香凝，握着她的手说："那么，我感谢你。"

孙中山由泪流满面的宋庆龄托着手，在三个遗言文件上签了字——这个最后的行动是因为不愿宋庆龄过分伤心而被推迟了的。

他的家事遗嘱全文是：

余因尽瘁国事，不治家产，其所遗之书籍、衣物、住宅等，一切均付吾妻宋庆龄，以为纪念。余之儿女，已长成，能自立，望各自爱，以继余志。此嘱!

他的政治遗嘱全文是:

余致力国民革命,凡四十年,其目的在求中国之自由平等。积四十年之经验,深知欲达到此目的,必须唤起民众,及联合世界上以平等待我之民族,共同奋斗。

现在革命尚未成功。凡我同志,务须依照余所著《建国方略》、《建国大纲》、《三民主义》及《第一次全国代表大会宣言》,继续努力,以求贯彻。最近主张开国民会议及废除不平等条约,尤须于最短期间,促其实现。是所至嘱!

3月11日下午已只能听到他说一些单词。4点半时,他唤"亲爱的",是叫宋庆龄;6点半时,他唤"精卫",是指他当时的亲密追随者汪精卫。

孙中山关于国事的最后的话是:"和平……奋斗……救中国。"3月12日晨,他的心脏停止跳动,时年59岁。他没有留下万贯家产,留下的只是未竟的事业和无可估量的精神财富。

孙中山逝世的当日,由孙中山先生行辕秘书处和国民党中央党部发出唁电,报丧全国。

一时大江南北哗然。

3月21日,正在东征作战的蒋介石接到胡汉民的电报:

总理逝世!

孙中山先生于1925年3月12日在北京逝世,为了不影响东征战士的情绪,胡汉民压了九天才发出此电。

3月27日,东征军攻克兴宁县城后,蒋介石集合两团黄埔军校官兵于东门外广场训话,宣布了孙中山逝世的消息。接着在兴宁县北门召开了追悼孙中山及东征中阵亡将士大会。

追悼大会由蒋介石主祭,蒋介石首先宣读了孙中山先生著名的遗嘱(遗嘱是由汪精卫起草,孙中山临终前签名同意)。然后,蒋介石宣读了他撰写的祭文。最后,黄埔军校的全体党员(当时黄埔军校规定,入校学生都要加入国民党,中共党员亦跨党参加国民党,所以黄埔军亦称党军)在大会上宣誓,誓词是:"我陆军军官学校全体党员,敬尊总理遗嘱,继承总理之志,实行国民革命,至死不渝,谨誓。"

4月1日,蒋介石抵汕头,与许崇智会商东江善后事宜。25日,蒋就任潮汕善后督办。

6日,国民党中执会根据廖仲恺提议,通过建立党军案:以黄埔军校教导团为基础成立党军。教导第一、第二团编为党军第一旅,第一团团长何应钦兼任旅长,第二团团长沈应时,全旅归蒋介石调遣。13日,国民党中执会公布此议决案。14日,国民党中执会任命廖仲恺为党军党代表。21日,成立第三团,钱大钧任团长。29日,国民党中执会任蒋介石为党军司令官。

8日,刘震寰发表宣言,反对国民党讨伐唐继尧之通电。

16日,胡汉民以广东省长名义,正式公告将香山县改名为中山县,"永丰"舰改名为"中山"舰。

24日,黄埔军校孙文主义学会成立。该会由贺衷寒、缪斌等人发起,最初取名为中山主义研究社,是一个反对联俄、联共、扶助农工三大政策的组织。

26日,蒋介石、许崇智、廖仲恺在汕头粤军总司令部行营举行会议,决定回师广州,平定刘震寰、杨希闵。

5月3日,广州因杨希闵、刘震寰之滇、桂军擅自移防,引起恐慌。6日,杨希闵乘夜轮赴香港,与段祺瑞密使共谋颠覆广州革命政府。

12日,唐继尧以副元帅名义任命刘震寰为广西督办兼省长,刘部拟由北江回桂,胡汉民令朱培德以实力截阻。

13日,廖仲恺、朱培德在汕头与许崇智、蒋介石及军事顾问加伦会商东征军回师广州讨伐杨、刘计划,推举蒋介石为总指挥。21日,蒋介石电令何应钦、陈铭枢等部回师广州。

16 日，国民党中执会第三次全体会议在广州举行。会议决定：一是接受总理遗嘱，以总理遗教为最高指导原则；二是重申 1924 年 8 月一届二中全会关于容纳共产党人决议。

30 日，五卅运动爆发。上海工人、学生为抗议日本资本家枪杀工人顾正红和反对美、日、英、法公审被捕学生，举行示威游行，经南京路时遭英国巡捕开枪屠杀，死伤二十多人，造成震惊中外的五卅惨案。中国共产党号召上海人民实行"三罢"，反抗帝国主义暴行。

6 月 1 日，国民党上海执行部为五卅惨案发表宣言。略谓："国民党愿助全中国之爱国爱平等爱自由之民众，对此惨无人道之行为及其所代表之武力侵略政策，以奋力奋斗，伸张正义，恢复国威。"

4 日，杨希闵、刘震寰之滇、桂军在广州叛乱，占领省长公署等机关。5 日，代大元帅胡汉民下令免除杨希闵、刘震寰各职，命各军合力讨伐。7 日，胡汉民通电宣布杨、刘叛乱罪状。许崇智、朱培德、程潜等联衔通电声讨杨、刘。12 日，各路联军击败杨、刘平息叛乱，收复广州城。杨希闵逃往香港，刘震寰潜逃上海。

第一次东征取得胜利。获利最大的当是蒋介石。12 日，国民党中执会任命蒋介石兼广州卫戍司令，吴铁城为副司令。24 日，蒋介石就任此职。这说明蒋在军事上的地位已超过长期主管军事工作的谭延闿、许崇智、廖仲恺、朱培德、李烈钧等人，成为国民党事实上的最高军事指挥官。因为这是实职实权，多少对他没有参加国民政府委员是一个心理安慰。但是蒋介石并不满足。

国民革命军的成立，使得国民党有了自己的军队，永远结束了孙中山进行武装斗争以来一直靠雇用、借用军阀军队打仗的历史。虽说这支军队内部派系林立，但归于国民政府军事委员会统一指挥，以后靠着这支军队推翻了北洋军阀的统治，建立了蒋介石的南京政权。

第五章　争权夺利

| 一枪打"三鸟"

且说孙中山先生逝世后,广东革命政府曾一度出现权力真空,在这一段日子里,每人都有所思,每人都有所想,但作为第一次东征胜利的功臣蒋介石来说,他想得更多……

6月15日,国民党中执委全体会议议决:一是中国国民党中央执行委员会为最高机关;二是改组大元帅府为国民政府;三是建国军及党军改称国民革命军;四是整理军政、财政。

两天后,粤军总司令许崇智擅自将驻潮、汕地区防守陈炯明的粤军调回广州,并将潮安、梅县等地让与陈军回防,划汕头为不驻兵区。殊不知这是一招臭棋。许崇智为什么这样做?一句话,因为他也有野心。孙中山先生逝世后,留下权力真空,许是很早就追随孙中山的实力派人物,有实力竞争问鼎最高权力,但他这一步棋却大错特错了。陈炯明的粤军开入广州,违背了孙中山的遗愿,遭到了大家一致的反对。

6月23日,广州发生沙基惨案。21日,广州沙基租界华人同盟罢工,响应上海五卅运动。是日,广州学生军民10万人集会声援上海五卅运动。胡汉民、廖仲恺、汪精卫等均发表演说。会后举行游行示威,遭沙基英军射击,法舰炮击,死伤二百多人。

6月30日,国民党中执会推定汪精卫等16人为中华民国国民政府委员。

7月1日,中华民国国民政府在广州成立。宣布新政纲,取合议制;汪精卫、胡汉民、张静江、谭延闿、许崇智、于右任、张继、徐谦、林森、廖仲恺、戴季陶、伍朝枢、古应芬、朱培德、孙科、程潜16人为政府委员;汪精卫、胡汉民、谭延闿、许崇智、林森为常委;汪精卫为主席,胡汉民任外交部长,廖仲恺任财政部长,许崇智任军事部长,孙科任建设部长。聘鲍罗廷为国民政府高级顾问。3日,胡汉民以国民政府成立,通电解除代行大元帅兼广东省长职。

3日,国民政府成立军事委员会,汪精卫、胡汉民、伍朝枢、廖仲恺、朱培德、谭延闿、许崇智、蒋介石为委员,汪精卫任主席。

9日,国民党中执会发表对于国民会议宣言,并训令国民党党员为国民会议预备会议奋斗。

汪精卫也是有想法的,就改大元帅府为国民政府,迫使胡汉民就范一事,他做了如下解释:

> 当十二年冬至十三年间,本党第一次全国代表大会重定党章的时候,我们就老早已经知道,如果一旦总理死后,党的政府和党的中央执行委员会,都不会再有第二位总理的。这在党章上写得很清楚,大家是可以见得的,党章上面并不是说,"本党设总理一人",是说"本党以创行三民主义、五权宪法的孙先生为总理。"由此可以清清楚楚地看见本党除孙先生之外,是不会有第二个总理的了……如今孙先生不幸死了! 那么在党便不会再有总理。在党的政府,便不会再有元首。这是理论上当然的事情。国民政府是受党的委托的,党的组织,有中央执行委员会,国民政府的组织,也自然同样是采用委员制,是毫无疑义的,当孙先生未死,我们可以一意跟着这个唯一的导师。孙先生即死,我们采取委员制,要人、名人都不得尽其所能,以共同负荷总理所交付的责任,继续国民革命党未竟的工作,这就是国民政府所成立的原因。

平心而论,蒋介石在这次改组国民政府中,没有捞到职位,他仍担任军事委员会委员,这一职务还是孙中山在世时委任给他的。

再说汪精卫虽然当上了国民政府主席,但他手中无兵,这是一大缺陷,他只有联合蒋介石才能巩固权力。蒋介石虽然手中有黄埔军,但他在中执会和政府中都没席位，难以发号施令，因此他也愿意与汪精卫联合，形成"文武搭档"。这叫一个巴掌拍不响，两个巴掌响当当。其实汪精卫也正有这一想法。早在5月8日，汪精卫从北京治丧回到广州不久，偕夫人陈璧君就专程跑到东征前线看望蒋介石，两人进行了推心置腹的交谈。

汪对蒋说，总理在临危的时候，还低声呼唤"介石"，其实孙中山先生在弥留之际，口中不断叨念的是"和平……奋斗……救中国"，这是在场的宋庆龄、何香凝等许多人亲耳听到的。汪精卫为了拉拢蒋介石，才故意这么说，蒋听了，十分感动，呜咽良久，又问是真的吗？那还有假。汪做了认真的回答。蒋介石甚觉汪精卫可亲可爱。当两双大手相握的时候，一场以争夺权力为目的的合作买卖达成。

恰在这时，廖仲恺先生在中央党部大门前遇刺身亡的消息传来，令他们吃惊。

那是1925年8月19日一个不眠的夜晚。

据廖仲恺的夫人何香凝回忆说：

仲恺忙于替黄埔军校筹款，到家已经很晚了，第二天8月20日的早晨，刚过8点，又有人来向他请示公事，等他把公事交代完毕，已是8点多钟差不多快9点了，仲恺还没有吃早餐。因为我们预先接到通知说是9点开党中央的常务会议，我催他说："快点吧！开会的时间到了。"仲恺于是匆匆忙忙地只吃了几口白稀饭，就和我一起上车出门，唉！现在想起来，也真像催他去死一样。

车子向着惠州会馆（当时的中央党部）开去。在路上遇着陈秋霖同志，他正要上我们家里商量事情。仲恺一看见就招呼他说："你是找我的吗？"陈同志说："是的。"仲恺说："那就请上车一同到中央党部去吧！"陈同志便登上了车。

汽车开到中央党部门前停下，我们先后下车，我刚一下车，抬头看见一位女同志，就止住脚步向她说："停20分钟我就到妇女部，我有事和你们商量，请等着我。"正在这说话的时候，我就听见"啪啪、啪啪"的好像爆竹声音，我心里还以为谁在放爆竹呢。可是，一转过脸来，看见仲恺已倒在地上，陈秋霖同志痛楚地挨了两枪也倒下去了。在我身边的卫兵，也已受伤躺倒在地。四人同行，三个男的都中枪了。我这才意识到有人行刺。一面大喊捉人，一面俯身扶着仲恺。当时仲恺已不能回答。当我刚刚低下头去扶仲恺的时候，又是一阵枪声。头上嗖嗖地有枪弹飞过，我头皮还感觉到热气。那时我若不是弯身去扶仲恺，一定也是完了。在我大喊"快些捉人呀"的时候，就有五六个凶手从中央党部门前"骑楼"底下的石柱后面蹿出来，原来凶手预先躲在中央党部门前的。平时中央党部总有警察站岗，但那时迟迟不见有警察来捉人。只有一个在妇女部工作的女同志刘家相从里面跑出来帮助我。邓泽如那天早已到了中央党部，他就始终躲在楼上，没有下来。

把仲恺架了起来，只见满地殷红，他衣服上的鲜血，还点点往下滴。那时我的心里，说不清是悲痛还是愤恨，但没有惧怕，到了医院，仲恺已是不救了，大概是在路上就绝了气。

后来何香凝回忆调查的结果是：

7月初，右派在胡汉民家里开会。参加的人有孙科、邹鲁、伍梯云、邓泽如、傅秉常、吴铁城、林豆勉、胡毅生、林拯民、余和鸿等人。在这次会议上，右派集中攻击仲恺。他们污蔑"仲恺被人利用，祸害国民党"，又说"仲恺挑拨各方恶感。"又说"为防止仲恺为共产党利用，一定要把持全国代表大会，一定要在大会中做一些工作。"所以他们运动把他们那一派的人选入执行委员会做秘书长，把持会务，并且制造口实，诬蔑海陆丰共产党"刑人掠财"，广事宣传，同时还决定向苏联代表鲍罗廷表明态度，甚至还具体指定专人去和鲍罗廷代表谈。他们为着便于实现他们的野心，对于把总理制改为委员制这一点，也是不赞成的。孙科也参加这些会议。不过孙科却说了这样的话："倒廖仲恺的台是必要的，但是万万不能采用暗杀手段。"由此可见当时这些会议讨论的是什么内容了。当时仲恺正是各种工作都参加，自然成为右派的众矢之的。右派密谋反对廖仲恺的会议,接连开了 11 次之多,每数日即开一次,参加的都是这十几个人,商量的事,大多与第一次开会所谈者相同。

右派除了开秘密会议阴谋伤害仲恺,阻挠革命事业之外,还经营了一间类似俱乐部性质的"文华堂",专门做聚会的地方,大事聚赌吃喝的勾当。右派常常在那里纠合随从,公然大放厥词,辱骂仲恺和他的执政主张,其中骂得最厉害的,有胡毅生等人。

他们的目的,不单是要暗杀仲恺,不单是要把仲恺这样一个人除掉。他们显然已经形成了一个由国民党全体右派人物联合起来,企图使廖仲恺倒台从而全盘推翻三大政策的反革命军事政变阴谋了。

廖案的发生,使蒋介石获得了很大的好处。他利用这一有利时机,整倒了许崇智。同样,汪精卫也利用这一有利时机赶走了党内的主要竞争对手胡汉民。

廖仲恺被刺的当天,国民党中执会、国民政府委员会及军事委员会召开联席会议,议决:特派汪精卫、许崇智、蒋介石组织特别委员会,授以政治、军事及警察全权。

蒋介石立即以卫戍司令的名义,宣布广州市戒严,命令何应钦率第一军第一师分布市区警戒,并派兵驻防市区制高点观音山阵地。蒋介石首先在军事上取得了主动权。

8 月 25 日,廖案疑犯林直勉、张国桢(10 月 5 日枪决)、梁鸿楷(粤军第一军军长)、招桂章(粤军总部舰务处处长)、梁士铎(第一警备司令)、杨锦龙(旅长)被捕,发现香港英政府颠覆国民政府,以梁鸿楷为总司令,魏邦平为广东省长的阴谋。主要罪犯胡毅生、魏邦平、朱卓文等在通缉令发出之前,都已逃到香港去了。

同一天,胡汉民因其弟胡毅生素来反对廖仲恺,并与主谋有通谋嫌疑,被蒋押解到长洲要塞看管。数年之后,胡汉民在《自传续篇》中写下了这段文字:

世和来后，将我带到介石那里去住。我无处安身，自然随了他去。介石与仲恺比邻而居，我到了介石那里，又转送到黄埔，介石来应酬一会，就走了。我最不能忘记的是璧君她大着肚子，往来奔走，在黄埔又陪了我两天。第三天，我过意不去，而且她快要生产了，力劝她回去，临走她说："胡先生有什么意见，可以写一封信给汪精卫，我给你带去。"我就写了一封信，原文我记不得了。大意是："关于办理仲恺案我虽未能与闻，惟兄等主持此案，不当枉法，亦不宜循情，务须概据事实，以求真相。弟与兄永共患难，不久以前，尚相与戮力，肃清洪军等，巩固后方，此日思之，仿如隔世矣。"这信带去后，精卫给我一封回信，这信太奇妙，大意是："昨开中央政治会议，读遗嘱时，不觉泪下，兄与兄个人事，有何意见，仍乞指示。"中央政治会议，本来我是主席，精卫读遗嘱时，不觉泪下，不知道是为我的不能主席，身为"阶下囚"而泪下呢？还是因为遗嘱中有"联合平等待我之民族共同奋斗"的话，而一般同志竟主张反共，闹出这样的风波，便不觉泪下呢，这是我至今不愿求其解的问题。

9月8日，胡汉民以养病为由得到释放，13日汪精卫到颐养院看望了胡汉民，叫胡辞职离粤。半个月后，胡汉民以"出使苏俄"为名，从黄埔港登上苏俄"蒙古"号轮船，灰溜溜地被驱逐出广东。

汪精卫那边整走了胡汉民，而蒋介石这边在整许崇智。

蒋介石通过廖案，大做文章，调查了他的上司许崇智许多不法行为，以涉嫌廖案驱逐出广东，并改编了他的部队。

20日，国民党中政会议决定：准予军事部长兼粤军总司令许崇智卸职，派陈铭枢当晚送许乘轮赴沪。国民政府命谭延闿署理军政部长，由粤军参谋长蒋介石办理该军总司令部收束事宜，其部属统为蒋介石处理，同时任命宋子文为财政部长兼广东财政厅长。

28日，国民党中政会决议第二次东征计划。同日，国民党中执会任命周恩来为东征军政治部主任和第一军一师党代表，蒋介石取代了许崇智，一跃为第二次东征总指挥。

这正是一石击三鸟。右派暗杀了廖仲恺,是中国革命的损失,是工农群众的损失。但国民党右派集团受到了学生的打击,许多右派头子无法再在广州立足,而收获最大的是汪精卫。胡汉民、汪精卫、廖仲恺被称为孙中山麾下的"三杰",都是有资格成为孙中山继承人的。如今廖仲恺被刺身亡,胡汉民及其右派势力被驱逐出广东,最后只剩下汪精卫一人,他可以无后顾之忧,稳坐国民党最高交椅。

蒋介石通过廖案所得到的东西,可以说是许多人,以及蒋介石本人在事前所不及料到的。首先,倒许的实现,使蒋介石扫除了前进道路上的第一个,也是最大的障碍,不但扩充了自己的实力,而且取代了许崇智成为东征军的总指挥,这对蒋介石以后成为"军界领袖"是具有决定性意义的,其次,廖案使许多国民党元老辈的右派不能再在广东革命政府内存身,这就给蒋介石这位晚辈进身到国民党领袖地位,造成了极好的形势。整倒了许崇智,蒋介石出任东征军总指挥,正是大显身手的时候。

| 挥师东征

公元 1925 年 10 月 6 日下午 4 时。

这是蒋介石东征军出征的日子。

这天,阳光明媚,军旗猎猎。

黄埔军校的大操场上集合着待命出征的学生兵。他们一个个荷枪实弹、英姿勃发,等待着总指挥蒋介石的出征令。

这时,陈洁如也从乡下来到了广东,儿子蒋经国准备留学苏联,也来黄埔军校为父亲东征送行。蒋介石一一作了安慰,随即来到大操场上,发布动员令。

在一阵雷鸣般的掌声中,蒋介石站在临时搭起的主席台上,开始了他庄严的讲演:

"第一次东征,已扫除东江一带的陈逆叛军。这次东征,我们要剿陈炯明的老巢——惠州城。陈军不除,北伐无望。我们要严格军纪。第一次东征时,有严重拉夫现象,而且及于老妇少女,使其连续服役。特务长和军需士,每每短给役夫钱币,有的连长也吞役夫费用,致使役夫怨恨。有的老役有病在身,跟不上队伍,官兵竟拳足痛打,惨不忍睹。甚至在第一次东征回师淡水时,竟把五六百女役夫关起来,不准回去,而又不对其加薪和解释劝慰。在宿营地有的士兵擅入民房任意吃喝,官长也不禁止,人民不堪其扰;或擅住民家不住庙堂等公房,人民敢怒而不敢言。下级军官怠惰成性,公务委之副职,并且嫖赌成性。官长虐待士兵,视同牛马,竟将士兵打得皮开肉烂,且下情不能上达。中级以下军官袒护下属军官,上下勾结,置士兵痛苦于不顾。这次东征,我们要同心同德,团结一致。不要再赌、嫖,严守军纪;不要只想升官发财,要涤荡怠惰。总之我们要形成一个铁拳,狠狠地砸向惠州陈炯明的老巢。大家有没有信心?"

"有——"将士们异口同声地回答。

"出发!"蒋介石下了命令。

惠州,素称天险之地,前临西湖,后枕东江,三面环水,易守难攻。

陈炯明经营惠州多年,有铁网尖钉、沙包竹棚等防御工事,大有固若金汤之势。

13日,大军进攻惠州,"开始与敌作战,11时各处山炮亦相继射击。至下午2时,北门城垣垜口,被击毁甚多,我第四团在炮火掩护之下,通过北门桥,并徒涉护城河,战斗激烈。4时我军所运竹梯已达城脚,第四团刘团长尧寰在桥上指挥攻城受伤,官兵死伤甚众。13日下午2时半,我第三军方面亦向城西南处攻击前进,战斗到傍晚,敌仍顽抗。10月14日我军继续攻城,蒋总指挥在飞鹅岭炮后阵地督战,何应钦纵队长亦在北门督战,并派第八团加入战斗,北门炮火亦集中该处,战斗至午后3时半,我第四团首先登城,北城之敌纷纷退走。其他各攻城部队亦相继冲入城中,何应钦率总预备队入城,杨坤如已随残部向东门逃窜,我军即行追击,并乘机占领惠阳。蒋总指挥旋亦移至惠城,策尔后之作战。"

惠州天险被攻破后,东征大军长驱直入,扩大战果,10月27日,在河婆地段歼灭陈炯明主力万余人,随后追击残敌至福建边境的永安,将其消灭殆尽,仅作战一个月东江完全收复。

11 月 6 日,蒋介石在汕头发表了收复东江的报捷通电:

中正受命东征,赖将士一心,人民赞助,自上月六日出师,迄本日适为周月。经将逆军主力完全击溃,先后缴枪六千余支,大炮七门,机关枪三十余架,俘虏六千余人,东江各名城次第收复,直达潮梅,本日已行抵汕头。此次师行六百余里,四民簇拥而观,箪食壶浆以迎,至汕头登岸时,群众欢迎尤为强烈,自愧无以当此,念我伤亡将士,盖为泫然。惟幸本党党纲推行顺利,国民革命障碍渐除,尤予帝国主义以重大之打击,不敢不益自振奋,誓于最短期间,廓清窜匪边境之余孽,扫荡妨碍民治之苛政,以慰先大元帅在天之灵,亦使我东江父老永免兵革。尚冀政府暨各界同志,万众一心,共同努力于国民革命之实现。临电祷切,敬乞垂鉴。

在第二次东征的同时,革命军又消灭了盘踞在海南岛、雷州半岛一带达四年之久的军阀邓本殷。至此广东全境得到了统一和巩固。

平定刘、杨叛乱和两次东征,发挥了蒋介石的军事才能,使他成为广东革命根据地的大功臣性的风云人物。

1926 年 1 月 1 日,军事委员会借广州各界庆祝元旦盛会举行阅兵式,朱培德任总指挥。汪精卫、鲍罗廷、蒋介石、谭延闿、李福林出席,国民党二大代表应邀前往观礼。

9 日,黄埔军校教导团改编为教导师,直属国民党中央执行委员会。

12 日,国民政府军事委员会决议:黄埔陆军军官学校改称中央军事政治学校。19 日,任命蒋介石为校长,汪精卫为党代表。3 月 1 日,举行成立典礼。

20 日,国民政府军事委员会准蒋介石辞去国民革命军第一军军长职,由何应钦继任,并任程潜为国民革命军第六军军长。

22 至 23 日,国民党召开二届一中全会。22 日,会议推选汪精卫、谭延闿、谭平山、蒋介石、林伯渠、胡汉民、陈公博、甘乃光、杨匏安九人为中央常务委员。会议通过中央党部的八个部长:宣传部长汪精卫,组织部长谭平山,工人部长胡汉民,农民部长林伯渠,商业部长宋子文,青年部长甘乃光,省外部长彭泽民,妇女部长宋庆龄。23日,全会通过《政治委员会组织条例》,并推选汪精卫、谭延闿、胡汉民、蒋介石、伍朝枢、孙科、谭平山、朱培德、宋子文9人为政治委员,陈公博、甘乃光、林伯渠、邵力子4人为候补政治委员。

蒋介石是以"东征英雄"的身份,从东江回到广州出席大会,1月6日下午,蒋在大会上代表军事委员会向大会作了军事报告。

会上,蒋介石以248票当选为中央执行委员(总票数为252票,废票3票,有效票249票,汪精卫全票)。

在36个执行委员中,共产党只有9个(谭平山、李大钊、林伯渠、吴玉章、恽代英、杨匏安、于树德、彭泽民、朱季恂)。

在24个候补中央执行委员中,共产党员只有毛泽东、邓颖超、董必武、夏曦、许苏魂、韩麟符、屈武、詹大悲等8人。

中央监察委员12人中,共产党员只有高语罕一人。

蒋介石在这次大会上大获全胜,他不仅当选为中央执行委员,而且在二届一中执委会上当选为9名常委之一。这是蒋介石第一次进入国民党中央上层决策机构,以前他主要担任军职,在党政方面没有职务。

在二大召开前,在广东工作的毛泽东、周恩来、陈延年等决定对国民党采取"打击右派、孤立中派、扩大左派"的政策,计划在大会上开除戴季陶、孙科等人的党籍,争取国民党中央执行委员会名额中共产党员占到三分之一,少选中派,多选左派,使左派占绝对优势。

以陈独秀为首的党中央,认为当时革命形势在全国各处都受到打击,主张向右派让步,以保持联合阵线。于是,以陈独秀、张国焘、蔡和森为代表,与西山会议派的孙科、法楚伧、邵元冲3人在上海苏联领事馆谈判。会谈结束,达成两项协议,一是共产党员在国民党各级党部不得超过三分之一以上的人数,二是由中共中央命令广东党部延迟二大。

周恩来回忆说:

更可惜的是中央居然在上海与戴季陶大开谈判,请戴季陶等回粤;为了争取右派回粤,还特地拍电报把大会延期一个月,等候他们,对右派采取完全让步的政策。

在大会期间,中国共产党派张国焘任这次大会的党团书记,在选举上,向右派做了极大的让步。结果在 36 个执委中,共产党比原来的计划少了将近一半。

彻底打击右派的目标未能完全实现,右派孙科、戴季陶、胡汉民、伍朝枢、萧佛成都当选为中央执行委员。在监委中,右派占了绝对优势。由于国民党中央执委、监委常常在一起开会,因此形成了右派势大、中派壮胆、左派孤立的形势。

蒋介石在会上伪装进步,大大地抬高了他在国民党中央的地位,埋下了新右派篡夺领导权的祸根。

蒋介石底气充足了,他依靠汪精卫的帮助,进入高层决策机构,那么下一步,他要做的就是向汪精卫开刀,反对共产党,夺取最高权力,取而代之。

以国民党二大为起点,蒋介石开始向右转,成为顽固的反动派。

| 制造"中山舰"事件,问罪共产党

成为国民党右派的蒋介石,为了问鼎最高权力,不久便制造了中山舰事件。

1926 年 3 月 18 日,蒋介石指使他的一个亲信——海军学校副校长——孙文主义学会成员欧阳格,以黄埔军校驻省办事处的名义,打电话给海军局代理局长兼中山舰长李之龙(中共党员),令他将中山舰调至黄埔港候用。

李之龙不知是计,收到命令后遂用笺纸写了两命令:一令交给宝璧舰舰长,一令交给中山舰代理舰长章臣相。命令略云:"将该舰开赴黄埔,听候蒋校长调遣。"

3月19日上午6时宝璧舰抵达黄埔。7时,中山舰抵达黄埔。

中山舰,即1923年孙中山在广州蒙难时所驻守的那艘"永丰舰",也是当时广东最大、最新型的兵舰;孙中山逝世后不久,为纪念他,乃改名为"中山舰"。

中山舰的行动,本是奉命行事,但蒋介石这时却覆手为雨地说:这是"无故升火达旦",是"扰乱政府之举",诬蔑是共产党阴谋暴动。更为离奇的是,蒋介石在后来的回忆中说:"我知道共产党阴谋的爆发,就在于此。但我在当时,只知道他们是要叛变,要加害我,还不知道他们的企图究竟是什么。一直到了这一叛乱平定之后,我才知道他们的计划,就是要在我从广州省城乘舰回黄埔军校途中,强迫我离粤,直驶海参崴,送往俄国,以消除他们假借国民革命来实行其'无产阶级专政'的唯一障碍。"19日夜里3时(即20日凌晨3时),蒋介石到造币厂开始行动,命令陈肇英、王柏龄执行逮捕李之龙的任务;刘峙执行扣押第二师各级党代表的任务;第二师第五团占领海军局,并解除海军局的武装;陈策、欧阳格执行占领中山舰并解除中山舰武装的任务,吴铁城所部监视汪精卫、季山嘉及苏联代表团与全市著名共产党员的住宅和机关。他们预定,只要任何方面的共产党一开枪反抗,他们就以第二师、新编第一师(吴铁城兼部长)及公安部队来一次战地大屠杀。

这就是蒋介石制造震惊中外的"中山舰事件"的真相始末。

然而事变发生后,蒋介石却向军事委员会做了个冠冕堂皇的报告,说:

> 为呈报事,本月十八日酉刻,忽有海军局所辖中山兵舰,驶抵黄埔中央军事政治学校,向教育长邓演达声称,系校长命令调遣该舰特来守候等语。其时本校长因公在省,得此项报告,深以为异,因事前并无调遣该舰之命令,中间亦无传达之误,而该舰露械升火,经一昼夜,停泊校前,于十九日晚之深夜开回省城,无故升火达旦,中正防其扰乱政府之举,为党国计,不得不施行迅速之处置,一面另派海军学校前副校长欧阳格暂行代理舰上事宜,并将该代理局长李之龙扣留严讯,一面派出军队于广州附近,紧急戒严,以防不测。

再说"中山舰事件"发生时，汪精卫身体不适，在家养病。这天早晨，陈公博先赴汪精卫处，报告了事变情况。以后谭延闿、朱培德拿了蒋介石的一封信来汪家中，信中曰：共产党阴谋暴动，不得不紧急处置。事后通报，请求汪主席谅解。汪精卫看后大怒，无比激动地说："我是国府主席，又是军事委员会主席，介石这样的举动，事前一点也不通知我，这不是造反是什么？"并立即要和谭、朱到蒋介石处，质问蒋是何居心。夫人陈璧君急忙劝阻："你身体有病，是不能去的。"汪精卫愤然地说："好！你们先去，看他如何说法，我在党的地位和历史，不是蒋介石能反对掉的！"

3月21日，汪精卫以军事委员会主席的身份，把朱培德、谭延闿、李济深等几个军长召来，意在与他们商量反击蒋介石的方法。汪精卫要他们把蒋介石扣留起来。这些人虽与蒋介石有水火不容的矛盾，但他们暗自权衡利弊：如得罪了后者，于己不利。于是，他们不吭一声，保持沉默，汪精卫未能如愿以偿。而当时共产国际和中国共产党中央也没有组织华侨委员会任何形式的反击，汪精卫对此无可奈何。

汪精卫气愤地致函国民党中央委员会请求一段病假，声称："甫一起坐，则眩晕不支，迫不得已，只得请假疗治"，所有各项职务均请暂时派人置理。当日傍晚，蒋介石去探望汪精卫。汪精卫怒火中烧。事后蒋在日记中说："傍晚，访季新兄病。观其怒气勃然，感情冲动，不可一世。甚矣，政治势力之恶劣，使人无道义可言也。"

22日，国民党中央政治委员会在汪精卫寓所召集临时特别会议，蒋介石也到会。汪精卫在发言中指桑骂槐地说道：军事当局非奉党的政治领袖的命令不得擅自行动。会议决定："工作上意见不同之苏俄同志暂行离去"；"汪主席患病，应予暂时休息"；"李之龙受特种嫌疑，应即查办"，3月23日汪精卫声称"病了"，要到外地就医。25日汪精卫又表示："不再负政治责任"，然后汪的"行踪不可得"。汪精卫在政治委员会临时特别会议之后隐居不出，据陈璧君说，一是为了"疗病"，一是为了让蒋介石"反省一切"。实际上汪精卫一直躲在广州观察事态发展，如果苏联顾问和中共方面反击，压倒蒋介石，则他可以坐收渔人之利，乘机再起，"收拾残局"。但事实上使汪精卫大失所望，苏联顾问与陈独秀对蒋介石步步退让，局势无法挽回,而蒋介石除了装模作样地给军事委员会写过一个自请处分的呈状以外,并无什么像样的"反省"行为。其间,汪精卫读到了蒋介石致朱培德的一封信。信中,蒋介石毫不掩饰地表露了他对汪精卫的疑忌,心照不宣,于是,汪精卫决定出国。

3月31日汪精卫致函蒋介石,内称"今弟既厌铭,不愿与共事,铭当引去。铭之引去,出于自愿,非强迫也"。蒋介石于4月9日复信说:"譬有人欲去弟以为快者,或有陷弟以为得计者,而兄将如之何?"又说:"以弟之心推之,知兄必无负弟之意,然以上述之事实证之,其果弟为人问乎?抑兄果为人问乎?其果弟疑兄而厌兄乎?抑吾兄疑弟而厌弟乎?"汪精卫在这种"兄弟情谊"的"温情脉脉"中,被蒋介石一脚踢出了广州,5月11日,汪精卫悄然离粤赴港,在船上遇到了他的"难兄"胡汉民。胡、汪在同盟会时是孙中山的左膀右臂,中山逝世后,汪成了左派领袖,胡成了右派"司令",如今一起又被蒋介石左右开弓逼走海外,这两位老同事同舟渡海,却以泪洗面,无话以对。周恩来曾对此分析说:"蒋介石打击左派以取得右派的支持,又打击右派以表示革命,这就是他的流氓手段阴险恶毒的地方。"

汪精卫于6月中旬抵达法国,在巴黎近郊当"寓公",以示与蒋介石的不合作,所以当时有些苏俄顾问称汪精卫为"胆小如鼠"的"懦夫",且中要害。

汪精卫愤然出走,正中蒋介石下怀。4月16日,蒋介石召开了国民党中央党部和国民政府联席会议,改选了国民党中央政治委员会主席和军事委员会主席,由谭延闿、蒋介石分别取代汪精卫为中央政治委员会主席和军事委员会主席,决定兴师北伐。

蒋介石在"中山舰事件"中捞到了很大好处,这与他的导师张静江的参谋有很大关系。

张静江在孙中山逝世后,住在上海,他静观局势的发展,既没有站在汪精卫一边,也没有参加邹鲁、居正等人组织的国民党伪中央,他准备在局势明朗时再参加权力斗争。

蒋介石在国民党中势力迅速上升,他掌握了部分军权,成为实力派人物,张静江对他看好。张静江得知蒋介石发动"中山舰事件"后,"不辞道远,刻日南行",为蒋介石献策。

　　张静江事先没有参与谋划"中山舰事件"，但他在善后工作中，却出了不少主意，这些主意帮助蒋介石从孤立的危境中摆脱出来，同时搬掉了最后一大障碍汪精卫，这就用不着盘算下一步计划如何收拾汪精卫。这也叫一枪打两鸟，意外的收获。

第六章　迁都之争

| 迁都风波的由来

1926 年 11 月，以蒋介石为领导的北伐军，节节胜利，在较短的时间里，夺取了湖南、江西，再向北推进，不久便攻占了武昌、九江、南昌市等战略要地。为迎接新的形势，国民政府不能不前移，以便指挥。于是，11 月 8 日国民党中央政治会议在广州开会，根据新形势的需要，决定将国民政府和中央党部迁都到武汉。人员分两批迁移。第一批确定为宋庆龄、宋子文、陈友仁、徐谦、孔祥熙、李烈钧、蒋作宾、孙科、鲍罗廷夫妇等，及随员 60 人，于 16 日晨经韶关北上。余下为第二批人员随后跟上。国民革命总司令部仍留在广州市，由李济深主持。

19 日，在前方北伐的蒋介石得知这个信息后，立即打电报给任国民党中执委主席的张人杰和任国民政府代主席的谭延闿说：“中央如不速迁武昌，非特政治党务不能发展，即新得革命根据地，亦必难巩固。”

这年的 12 月，第一批迁移人员宋庆龄、徐谦、陈友仁、吴玉章、王法勤、苏联顾问鲍罗廷等去武汉时路过南昌，蒋介石高高兴兴地设宴招待了他们。席间，蒋介石将执行北伐情况说给他们听：“这次北伐，其性质不单是中国国民革命，完全是世界革命在东方革命的一个起点。”

“有了起点，就有了胜利的希望。”宋庆龄道。

蒋又说：“纵观全国的风云，不由得我们不抱乐观，我们的敌人内部已发生破绽，自相冲突，用不着我们用大队去打，去炮轰，只要动用政治手段，就可以轻而易举地解决。国民革命，已快将成功，我们的政府统一全国已不再是一种奢望。”

“让我们举杯相庆。”陈友仁提议。大家频频举杯相庆。

12月7日,各委员到庐山举行了中央会议,作出了如下几项决议:

一是在军事方面,鉴于南京和上海尚未收复,孙传芳还残存部分兵力,所以对奉系张作霖采取绥靖政策,以便彻底消灭孙传芳,仍采用各个击破的战略战术。

二是积极开展农民革命运动,推动土地革命的开展。

三是凡北伐军收复的省份,其财政归中央统一管理。

四是取消主席一长制,改为委员会的合议制。

五是电请汪精卫复职。

"我尊重会议的决议。但是……"会议上蒋介石作了发言,对以上决议都表示同意,但是后面却来了个大的转变,突然改变了自己提出的迁都武昌的主张,提议迁都南昌,让各位委员留住南昌,理由是为"政治与军事配合,党政中央应与北伐军总司令部在一起"。

"我不同意。"宋庆龄首先表示反对。其他各委员也都发表了不同意蒋介石的意见,会议不欢而散。12月8日,大部分委员们不顾蒋介石的反对,冒雨下庐山往武汉而去。对此蒋介石大发雷霆。

12月9日,蒋介石打电报阻止张人杰、谭延闿去武汉。

12月13日,蒋介石催张人杰等各位中央委员速来南昌。

12月31日,张人杰、谭延闿及部分中央委员和国民政府委员到达南昌。

1927年1月3日,蒋介石在南昌召开了中央政治会议临时会议,非法决定"中央党部与国民政府暂驻南昌"。

1926年除夕,蒋介石在欢迎张人杰、谭延闿及各委员的宴会上讲话说:"今天各位从广东来到南昌,我们心里的快乐,几乎是不能形容的。"

且说蒋介石为什么反对国民政府迁往武汉呢?

应该说这是一个野心问题,也是一个控制与反控制的问题。

武昌当时是在李济深和唐生智的第八军的控制之下,南昌是在蒋介石嫡系第一军的控制之下。若国民政府设在武汉,蒋介石就控制不了局势,北伐军总司令部,必被国民党中央和国民政府所控制。

若国民政府设在南昌,蒋介石就可以把北伐军总司令部置于国民党中央和国民政府之上,从而用枪指挥党,指挥政府,控制大局。

更重要的是,蒋介石要背叛革命,成为大资本家和帝国主义在中国的代理人,当时武汉革命形势高涨,国民政府设在武汉对蒋叛变革命是十分不利的。按人们的话说,这叫心里有鬼。

对蒋介石反对迁都武昌,李宗仁一针见血地说:

> 就形势说,中央北迁,应以武汉最为适宜。南昌断没有成为临时首都的资格。蒋总司令所以坚持南昌的原因,自然是私心自用。

吴玉章评论说:

> 当初,蒋介石因害怕广州的工农革命力量,曾提议把政府迁往武汉,遭到我们大家的反对;等到武汉工人运动和两湖农民运动起来了,我们大家都主张把政府迁往武汉,并根据大多数意见作出了正式决定的时候,他忽然又提出异议,不肯服从,实在不当。

1927 年元月 11 日,蒋介石到了武汉,武汉组织了 30 万人参加的欢迎大会。蒋介石在会上发表了冠冕堂皇的演说。演说结束后,有人站起来当面质问道:"既然蒋总司令这样革命,为什么违抗国民党中央迁都武汉的决定?为什么无理扣留国民党中央委员?"

"这个……这个……"蒋介石张口结舌,脸涨得通红。

对此,机要秘书张治中回忆说:

> 有一天,蒋在汉口公宴大家,李立三在席上有一篇措辞极其委婉而含义很锋利的讲话……而总政治部主任(兼武汉行营主任)邓演达的态度言论也是日趋激烈,比中共有过之而无不及,给蒋的刺激很大。

在另一次欢迎蒋的宴会上,鲍罗廷的讲话使蒋更恼火:

蒋介石同志，我们三年以来，共事在患难之中，所做的事情应该晓得；如果有压迫农工、反对 C. P（中共）这种事情，我们无论如何要想法打倒的。

鲍罗廷的讲话激怒了蒋介石，他当时没说什么，第二天蒋跟鲍狠狠地吵了一架，最后蒋一甩手回到了南昌。

李宗仁事后回忆说：

民国十六年一月中旬，蒋总司令曾亲赴武汉视察，渠见武汉风色不对，恐发生意外，稍留即去。

1 月 19 日，蒋介石给武汉联谊会议主席徐谦打电报，说鲍罗廷当众侮辱了他，要求撤去鲍罗廷的顾问职务，并坚持迁都南昌。

徐谦接到电报，感到蒋的"撤鲍迁都"的要求很棘手，他想到了一个人，这个人就是廖仲恺的夫人何香凝，当年蒋、廖都在黄埔军校任职的时候，两家住在独门独院，两家的关系甚好，兴许能起到作用。于是徐谦便唤来何香凝，交代了任务。何道："我能胜任吗？"徐说："没问题。""那我就试试再说。"就这样徐谦给何订了张去南昌的船票，并送何香凝上了船。

接着，徐谦又打电报给南昌的谭延闿、朱培德、宋子文，要求他们配合工作。

且说何香凝到达南昌的那天，蒋介石正要出军北伐，不料这天出师不利，蒋在检阅出征部队时，因跨下坐骑突然受惊，蒋介石猝不及防，被惊马颠翻坠地，但右脚却被鞍套住，惊马拖着蒋介石跑了七八米，蒋介石虽然性命无虞，右脚却受了伤。而且，在士兵面前，将军坠马，主"出师不利"之兆，又出了个大洋相，所以蒋介石心理上所受的刺激甚至较之右足之伤为甚。倒是随军侍奉的夫人陈洁如安慰他，说："你从马上跌下，竟能保全性命，说明你命大。有道是'大难不死，必有后福'，你尽管放心吧！"一番宽心话，说得蒋介石转忧为喜，破涕而笑。

陈洁如说得有理，蒋介石的确是"命大"。

早在"二次革命"失败后，蒋介石被袁世凯悬赏3000元通缉，在上海无立足之地，只好连夜潜回奉化，跑到萧王庙舅父孙琴凤家里躲藏。他的舅母遂让他躲在家里的阁楼上避祸。

次日，奉化县衙得线人密报，知道蒋介石逃往萧王庙孙家，立即派武秀才丁志国率领兵丁前往萧王庙搜捕。

兵丁们径直来到孙家，四处搜索，均不见革命党的影子，这时，有人发现了阁楼，便想登上去查看。武秀才丁志国暗中同情革命党，料定蒋介石多半躲在上面，便对兵丁说："那是人家的卧室，咱们不能胡来，我一个人上去搜一搜就成了。"丁志国上了阁楼，果然见到蒋介石正直挺挺地坐在床上瞪着他。丁志国视若无睹，转身下去对众兵丁说："上边没人，咱们再到别处去搜搜吧！"他临出门又对蒋介石的孙家舅母说："此处不可久留！"

逢凶化吉，遇难呈祥，蒋介石果然是"福大命大"。

蒋家王朝的御用文人们会拍马屁，说蒋介石是"真龙天子"，自有神明护佑，所以才吉人天相，屡屡大难未死，每每化险为夷。

蒋介石虽然声称信奉三民主义，又皈依基督教，成了一个虔诚的信徒，但他骨子里却依然未脱传统中华文化中封建迷信的窠臼，对"神明护佑"一说是笃信不疑的。他迷信神门仙道，迷信阴阳风水之学，也热衷于抽签算命测字看相之术。因此，每次罹险脱身之后，蒋介石都要默默静坐，祷告列祖列宗、各路神仙，暗中保护，使自己有惊无险。

而实际上，蒋介石之"大难不死"，每一次都是客观条件囿限的结果，关键时刻，若没有卫兵挺身保卫，蒋介石有十条命怕也早就丢了。即以在南昌阅兵时被颠落马下的事为例，当时幸亏蒋介石穿的是马靴，当那惊马拖着蒋介石狂奔了一段之后，马靴从蒋介石的脚上脱落下来，这才使他保住了一条命。若说"护佑"应当说是"马靴护佑"，若说感谢，倒是说该谢谢"马靴"。

再说，蒋介石跌了足便到南昌陆军医院检查，刚由大夫做了推拿手术，就传来有人求见，蒋介石听说何香凝来见，不假思索地说："让她进来见。"

片刻，何香凝在陈洁如的陪同下，来到了病房。会作画的何香凝把一束鲜花献给了他。蒋介石感谢地道："何大姐送鲜花,可谓香花香凝。"

何香凝也笑了,说："我这次来,带的不是鲜花,而是对你的批评。可不巧你还在住院,有些话我是不想说的,但我千里迢迢而来,也不能不说。"

蒋介石道："你是大姐,自家人,有话随便说。"

"好,我就直说吧。"接着,何香凝就说:"我是大姐,我真心对你好,武汉对你的批评很烈,尤其是你要撤鲍迁都一说,搞得武昌满城风雨,这些事,你应该沉思默想。还有孙中山夫人宋庆龄已经宣布,武汉政府是孙中山先生思想的正当诠释者,也就是说孙夫人是支持武汉政府的。"

"还有什么?"蒋介石一直默听。

"我是说:有形势就有变化,你不能一条道跑到黑,是不是该刹车了。这个主意还得你来拿。我只是个建议而已。"

何大姐的一席话,确实对蒋介石发生了作用。2月初,又在庐山举行会议,由谭延闿、朱培德、宋子文从中调停,蒋介石只得同意迁都武汉,并放弃了驱逐鲍罗廷的主张。不得不于2月8日在南昌作出了"中央党部及国民政府迁到武汉"的决定。

蒋为什么改变主意呢?

这是蒋的缓兵之计。因为,与武汉国民政府完全决裂的条件还不成熟。因此,蒋介石于1927年2月20日和3月5日,在南昌先后两次欢送中央党部国民政府迁鄂的大会上发表演讲:

"武汉是全国的中心,也是政治变迁的策源地。我们党部和政府到了武汉,一定比在南昌发展得更快。我们今天可以代表在南昌的同志,明白地告诉谭主席和各位委员:我们的政府虽然迁到武汉去了,我们在南昌的同志,对于拥护政府、拥护本党的热忱,比现在还要增加几倍。"

1927年3月10日—17日,国民党中央执行委员会二届三中全会在汉口召开。到会委员33人,蒋介石、张静江、朱培德未到会。

会议通过了《统一党的领导机关案》、《军事委员会组织大纲》、《统一革命势力案》、《国民革命军总司令条例》、《撤销中央军人部案》等案。

上述决议为了限制独裁,提高民主,实际上取消了蒋介石国民党中常会主席、军人部长等职务,限制了蒋介石个人的党政军权力,但仍保留了蒋介石的总司令职务。

会议改选了国民党中央常委和各中央机关。选汪精卫、谭延闿、蒋介石、顾孟余、孙科、谭平山、陈公博、徐谦、吴玉章9人为中央常委。

中央政治委员除中央常委兼任外,宋子文、陈友仁、邓演达、林祖涵、王法勤、宋庆龄6人当选。

选出了中央各部部长:组织部长汪精卫(暂由吴玉章代理),宣传部长顾孟余;农民部长邓演达,工人部长陈公博,商民部长王法勤,妇女部长何香凝,海外部长彭泽民,青年部长孙科。

选举蒋介石等15人为军事委员会委员,汪精卫、唐生智、程潜、谭延闿、邓演达、蒋介石、徐谦为军事委员会主席团。

选汪精卫等28人为国民政府委员,孙科、徐谦、汪精卫、谭延闿、宋子文为国民政府常务委员。

这次会议对蒋介石是极为不利的,蒋介石失去了军人部长、组织部长、中央常务委员会主席、军事委员会主席等职务。

特别重要的是《统一革命势力案》,蒋更是反对有加。现抄录如下:

中国国民党与中国共产党两党联席会议须立时召开,讨论一般的合作方法,特别是以下各问题:

一、统一民众运动,特别是农民与工人运动,共同指导。

二、国内少数民族问题。

三、共同负担政治责任问题——应由共产党派负责同志,加入国民政府及省政府。

四、设法使第三国际及中国共产党与国民党机关报,关于两党相互之批评与记载,不违背合作之精神,两党联席会议代表五人,即以中共之组织、宣传、工人、农民、青年五部长充任。

五、应即派代表三人参加第三国际会议,接洽中国革命根本问题,特别是中国革命与世界革命的关系问题。

这次会议大大削弱了总司令的权力,《中央执行委员组织大纲》、《军事委员会总政治部组织大纲案》及《国民革命军总司令条例案》中规定：

"军事委员会为国民政府最高军事行动机关"；"军事委员会一切会议表决，以出席委员之过半数行之"；军事委员会也不设主席，而由七人组成军事委员会主席团，军事委员会"主席团之决议及发布命令，须有主席团委员四人签字方生效力"；"军事委员会及军事委员会主席团所决议的重要案及办法，须经中央执行委员会通过方生效力"；"总司令是军事委员会委员之一"；军官任免各出征动员，须经军委会决议，提交中执会通过，再交司令部执行。

这些决议，使蒋介石的权力大大缩小了。而且《对全体赏训令案》中，针对蒋介石的独裁着重指出：

"自北伐军兴，军事政治党务集中个人，愈使政治之设施，不能受党的领导，而只受军事机关之支配。此种制度，弊害甚多。"决定将一切政治、军事、外交、财政等大权均集中于党。

┃ 出尔反尔，蓄势待发

且说蒋介石是独裁者，他一时的退，正是为了进。面对着国民党二届三中全会制约独裁者的决议，蒋介石是不会苟同的！

忍耐是有一定限度的。

时间到了 1927 年 4 月 1 日，汪精卫回到上海。这时的蒋介石对一年前被他排挤走的汪精卫表现出了异常的热情。此时蒋介石与武汉国民政府方面矛盾很大，汪精卫去武汉，必增加反蒋阵营的力量，若能把汪精卫留在上海，帮自己一把，日子就好过一些。

"欢迎，欢迎，汪主席一行。"蒋介石异常高兴，"今天我来请客。"

"李石曾已经安排好了。"汪精卫对一年前"蒋汪风波"还记忆犹新，说话不温不火。

正如李宗仁在回忆中所说："汪精卫当时的德望，和党员的归心，可说一时无两。"

汪精卫回忆当时的情形是：回到上海的时候是 4 月 1 日，那时蒋介石、吴稚晖、蔡子民、李石曾等几位二十多年来大家在一起的同志都见面了。见面之后，蒋提出两件事要兄弟赞成：一是赶走鲍罗廷；一是分党。

汪精卫道：赶走鲍罗廷，我一个人没有那么大的力量。再是分共，与孙先生的联俄联共扶助农工三大政策不符。

蒋介石跳出来反击：这些共产党，我是恨死他们啦，他们一日不除，我是一日不安。在蒋介石带动下，其余人也加入了对共产党的人身攻击，诚恳地希望汪先生重负领导责任。

汪精卫开始是默默地静听各人的控诉，未作表示，最后郑重地说："我是站在工农方面的呀！谁要残害工农，谁就是我的敌人！"

听了汪的发言，大家不寒而栗。

在上海的党政要人在欢迎汪精卫时开了两次会。出席者有吴敬恒（吴稚晖）、蔡元培、李煜瀛、钮永键、汪兆铭（汪精卫）、蒋中正、宋子文、邓泽如、古应芬、张人杰、李济深、李宗仁等。

会中一致要求汪氏留沪领导，帮助蒋介石反共灭共。而汪氏则始终祖共，一再申述总理的容共联俄及工农政策不可擅变，同时为武汉中央的决策辩护："中国面对着的敌手不光是千年的封建王朝，还有一大串的外国列强。我们必须团结一切可以团结的力量，来打击我们的敌人。不然的话，敌人没打倒，倒乱了我们自己。子文，你是武汉政府派来的财政接收大员，我说的话对不对？"

至此，全会保持沉默不发一言的宋子文友好地点了点头。

"汪老兄，你说话绝对些。我看共产党不是什么好鸟。你是吃了共产党的薪水了吧？"

"你这是什么话？我汪某是行得正站得直，不像有些人说话掖着藏着的。"

"既然是这样，大家的要求你就答应吧？"

"要求什么？"

"留在上海，一起革命。"

"帮助蒋介石，反对武汉政府，我不会答应。"

"你要不答应,我就下跪求你了!"吴稚晖一时激动,竟真的下跪在地上。

汪精卫见吴稚晖跪下来,连忙拔腿逃避,退上楼梯处,口中连说:"稚老,您是老前辈,这样来我受不了,我受不了。"

全场人都为之啼笑皆非。紧张的场面,也充满了滑稽的成分。接着汪精卫也乖巧地做了蒋介石的俘虏。

4月3日,蒋介石又召集以上这些人开会,作出了四项决定:

一、4月15日召集国民党四中全会,解决"党事纠纷"问题。由汪精卫通知陈独秀,在开会之前,各地共产党员暂时停止一切活动,听候开会解决。

二、武汉国民党中央和国民政府所发命令一概无效。

三、由各军队、党部、民众团体、机关的最高长官和主要负责人对"在内阴谋捣乱者"予以制裁。

四、凡工会纠察队等武装团体,应归总司令部指挥,否则,认其为反对政府的阴谋团体,不准存在。

4月3日这一天,蒋介石还发通电,拥护汪精卫,通电全文如下:

广州李总参谋长、龙华杨总司令、南京何总指挥、汉口唐总指挥、九江宋总指挥、陈总指挥并转各军军长各师长均鉴:我军势力日益进展,东南已告底定,江北频传捷音,河南敌势不振,当此革命大业功亏一篑之际,如能统一党权,有全党信赖之人,指导督促,疏解纠纷,排除障碍,国民革命即可告成。汪主席病假逾年,不特全国民众渴望仰慕,党国亦蒙受重大影响。中正曾经迭电促驾,今幸翻然出山,恍如大旱之获甘露,莫名欣慰。汪主席为本党最忠实同志,亦中正平日最敬爱之师友,关于党国大计,业与恳谈。中正深信汪主席复职后,必能贯彻意旨,巩固党基,集中党权,完成革命,以竟总理之遗志。今后党政主持有人,后顾无忧,中正得以专心军旅,扫荡军阀,恪尽革命天职。凡我将士,自今以往,所有军政、民政、财政、外交事务,皆须在汪主席指导之下,完全统一于中央,中正统率全军而服从之。至于军政军令,各有专属;军政大计应归中央统筹;中正唯词军令,以明责任。各军师长务遵此意,对汪主席绝对服从,诚意拥护,使汪主席得以完全自由行使职权,真正党权集中,达成本党革命任务,以促进三民主义之实现。特此电达,即希查照。

这则迎汪通电,看上去是蒋向汪精卫"俯首称臣"了,实际上并非如此,这是蒋介石用"笑里藏刀"的阴谋,目的是迷惑汪精卫,制造舆论,争取蒋汪的新合作。

4月5日,汪精卫、陈独秀发表了一个《汪、陈联合宣言》,其中有这样的话:

国民党最高党部全体会议之决议,已昭示全世界,决无有驱逐友党摧残工会之事。上海军事当局,表示服从中央,即或有些意见与误会,亦未必终不可解释。

汪精卫后来在《回忆录》中说:

从四月一号到五号共五天,大家都是商量这两个事。蒋同志等对于这两件事很坚决地以为必须马上就做。而兄弟则以为政策关系重大,不可轻变,如果要变,应该开中央全体会议来解决。蒋同志等说道:中央已开过第三次全体会议了,全为共产党把持,兄弟说过:如此可以提议召开第四次全体会议了,以新决议来变更旧决议;而且南京已经克复,中央党部和国民政府可以由武汉迁到南京,第四次全体会议可以在南京开会。会议怎样决定,兄弟无不服从;如不由会议决定,恐分共不成,反致陷党于粉碎糜烂,这是兄弟所不赞成的。

4月5日,蒋介石号 二 平会,报上登出《汪、陈联合宣言》,与会人士为之大哗。吴稚晖尤为气愤,当众讽刺汪精卫说,陈独秀是共产党的党魁,是他们的"家长",他在共产党里的领袖身份是无可怀疑的。但是我们国民党内是否有这样一个党魁或"家长"呢?吴说:"现在有人以国民党党魁自居……恐怕也不见得罢?"说得汪精卫十分难堪,大家不欢而散。

4月5日晚,汪精卫去了武汉,蒋介石知道后气愤地说:"我早已料到留他不住,留他不住。"

李宗仁在《回忆录》中说:

> 汪氏坚持赴汉的是非问题,颇难定论。汪氏此去,显然是有嫌于蒋氏而出此。他二人彼此了解甚深,绝非我辈外人所可臆测。孙中山逝世后,汪、蒋曾亲如手足,合力排斥中央其他领袖,如胡汉民、许崇智等,迨胡、许既去,汪、蒋二人又复勾心斗角。"中山舰事件"后,汪氏被蒋氏所迫,竟不能在广州立足,只好抛开一手总揽的党政军大权而避往海外。今幸北伐胜利,武汉中央请他回国复职,正是千载难逢的良机,他自当速去武汉。他和蒋氏斗法很久,吃亏已多,现在在上海一无凭藉,自然不敢和蒋氏盘桓,俗语说:"给蛇咬过的人,看到草绳也害怕",正是汪氏这时的心理。汪氏武汉之行,即有其个中玄妙,不足为外人道。

汪精卫去了武汉,蒋介石在上海发动了"四一二"反革命政变,公开叛变革命。

弹在膛中,骨子里反动

如果说1926年蒋介石发动的"中山舰事件"是向共产党投石问路的话,那么1927年的"四一二"大屠杀则使他真正地走向反动。如今蒋介石鸟枪换炮,今非昔比,北伐前,蒋介石仅有6个师,1个军,由于北伐的节节胜利,军队大大扩展,收编了不少军阀的部队,变成了40个军。同时又掌握着江浙等几个富裕的大省,再加上江浙财团的支持,蒋介石此时头脑发热,根本不把共产党放在眼里,置孙中山的遗嘱而不顾,彻底撕开了自己的伪装。于是血腥的"四一二"大屠杀就开始了。

且说4月12日这天,凌晨1时,上海流氓头子黄金荣、杜月笙就列队组织人马,全副武装,身着蓝色短裤,臂缠"工"字符号,冒充工人,每人发给赏金十元,从法租界出发,警车开路,去上海工人纠察队部门前动粗。

先是叫喊叫骂,半夜三更,工人纠察队以为发生了什么事,值更的出门巡看,不巧被他们抓住。

"别误会,我们都是自己人。"那队员还在梦里。

"没有误会,抓的就是你!"说完四个膀大腰圆的大汉走上前来。

"你们要干什么?"

"我们要杀共产党!"

"我不是……"

"什么是不是,给我捆绑起来!"一位长官模样的走过来吼叫。

四个大汉手疾眼快,三下五除二给捆了个倒栽葱,扔上了警车。

这时,工人纠察队如梦方醒,立即集合队伍,奋勇抵抗。一时间,双方剑拔弩张。枪声爆响于凌晨的浓雾中……

此时,早已埋伏在周围的国民党第二十六军周凤歧部借口"工人内讧",冲出来强行收缴双方的枪械。至晨5时,上海2700余名武装工人纠察队被解除了武装。当时工人纠察队牺牲120人,受伤180人。当日上午12时,蒋介石的反动军队占领了上海总工会,开始拘捕共产党员和工人领袖。同时,列强驻上海的军事力量也直接帮助蒋介石疯狂搜捕共产党员,总计抓捕1000余人,交给蒋的军队。

同日,上海总工会发出罢工命令,以示抵抗。中午,数万名工人徒手冲向总工会机关,夺回了总工会会址。南市区召开50万人参加的市民大会,并以市民代表大会的名义致电蒋介石,强烈要求"将所缴枪械悉数发还,并予确实保障,此后不再发生此类事端"。

事情发展到这一步,广大工人仍对蒋介石心存幻想,没有意识到蒋已背叛革命。4月13日上午,总工会在闸北青云路广场召开工人群众大会，会后整队到周凤岐的二十六军二师司令部请愿，二师司令部已经接到蒋介石下达的密令，预先部署妥当，当请愿队伍行至宝山路三德里附近时，反动军人即以机关枪狂扫手无寸铁的工人群众，当场击毙百余人，伤者不计其数。同时，在南京游行的工人也遭枪击，死伤数十人。当时天降大雨，现场血流成河，尸横遍野，惨不忍睹。

从 4 月 12 日至 15 日，上海变成了血腥的世界，300 余工人惨遭屠杀，500 余人被捕失踪，逃亡者达 5000 余人！其后不久，中共党员赵世炎、陈延年、汪寿华等英勇献身。

"四一二"上海反革命政变后，4 月 15 日，李济深在广州也发动政变，屠杀共产党员和革命群众 2100 余人。

继两次大屠杀之后，各地国民党反动派在蒋介石的统一指挥下也大开杀戒，甚至连国民党中的左倾人士也未能幸免。

蒋介石突然掉转枪口，大肆屠杀昨天还与他并肩战斗的共产党员和革命群众。北方军阀也与蒋介石遥相呼应，屠杀共产党人和革命志士。4 月 28 日，中国共产党的创始人之一、党的北方区书记李大钊等 20 人壮烈牺牲在敌人的绞刑架下。

再说上海大流氓黄金荣。

有史书记载，他是浙江余姚人，12 岁到上海，24 岁混到法租界巡捕房当包探，虽然是"刑警"，可是兼营走私、绑票等勾当。他在巡捕房一路福星，由包探升为探目，再升为督察员，再升为法租界警务处中唯一的华人督察长，1925 年退休，仍被聘为警务处顾问，法国帝国主义三次授勋给这只走狗，可见此人的显赫。据《黄金荣事略》中记载，黄金荣指挥上海码头上"三十六股党"、租界里"八股党"和手下"一百零八将"，"为租界当局效劳。同时也在茶楼里布置走私、绑票等勾当，为自己聚敛钱财。上海法租界里的帝国主义势力和帮会势力就此熔为一炉，官警和流氓也就此铸成一体。"

一个两手空空的流氓靠烟、赌、敲诈等办法，不仅拥有了上述种种产业，而且在上海的源成里、钧培里购置了数十幢里弄房产，在苏州惟亭乡下有数百亩良田,成了家产巨万的大富翁。

黄金荣的门人遍及上海各个角落,各个行业,上自军阀政客、律师报人、工商巨贾,下至侍役车夫、地痞流氓,入黄门者数以千计。

在"数以千计"的黄门狐群狗党里,蒋介石就是其中一流氓。

据黄金荣的心腹程锡文《我当黄金荣管家的见闻》第十节《黄金荣与蒋介石的关系》中记载,不难看出小流氓蒋介石的发迹,与大流氓黄金荣息息相关。

蒋介石当初原在上海物品交易所当小职员,收入不多,很不得意。耳闻黄金荣的势力,就托虞洽卿介绍拜黄金荣为先生。黄金荣同意之后,由徐福生当传道师,正式举行拜师仪式,投了门生帖子。

1921年上海交易所发生不景气风潮,蒋介石和陈果夫等经营的恒泰号经纪行亏空甚巨,蒋本人亦欠债数千元,经黄金荣、虞洽卿出面代为了结。当时蒋想去广州投奔孙中山先生,黄金荣认为自己替孙先生出过力,就与虞洽卿一同资助旅费,使蒋走上了"国民革命"道路。

1926年至1927年期间,蒋介石当了北伐军总司令。在到上海之前,黄金荣即和虞洽卿商量,退还门生帖子。蒋介石到上海后,由虞洽卿结伴同去黄金荣家探望,黄改变了过去的师徒称呼,对蒋说:"总司令亲自到我家来是我的光荣,过去的那段关系已经过时了,那张红帖我找出来交给虞老送还。"蒋介石当时谦虚地说:"先生总是先生,过去承黄先生、虞先生帮忙是不会忘记的。"说罢从怀中取出一只黄澄澄的金挂表送到黄金荣面前说:"这是我送给黄先生的纪念品,略表心意。"黄金荣接过表,连连称谢。黄金荣对这只金表,一向重视,每逢喜庆大事,总要拿出来炫耀一番,一直保存到死后,被黄源焘取去。

北伐军到上海后,黄金荣和虞洽卿等,曾召集工商界以及社会名流为蒋接风祝贺,并为蒋的军队筹集了10万元的"慰劳费",蒋把10万元交给虞洽卿、黄金荣,虞洽卿把5万元捐献给慈善事业,黄金荣也捐给陆伯鸿等办教会事业。

蒋介石北伐到上海时,警卫部队约有一百多人,驻扎在南市董家渡附近,蒋本人决定随带警卫队长便衣进入法租界。为了保护蒋介石的安全,警卫队抽调了六十多人，开了两辆军用卡车，由董家渡出发，经外马路转一枝春街，准备进入法租界的爱多亚路。车到一枝春街口，被法租界的安南巡捕拦阻，不许这两车军警进入租界，并将两辆警卫车拦进法租界巡捕房，蒋的警卫队长也被扣押。黄金荣得知后，亲自到法租界巡捕房，与程子卿一起向法捕房头头解释，说蒋总司令进入租界是看黄的，黄为安全起见，请蒋的警卫队开进租界到黄家保卫，希望和平解决。法捕房打电话请示法国领事馆，法领事感到事态严重，指示捕房让黄金荣出面调解，黄金荣主张先让被扣押的两辆警卫车开进法租界游行一圈，然后开到八仙桥钧培里黄家。法捕房同意了黄的主张，通知一枝春街的法捕房让警卫车开进法租界，经爱多亚路进入八仙桥钧培里路口。黄金荣办了这事，颇得蒋介石的赞赏。

1927 年蒋介石发动"四一二"政变，黄金荣、杜月笙、张啸林等组织中华共进会，充当反共先锋，蒋介石先后拨付十多万元费用，并在事后以陆军总司令部名义，聘任黄金荣为少将参议，杜月笙、张啸林为少将顾问，后来又委黄金荣为南京国民政府参议，奖给勋章。黄家花园落成时，蒋介石题了"文行忠信"四字，黄金荣奉如至宝，刻在黄家花园四教厅（四教厅的命名就是根据蒋介石题的四个字）右边的六角亭上，在黄氏门人结社时，也以"忠信"为社名。

尔后，蒋介石成立南京政府，与武汉政府对抗时，也得到了黄金荣的鼎力支持。此为后话不讲。

┃　老鼠过街，人人喊打

"四一二"大屠杀后，蒋介石的日子开始危机四伏，他遭到了国民党各派的攻击。当时中国存在着西山会议派、汪派、蒋派和李宗仁为首的桂系派等派别。

4 月 15 日，武汉国民党中央决定开除蒋介石党籍，取消其国民革命军总司令职务。委任冯玉祥为国民革命军总司令，唐生智为副总司令。

命令指出：

> 蒋中正屠杀民众，摧残党部，甘心反动，罪恶昭彰，已经中央执行委员会议决定，开除党籍，免去本兼各职。着全体将士及革命民众团体拿解中央，按反革命罪条例惩治。

4月16日，中共方面周恩来等曾致电中共中央，建议武汉政府迅速出师东征讨伐蒋介石，周恩来等在意见书中分析了东征讨蒋的必要性，列举了蒋介石种种反革命行径，指出如不迅速讨蒋，"则蒋之东南政权将益固，与帝国主义关系将益深；""即使武汉北伐，能直捣京津，而蒋之政权已固，继蒋而起者亦将大有人在，日帝国主义在北方亦未尝不可与国民政府成直接冲突。"因此，东征讨蒋是唯一正确，"再不前进，则彼进我退，我方亦将为所动摇，政权领导尽将归之右派，是不是使左派灰心，整个革命必根本失败无疑。"

意见书还进一步分析了讨蒋取胜的可能性。从总的军事实力分配看，国民革命军主力部队有十二个军，其中有九个军表示服从武汉政府，有三个军驻在苏皖地区受蒋介石指挥。地方军阀投诚改编的杂牌军有十六个军，虽多数受蒋介石节制，但他们的战斗力很弱，又脚踏两只船，不能领导他们作战。蒋介石能用来作战的只有一、七、九这三个主力军。其中李宗仁的第七军属于新桂系，与蒋介石有较深的矛盾，能否坚决助蒋，亦难以断定。所以"蒋介石能直接使用的军队仅五个师"，而其中的第一师、第二师和第二十一师已死伤过半，"在南京者仅有第三师、十四师，如何能抗东下之兵？"周恩来在意见书的最后强调，讨蒋军事工作"必须有计划、有名义、有负责人、有密函，方能使左派军官相信中央政府"。

然而武汉国民党中央却主张继续北伐，希望在北伐中同冯玉祥所部会师，打通同苏联的交通线，然后再回过头来对付蒋介石。

4月13日至4月16日在武汉召开的中共中央委员会上，共产国际派来的代表罗易和苏联总顾问鲍罗廷意见分歧，争论不休。罗易是共产国际执委会主席团的成员和共产国际中国委员会书记处书记，他是受共产国际的委派,手里拿着共产国际执委会第七次全会通过的关于《中国问题决议案》,于 4 月 2 日到达武汉的,盛气凌人。罗易要坚决贯彻决议案的精神,认为应先开展土地革命,巩固两湖,使革命深入,在这个基础上进行北伐。鲍罗廷认为共产党应和国民党左派一起立即开始第二次北伐,与冯玉祥会师河南,再攻打北京;攻下北京后,再搞土地革命。罗易反驳说,将武汉所有的军队集中去打北方的张作霖,造成武汉防卫空虚,就给蒋介石或北洋军阀从南京方面进攻我们以可乘之机。在这种情况下北伐不但没有任何意义,而且是军事冒险!

两种意见,针锋相对。

在中国共产党内,对以上问题,也有争论,瞿秋白主张东征讨蒋,但多数人不主张东征。蔡和森主张在立即实行土地革命等条件下进行北伐。张国焘、谭平山主张南征回广东,首先打李济深。陈独秀、彭述之、张太雷赞成鲍罗廷的北伐主张。

争论结果,中共中央否定了东征讨蒋的意见,决定先进行第二次北伐,打奉系张作霖,同冯玉祥会师,然后再回过头来打蒋介石。这个决定的作出,鲍罗廷与陈独秀起了决定性的作用,其理由是:第一,蒋介石仍在高喊北伐,在部队群众中尚有欺骗作用;第二,东征会与帝国主义过早发生冲突;第三,如果东征讨蒋,张作霖会从后面来打武汉;第四,继续北伐可与冯玉祥会师,打通国际路线。

这种继续北伐的主张,符合了汪精卫希望向蒋介石妥协的心理。4月 6 日汪精卫离开蒋介石,从上海乘船赴武汉途中,曾给李石曾写信,信中虽充分肯定"民国十三年来改组之国民党,其精神与方策决不可牺牲",但仍然提到要在南京召开第四次中执委全体会议,以解决一切问题。这说明他内心矛盾,并不想与蒋介石为代表的国民党新右派决裂。武汉政府中的谭延闿、孙科等人,也有希望与蒋介石妥协的心理。因此,最后在汉口南洋大楼举行了国共两党联席会议,国民党出席的有汪精卫、谭延闿、孙科、徐谦、顾孟余五人,共产党方面是鲍罗廷、罗易、陈独秀、张国焘、瞿秋白五人参加会议。会上决定先行北伐。4月 19 日,武汉政府在武昌南湖再次誓师北伐,北伐的号角再次吹响。

再说蒋介石面对着众人的谴责,迫不及待地在南京召开国民党中政会议,会议推举胡汉民为中央政治会议主席,决定南京国民政府于4月18日开始办公,同时举行定都庆祝典礼。

4月18日这天,一阵冲天炮在空中炸响,南京国民政府挂牌成立。同时,又发表《建都南京宣言》。胡汉民、张静江、伍朝枢、古应芬为国民政府常务委员。南京国民政府的第一号令就是"全面清党"。

首批被通缉的共产党人就有五十多人,他们是:

鲍罗廷、陈独秀、谭平山、林祖涵、吴玉章、杨匏安、恽代英、毛泽东、夏曦、周恩来、邓颖超、董必武、罗亦农、邓中夏、林育南、李汉俊、罗章龙、易礼容、郭亮、刘少奇、张国焘、蔡和森、方志敏、彭述之、汪寿华、沈雁冰、瞿秋白、杨之华、施存统、张太雷、苏兆征、彭湃、阮啸仙、宣中华、熊雄、萧楚女、赵世炎、刘清扬、宋云彬、顾顺章、包惠僧、王若飞、周逸群、张秋人、刘伯承、李立三。

还有:徐谦、彭泽民、陈其瑗、詹大悲、柳亚子、章伯钧、郭沫若、顾孟余。

这就是历史上著名的"宁汉分裂"。

以退为进,首次下野

早在"四一二"政变时,汪精卫还堂而皇之地指责蒋介石反共杀共,现在汪精卫也彻底反共了,蒋介石可谓春风得意。就在蒋得意之时,一场新的矛盾使蒋如临深渊,直接导致了蒋的下野。

且说这个矛盾就是蒋介石和新桂系的矛盾。

新桂系有三大巨头,李宗仁、黄绍闳、白崇禧都是年轻人,个个血气方刚。他们平定广西,参加北伐,屡建奇功。

再说蒋介石羽毛渐丰之后,用阴谋诡计排斥他人,1927年春,他企图逮捕第六军军长程潜,程侥幸逃到武汉,但第六军被蒋的嫡系强行缴械改编。这些都被人们看在眼里,下一个吃掉的目标便是新桂系,李宗仁等早有所防。

蒋介石"四一二"政变后,曾密令何应钦执行剿灭桂系的计划,何应钦没敢执行,因为蒋、桂力量相当,没有取胜的把握,再加上何应钦与桂系白崇禧的私人结交也不错,不想无故翻脸。为此,何应钦曾专程面见蒋介石,说明执行命令的难处:"不是我无能,主要是没有取胜把握。"

"笨蛋!"蒋为此不满,认为何"已被软化"。

何曾向白崇禧诉苦,无意说出这段秘密。李宗仁等得知这一阴谋后,便与同伴商量说:"老蒋不仁,我们何还有义!早晚都要杀,不如我们先下手为强!"于是他们借西讨武汉之名,把桂系第七军部署在南京以西地区,又联络浙江周凤岐的二十六军将部队开到南京周围,对南京形成武力紧密包围之势,这样蒋介石没有了主意。

情急之中,蒋介石急忙调兵遣将,防守南京。结果顾头不顾脚,致使徐州空虚,直鲁军阀趁机反攻,7月24日徐州失守。蒋介石对着何应钦跳脚骂娘:"上次,我让你除了李等祸患,你慢慢腾腾,犹豫不决,看看今天终于成了祸患。今天又失守徐州,你还有何话要说!"

"本人有罪,本人有罪。"何应钦喃喃地道。

8月,蒋介石亲自出马,指挥徐州战役,结果又被孙传芳打败,部队一直撤退到蚌埠。蒋一气之下,不经审判,就枪毙了第十军军长王天培。

蒋枪毙王天培,引起各部将领的恐惧,人人自危。于是一场阴谋反阴谋的斗争在军阀内部悄悄孕育了……

再说王天培是黔军将领,何应钦的同乡,对于他的死,何对此不免有兔死狐悲之感。李宗仁、白崇禧都担心做"王天培第二"。于是,演绎了李、白、何串通一气,逼蒋下野的一幕来。

8月8日,蒋介石从徐州前线回到南京后,即在总司令部召开一次高级军事会议。在会上,蒋一脸怒气,首先发言,检讨此次徐州失败。言下不胜悻悻。

接着白崇禧发言说:"总司令太辛苦了,应当休息休息,让我们试试看吧！"

"健生的意见很好，让我们也尝试尝试。"李宗仁唱起了双簧戏。

何应钦见蒋一脸怒气，默不作声。

会议不欢而散。

会后，蒋问何："敬之，你对白健生的提议以为如何？"

何说："在当前形势下，我也只能同意他们的建议。"

蒋凝视着何应钦，道："你也支持？"

"无能者不仅仅是我一人。"何应钦言毕，返身告辞，蒋深为失望。接着蒋介石听到桂系"逼宫"，以辞职相威胁。然在当时，下野却是上策。

蒋介石在汪精卫、桂系的围攻下，不得不宣布下野。陈布雷在日记中记道："八月间宁汉分裂之迹更显，蒋公命余先期为准备辞职宣言，愿引退让贤以促成团结。"

对蒋公辞职一事，作家宋平分析说：蒋介石在政治舞台上惨淡经营20年，用尽纵横捭阖之手段，并已登上了国民党最高统治者的宝座。他怎么会在一夜之间，就甘心情愿下野，遁迹乡里？其实，蒋介石下野乃是一策，玩弄的仍是"以退为进"的政治赌博。

当蒋介石开始屠杀共产党人时，国内外的反动派无不为之拍手称快，对蒋介石抱有殷切的希望。但是，仅仅四个月的光景，蒋介石把事情弄得很糟，反共之后取消了军队的政治部，战斗力大为丧失，收罗的军阀旧部队太多，军纪很坏，又加其内部派系矛盾增多，蒋的某些做法也使帝国主义不悦，内、外都反对他。蒋介石看到形势对自己极为不利才断然下野的。

对蒋介石以退为进的政治谋略，李宗仁后来回忆说：

原来蒋在下野前曾派褚民谊赴汉，那时他可能已得到情报，深知汪已失去了控制的能力，他如下野，武汉即失去"东征"借口，则汪便可统驭全局，唐生智也有并吞东南的机会。但是汪氏无兵，必要时仍要请蒋氏出山合作，以对付共同的敌人。待共同敌人除去，则蒋之除汪，实易如反掌了。所以汪、蒋的一离一合，在政治上手腕的运用，实极微妙。唯汪氏究系书生，手腕的运用尚有所为，有所不为；处人对事，也尚有妇人之仁。蒋则不然，生性阴狠，久染上海十里洋场黑社会中的恶习，遇事只顾目的，不择手段。其对汪氏若即若离的态度，呼之使来，挥之使去，玩弄于股掌之上，真使汪氏啼笑皆非而无如之何！蒋氏此次"下野"手法运用之妙，我不与唐生智一席辩论，实在不知其中的三昧。

下野以后的蒋介石，于 1927 年 9 月 28 日去了日本。

第七章　政治姻缘

┃　张静江为"蒋、宋联姻"搭桥

蒋介石住在英租界。

门前有一片翠绿翠绿的竹林,给人以清新感。张静江的车子掠过那片竹林,箭头一般地驶进了官邸大门,然后向东打个弯儿,越过一栋平房,再行百米,便到了蒋介石的卧室前,戛然停下,卷起地上几片落叶。

昨天蒋介石刚从日本归来,晚上,青帮兄弟们在青宛大酒家设宴为他接风。蒋总司令显然喝多了点酒,一直睡到第二天的 10 点钟。此时,他刚刚起来,吃了点早点,正要看报,张静江便风风火火闯进了屋。

"蒋总,昨晚是不是喝得多了点?"

"哎,都怪你。要不是你那最后一杯,我倒是没事的。可是喝了你那杯,我就觉得受不了,头也大了。"蒋介石放下报纸,"到哪里逛去啦?"

"还不是为你的事!"张静江答非所问。

"我的什么事?"

"没有姑娘搂,晚上睡不着呗。"

"静老,看你说到哪里去了!"

"我说的是实话嘛!"张静江取出了一支三星牌雪茄,点着,深抽了一口道,"今天,我到了宋公馆。"

"噢,你到宋公馆去了!"蒋总司令瞪大了眼睛,"见了宋小姐吗?"

"没见到宋小姐,倒见了宋大姐。我把你和宋小姐的事给她讲啦。"

蒋介石向张静江靠了靠,道:"她都说些什么?"

"她说蒋总司令的事她可以帮忙。"

"她还说了什么?"

"小妹美龄的工作由她包做。要知道在宋家,一切都是大姐说了算。"

"那你说这事有门啦?"

"我看八九不离十,你就准备喜酒吧。大华酒家,要好好地热闹一场!"

"这个没问题,休说大华,就是鸳鸯楼……上海有名的地方我让你吃个够!"

"好好,一言为定!"张静江话题一转,"这次你去日本又找了几位小姐?"

"哎,我们不谈这些!"蒋介石道,"川野长成那里,我已遵嘱代静老问候过了。"

"你这次访日成果不小哇!"张静江称赞道。

"哪里哪里!反正我一到东京,一上码头,便着着实实地放了'一炮'。全日本的报纸在第二天的显著位置都刊登了消息。"接着,他介绍了他受到头山满的热烈欢迎,当晚为他设宴洗尘云云……

蒋介石讲述到这里,张静江赞不绝口:"后生可畏!后生可畏!你真行,干了我们想干而没有干成的大事!宋美龄应该是你的!"

"宋老太太那里去了没有?"张拍拍脑门又问。

"那还能忘了。"

"这就对了,礼节要走到嘛。如今是父母当家,不怕一万,就怕万一。"

"静老想得周到,"蒋介石三句不离美龄:"我和美龄的事,还要请静老操心,过几天,你还到霭龄家看看情况,那头一有动静,赶快告诉我,我们国事、家事一起抓起来!"

"蒋总,"张静江语气肯定,"这个你就放心吧,争取年底完婚喝喜酒!"

"哈哈哈……"蒋与张相视一下,情不自禁地大笑起来。一阵笑声过后,张静江抬腕看了看表:"哟!早过开饭时间了!"

超级"红娘"

蒋介石得天下得美人的计划,在宋霭龄夫妇的竭力支持下,同时进行,戏演得惟妙惟肖,颇有几分传奇。

谬论说百遍化为"真理"。

上海的青帮,蒋介石的弟兄们,经过一阵热闹的游说,使宋家听到的皆是对蒋的赞扬话,说中国唯蒋能得天下,除此没有别人。宋家正是在这种形势下开了一个重要的"家庭会议"。

莫里哀路宋子文豪华的公馆里,拉上窗帘,谢绝宾客,宋霭龄在丝绒沙发上发表着她的高谈阔论,坐在她旁边是对她百依百顺的丈夫、大资本家孔祥熙。

"这事我跟子文商量过不止一次。要我看,中国的形势要变,上海更不用说了。庆龄那边的武汉政府迟早要垮台,只是时间问题。美龄这门亲事应当尽快定下来,不然,怕失去了机会。再说,青帮这伙人是什么事都能干出来的。"

"是的,"孔祥熙始终赞同他太太的看法,在一旁敲着边鼓,"太太说的也是,政府要分裂,形势就变化莫测,现在看来,老蒋的命运也是我们的命运。半个月前,老蒋去了日本,我看是要寻找支持。说实在的,那小日本,是靠不住的。"

"问题是日本不可靠,美国又信不过他。"宋子文微笑道:"前些日子美国对他这位总司令是采取不信任态度的。所以他此行日本,是为了给美国施加压力。说实在的,美国表面上对此事不露声色,但在暗中活动得可厉害哩,也怕老蒋真的投靠了日本。总之,形势可复杂哩。"他放下雪茄,"谁不知我们宋家同美国的关系,美国对我们不错,我们也不能错待了人家!"

"那我们怎么办?"宋霭龄插嘴道。

"是啊!"宋子文说,"现在我们不是在想办法嘛!依我看,蒋介石这个人不是不想投靠美国。最近,他和我说了几句话,泄露了天机。"

"他说什么来啦?"宋霭龄、孔祥熙都伸过头来。

"他说,青工会童工会不是美龄干的活,他想给美龄安排工作。"

"什么工作?"霭龄嘴快。

"秘书。"

"秘书,"霭龄眼珠一亮,两手一拍道,"有了!把美龄嫁给他。我想改一天他一上台,就不会把我们宋家搁在脑后。"

"妙哉,妙哉!"孔祥熙再次赞同,"他想睡,我们给他一个枕头,日后,他不会不感谢我们的。"

宋子文一言不发。

"你是不赞成?"宋霭龄瞪着一对黑眼珠,"美龄当了他的秘书、夫人,有利于他打通美国的关系,这不仅对姓蒋的有利,对我们宋家也有利呀!你不赞成吗?"

"我不赞成。老太太那里也通不过。"宋子文不软不硬地答道,"再说二姐庆龄也是不答应的。美龄小妹也是不会同意的。大姐,我看趁早不要操这个闲心了! 闹个全家反对,何必呢?"

"是的。"孔祥熙道,"这是个问题。休说美龄,就是庆龄她也是反对的。"

"她不赞成算老几?"宋霭龄气愤地说,"庆龄根本不能算是我们宋家的人,她早已背叛父母,管她干吗? 至于老太太,工作我包了。美龄,她不赞成也得赞成,她这次的婚事实在太重要了! 子文,你也给个话,到底同意不同意?"

"我不是不同意,老蒋这个人不怎么样,个性暴躁,生活放荡,风流韵事又多,我们小妹又不是嫁不出去,何必非找他这个老头子? 这不是光彩的事!"宋子文说完一甩袖子。

"老蒋今年多大了?"孔祥熙问道。

"四十。"宋子文不冷不热。

"小妹今年多大?"孔祥熙问太太。

"你管她多大!"宋霭龄嗔一眼胖头大脑的丈夫,"今年十八,你还问我?"

"说正经话嘛!"孔祥熙笑道。

"她今年着实年龄是三十。三十对四十,也不能算太离谱?"霭龄反问。

"我不是这个意思,"孔祥熙说:"小妹已有情人刘纪文。恐怕刘纪文也不干!"

"干不干还不得听美龄的!"宋霭龄淡淡地说,"只要老蒋给刘纪文安排个好工作,他会乐不颠的愿意!"

"老蒋那边的太太也得离婚?"

"没有关系,只要姓蒋的明白他同小妹结婚以后有些什么好处,他就有十八个太太也得离婚。"霭龄又道，"要我看老蒋这个人，有本事，前途无量，未来天下还不姓蒋？小妹当了第一夫人，还不是咱宋家的荣耀！子文啊，你不要再认那个死理了！"

"那你就先做老太太的工作吧。"

"谁做媒人呢？"孔祥熙又问。

"这还不好办！"宋霭龄十分有把握地说，"在上海这个地盘，找个合适的媒人怕是不难吧，张静江、杜月笙……"她一连气说出八九个。

"噢，原来大姐早有谱啦！"宋子文挪了挪身子，惊奇地说。

"不是大姐有谱，因为父亲在世的时候，已把小妹的事叮嘱过我。"宋霭龄说到这里，追问："大弟，你对小妹了解吗？"

宋子文答道："小妹在美国的时候，就同刘纪文打得火热，而且，"他放低声音，"他俩又快结婚了，怎么一下子又变卦？叫人为难。再说姓蒋的绝比不上刘纪文，蒋是流氓出身，刘是个出国留学生；蒋其貌不扬，刘英俊洒脱，咳啊，哪个女孩子不爱漂亮的小伙子，我看小妹不会肯的。"

"我说她肯！"霭龄力排众议，"不信我同你打赌！哪一个女孩子不喜欢丈夫做大官，何况姓蒋的，她是今后中国的第一夫人！"

"你把庆龄往哪儿放？"宋子文问。

"她是现在的中国第一夫人，小妹是将来的中国第一夫人。"霭龄瞅了一眼孔祥熙："就是我这个大姨姨，永远做不到第一夫人啦。"

孔祥熙装作没听见，只管大口大口地吃水晶红苹果。

"先问问小妹再说！"宋子文抬腕看看表，"你的意见我赞成。小妹同纪文出去看电影。也该回来了。"

正说着，一辆汽车在门外戛然而止，从车上走下来一位跛脚的青帮头子张静江。

▌张静江登门拜访

"稀客，稀客！"宋霭龄首先站起迎接他。宋子文也迎了出来："静老，你来得正好，大姐正要找你哩！"

"好哇！那么说我这次来对了。"张静江哈哈笑道，露出一嘴假牙。

张静江这个头面人物进出宋家大院是有次数的。过去三年没有来过一次，这近一个月便有两次，今天这是第三次。张静江来这里目的不是别的，他是奉蒋介石之命而来这里"牵线"做月老的。他知道霭龄是这个家庭的主事人。因此他对子文、祥熙道："我知道你们都是忙人，今儿我想找霭龄扯扯，你俩该忙都忙去吧。"

"好、好，有事你就跟大姐谈吧！"子文和祥熙客气一番，便各干各的事去了。宋霭龄把张静江让到客厅里坐下，又倒上一杯浓茶，开口道：

"静老，你这是无事不登三宝殿，哪股风把你吹来的？"

"哦，我也是随便走走。过去因为忙，欠债太多啦，该走的都没走到。"张静江呷下一口茶，吐出一片茶叶又道："今天我来，也顺便关心关心你家小妹。我听说小妹嫁人是有条件的？"

张静江紧紧注视着霭龄表情的变化。宋霭龄道："说实在的，我小妹眼光可高着哩！"

"小妹眼光有多高？我包她满意就是。"

"我小妹条件有三！"

"哪三条？"

"一是要求门当户对；二是要相貌超群；三是要才能出众。按小妹的话说，非英雄不嫁。"霭龄说完自己也笑了。

"这三条，老蒋都对得起美龄。蒋、宋、孔、陈这四家都是大家族，可以说是门当户对。再说蒋介石也是未来的中国一号人物，这是其二。至于这人英俊不英俊，我看无大碍，情人眼里出西施，全在美龄看啦。你说是不是？"说完一阵笑声。

"这是件大事，我怕是小妹不会同意。"霭龄故意拿一把。

"那你当大姐的可以帮着拿个主意嘛！"

"是啊！"宋霭龄淡淡一笑，"静老既然来了，我可以拿个主意。等我和小妹通个气，然后再给你回个话，可以吗？"

"那好！那好！"张静江连连答道，"我这头就等你的话啦。"

接着,他们又谈了一会儿家常话,张静江告辞,便驱车离开了宋家,直赴蒋介石的下榻处。

此后,宋蔼龄又与张静江密谈了三次。

宋美龄:要我嫁给姓蒋的,我得考虑考虑

也就在张静江回家吃饭的时间里,天乐电影院正好散场,宋美龄和刘纪文挽着臂,顺从人流走下电影院大门口的台阶。

宋美龄身穿粉红色中国旗袍,手戴金镯,颈戴项链,英国式高跟棕色皮鞋走起步来稍带"嚓嚓"声,此时她显得风采动人,姿容贵雅。和她挽臂的刘纪文,是位高大俊美的青年,相貌漂亮而又端正。他的身材和他那运动员似的形态,证明当地人送给他的"排球健将"的雅号当之无愧。他的乌黑头发梳得那么平贴和整齐,使他那白色的面庞充满了青春的活力。他风度潇洒,脚步从容,态度温和。

他俩依偎着跨上马路向前走。从表情上看来,他们还沉浸在刚才电影的情节里。

"泰尔和玛丽是多幸福的一对,我想我们的结合会比他们更加幸福,美龄。"纪文道。

"亲爱的,我们相爱多年了,我们应该结婚,不过我还得同母亲、大姐商量一下。"美龄莞尔一笑,笑得越发迷人了。

说实在的,美龄自从美国归来,在爱情的海洋中,她一直脚踏两只船。一是刘纪文,二是蒋介石。为此,她拒绝了多少富门纨绔子弟。她爱刘纪文,爱得深沉,在异国的国土上,他们就相识,以至于谁也离不开谁了。但是,随着时间的推移,随着阅历的广阔,"当第一夫人"的愿望又渐渐使她认为刘纪文并不像她理想中的丈夫,以至她把目光推向另一个人——蒋介石。因此,刘纪文几次提出与她结婚,她都婉言谢绝了。但是,感情这个怪物又使她与刘纪文分不开。分开了她便感到空虚、寂寞。今天,刘纪文邀她看电影,尽管大姐要她去家一趟,可她还是陪刘纪文看电影来了。

他们从电影院出来时,太阳已经沉入了地平线。大街两旁的华灯已亮,行人越来越少。地上好像下了一场小雨,柏油路面反射着灯光,给人一种神秘感。

他们正好路过霭龄家的门口,美龄道:"纪文,陪我到大姐家去一趟吧？大姐今天早上就让侄女喊我。"

"我不去了。我不想看你大姐那张严肃的脸。"刘纪文答道。

"大姐就是那样的脾气,实际她心眼善良着哩！亲爱的,陪我去一趟吧。"

刘纪文经不住美龄的几句好话,便说:"好吧,陪你去一次,下不为例。"

他们便来到大姐的家门口。

这是一所豪华的住宅,整座楼房雕刻着古老的花纹,古色古香。它那下面的两根大柱子,它那尖尖的瓦屋顶,和顶楼的像鸟嘴似的突出部分,这一切使这所宅子看起来像一只蜷曲着的大鸟。

他们俩刚进大门口,霭龄便从屋里迎过来。

"你们俩看到这个时辰,怎么没把影院子背到家里来呀！"大姐埋怨道。"我想找美龄有点事,纪文你先到客厅休息去吧,他们有人在那里打麻将。"

"好！"刘纪文嗔了美龄一眼,很快地走开了。

宋霭龄把美龄领进了自己的屋里,坐下。霭龄端出糖盒,取出一颗巧克力,塞到美龄的嘴里。然后道:"小妹,今天大姐找你有一件事商量。"

"什么事让大姐这么发急,早晨就让人喊我。"美龄嚼着糖问道。

"好事呗！"

"什么好事?"

"你猜猜吧。"霭龄笑了笑打开了留声机,一阵德国爵士音乐便放了出来。

"猜不着。"美龄摇了摇头。

"那我就告诉你啦！"霭龄道,"有人给你提媒啦！"

"提的哪一位公子?"美龄调皮地问。

"不是公子,是一位司令,他叫蒋介石。"霭龄说完观察着小妹的脸色。

说实在的,她是想过蒋介石,没想到大姐又提了出来,确实她心里很矛盾,嗨! 感情这怪物!

"大姐,"宋美龄诉说道,"你是我的大姐,你能看着我跟他40岁的人结婚,我才30岁呀! 谁都知道姓蒋的作风不正、害杨梅疮弄得发脱齿落,我我……"她说着说着抹眼泪了。

"你真是不懂事!"宋霭龄摆出大姐架子,"就因为我是你的大姐姐,我不能让你同纪文结婚! 纪文有什么好? 你说他是留学生? 留学生的地位也不能跟姓蒋的比! 你说他长得漂亮? 漂亮管什么用! 姓蒋的乱找女人,那是过去的事了,只要他以后不乱来就行了。你别看刘纪文有钱,今后姓蒋的挣钱比呼吸空气还容易! 何况你今后是中国的第一夫人! 无论名誉、地位、财产,啊啊啊,你真傻! 肥肉到嘴你还推开? 告诉你吧! 要不是我已经同你姐夫结婚,我非抓住这个姓蒋的不可!"

宋美龄思索着,睫毛眨了眨。

"小妹,"宋霭龄拉住她一只胳膊,"你别傻啦! 你想,你同姓蒋的结了婚,你就是总司令夫人,以后就是主席夫人,甚至是总统夫人。傻丫头,想一想吧! 刘纪文能满足你这些吗?"

宋美龄虽然已经心动,但还坚持道:"我不! 大姐你想,姓蒋的满身杨梅疮,会不会传染……"

"笑话!"宋霭龄笑道,"万一你生了病,我陪你到纽约找医生,怕什么? 姓蒋的不会要儿子,你也已经在纽约扎起了输卵管,不必担心生儿子会有先天梅毒,这个问题怕什么!"

"姓蒋的已经有了三个老婆,而且到处玩女人,"宋美龄撇撇嘴,"我再嫁给他,不……"

"又是笑话!"宋霭龄苦笑着说,"他的家庭问题你不要管,他已经同三个老婆脱离了关系。别说他有三个老婆,即使有三十个,她们都不敢出面吵吵闹闹,那不是同自己的性命开玩笑吗?"

"我的生活习惯同他合不来,"宋美龄皱着眉头,"他常莫名其妙地同青帮勾勾搭搭,他连拿刀叉都不懂,真像个一窍不通的阿木林……"

"不许你这样说!"宋霭龄生气道,"你要放明白点,今天不是你同蒋介石结婚,是同统治中国的皇帝结婚! 你懂吗? 看你聪明一世,糊涂一时,连这点问题都想不通,还埋怨我做姐姐的,气死我了!气死我了!"她边说边躺在沙发里直摸心口。

"大姐,"宋美龄挨着她坐下,"我不是不懂,是怕……"

"怕?"宋霭龄扑哧一笑,"有什么可怕的?"

"怕他干涉我的行动。"

"傻丫头!"宋霭龄纵声大笑,"你以为这个人可怕?你错啦!你说姓蒋的莫名其妙,有点脾气,那真是一点不错,现在他靠了美国的势力要上台啦,谁不知道宋家同美国的关系?现在我们宋家的人嫁给他,那等于替他统治中国。就像你大哥当年做买卖一样,中国有货卖,美国商人要买,他在中间转一个手,买卖成交,钞票赚到。"她叹叹气:"什么国家大事?据我看来同做买卖一样,不过写字间改做国民政府,总经理改名总司令,将来业务扩大,改做大总统而已!所以我说姓蒋的一点都不可怕!当然略,中国人是怕他的,他的部下会怕他的,我们怕他干吗?一不是普通的中国人,二不是他的部下,姓蒋的今后里里外外离不了我们宋家,怕我们的不折不扣倒是他!"

宋美龄思索着。宋霭龄看她已经动摇,也不去打扰她,慢慢呷一口茶,准备听小妹答复她所有的问题。

"大姐,"宋美龄边削苹果边问,"纪文怎么办呢?他要是知道我变了心,他会自杀的!"

"哈哈!"宋霭龄几乎笑痛肚皮:"你以为纪文真会自杀?你以为这种男人对爱情真是忠贞不贰、不折不扣的吗?"

"纪文跟我说过的。"宋美龄躲避她大姐锋利的眼光,"他对我说:'我诚心诚意地爱你,如果你跟旁人结婚,我就死在你面前!'"

"一对傻家伙!"宋霭龄叹道,"两个傻东西!"她抚摸着宋美龄的肩膀:"小妹,你现在决定了吧?"

"要我嫁给姓蒋的?"宋美龄起立,"让我再考虑考虑。"

"你要找纪文商量吗?"宋霭龄警告道,"你就说,如果他敢不放弃你,小心姓蒋的剥掉他的皮!"

……

▎ 条件是蒋要给恋人刘纪文安排个市长

宋美龄从大姐霭龄屋里出来时，星斗满天了。

刘纪文在客厅里等得发急，早憋了一肚子火。

"看你姐俩有完没完，早知道这样，当初我就不来了！"纪文埋怨地说。

"你这个人就爱耍小脾气，"宋美龄的脸色也不像初来时有说有笑，"说实在的，我真不喜欢你这点小脾气。"

两个人一路无语。

他们再往前走，马路上升起了雾。灰色的雾气笼罩着灰色的城市，装饰上一层白霜，树枝子和电线都显得毛茸茸的，马路两旁的夜灯也显得昏暗多了。

人生啊，也像这夜雾一样！

此时，刘纪文感到宋美龄有些态度反常，他不理解此时的宋美龄就像不理解眼前的夜雾一样；宋美龄也感到自己心中有团雾，她想不到姐姐会说出那样一番诱人心灵的话，以至于使她堕入眼前的五里雾中……

越往前走，夜雾越发大了、浓了。他们俩不知道是怎样走到刘的家中的。就像这夜雾一样，两颗心被这夜雾隔绝了。

"美龄，我觉得你今天态度有些反常，大姐给你谈了些什么？你能如实告诉我吗？"刘纪文拉开台灯，终于憋不住了。

"没有什么！"宋美龄竭力掩饰自己的内心。确实她心里也乱成一团麻，她不知怎样开口说出那件使他们双方不愉快的事。

"不，不说清，今天谁也别想睡！"刘纪文说。

"就是没什么嘛。"宋美龄一屁股坐在床上，把头低了下去。

"快讲吧！"

"……"宋美龄无语。片刻她抽泣起来。

"哭什么？"刘纪文上前说道，"反正你不说出来，我也猜个八九不离十，大不了来个分道扬镳！你走你的阳关道，我走我的独木桥。我虽然是爱你，也不像有些男人离了女人不能过。是不是你大姐又给你介绍了一个五十岁的老头子?"

"纪文,你知道?"宋美龄瞪圆了泪眼。

"世上没有不透风的墙! 早几天,蒋介石还在日本时,就有人放风。我只不过听了没当回事。我也相信你不会这样做的。"刘纪文侃侃而谈。

"纪文,你没猜错,大姐找我谈的正是这个事。"

"那你答应她啦?"

"不不!"宋美龄又抽泣起来。

"那我们提前结婚,来个先斩后奏,既成事实,看她怎么办!"

"不不!"宋美龄哭着:"若是那样,大姐是不认我这个妹妹的。"

"你呀你,真是个女人! 我说的主意又不行,你又拿不出个主意来。"

"你不知道,是老蒋求的婚。"

"老蒋追求你,难道不兴我追求你!"刘纪文替自己打抱不平。

"你说,他那个老头子,我能喜欢他吗! 再说他是有妇之夫,可是我怕……"

"你怕什么?"刘纪文追问。

"我要依了你,那老蒋心狠手辣,他会整死你的! 你还不知道,今后这天下是他姓蒋的天下。胳膊拧不过大腿啊!"宋美龄心情很矛盾。

"那你屈服他啦?"

"你说不屈服能行吗?"

刘纪文没有答话,心想美龄也是为自己好,她是有苦难言啊! 他也知道蒋介石和他的青帮兄弟们在上海的厉害,多少人被他们暗杀! 多少人家破人亡! 是啊,未来的天下是他姓蒋的天下,他也不能不想到这一步,不能不防啊!

"纪文,你是哑巴啦,你说话呀?"宋美龄追问道。

沉默,又是一阵沉默!

刘纪文心里有莫大的痛苦!

"如想到后果不堪设想,那我们就分手吧!"良久,刘纪文才答道,实际他也潸然泪下了。

"你同意分手?"宋美龄不相信自己的耳朵。

"对！好合好散，为了你也不痛苦。"刘纪文语气肯定。

"纪文，说心里话，我也是为了你好。即使我名誉上成了蒋的人，我们也不能忘记恩爱一场，你有什么要求就说吧，比如要他给你更高的职位？要我俩私下保持联系？你要什么，我都能通过蒋的口满足你、答应你。不然我不和他结婚！"

"美龄，你考虑得很周到，凡是你所说的我都同意！"刘纪文擦了一把泪。

"纪文，如果我答应了你而办不到，我起誓不姓宋。"

夜是深沉的，他们是以泪水洗面熬过了这一夜。

第三天的傍晚，宋霭龄一直在耐心地等着美龄的归来，院子里一阵风掠过，美龄悄悄回到了家里。

"小妹回来了！"宋霭龄喜出望外，只见她容光焕发，精神抖擞，与三天前那种不安的样子大不相同。宋霭龄心头雪亮，把她一把拉进房里，笑着问道：

"小妹，这几天你同纪文商量得怎么样？你想通了吧？有些什么条件？快告诉大姐？"

"条件？"宋美龄大惊，"你怎么知道我们有条件？"

"你说吧！"宋霭龄把她按在沙发里，"那是一定的，你们对老蒋有些什么交换条件！"

"第一，"宋美龄当真开口道，"纪文说他现在已经是中央委员，这份差事没赚头，他要求蒋安排他做南京市长；第二，给他100万现金，作为赔偿费；第三，"美龄顿了顿，"我同他可能还有些来往，蒋介石不得干涉！"

"还有吗？"

"没有了。"

"好！"宋霭龄笑道，"我马上找他们去，我想他们一定会答应的。"

宋霭龄立刻把这个喜讯报给张静江。张静江又连夜飞报到蒋总司令。蒋介石一听，大腿一拍道：

"好啊！我和宋小姐喜结良缘，这真是，苍天有眼，大地相助啊。静江，给你这个'兄弟'记上一功！你马上告诉宋霭龄，这三个条件我全答应，叫他们放心！"蒋介石心想先把美龄弄到手，有关条件吗，今后可以算数,也可以不算数。

"是!蒋总,我马上回话告诉霭龄!"张静江应道。

"慢着!"张静江正要往回走,蒋介石又叫住了他,道,"你快与霭龄确定个喜日,我们热闹一场!"

"好,一切由我张静江安排!"张静江笑了。蒋介石也由衷地笑了。

……

第八章　隆重婚礼

┃　一场在中国空前隆重的婚礼正在紧锣密鼓地进行

几经周旋,好梦成真。

霭龄办事认真,只要她认准的事,非办成不可。同时,也让世人看到,她在家庭这个舞台上的作用与威信、威力。实际上,这个颇为解放的家庭也保留着"无父尊长"的传统风俗。

1927 年 9 月 17 日《纽约时报》于头版头条的位置刊登一则令人吃惊的消息《蒋总司令即将与宋美龄女士结婚》,并在左上角刊载了蒋介石与宋美龄的近日俪影。

该报驻上海记者米塞尔维茨发回的这篇报道说:

这场在中国空前隆重的婚礼正在紧锣密鼓地进行,据说蒋已请来了一位英国著名裁缝正在为他赶做礼服、礼帽,宋家正在为其妹赶制嫁妆,据说这份嫁妆价值 3.5 万美元,是中国姑娘中至高无上的。据说蒋总司令已同结发之妻毛氏离婚,采取的是中国最传统的做法——休妻制,宣布她再也不是他的老婆了。除了原配夫人外,蒋似乎还送走了另外两个"老婆";另外宋美龄也同她的情人、当年赴美留学生刘纪文分手。

米塞尔维茨还说:

种种迹象表明:即将举行的美龄的婚礼没有因为这些形形色色的蒋夫人的存在而推迟,他们之间的婚姻完全是以双方的爱情为基础的。蒋同宋家的罗曼史将使蒋身价倍增,成为中国第一人……

据米塞尔维茨说:

> 向他提供这一重要新闻消息的,既不是蒋总司令本人,也不是宋美龄,而是赫赫有名的孔夫人——宋霭龄。
>
> 整个事情都是孔夫人一手操办的。
>
> 她9月16日在西爱威斯路的寓所举行了记者招待会。
>
> 她把委员长和美龄"介绍"给一群记者,宣布:"将军要同我的小妹结婚。"然后,大家都到正规的庭院给这潇洒漂亮的一对拍照。全世界的报纸和杂志都预先刊登了这些照片。当时谁也没有想一想婚姻掮客霭龄究竟起到什么作用,谁也不想问一问1921年已与蒋结婚的蒋夫人怎么办?所以这些更具有新闻价值的东西,往往被一些记者忘记了。但是历史不会忘记。蒋介石清楚。宋美龄更清楚。他们永远不会忘记人生的恩人——宋霭龄。

蒋介石镰仓参拜岳母

婚前,新郎拜见岳母是中国的传统。

1927年9月28日,在日本的镰仓。

秋雨打着人们的脸,一团团饱含雨水的乌云,在低空慢慢移动。在镰仓的宋老夫人倪桂珍接见了未来的门婿蒋介石。

宋老夫人来镰仓已有半年多了。宋查理死后,她遇到了一些感到失望的事。尤其是女儿们的婚事,更使她头痛。她作为基督教徒,希望女儿的婚礼都应在宋查理的教堂举行,由本教堂牧师主持。霭龄是在日本结婚的,未能这样做;庆龄私自出走,也不可能这样做。三个门婿儿,最中她意的还是霭龄的男人孔祥熙,对于孙中山和蒋介石,说心里话,她是不中意的,或者说是反对。开始蒋介石来电要来镰仓看她,她拒绝了;后来霭龄和美龄来信劝说,她才勉强答应了,时间就在今天。

往日不大看重打扮的蒋介石,今天却破例穿戴一新。他脱下了军服,少了点威武。考究的衣服色彩使他精干了些,显得年轻,精神焕发;他的脸擦了油,红光发亮;下巴上的胡须,是他 40 岁年龄的象征,不过他今天刮得铁青。他手中的盒装礼品,是霭龄深知母亲的口味,特意提醒蒋买的。

"妈,我来看您老来了……"蒋介石一进门便说。

"漂洋过海,这么老远,你还何必再跑一趟。"宋老夫人并不是十分热情。

"这是我给您买的礼品,权作我的祝寿!"蒋介石说完把那盒礼品献给宋老夫人。

"家里什么也不缺,你又何必破费。"宋老夫人道,"坐下喝茶吧。"

蒋介石在宋老夫人的指点下,坐了下来。他善于察言观色,从老太太的脸上看,似乎对他不大感兴趣。既来之则安之,蒋介石压着心中的火。

"妈,临来时美龄让我给您老问好。"蒋介石没话找话道。

"好。"宋老夫人理了理腮边的头发问道,"听说,你要和美龄结婚?"

"对,妈妈,我这次来正是向您老正式求亲的。"

"你不是还有原配妻子?"宋老夫人提出了疑问。

"我们已经离婚了。"蒋介石把早已准备好了的离婚证取了出来,"妈,请看我们的离婚证明。"

宋老夫人接了过来,认真看了起来。不错,是份离婚证明。接着,宋老夫人又问:

"你也是知道的,我们宋家是一个基督教徒之家,你既愿意同我的女儿结婚,你愿意成为一个基督教徒吗?"

"妈,我愿意。我要试一试,要学习《圣经》,并且尽力去做。"蒋介石事先有准备地讲,"如果妈妈同意我与美龄的婚事的话,我们的婚礼愿在父亲的教堂里举行。"

"好的!"宋老夫人脸上第一次露出了喜色,显然对方的回答使她感到满意。她对蒋的偏见看法从中也得到了抵消。幸运的蒋介石,深为这几句事先有准备的话而感到庆幸。

"你既愿入教,就得遵守教规约束,这不是儿戏的!"宋老夫人叮嘱道,

"你要和美龄每周到西摩路的私邸，一起祈祷一次。"

"儿子明白！"蒋介石面目庄重。

"那你就回去吧。"宋老夫人下了逐客令。

蒋总司令乘飞机回到了中国。不久，他们的婚期就确定宣布了，喜日选在 12 月 1 日。美国的《纽约时报》抢先发布了消息，陆续全世界 21 家报刊作了宣传。

舆论宣传无疑助长了人们对这场政治姻缘的重视。同时，也给这场即将举行的隆重婚礼涂上了一层神秘的色彩，它像广告牌一样，招揽着全世界的观众，翘首盼望着这一天。

上海大华饭店热闹非凡

1927 年 12 月 1 日。

蒋介石期待多时的婚礼在上海举行了。

婚礼分两次举行：一次是在宋家，这是安静的并且合乎基督教的习俗，时间较短由霭龄操办；另一次是在豪华的大华饭店，带有外交性质，有些中国传统的味道，婚礼时间很长，持续到当晚 12 点钟。

清晨，当慕尔教堂沉闷的大钟撞响的时候，宋家的亲戚好友已经聚集到西摩路的私邸。他们是宋霭龄、孔祥熙、宋子文、宋子良、宋子安等 51 名基督教徒和至亲好友。明眼人会注意到，这里没有宋庆龄。这场婚礼本来已向庆龄发了请帖。1927 年 9 月 30 日，庆龄接到了请帖，回到上海她和孙中山曾一起住过的家，但是，她在上海没待多久，便匆匆离开了上海，她同一位名叫雷娜·普罗梅的美国朋友去了莫斯科。说实在的，她很爱小妹的，认为小妹这样做为自己的痛苦打下了基础。她力求说服小妹，但生米做成了熟饭，为时已晚。

当教堂钟声再次响起的时候，人们聚集在耶稣的像前，一对新人——蒋介石和宋美龄站在最前排。第二排是宋氏家族的人，其次是宋氏家族的亲朋。宋老夫人头发已经花白，但神态很好，神采奕奕，她对今天的一切安排很满意。可以说对第三个女儿的婚礼,她是最满意的。她闭目祈祷几句后,主持婚礼的牧师从后门步入教堂,他不是别人,正是南方卫理公会及阿伦纪念教堂的余日章。此人是黄仁霖的岳父,办事干练,在江浙一带是小有名气的。本来教堂是沉静的,他干咳一声后,教堂更是寂静无声。

在余日章牧师的主持下,婚礼进行得很顺利。

接着是一阵朗朗可闻的圣经祷告声漫过这阴森寂静的教堂,这声音像一部合唱的歌曲一样悦耳动听。

蒋介石、宋美龄在牧师的指挥下进行各项仪式,直至婚礼告一段落,大家簇拥着蒋、宋二人走出了严肃宽敞的教堂,被转移到外滩的大华饭店舞厅,举行邀请来宾参加的婚礼。

如果教堂过于严肃的话,那么大华饭店则是异常的热闹。偌大的大华舞厅,在沪是出名的。一条黄绿相间的琉璃屋檐,把个巍峨的大华饭店和舞厅从蔚蓝的天空中勾画出来,那壮丽的柱廊,淡雅的色调,以及四周层次繁多的建筑,组成了一幅庄肃绚丽的图画;屋内豪华装饰的天花板上,吊着金黄流苏的五彩宫灯,宫灯四周又有小彩灯相配,犹如众星捧月一般。辉煌的大厅布置得光彩夺目,刘易斯育婴堂用彩带和白色鲜花组成巨大的婚礼之钟。在临时搭起的台子上有一幅孙中山的大幅画像,画像两边是国民党党旗和国旗。台上摆着各色鲜花,一个大“喜”字占了显赫的位置。在另一个台上坐着白俄的管弦乐队,他们个个穿着白衣白裤,可谓浑然一体;在管弦乐队的旁边,来自世界各地 30 余家报刊的记者,他们手提照相机正在焦急地等待这场婚礼的进行;大厅里早已坐满了 1300 多名被邀的来宾,他们怀着兴奋的心情耐心地等待着;遗憾的是在这 1300 多来宾中张静江这个月老没能来,他是昨天被送进医院的;舞厅外面还有 1000 多看热闹的人被门卫堵在门外;大华饭店六层楼的房顶上垂下十行花花绿绿的鞭炮,一直到地面。看热闹的人围观着,谈笑着。只要那爆竹点燃,便是这隆重婚礼的开始。

下午 4 点一刻,爆竹点燃,乐队开始奏乐,煞是热闹。“噼里啪啦”的鞭炮声把沉寂多日的大华饭店震醒,把人们的兴致推向高潮。如果说外面热闹,那舞厅里更是热闹。当婚礼主持人、前北京大学校长蔡元培先生登上礼台、立在孙中山遗像下的时候,台下爆发出经久不息的掌声,那掌声震耳欲聋。蔡元培先生是一位当代中国最有影响的人物,是南京政府的教育部长。本来这场婚礼应由张静江主持,因他有病,临时改为蔡元培先生。此时,蔡先生目扫一周,只见来宾中有英国、美国、日本、挪威、法国以及其他一些国家的领事。陪同这些贵客的是国民党众位元老,以及上海各界的头面人物,他们分别坐前3排。杜大耳朵也夹在中间,剃光的脑袋闪闪发光。自然也有霭龄——这位牵线搭桥的红娘,以及她的丈夫孔祥熙。他们的高兴不像前者,更多地埋在心底。此时他俩负责接待,等宾客到齐坐下后,便主动离开了。

蔡先生用英、汉两种语言向来宾致意。台下又是一阵热烈的掌声。

"先生们、女士们,今天是大喜的日子,客盈满厅,让我把各位来宾以及外国来宾介绍一下。"舞厅里顿时鸦雀无声。

蔡先生一一将众来宾向观众介绍,足足持续了半个多小时。末了,他宣布:"欢迎新娘、新郎入场,向众位宾客致谢致礼!"

同时,蔡先生也指挥舞女们跳起来,白俄的乐队奏起来……

蒋介石穿着高雅的欧式礼服,在孔祥熙和作为男傧相的首席秘书的陪同下出场,舞厅里热闹响起。但见他穿的是条纹裤子、鞋罩、燕尾服、银色领带,像花生形古怪的脑袋剃得光亮。他满面挂笑,向来宾们挥手致意。人们热烈鼓掌欢迎这位军事领袖。摄影师把镜头对着他不停地转动、拍照。

又一次掌声响起,后面的人们再次登上椅子,伸长了脖子。伴随着"新娘来了"的古老名乐曲,新娘挽着她的姐姐霭龄及哥哥、前财政部长宋子文先生的臂膀从廊子后面走进舞厅。廊子上铺着大红地毯,两边摆着各色的鲜花,美龄穿着白色长裙礼服,披着银白色乔其纱,披纱用一枝香橙花别着,稍稍偏向一边。饰以银丝的软缎长裙长长地拖在身后,像一只出水的白天鹅,透过轻纱裙可以看到银色皮鞋。她的乌发藏在白色尚蒂利桃花的罩纱里,罩纱垂到肩上,形成第二层披纱。她手里捧着一束用银白色缎带系着的淡红色的康乃馨。

有4位女傧相伴随着美龄,她们是郭小姐、王小姐、孔小姐(罗莎蒙黛)和倪小姐。前两人穿的是桃红色软缎衣,上面镶着钻石和桃红色珠子。软缎袖子长仅齐肘,在肘部用浓淡相宜的桃红色乔其纱做成宽大的袖口。另外两位年纪较小的女傧相,穿着同样的衣服,但是颈上装饰着带褶的乔其纱,袖口也带褶。女傧相后面,跟着撒花的小女孩周小姐和陈小姐。她们身穿撑开来的桃红色塔夫绸衣裙,手持装满花瓣的小花篮。最后是两位小侍从孔珍妮小姐和孔路易少爷,他们身穿黑色丝绒衣和缎子马夹。

这是一次高雅文明的婚礼,与基督教的习惯相反,新郎、牧师或其他人都没有拥抱或亲吻新娘。

新娘款款走到新郎身边停下,镁光灯闪烁着,拍下了一个个动人场面……

"向国父孙中山三鞠躬!"蔡先生指挥道。

"向宋老夫人鞠躬!"

"向来宾来客鞠躬!"

"夫妻对拜鞠躬!"

新郎、新娘按照主婚人的指挥,一丝不苟地做了。他们知道,不认真做,观众是通不过的。

接着,蔡元培先生宣读结婚证词。宣读完毕,一个大印盖在结婚证书上,一式两份,新郎新娘每人一份。在接受证书的时候,一对新人向主婚人蔡元培先生躬身施了礼。然后他们又向证婚人蒋介卿施礼,向周围观众施礼。

"向新郎、新娘献花!"在蔡先生口令下,只见两个十一二岁的小姑娘(据说是霭龄的女儿),头扎红头绳,手捧鲜花,跑上台前向新郎、新娘献了花。

在乐队的伴奏下,美国男高音歌手霍尔唱起了《哦,答应我!》,洪亮的歌声,伴着人们有节奏的掌声,弥漫于大厅。

"先生们,女士们!为新郎新娘祝福!为祖国的统一祝福!唱吧!跳吧!"顿时,舞厅活跃起来,对对舞伴结伴走出,挽臂搭肩,跳了起来,轻歌曼舞。

……

舞会一直持续到晚上 7 点钟，接着，大华饭店又为来宾举行了盛大的宴会。宴会中，新郎新娘又举杯为 1000 名来客碰杯，致谢……午夜 12 点钟时，蔡先生宣布晚宴结束。在雷鸣般的掌声中，蒋介石和新娘快步穿过廊子，走到由鲜花组成的大钟下面的椅子边。缎带拉开了，数百数千的玫瑰花瓣从花钟里落下来，撒在新郎新娘的身上。

美龄退席了。她悄悄从后门出去，乘车到西摩路换装。晚上，她和蒋带着 200 名卫兵上了专列，去莫干山青帮的一个寺院。在那里他们开始了新婚蜜月的生活。

《纽约时报》第二天在头版头条的位置报道了婚礼的盛况，这是近年来的一次辉煌盛举，也是中国人的一个显赫的结婚典礼……国民党将在星期六召开全体会议。该报说："如果会议开得圆满，蒋将再次成为中国的实权人物。"蒋发表了一项声明，说他准备重新掌握指挥权："我们结婚以后，革命工作无疑将取得更大进步，因为我今后能安心地担起革命的重任！从现在起，我们两人决心为中国革命事业作出最大的贡献。"

旁观者没有忽略参加婚礼的整个外交团。人们注意到布里斯托尔上将参加了在西摩路举行的家庭婚礼仪式和在大华饭店公开举行的婚礼，他手下的人同他一起参加了大华饭店的婚礼。宋氏家庭的新成员蒋介石得到国际认可，美国感到满意。

美龄和新婚丈夫刚到寺院，第二天一早，蒋就被叫去参加一个据说是"党的重要会议"。会议从早上 8 点一直开到晚上 8 点。

正如宋庆龄说的："他俩的结合是政治，不是爱情！"1927 年 12 月 10 日，即婚后第 9 天，蒋介石恢复了总司令的职务，后来又被选为中央执行委员会主席，即委员长。

在 1928 年 10 月 10 日庆祝 1911 年武昌起义的"双十节"时，蒋介石抵南京政府，宋美龄也成了第一夫人，从而实现了她那"非英雄不嫁"的誓言。作为大姐霭龄，也松了一口气。

┃　蜜月中的新人

12月的莫干山寺院，正是梅花盛开的时节。

这里天然的风景不用人工煞费心机地设计，十分醉人。莫干山高，白云缠在山腰。毫秒之间，景物不同；同一地点，瞬息万变。一忽儿阳光灿烂，一会儿雨雪飞驰，却永有云雾，飘来拂去，整个寺院藏在其中。蒋介石、宋美龄的蜜月正是从这里开始的。

他们住在寺院里，青帮特意为他俩准备了新房新床。

清晨6点，他们起床洗漱，然后到林中小道散步；早饭后，也就是上午时间则接待各方来宾；下午，他们一对新人在讨论国家大事，对时局的看法；晚上，蒋介石陪同宋美龄跳舞。殊不知美龄的舞蹈在学生时代就是出了名的。尤其是她的爵士舞、帕斯舞、丛林舞、摇滚舞跳得别致，清新活泼。蒋介石学跳舞也就是从这时开始的。不过，他老踩美龄的脚尖。气得美龄啧他："你真是一个不开窍的阿木林。"每逢这时，蒋介石总是笑笑："夫人，我们是会合作好的！"

在宋氏三姐妹中，宋美龄脾气反常，具有超凡的能量和强烈的支配人的欲望。说穿了，她具有一般女性所不具备的特点，那就是权欲心。美龄在政治上极右。她不像二姐庆龄那样浪漫，一切寄托于理想和对于穷人的怜悯；她也不像大姐霭龄那样过分爱钱，养成一种贪性，以至于发展到嫉妒人，包括姐妹之间。所以说，当时有人把他们三姐妹比做"龙、虎、狗"不能说没有几分道理。

这个意思是说：孙夫人宋庆龄女士道德高尚，思想进步，政治上的操守极纯洁高贵，为全世界民主进步人士所敬仰，是"龙"；宋美龄帮助蒋介石做外交工作，在蒋介石的家庭里是只母大虫，是"虎"；而宋霭龄则一贯的贪婪成性，只要有利可图，什么事都能做，包括美龄的婚事，任何问题都在所不惜，是看家"狗"。但就她们三姐妹之间，宋霭龄和宋庆龄二人是看不对眼的，是有矛盾的，而宋美龄则居间。她同情二姐庆龄的不幸遭遇，她又不同意大姐那样恶言恶语地攻击二姐，以至于没有了姐妹之情。

宋美龄和蒋介石在度蜜月期间，大姐霭龄携丈夫祥熙，断不了三天两头来莫干山寺院看她,美龄是很感激的,所以姐妹俩一说起话儿就长。

"嗨,政治把我们姐妹分开了! 庆龄姐要是来看看我该多好哇!"美龄不胜感怀。

"她,她算个老几,我们宋家全当是没有了她! 她要现在来,我抬脚就走!"美龄的一句话燃起了霭龄心中的一团火。

美龄见大姐生气,马上把话语收了回来说:"大姐,不要生气,就算我说错了,今后就不提二姐好了行不行?"

霭龄笑了,说:"那我还能在这里坐会儿。"……

| 可怕的事情发生了——新娘宋美龄失踪

美龄一当上第一夫人,就急于行使新获得的权力。蜜月刚结束,她就使蒋介石同青帮发生一场纠纷……

那是他们俩从莫干山回到上海以后。要知道,上海是青帮所辖地。青帮有一项规定:每一个要人都要给青帮付保护费。蒋介石过去是定期向青帮支付这笔"费"的;宋美龄这些年来的保护费,一直是由宋子文悄悄地替她支付的。关于向青帮支付保护费,她是这次在莫干山度蜜月时得知的。她听了很气愤。当夜,便在枕边向蒋介石吹了风:

"青帮在上海这么坏,无恶不作,你为什么老跟他们走?"

"人嘛,社会中的人,哪个不交往的。古人云,多个仇人多座山,多个朋友多条路嘛! 往后你慢慢地就知道了。"蒋介石答道。

"哼,我就不信! 人以群聚,物以类分,靠近他们的人也绝不是好人。"

"看你说到哪里去了!"蒋介石辩道,"你把我跟他们划到一块儿去啦,实在是冤枉。"

"不是我把你和他们划到一块去了,而是你自己把自己划到他们那儿去了。"美龄道。

"夫人有何证据?"蒋介石瞪了眼。

"我问你,以前你为什么向青帮支付保护费?"

"这是规定。"

"哪家规定?"

"青帮啊。"

"噢,这不是嘛!"美龄说到这里,像抓到了把柄道,"我警告你,现在你当上了委员长,是中国最重要的人物了,今后不应再交什么保护费了!"她把最后一句话说得恳切。

蒋介石笑笑:"好好好,听夫人的。"

可是这番夫妻对话被站岗的青帮士兵听到了,汇报到杜月笙那里。杜月笙气坏了,心想:"看我给她来个下马威,让这个第一夫人知道知道我的厉害!"

不几天,蒋委员长便和新娘下了莫干山,隐秘地出走,悄悄进入上海。不久,可怕的事情便发生了——宋美龄失踪了。

这天清晨,蒋介石吃过早饭,便对美龄说:"今天上午我有约会,需要晚些时间回家。"

"好的,祝你一路平安。"宋美龄和蒋介石接了一个吻,蒋便匆匆地驱车离家了。

两个小时以后,一辆豪华的罗尔斯-罗伊斯轿车开了过来,戛然停到西摩路的宋家门口。宋美龄听到车响,以为丈夫回来了,便出门迎接。谁知车里坐着一个司机和一个美丽的姑娘,全是陌生人。

"夫人,我们是奉您大姐的旨意,来接您到她家去。"

"谢谢。容我换一下衣服可以吗?"一听大姐来请,美龄十分高兴。

"当然,可以。"

宋美龄换完衣服,锁上门旋风似的走过来,坐上汽车。汽车把她带走了。汽车只在上海市区转圈,根本没往霭龄家开。美龄憋不住了:"你们要把我带到哪里去?"

"带到哪里,你还不清楚吗?"姑娘冷冷地答道,"你没自由啦!"

"啊!你们这是干什么?"宋美龄大声吼叫,"我是第一夫人,你们无权没收我的自由!"

"哈哈,好大的口气,别忘了你是在上海!"司机也火上了她。

……

蒋介石约会后回到家里，不见了美龄，很焦急："怎么，连个条子也没留下！"他等了一小时，还不见美龄的影儿，感到事情不妙。便立即回到屋里，操起电话，直接通话是不可能的了，他拨通了宋子文的号码。

宋子文一下子就明白了委员长讲的事情。他挂了电话，又重新拨了起来。他要了一个只有几个人知道的秘密电话号码。一分钟后，一个熟悉而令人恐惧的声音传过来了。那人便是杜月笙。

"子文，你放心吧。蒋夫人平安无事，不要担心。她身体很好。有人发现她只有一个姑娘陪伴，坐着汽车在上海危险的大街上穿行，考虑到无时无地不存在危险，这样做是很不谨慎的。为了她的安全，已把她护送到一栋舒适的别墅，她受到了殷勤的接待，因为她是中国新统治者的夫人，大家都十分尊重她。大家都极力想让她高兴，但她似乎很生气，什么都不肯吃。"说到这里，他又埋怨道：

"委员长结婚后也太忙了，应该给夫人安排可靠的保护。要知道，在上海这样一个危险的城市，这确实太大意了！宋先生是否麻烦来一趟，对这件意外的事做出妥善安排，办些安全惯用的手续！"

"好，我就去！"宋子文放下了电话。

宋子文匆匆赶到杜大耳朵戒备森严的寓所，办了"手续"，交了保护费，从美龄受到"照顾"的地方把美龄接走，送到蒋委员长那里。

这个事情是很清楚的：杜大耳朵等于猛抽了委员长一皮带，让他知道，你当官，要严管夫人，不要忘记我们是老朋友，要知道弟兄们也不是好惹的。

美龄在同蒋结婚时，没有意识到自己还嫁给了蒋的"家族"。霭龄知道，祥熙知道，庆龄知道，子文也知道。但是，美龄直到被软禁后，才知道杜大耳朵现在是她的严厉教父。

这一不愉快的事件使她永生难忘。

第九章　陈凤遗恨

｜　陈洁如远走他乡

霭龄包办美龄婚事,完成了宋氏家族在中国成为一个王朝的真正奠基礼。

当她饱餐过美龄的订婚宴,心满意足地用甲鱼骨刺剔着牙缝的时候,另一个女人却在用骨针刺进标有宋霭龄名字泥人像的心脏。

这个女人就是蒋介石前妻陈洁如,原名陈凤。

船上的锣声响了,这是通知开船的信号,也是催促送行的客人赶紧下船的信号。

陈洁如站在轮船甲板上,拼命挥动手臂。起锚的轮船开始驶动,将黄浦江的浑水搅得翻滚不已。陈洁如努力向外滩上那些著名的高楼大厦望去,发现那些建筑竟然被迷雾所包围,她用劲揉眼再看,这才弄清迷雾来自于自己的眼泪。

轮船经过吴淞炮台,水逐渐变成黄绿色,这是江水与海水的汇合处,上海已在眼中彻底消失,陈洁如把陪伴她赴美的两位"宫女"——张静江的女儿海伦和黛瑞莎扔在甲板上,独自溜回了船舱。

她打开多年来一直坚持每日必记的日记簿,刚写了一行:"1927 年 8月 19 日,乘船离开上海",就再也写不下去了,如烟往事一幕幕浮上心头。

陈洁如 1906 年出生于上海一个纸商家中,家境小康。

10 多岁时母亲就向她讲授贞操观念,提醒她当心一些男人对女孩子连番设计的引诱。陈凤身材高挑,到 1919 年 13 岁时,已出落得如同成熟女性。一天,她到张静江府上找她的女同学,遇上了蒋介石。陈凤回家时,蒋介石提出送她回家,陈凤没有答应。但蒋却问了她家地址,以后到家去找,陈凤母亲对蒋唐突造访很不满意,告诉他说:"我的女儿虽然长得高些,但她只有 13 岁,正在上学读书,我不希望任何人来打扰她。"蒋介石走后,不断给陈凤打电话,搅扰得她不得安宁,只好与蒋介石相会。在一个公园里,蒋介石说:"阿凤,我要向你发誓:海可干枯,山可崩塌,我对你的爱,永不改变。答应我吧,做我合法的妻子。"阿凤被这几句甜蜜的话哄得心里热烘烘的,可她还不懂许多事,只好闭口不语。蒋介石看她不说话,就从口袋里拿出一把折刀,拉出发亮的刀片说:"如果你不相信我爱你至深,那就换一种方式证明我的心意,好,只要你说出那个不字,我就切下我的一个指头,用我的血为你写下一纸永爱不休的誓书。"蒋介石把指头放在石头上,做出要切的样子,阿凤又感动又害怕,赶紧答应下来。

没几天,张静江夫人上门正式为蒋介石提亲。

阿凤母亲不便严词拒绝,便派人调查蒋的身世。看了调查报告陈母大失所望,因为蒋是已有一妻一妾又无养家之财的 33 岁男子,遂决定勾销此事。不料几天后张静江亲自上门为蒋说亲,张静江毕竟是一位大人物,陈母引以为荣,遂定下亲事。1921 年 12 月 5 日,阿凤与蒋介石的婚礼在上海永安大楼大东旅馆宴客厅举行,婚后蒋把阿凤的名字改为洁如,意思是"如同纯洁"或"如同未受世间污染"。

陈洁如粗通俄语,婚后他们生活在一起,帮蒋介石做些俄语翻译工作,一时倒也夫妻恩爱。陈洁如眼看蒋介石一步步蹿升,北伐前已升任总司令,自以为终身有靠,可以夫贵妻荣了……

孔夫人告诉她:你是一颗明日之星, 你要让你这颗明星陨落与升起一样快吗?

轮船在海上平稳地航行了两天,到达日本神户。这时黛瑞莎把一份从岸上买回的日文报纸递给陈洁如,只见上面有一则消息:

美联社 1927 年 8 月 19 日伦敦电讯——据《每日邮报》所收之上

海电讯称，前南京国民革命军总司令蒋介石夫人，今日搭乘杰克逊总统号轮船启程前往美国。据其友人所述，她拟于抵达纽约前，游历美国各地。

陈洁如本想上岸一游，看到这则报道后，又无法控制心中的屈辱情绪，拒不上岸，轮船在驶往火奴鲁鲁的 13 个无聊日子里，她一直陷于往事的追思中。

北伐之前，蒋介石看到洁如流泪，就安慰她说："我正要出发作战，请你为我祝福而不要哭泣，否则会给我带来霉运。"

但是陈洁如到南昌后，蒋介石因在上海发动"四一二"反革命政变，反动嘴脸彻底暴露，与汉口左派政府发生矛盾。汉口政府为羁縻蒋介石，拒绝再供应他军火和军饷，每天都有谴责他抗命的文件传来。蒋介石陷入情绪低潮，说自己如同释迦牟尼，修道时面对敌人无情试炼。

忽然一天，蒋介石情绪高涨，说他找到了办法：要搞垮汉口政府，根本的是要铲除对方实力，而这最重要的实力就是财源。目前他自己没有财力可言。他想到了使汉口政府失去财政部长宋子文。这件事要做得巧妙，最好是假手于宋子文的大姐宋霭龄，因为她对大局的想法与自己接近。蒋介石写信请霭龄到九江磋商要事，这封信由陈洁如发出，殊不知因此带来她自己今天的厄运。

霭龄接信后，搭乘中国银行的汽轮火速赶来，但她没有下船，而是叫蒋介石上船，两人长谈了 24 小时，讨论当时政治形势。谈完后霭龄乘船返回汉口，蒋介石把密谈的主要情节告诉了陈洁如。

蒋介石说："洁如，我从来不向你隐瞒我的一点情况，这次也不会隐瞒，因为我还需要你的帮助。

"孔夫人告诉我：'你是一颗明日之星，你要让你这颗明星陨落与升起一样快吗？今天鲍罗廷的意旨是要接收你的权力，交给加伦将军。你定会被他们消灭殆尽，只是时间迟早而已。难道你怯于斗争，乖乖接受失败吗？我告诉你，你如单枪匹马为国民党的目标奋斗，你纵然有此精神，也是没用的。精神并非一切，这个解放并重建中国重大责任，需要很大很多的影响力、金钱、性格与威望。这些你目前一样也没有,现在你周围的人,净是些无能的懦夫,他们汲汲所求的,无非私利。不过局势并非绝望。我愿与你作成一桩交易,我不但要如你所愿,怂恿我的弟弟子文脱离汉口政府,而且还要更进一步,我将尽力号召上海具有带头作用的银行家们,以必要的款项支持你,用以购买你必需的军火。我们拥有所有的关系和门路。你自己知道,你不会再从汉口得到任何经费。而作为交换条件,非常简单,你要同意娶我的妹妹,作为永久的正式夫人,与我们结成一家。一旦政府成立,当任我的丈夫孔祥熙为阁揆,弟弟子文仍做政府财政部长。'"

蒋介石接着说:"你看她已开出凶狠的条件。我走投无路,只有求助于你了。洁如,你肯帮助我吗?"

"你要我做什么呢?"

"避开5年,让我娶宋美龄,获取必需的支持,继续推进北伐。洁如,这是一桩政治婚姻,我是永远爱你的!"

"永远爱我?宋霭龄,你这掉包计,我生不能报夺夫之恨,死也要到阴曹地府与你算账!"

陈洁如心存幻想,5年后能再返蒋介石身边

离开火奴鲁鲁,到旧金山还有5天航程。张静江的两位女儿出发时被朋友戏称为陈洁如的两位"宫女",她们尽可能劝解陈洁如,饭要吃,要保重身体,留得青山在,才能有柴烧。怎奈那桩桩往事,历历在目,件件刺心。对于一个女人,她明知已经被人抛弃,却免不了心存幻想,指望真的5年后能再返蒋介石身边。

蒋介石说:"洁如,我的处境不稳,只有你做出牺牲才能挽救我,你救我就是救了中国。如果你不肯离开,我就只有一死了之。"

"如果我同意离开,只是为了中国统一,不是为了你,更不是为了宋霭龄!"陈洁如恨恨而去。

陈洁如回到上海母亲家中居住,以为这样就可让蒋介石获得支持了。不料没过多长时间蒋介石却宣布"下野",有人以为真的就是下野了,其实这只是为了缓和表面上的矛盾,为他真正崛起完成必要的手续而已。

一天,蒋介石突然来到陈洁如家中说:"洁如,我来同你谈谈赴美之行。我已同张家两位小姐谈好,由她们陪你到美国读书。你只离开 5 年,学好就回来,那时中国已经统一,你我再续前缘。这是你的船票。"

"我住在这里,已经很好了。我不再求其他留洋进学的事。我已经为了你的方便,默默让贤了。因为你说过'爱情是以一个人的牺牲大小来衡量的',我这样做,完全为了中国统一,换了别的女人,不把宋霭龄的眼睛挖出来才怪!"

蒋介石紧张兮兮地说:"但是,你不了解,你之所以必须远走美国,是宋霭龄的条件之一。你如留在国内,全盘交易就会告吹!"……

陈洁如在美国上岸,又看到一则新的消息:

美联社 1927 年 9 月 19 日上海电讯——据引述,前国民革命军总司令蒋介石将军于新近在奉化一次答记者问中,宣称本月早些时候自中国搭乘杰克逊总号前往旧金山之妇人并非其妻。蒋对指述此妇即为其妻之讯息,认之为政敌之虚构,旨在以任何手段,使其难堪。蒋并称,他不认识该电讯所述之"蒋介石夫人"。

陈洁如愤慨之余,还以为蒋介石不得已而为之。不料 10 天之后,她到纽约中国领事馆取信,一位副领事冷漠地告诉她:"请不要让你的任何私人信件寄由领事馆转交。我们只办公事,希望你了解我们的处境。"

陈洁如愤怒了:"这算什么? 我是一个中国女子,在美国你竟这样对我说话! 我离开上海时,还没有纽约的地址,我母亲给我写信,除了寄给这里的领事馆转交外,怎会知道寄往何处? 我还以为领事馆是为国民服务的地方呢!"

"你不必担心,"副领事说,"令堂已经收到通知,她将把你的补助费和信件直接寄到你的任何私人地址,河边大道 301 号,这个地址对吗? 我很抱歉,我们没有时间处理你的任何私人事务。我们在领事馆无法为你做什么。我们是奉命行事。"

"奉谁之命?"陈洁如很想知道。

"南京来的命令。"

"原来如此! 南京何人,是蒋介石吗?"

"我们奉命不能说。"

"那么,是那个女人的命令喽?"

"那不是我说的。请不要错引我的话。我恳求你了!"

回到住处,陈洁如把在领事馆的遭遇说给张家两个女儿,她们义愤填膺,怂恿陈洁如向蒋介石报复——"你没有正式离婚,你还有你的权利,打电报给蒋介石,把心里话说给他,让他受煎熬。或者向新闻界说明真相,让新人夫妇不得安宁!"

"好吧,让我想想。"陈洁如无法把幕后的交易说给她们,她还抱有幻想,真的希望 5 年后能回到中国,到蒋的政府里做事,与蒋介石再续前缘。

蒋宋结缘,说明了宋霭龄的超前眼光,以及她对形势的真知灼见。作为宋家长女,她敢当家做主、力排众议,再次显示出她的胆识过人。

蒋宋结缘,蒋家受益,宋家沾光,真正实现了"蒋家天下陈家党,宋氏姐妹孔家财"的蓝图。随着蒋氏政权水涨船高,宋霭龄虽然没有当上第一夫人,但是自己的丈夫也青云直上、官运亨通。

第十章　挑战军阀

| 蒋介石复出内闻

天下事都有好坏之分，下野对别人是坏事，然在蒋介石身上却成了天大的好事。

且说宁汉分庭对抗，是因为蒋介石的野心所致。由于蒋的下野，宁汉很快合流，这不能不说是天大的好事。

宁汉合流后，新的矛盾接踵而来。

先是胡汉民为抵制从武汉方面赶来夺权的汪精卫，坚决要求蒋介石复职，有效阻止汪精卫重掌大权；躲在阴暗角落中的蒋介石的嫡系张静江、吴稚晖、陈果夫、陈立夫等人一直在策划着蒋介石的粉墨登场；西山会议派对蒋介石的反共行为赞赏有加，随着蒋的下野，共产党的崛起，他们越发表现出极切的关注来，虽有一定的矛盾，也希望蒋介石尽快复出；逼老蒋下野的李宗仁等人，在老蒋下台后，并非他们想的那样，而是样样玩不转，看来还不具备蒋的手腕，"不当皇上不受害"，也希望蒋的复出。因此，在宁汉合流后的第三次会议上，方方面面的代表不约而同地赞成蒋介石复职。而为合流作出贡献的汪精卫却是竹篮子打水一场空。

原来蒋介石下野那阵子，好像一个臭蛋蛋，人见人踢。现在却成香饽饽了，人说人夸。仿佛政府少了蒋介石就玩不转，蒋介石复出是众望所归。蒋介石是奇人，蒋介石是救星，就差有人喊爹妈了。

会场内外是一个样的热烈。

这时，正在北方待机进入南京政治舞台、因受蒋介石下野影响久久不能如愿的阎锡山、冯玉祥致电蒋介石，说："甚盼我兄克日出山，主持军政，俾得早日完成革命大业。倘若能得如前请，弟等负弩，愿听指挥。不惟弟等私愿得遂,大局实利赖之。"

西南方的四川实力派刘湘也致电蒋介石,表示:"此闻中央全体会议一致决议,敦请我公继续聘任总司令职权,逖听之下,无任欢欣。"

当初汪精卫和武汉方面要求蒋介石辞职时,不少国民党大员都是坚定的支持者。如今时过境迁,他们在拥蒋出山方面又唯恐落在他人后面,踊跃表态,似乎没有发生过什么事,似乎逼蒋辞职是个历史性的错误。

预备会议正式通过了同意蒋介石复职的决定,会议决定于次年1月间召开二届四中全会。

1928年1月2日,在五个月前批准蒋介石辞职的南京政府致电蒋介石,要他:"立即旋都复职,共竟革命全功。贵总司令许身党国,必有以中枢付托之重,慰国人喁喁之望也。"

这时的蒋介石,看到当初所有的对手都俯首称臣,心情也极为高兴起来。如果说辞职前,由于分裂国民党引来那么多的抗拒和挑战;那么辞职后蒋介石的权力和地位已得到党内的认同,党内反对势力继续存在但已受到中央决议的限制。蒋介石通过辞职,实现了退一步进两步的目的:推翻了由汪精卫等控制的中央党部;推翻了合法的武汉国民党政府;再一次击败了汪精卫、西山会议派等反对派;确立了由蒋介石控制的中央党部和国民政府的合法地位。

在一个阳光明媚的一天,他要上任了。

为了这一天的到来,蒋介石专程来到上海,秘密地到南京政府的监狱中看望了当时中国政界和军界的特殊人物蒋方震。有人要问,这蒋方震何许人也?

蒋方震虽然姓蒋,与蒋是同乡,都是浙江人,但并没有亲缘血缘关系。这蒋方震名声大振,应为当时的知名人士。在日本士官学校的资历比蒋介石深得多,后赴德国军校留学深造,被人称为著名的军事理论家和战略家。1912年任保定军官学校校长,曾因为抗议北洋政府对保定军校的不良管理而自杀未遂。被救活后成了英雄,一直担任幕僚工作,任北洋政府的总顾问、东南五省联军总司令孙传芳的总参议、十四省区联军总司令吴佩孚的总参谋长。1927年初因为支持唐生智倒蒋,被南京政府抓进监狱。再说蒋方震这个人,因为他的名声大,抓人容易放人难。让他出去还不干,扬言说蒋介石如不出面道歉,他就要跳崖。所以这事只能由蒋介石亲自出面处理。

再说蒋介石也需要蒋方震这样的名人为自己的政府装潢门面,同时也需要他为自己的前程出谋划策。

这一天,牢房的大门哗啦啦地打开了。

狱头告诉蒋方震说:"蒋总司令看望你来了! 请跟我到会客厅一坐。"

"让你受苦了!"在会客厅,蒋介石在宋美龄的陪同下,向老者道歉说。

"司令和夫人到,我也火消气散。"蒋方震也激动地站了起来,"如今,天下大事,分久必合,统一大业,还寄希望于总司令啊!"

蒋介石安顿蒋方震坐下来,道:"今天我和夫人来,就是专门听任你对时局的判断。同时也请你出山,任我参议。"

"你是真的要听?"

"那还有假。"

蒋方震沉思了一会儿,双手合十,大有诸葛遗风地说:"纵论天下,依我观,国内虽然争斗激烈,威胁总司令事业的不外奉张(作霖)、李(宗仁)、白(崇禧)、冯(玉祥)、阎(锡山)、程(潜)、汪(精卫)、胡(汉民),再加一个李任潮(济深)而已。而奉张雄视北方,欲南下逐鹿中原,当为心腹大患,总司令首当除之。国民党内,李、白实力陡增,程颂云得陇望蜀,冯焕章坐镇中原,阎百川拥兵山西,李任潮盘踞两广,汪、胡出国,实力犹存,且心向国内,诸多势力,令人应接不暇,实在让人头疼啊!"

蒋介石赞道:"老兄分析得极为有理。我们的对策应该是……"

蒋方震脱口而出:"总司令欲纵横天下,须远交近攻,打拉结合,恩威兼施,切不可四面出击,树敌过多,为今之计,首要的是拉紧冯焕章,稳住阎百川。对于内部正在日益壮大的桂系和对司令并不服气、并不尊重的程潜等人,我建议李、白与程颂云貌合神离,都打着自己的小算盘,并非同槽之怪,不如间而隙之,压程抬李,制造矛盾,我等坐观虎斗,不知此计可否?"

蒋介石也道:"此言妙算。此言妙算。"

就这样,蒋方震后来长期担任了南京政府的高级顾问,并在最高军事学府——陆军大学出任代理校长。

1928年1月9日,蒋介石发表《告国民革命军全体将士电》,宣称要"歼除奉、鲁军阀,实现总理之遗教,早出斯民于水火",18日正式走马上任总司令。

蒋介石复职以后,召开了国民党四中全会,主要是完成宁汉合流后的中央机构的调整和重组,对蒋介石来说则是为了重新肯定在党内的地位。此外,就是决定继续北伐,"完成统一"的"伟业"。

在此次会议中,蒋介石作为中常委兼组织部长、民众训练委员会常委,通过中常会控制国民党;他作为中央政治会议主席通过一批亲信和幕僚,成为事实上的政府控制者;他成为军委会主席兼军队总司令,继续全面控制军队。总之通过辞职、复职,蒋介石在国民党内和军队内的地位得到进一步巩固和提升,把广州、武汉政府转化为蒋记政府,实现了蒋家天下。蒋介石以后22年间的政治路线和政治行为,基本没有脱离过四中全会确定的主线,因此此次会议对蒋介石来说具有很重要的意义,成为他一生政治生涯中的转折点。

蒋介石重新上台,首要任务是组织"二期北伐"。因为蒋介石已经叛变革命,已经成为国民党内最大的新军阀,"二期北伐"的性质已经和大革命时期的北伐大为不同了,已经由打倒北洋军阀的战争转变为新军阀的一场混战。

蒋介石前线督战,东北易帜,北伐结束

早在蒋介石组织中央四中全会的时候,北伐军已经攻克了徐州。

2月7日会议一结束,重掌军权的蒋介石,就带着夫人宋美龄亲临前线督战。他的座车从南京驶出,一路开往徐州。

2月的苏北,春意料峭,返绿的麦苗迎着春风生长。可蒋氏夫妇的心情早已是春意盎然了。这次他来徐州,并没有跟任何人打招呼。他这一次"突然袭击",是想以"新司令、新郎官"的双重身份给自己的嫡系将领们

一个惊喜。

他和宋美龄一到徐州,就赶到何应钦第一路军总指挥部。

当他推开指挥部大门的时候,一个守卫的列兵接待了他。

蒋介石问:"你们的司令呢?"

列兵战栗着回答:"他们到郊外打猎去了。"

蒋介石由喜转怒:"其他干部呢?"

"也都跟司令一块去了。"

"好啊,这马放南山,刀枪入库!"

进入总部竟然没有人迎接和服务,这让蒋介石难以接受。如果说这是私事,蒋介石不便发作,但在军事威胁没有解除的情况下指挥官外出游乐,这显然影响和干扰军务的实施,要治罪的话完全可以借题发挥。

兴致勃勃的蒋介石被迎头泼了一盆冷水,当即挂通南京交通部长王伯群(何应钦的大舅子)的电话,命他和中央执委会书记李仲公及何成浚、贺耀组、陈调元等人迅速赶来徐州。

"总座,有时间限制吗?"

"放下电话就来。"

当天,从南京赶来的王伯群等人不知发生了什么事情,心神不定地来见蒋介石。

蒋介石铁青着脸对他们几个人说:"你们看看,偌大的指挥部这般冷清,都去打猎去了,成何体统!按军法处事,你们说,我们该怎么处置?"

大家你看看我,我看看你,谁也不说话。

蒋介石提高了声音:"王伯群,他是你的大哥,你也说说。"

"军法在上,严肃处置。"

蒋接着说:"我已经决定,撤销何敬之(何应钦字敬之)的第一路军总指挥的职务。原因有三个:第一,他忘恩负义,勾结白崇禧,逼我下野!第二,别人都通电拥我复职,唯独他迟迟不发拥戴电,实在可恶!第三,外边有人传言,说我指挥不了黄埔系,所以,我就来前方试试看,我究竟能不能掌握黄埔军。"

"总座英明!总座英明!"王伯群见事已无法挽回,只得在附和蒋介石的同时,婉转地提醒蒋介石说:"不过现在正值用人之秋,北伐大军就要开拔,切忌一线将领变换过大。"

为了北伐,接着蒋介石下令将全部军队组编为四个集团军:

第一集团军总司令蒋介石,总参谋长何成浚,29万人。

第二集团军总司令冯玉祥,总参谋长曹浩森,副总参谋长秦德纯,约31万人。

第三集团军总司令阎锡山,参谋长朱绶光,政训部主任赵戴文,约11万人。

第四集团军总司令李宗仁,前敌总指挥白崇禧,参谋长张华辅,约20万人。

此外西南省份的地方实力派和两广地区的第八路军李济深部,编有陈济棠的第四军、徐景唐的第五军、陈铭枢的第十一军、黄绍闳的第十五军、向成杰的第二十一军、李济深的新编第四军等部。

上述百万大军即将压向鲁冀、平津地区,奉系军阀张作霖和直鲁联军只有失败,一路败北。

按照蒋方震的妙计,蒋介石特意去会见坐镇中原、离平津地区最近的冯玉祥,意在不仅要拉拢冯玉祥,更要让冯玉祥充当"二期北伐"急先锋。

听了蒋方震的妙计,2月16日,蒋介石带着新婚夫人宋美龄乘火车经陇海线来到开封,受到冯玉祥的热烈欢迎。第二天,在冯玉祥的陪同下,蒋介石检阅了西北军。看着穿着旧衣烂衫、难御尚未转暖的中原寒风的西北军官兵,蒋介石暗自吃惊,感慨万分,能够忍耐如此贫困的军队确实不简单,能够带出如此军队的将领更不简单。蒋介石面对这支在如此艰苦条件下训练有素、吃苦耐劳、军纪严明的军队,暗自思考冯玉祥不可能成为自己的"同志",能吃苦能打仗的西北军不可能成为听从自己调遣的军队,因此他对冯玉祥和西北军只能利用而不能合作,更不能让西北军发展壮大。面对身着厚呢将军服的蒋介石的一脸疑惑,望着身着貂皮大衣的宋美龄,同为集团军总司令但穿着上差别极大、经费尚不能维持生存的冯玉祥自我解释说:"西北军叫国民军,国民军就是为天下劳苦大众的,如今百姓都受着冻饿之苦,国民军就更应吃苦。如今国民军又加了两个

字,叫国民革命军,它的宗旨就是救民出水火,因此,这国民革命军比国民
更能吃苦,这是不忘本的表现呀!"蒋介石听了这一席话,连连点头。

18日,蒋、冯接受老将马福祥的建议,在郑州交换兰谱,"以示同心同
德,生死相共之意"。

蒋介石给冯玉祥的帖子写的是:

> 安危共仗,甘苦同尝,海枯石烂,生死不渝。敬奉焕章如胞兄惠
> 存。谱弟蒋中正谨订。

冯玉祥给蒋介石的帖子写的是:

> 结盟真意,是为主义,碎尸万段,在所不计。敬奉介石如胞弟惠
> 存。谱兄冯玉祥谨订。

蒋、冯交换兰谱之后,互相拜了四拜,从此,就结为生死弟兄。

冯玉祥比蒋介石年长五岁,为盟兄,蒋为盟弟。

"我们既成了无话不说的弟兄,希望大哥有所指教。"蒋介石以盟弟身
份谦逊地说道。

"老百姓是我们的主人。老百姓喜欢的事,我们做;老百姓不喜欢的
事,我们万不要做。"冯玉祥也以大哥自居,想啥说啥。

"大哥还有什么事没有?"蒋介石依然客气。

"如果我们能实行刚才我说的话,我们就能实行中山先生的三民主
义。你若再问我,我就告诉你,我们要与士卒共甘苦,兵不吃,我们不要
吃;兵不穿,我们不要穿;你若能实行这些话,我们革命一定成功的。"冯玉
祥也依然以兄长口气,直言相告。

"好,我们一定这样做。"蒋介石表示接受、听从。

蒋介石在得到冯玉祥的承诺后,意气风发地回到南京正式走马上任
总司令。四支大军如四发令箭,直捣北方奉系控制的安国军。

且说这安国军,是在大元帅张作霖的领导下,编有孙传芳、张学良、张

作相、吴俊升、张宗昌、杨宇霆、褚玉璞指挥的七个军团。他们在京汉、津浦、正太路、鲁豫冀交界处全面备战,等待北伐军的到来。

面对着百万北伐大军的压顶而来,奉军已成惊弓之鸟。

蒋军与奉军交火已经多次,都是以奉军败北为结局。因此,奉军军心涣散,无心恋战。尤其是张作霖信心不足,一旦接火,按张作霖的布置,打不赢就跑,关外是我们的领地,白山黑水是我们的退路。于是北伐军如秋风扫落叶,一路顺利地向北平进发。

按照以往作战的惯例,谁先拿下城池就归谁。四支北伐大军,谁都希望拿头功。于是,在向京津进军中,都加快了脚步。最后第一个攻克京城的是冯玉祥领导的第二集团军,而阴险的蒋介石却让阎锡山占了城池,冯玉祥等好个埋怨。

占领平津后,东北张作霖已故,其子张学良已明确向南京政府归顺的意愿,天下即将一统,整个北伐行动宣告基本结束。

| 蒋桂大战秘笈

再说蒋介石的四个集团军攻下平津,实现天下一统,是喜事也是愁事。

常言道,江山好打坐亦难。在贺喜之时,内部就闹起了矛盾。冯玉祥说,当年老子就坐吃北平,打败张帅,重返北平于公于私都是既定目标。阎锡山说:老子闭关自守在山西,娘子关内休养生息,平津冀一直是我们要扩张的目标。李宗仁说:老子从广西打到南京,从南京打到武汉,从武汉打到平津,没有功劳也有苦劳啊,夺取平津,也要分到点儿利益。可蒋介石虽然自己的重心不在平津,他却有更大的野心:"你们不要争,我有本事一碗水端平。"

蒋介石为端平这碗水,却听从了他的狗头军师蒋方震的妙算,实际也是蒋的心计,那就是"打拉并举,各个击破"的八字方针。

蒋介石策划于密室,经过周密的分析,决定先从桂系李宗仁开刀,原因有三:一是当年逼宫下野就是他出的丑,蒋介石要报一箭之仇!二是桂系所占的地盘直接威胁着蒋的统治中心地区，必欲去之而后安；三是桂系所辖地区不集中，战线长，且内部矛盾尖锐，比较好打。

3月26日，蒋介石下令讨桂，蒋桂战争爆发。

3月29日，阎锡山通电拥蒋讨桂，这时的冯玉祥成了蒋桂双方极力争取的对象。

蒋、冯关系已经破裂。李宗仁、白崇禧派来的秘密代表先于蒋介石在辉县百泉村找到了冯玉祥。冯表示愿与桂系合作，共同讨蒋。早在南京编遣会议时，冯就对桂系表示过同情，曾对人说，四个集团军总司令除桂军外，都有要职，连张学良都有，唯独第四集团军的人，大半闲散，未免有向隅之感。又说，天下事不平则鸣，蒋处理问题如此不平，成为时局前途的隐忧。蒋介石兴兵讨桂，冯玉祥自然倾向桂方，但在非亲信部属和外人面前，却表示对蒋桂双方"情谊相等，不便偏袒，但求苦心斡旋，息事宁人"。

尔后，蒋介石也派邵力子到百泉村，请冯回到南京做官。冯表示说，他想辞职出国留学，以备他日效力党国，希望军政部长一职由鹿钟麟代理。接着冯玉祥到了华山，蒋介石派邵力子等又追到那里。这次，明确请冯出兵援助，并以行政院院长和湖南、湖北两省主席为筹码相送。冯玉祥哈哈笑了："论公论私，皆不能使蒋独任其艰，我方可出兵12万，留14万维持地方安宁。"同时又说，蒋如不改变专制独裁，即使能战胜桂系，但继之而起者仍将大有人在。3月30日，冯玉祥又致电蒋介石，表示可"出兵13万，以韩复榘为总指挥，出武胜关讨之"。

冯玉祥进行军事部署：韩复榘部屯兵平汉路南段；石友三部集中南阳一带；张维玺部在陕南荆紫关；孙良诚部集中豫西作为总预备队。但是，究竟是援蒋还是助桂？冯玉祥还要看战局的发展。

下属问他："我们不是要助桂吗？"

他对属下说："蒋、桂是势均力敌，总要看上一两个月，才有分晓。"他认为，北方人爽直侠义，南方人轻佻浮躁，易合易离，而最终收拾大局者，往往是北方人，当蒋、李这两位南方人打得两败俱伤之后，最终要由他这位北方人收拾大局。他采取了坐山观虎斗的策略，待蒋、李双方一败一伤时,坐收渔人之利。

冯玉祥按兵不动,作壁上观。他印刷了大批讨逆布告,但所讨的是"蒋逆"还是"李逆",却留下空白,其中所列的"贪赃枉法,横征暴敛,屠杀民众,迫害青年"等十大罪状,对蒋、李双方也都适用。他的用意十分清楚:如桂系失败,可令韩复榘、石友三直驱武汉,布告上就填写"讨桂"二字,先于蒋介石占领武汉,夺取湖北;如果蒋败,可令孙良诚出徐州,布告上就填写"讨蒋"二字,先于桂系进占南京。

战争在进行。

冯玉祥态度不明朗,蒋介石已有戒心,为了防止冯两面讨好,便公开发布了冯给他的电报,内有"玉祥服从中央,始终一致"等语。但是,冯对蒋仍是虚与委蛇,不肯明令讨桂。

蒋桂战争进展之快出乎冯玉祥所料。谁知蒋介石重金收买了桂军将领,桂系将领李明瑞得了150万元在前线倒戈,战争迅速以蒋胜桂败而结束。

4月5日,蒋军打败桂系兵抵武汉,冯玉祥见势不妙,急忙表态拥蒋,于4月8日发了个"马后炮"的讨桂通电,并派出代表同邵力子等赴武汉见蒋,以增进与蒋的关系,可是,已为时晚矣。

蒋介石打败了桂系,拉拢冯玉祥已没有必要了,不但行政院长和两湖地盘的允诺不算数了,而且不允许山东省主席孙良诚于日军撤出后接收济南,决定以陈调元取代孙良诚,负责接收山东。

蒋介石在编遣会议之后就决意对付冯玉祥,并采取了制定对冯作战计划、挑拨冯、阎关系、企图诱冯进京予以软禁或扣押等措施。按照各个击破的策略,蒋介石打败桂系之后,便把矛头转向了冯玉祥,5月7日发表《和平统一为国民政府唯一之希望》一文,内称"欲消弭内乱,非铲除军阀不可;欲铲除军阀,非根本扑灭封建地盘思想不可,"为发兵讨冯大造舆论。5月10日,冯玉祥致电蒋介石,指责蒋对第一、第二集团军发饷不公。5月13日,蒋介石复电说,第一、第二集团军发饷不一致,是由于第一集团军士兵向来生活水平较高,第二集团军士兵向来生活水平较低。

吃苦耐劳惯了,电报还含蓄地指责冯玉祥联合桂系违抗中央。口水战升级,武战迫在眉睫,蒋冯之战已箭在弦上了。

蒋冯大战始末

这时,冯玉祥看到同蒋介石的兵戎相见已不可避免,便采取了相应防御措施,令韩复榘、石友三部从信阳、襄樊撤退,鲁、豫两省的部队向陕西撤退,并炸毁武胜关隧道,拆毁洛阳以东的铁轨。冯玉祥此举的意图是缩短战线、集中兵力,并阻断蒋氏进兵之路,同时还可免除阎锡山抄袭后路之忧,以至说服阎(锡山)与其联合反蒋或取中立态度。

5月16日,蒋介石致电冯玉祥,责问为何炸隧道、毁铁轨? 同一天,冯部将领刘郁芬等发出电报,内称:为护党救国,请冯率50万武装同志,与蒋周旋。南京政府电令冯玉祥严惩刘郁芬等人,立刻恢复陇海路、平汉路交通,但冯玉祥不予理睬。

5月19日,冯玉祥在陕西华阴召开军事会议,列举了蒋的四大罪状:

一、党务方面:蒋氏私自圈定和指派国民党三中大会代表,违反党章;

二、日本占领济南,为我国奇耻大辱,经交涉,日本既定期撤兵,蒋竟反请缓期,丧权辱国,莫此为甚;

三、蒋对各军待遇不平等,并挑拨离间,拆散革命战线;

四、豫、陕、甘灾情严重,蒋氏不闻不问,反将丰台、保定、徐州等赈粮悉数扣留,坐视并加速灾民饿死。

冯玉祥指出,根据这些罪状,对蒋不能不兴兵讨伐,但用兵如与人搏斗一样,直伸两臂无法用力,必须弯回来再打出去,才能有劲。据此,他部署山东、河南的部队一律西撤,在潼关、华阴一带集结。

华阴会议后,遵照冯玉祥的战略计划和命令,孙良诚等率部迅速西撤,可是这时却传来了心腹将领韩复榘、石友三背叛冯投靠蒋介石的消息。冯玉祥听到爱将的叛变,扼腕大骂,尔后痛哭了一场。

再说韩复榘和石友三,都是跟随冯玉祥多年、由冯一手提拔起来的将领。早在冯任十六混成旅旅长时,他们都已升为营长。当时,冯在中下级军官中有 13 名亲信,人称"十三太保",韩、石都在其中。1926 年南口大战时,他们都当了师长。南口战败,他们投降了晋军,五原誓师后,又回到了国民军。冯玉祥欢迎他们归来,对投晋一事既往不咎,但他们心有愧疚和疑虑,对冯存有戒心,精神上已有隔阂,不过,尚未对冯产生不满。

如果说,韩复榘、石友三与冯玉祥的种种矛盾,是他们叛冯的主观原因的话,那么,蒋介石的拉拢收买,则是他们投蒋的主要客观因素。

苍蝇不叮无缝的蛋。

蒋介石也是聪明人,看透了冯军内部的弱点,把收买冯的高级将领作为一项重要措施。当蒋介石打败桂系到达武汉后,便立即召见韩复榘,蒋和宋美龄亲自招待韩和他的第二个夫人纪甘清。韩复榘,字向方,蒋和他谈话时,对他嘉奖备至,口口声声称赞"向方兄战功卓著",并说:"现在北伐成功,不应再有内战,应当从事和平建设。"以前,韩复榘见冯,冯对他毫不客气,总是直呼其名,并且经常给他碰钉子,使他提心吊胆,胆战心惊。现在,蒋介石这位国民政府主席、全国陆海空军总司令,竟对他以优礼相待,一口一个"向方兄",使他受宠若惊,感激涕零之中带着欣喜,蒋、冯两相对照,蒋的权势大、地位高,尊重他,赞赏他,拉近了对蒋的亲近感。

蒋、韩临别之际,蒋又送 10 万元。同时,蒋派钱大钧赴襄樊慰劳石友三部,也带去了 30 万元。韩、石想要享乐,想要改善所部待遇,所需要的就是钱,而这些钱很难从冯玉祥那里得到,蒋介石却能急人所需,主动送上门来。对许多人来说,金钱的魅力是不可抗拒的,有钱能使鬼推磨,花钱自然能买动韩复榘和石友三,蒋介石的钱果然没有白花。

蒋介石见冯玉祥调动部队,知道冯要对付他。但是,他又搞不清冯为何不直接动手,反而命令部队西撤。正当他惊恐疑虑之际,却接到了韩复榘、石友三可靠的电报,真是喜出望外,然而,也在意料之中。

韩复榘在华阴会议后,立刻赶到第二十师驻地陕州,召集旧部密议,决定不执行冯玉祥的西撤命令,把队伍全部东开,到达洛阳。5月22日,韩与石友三联合发出投蒋通电:"为除民众痛苦,遭逢事变,惟望维持和平,拥护中央。"第二天,又致蒋两份电报,表示拥蒋。石友三时任第二十四师师长,驻防南阳地区,但与韩早在联络,表示随韩一起行动,投蒋电报发出后,即由南阳率部队到郑州与韩会合。

蒋介石接到韩、石电报后,立即复电嘉奖,许诺所有驻陕甘部队概归韩复榘指挥,命石友三为讨逆军第十三路总指挥,并立即送去500万元作为犒赏,同时,任命韩为河南省主席,石为安徽省主席。

5月23日,蒋介石操纵国民党中央执委会常务会决议,革除冯玉祥一切职务,永远开除党籍。同时,宣布对冯部高级将领予以撤职查办。接着,南京政府又下令查办冯玉祥,国民党中宣部发布《讨冯宣传要点》,蒋介石发表《告西北将士文》,给冯加上了"勾结苏俄"、"叛党叛国"等等罪名。

5月25日,南京政府明令讨伐冯玉祥。

韩、石倒戈投蒋,冯玉祥失望地说道:"这样一来,整个讨蒋计划都全盘地完了。"冯玉祥痛心疾首,日夜哭泣,咒骂自己,自抽嘴巴,不仅在精神上受到严重打击,在威信方面大为低落,而且对于西北军的自信心也远不如从前,感到今非昔比,困难重重了。

5月27日,冯玉祥通电下野入华山,讨蒋战事暂告中断。

冯玉祥下野后,派出代表到太原见阎,希望与阎共同反蒋,阎约冯到山西面谈。6月24日,冯玉祥偕妻女离华山,赴山西,25日抵太原,下榻西郊晋祠行馆。

阎锡山约冯到山西,目的在于挟冯自重,增强自己举足轻重的地位。6月26日,阎、冯联名通电,表明将一同出洋,阎又另电南京政府,声明在出国前需检查身体,并随即前往北平住进德医院,以示将丢下所负军政责任,一并归蒋。实际上,是对蒋的一种要挟手段。

蒋介石大为惊异,认为阎、冯已经结合,于己不利,便急忙派人挽留阎继续负责,不要出洋,只令冯一人出去,并亲赴北平与阎密谈,多方拉拢,以拆散阎、冯合作。

| 最后的较量——中原大战

所谓中原大战,就是反蒋联军与蒋军的作战。

作战地点是沿陇海、平汉、津浦三线及其附近地区展开。

中原大战的序幕正式拉开是在 1930 年 4 月 4 日,蒋介石以国民政府的名义下令免除阎锡山本兼各职,永远开除党籍,并通缉拿办,战争开始了倒计时。

当时反蒋联军的作战方略是:冯(玉祥)军担任河南境内陇海、平汉两路作战任务,东进徐州,南下武汉;阎(锡山)军担任山东境内津浦、胶济两路作战任务,与冯军会攻徐州,然后沿津浦路南下,直捣南京;桂(李宗仁)军出兵湖南,北上武汉;石友三军以主力进攻济宁、兖州,以一部协同阎军会攻济南。

蒋(介石)军以韩复榘部拒守黄河南岸,阻截津浦路阎军南下;刘峙军分别布防徐州、砀山、宿县;何成浚军布防平汉路许昌以南各地;陈调元军和马鸿逵军布防鲁西济宁、曹州,以拒止敌石友三部;杨虎城所部警戒河南南阳;范石生军警备鄂北襄樊一带。

且说 4 月中旬,冯军各路分别进至平汉路以西的淅川、内乡、叶县一带和陇海路西段的洛阳、郑州一带;阎军一部经郑州转往兰考、开封一带;津浦线方面的阎军向德州、济南进击。

5 月上旬,阎、冯联军在陇海路发动攻势,分路东进。但蒋军来势凶猛,并有空军配合,激战数日后,又因蒋介石施计,使联军将领刘茂恩倒戈投蒋,造成极大混乱,阎、冯联军不得不节节后退,一部退往亳州,一部退至归德(今商丘市)附近,等待外援。

蒋介石旗开得胜。后在归德争夺战中得手之后,他便亲临归德督战,命刘峙的主力部队猛攻兰考、开封,因阎军奋力固守,久攻不下,又令陈诚部由陇海路南侧挺进,使阎军右后受到威胁。冯玉祥见战情紧急,从郑州急调孙良诚部投入战斗,又派吉鸿昌率部协同孙部作战,孙、吉二人素以骁勇善战著称,所部又是刚加入战斗的有生力量,一经交战,便给陈诚部以巨大杀伤。陈诚被迫节节后退,孙、吉乘胜追击,同时,全线其他各部也有进展。经过 10 余日的激战,蒋军全线动摇,6 月上旬,蒋军开来援兵,才在定陶、曹县、民权、河阳集等一线稳定下来。

在双方激战之时,联军中的郑大章指挥的冯军骑兵杀来,活跃在永城、夏邑、鹿邑一带,给蒋军后方以极大威胁,牵制了蒋军不少兵力。5 月 31 日,蒋介石在归德的朱集车站指挥作战,指挥部设在列车上。郑大章率骑兵千余人,夜间急驰 80 余华里,奇袭归德飞机场,烧毁飞机 12 架,俘虏机师及地勤人员 50 余人。蒋的指挥部只有 200 名卫兵,在高级参谋陈调元指挥下,分布在车站周围,密集射击。郑大章误认车站有蒋军主力部队,更不知蒋介石就在列车上,加之夜间不便大举进攻,故没有攻击朱集车站就撤了出来。

蒋的秘书周佛海事后回忆说:"当我们在归德的时候,有天晚上,我从梦中被枪声和很大的爆炸声惊醒,只听见侍卫长王世和大声呼道:'火车头呢?'因为不预备开车,所以离开了火车头,当时火车欲开不得,枪声响了半小时始息。后悉是冯玉祥的骑兵郑大章部来袭击飞机场,他们的任务是烧了飞机就回去,谁知我们车上只有 200 多卫兵,车站上又没有其他军队,如果骑兵到达车站,主帅(蒋介石)以下都要被俘,那么,那个时候以后的历史又是一个写法。"

5 月 16 日,平汉线蒋军何成浚部发动总攻击,在飞机的掩护下,向许昌一带进逼。飞机在许昌上空抖抖翅膀,扔下了几颗炸弹,冯军守将樊钟秀阵亡,军中无主,顿时大乱。这时冯玉祥急派邓宝珊接替,并亲赴许昌安定军心。同时,还派孙连仲前来增援。此时,桂军已北上进入湖南,占领长沙。6 月 8 日进占岳州。

冯玉祥为配合桂军作战,6 月 10 日,下令向平汉线的蒋军发动全线进攻,弹如飞蝗,激战两昼夜,蒋军纷纷向南溃退,冯军进至漯河一线,即停止追击。冯玉祥认为桂军已退出长沙,即使冯军南下打到武汉,对桂军也起不了动摇作用,主张在陇海线上集结兵力,针对蒋军主力作战,于是,在平汉线上便没有乘胜追击,扩大战果,实际战略上是一大失策。

桂军未能得到冯军的有力配合,又被粤军陈济棠截断后路,再加内部矛盾,后方不稳,7 月间退回广西。

蒋介石在陇海、平汉线两度受挫,便在幕后策动了一个"和平运动",由于右任、李石曾等人出面,致电汪精卫,建议召开国民党临时全国代表大会,以解决党内纠纷,被汪拒绝;李石曾又在沈阳活动,敦请张学良出兵调解,6月中下旬,张学良连续致电阎、冯,提出将郑州、开封一带划为缓冲地带,撤退前线各军,立即停战。反蒋联军正处于有利形势,对于蒋介石的"和平运动",没有理睬。

蒋介石在发动"和平运动"的同时,又在陇海线发动了新的攻势,以刘峙、蒋鼎文、陈诚等部三万余人,由杞县、太康、鹿邑之间攻入,企图奇袭开封。冯玉祥也正想在陇海线上再创蒋军,便将计就计,部署了一个口袋形的包围圈:令孙良诚、庞炳勋、吉鸿昌等部迅速后撤,闪开杞县、太康一线,诱敌深入,之后在正面堵击;令孙连仲、张自忠部向蒋军左侧背包抄;依靠陇海路上阎军截堵蒋军右侧;由孙殿英部扰乱蒋军后方。这时蒋介石侦察得知冯军调动的密电后,立即变更部署,使冯的"口袋"形包围计划未能全部实现。但是,冯军在三昼夜激战中,给蒋军以重大杀伤,并缴获100余辆汽车和大批辎重。

再说5月间,津浦路的阎军进入山东境内,蒋军韩复榘部一路后撤。6月25日,阎军占领济南,韩部向胶济线方面撤退。阎军一部沿胶济路东进,至高密县与韩部激战;一部沿津浦路南下,至曲阜、兖州一线与蒋军对峙。7月上旬,蒋介石调兵增援津浦线,并海运部队在青岛登陆开往胶济路。7月中旬,蒋军发动反攻,津浦、胶济两路的阎军节节后退。阎锡山为摆脱被动局面,急派代表携带大批现款、弹药和面粉到郑州见冯,请冯在陇海线发动大规模攻势。

8月6日,冯玉祥发动了大规模的八月攻势,兵分七路,以徐州为目标,浩浩荡荡东进。冯军奋战,猛力推进,蒋军岌岌可危。但是,连日大雨不停,士兵在泥水中战斗,过度疲劳;阎军也未予紧密配合,并违背事先约定,未能提供给养和军火援助,使冯军大有受骗上当之感;这时的蒋介石则以重金激励官兵,固守阵地,使冯军攻势受阻,对津浦线上的阎军未能起到支援作用。8月15日,阎军退出济南,撤往黄河以北,蒋军从津浦线抽出兵力转用于河南战场,冯军攻取徐州的计划落空。冯玉祥面对这种局面,十分痛心,感到阎锡山缺乏合作诚意,二人闹起了内讧。

这时蒋介石抓住战机,调兵遣将,将津浦线的大部精锐部队分别调到河南境内的平汉、陇海两线,8月24日,悬赏各军,先占领巩县者赏洋20万元,先占领洛阳、郑州者赏洋100万元,9月6日,开始总攻。冯玉祥令宋哲元部撤退至洛阳一带,以保持通往陕西的归路,大部分部队则缩短防线,集结在郑州周围,与蒋军对抗。

正当反蒋联军处境困难之际,本来表示中立的张学良,9月18日通电各方官兵,"静候中央措置",第二天,东北军入关,形势急转直下,反蒋联军败局已定。

10月初,东北军接收了平津及河北省政权,这一地区的阎军不作任何抵抗,10月中旬,退往山西。

张学良的通电发表后,冯玉祥仍想集中兵力,固守郑州。但陇海线上的阎军已撤向黄河以北;庞炳勋、孙殿英等部纷纷自由行动,随阎军向黄河以北撤退;石友三表示拥护张学良,叛离冯、阎;反蒋联军中的杂牌部队纷纷土崩瓦解。河南军事陷于不可收拾的境地,不得不全线退却。又因防守洛阳的兵力有限,9月17日,蒋军杨虎城部攻到洛阳附近,冯军西撤回陕的路已被切断,只得向豫北撤退。

10月3日,蒋军攻占开封,6日进入郑州,冯军全线崩溃,一部由宋哲元率领从洛阳退往潼关以西,另一部分则退到豫北和晋南。10月下旬,中原大战基本结束。

11月4日,阎、冯联名致电张学良,声明即日下野,释权归田。

历时半年之久的中原大战,双方投入兵力100多万,消耗军费5亿多元,战火波及20多个省,30万官兵送掉性命,无辜百姓的生命财产遭受严重损失,尤其给中原人民造成空前的灾难。

第十一章　五次"剿共"

｜　蒋介石的大意和失误

在轰轰烈烈的大革命中,在工农群众和北伐军举杯共庆北伐胜利的时候,蒋介石依仗军事实力,破坏国共合作,挑起纷争,举起屠刀,问罪共产党。面对蒋介石忘恩负义的"四一二"大屠杀,中国共产党人坚定地举起反抗的战旗。

在中国共产党的领导下,小于蒋介石6岁的毛泽东在湖南,以中央特派员的身份领导了著名的秋收农民起义。

起义部队为四个团会攻长沙。先后三个方向受挫,损失惨重。9月14日,毛泽东在上坪召开紧急会议,分析情况,改变各路义军会攻长沙的计划,到浏阳文家市会合。9月19日,各路义军1500人在文家市集中,为保存实力,由毛泽东带领,向井冈山进军。

此时,蒋介石的婚礼正在上海的大华饭店进行。

当蒋介石得知毛泽东领导的秋收起义失败的消息时,脸上露出了满意的笑容:几个泥鳅狗子(农民)造反,终究翻不了天! 在他看来,农民起义在中国历史上屡见不鲜,最终都被官军打败,成不了气候。事实上,共产党领导的南昌起义和各小规模的起义,大都没有多长时间。因此,他主要考虑的是如何打好"二期北伐"这一仗。只是他没有预测到河沟的泥鳅真要成真龙。

历史上的农民起义都是靠江湖义气,有始无终,而发生在20世纪二三十年代的农民起义是由掌握了马克思主义的中国无产阶级革命家领导的,有着无量的前途。蒋介石更没有想到,领导秋收起义的是在广州时期负责国民党宣传工作、文质彬彬的毛泽东,而且毛泽东会成为他的强劲对手。

由于蒋介石的失误,抑或说大意,中共红军抓住发展机遇,神速发展,在赣西南开拓了一片天地,使舵手毛泽东也看到了新中国的希望,为中国革命史书写了新的一页。

这便应了一位哲人的话,整个中国的近、现代史便是两位强人的较量。一方是蒋介石,一方是毛泽东。最后是东风压倒西风,毛泽东战胜蒋介石。

毛泽东之所以战胜蒋介石,不是别的,是因为他找到了通往井冈山的农村包围城市的胜利之路。后来被蒋介石发现了,于是出现了五次的"围剿"与"反围剿"的智力游戏。

毛泽东用兵真如神,蒋介石泥沟里翻了船

中原大战以蒋介石的胜利告终。

阎锡山和冯玉祥的军队基本被歼灭。

这时蒋介石才开始抽出手来对迅速壮大的中国工农红军发起武力进攻。此时,刚刚皈依基督教的蒋介石认为共产党羽翼未丰,只要集中兵力,像对付地方实力派那样进行"围剿",不出半年,就可以完全消灭。应该说这时的蒋介石还没有领教过毛泽东的厉害。在调谭道源到江西参加"围剿"时蒋介石轻描淡写地对谭说:"你马上开回江西,江西之匪羽翼未成,我看剿了他比拔下我的汗毛还要容易!速战速决,不宜拖泥带水。"

1930年10月23日,蒋介石亲赴汉口,召开湘鄂赣三省"剿共"会议。11月12日,国民党召开三届四中全会。12月4日,蒋介石电令陆海空军总司令武汉行营:"限三省剿共军于一个半月内夺回已失城池,消灭赤匪,否则以违令论罪。"12月13日,蒋介石亲自到汉口坐镇,召开湘鄂赣三省"剿匪"会议,任命南昌行营主任鲁涤平为总司令,十八师师长张辉瓒为前敌总指挥。下辖朱绍良第六路军、鲁涤平第九路军、蒋光鼐第十九路军等杂牌军10万人。

一番部署完毕后,蒋介石便带着一帮随从上庐山游山玩水去了。

1930 年 12 月 19 日清晨,第一次"围剿"炮火打响,此次"围剿",蒋介石制订的作战方针是:长驱直入、外线作战、分进合击、猛进猛打、一举歼灭江西工农红军。

面对蒋介石的第一次大规模"围剿",毛泽东则采取"敌进我退、敌驻我扰、敌疲我打、敌退我追"的游击战和"大步进退、诱敌深入、集中兵力、各个击破"的运动战与蒋介石的大部队在广泛的苏区展开了周旋。

鲁涤平进入赣南山区后,白天在山沟里乱窜,寻找红军作战;晚上为防红军突袭,提心吊胆,寝食不安。每到一处就闹得鸡犬不宁,百姓四处逃避。在短短的 10 天时间,国民党军队就已累得疲惫不堪。但是没有遭到红军抵抗的国民党部队认为,不是红军不想打,而是不敢打。于是更加肆无忌惮了。

然而,就在他们盲目乐观的时候,一直没有找到的红军却从天而降。12 月 29 日,张辉瓒率十八师进入龙冈地区。此时,林彪率领的红四军与红三、十二军配合,奔袭龙冈,全歼国民党十八师 9000 余人,俘虏师长张辉瓒,取得龙冈大捷。驻在离龙冈不过 30 公里的谭道源见张部被消灭,赶忙率五十师向北撤退,却被赶上的红三、四、五军等部包围后"吃掉"两个团。

再说十八师和五十师作为国民党方面的主力被歼灭的消息强烈地震撼了参与"围剿"的其他国民党军队,引发全线溃败。

毛泽东诗书《渔家傲·反第一次大"围剿"》,记下这一军事上的奇迹:

> 万木霜天红烂漫,天兵怒气冲霄汉。雾满龙冈千嶂暗,齐声唤,前头捉了张辉瓒。
>
> 二十万军重入赣,风烟滚滚来天半。唤起工农千百万,同心干,不周山下红旗乱。

这次失败,蒋介石扼腕叫痛,他没有想到红军的战斗力如此之强,可以大兵团作战,具有歼灭整师的能力。至此,他才感觉到红军已成为国民党真正的对手,非等闲之辈。

1931 年 4 月 1 日,蒋介石发动了第二次"围剿"行动。这次"围剿",不论在使用兵力上,还是在作战企图上,都比第一次"围剿"高出一个层次。

任命何应钦兼任南昌行营主任,负责部署第二次"围剿"行动。增调王金钰的第五路军和孙连仲的第二十六路军。使"围剿"总兵力大约 20 万,比第一次"围剿"多了一倍。

在"围剿"中,蒋介石首次提出"建立和加强地方团队武装,紧密配合国民党正规部队作战,以减轻正规部队的负担","必须厉行清乡,彻底破坏工农革命组织,孤立红军。"

且在第二次"围剿"中,蒋介石吸取第一次"围剿"的教训,采用稳扎稳打、步步为营、封锁红军、逐渐缩小包围圈的战略。实际又称"拉网"战术,企图在一个小范围内一举消灭红军。

3 月 27 日,何应钦下达总攻击令。五、六、九、十九路军自 4 月 1 日发起总攻,自闽西、赣西、赣北、赣南出兵,向建宁、乐安、兴国之间地区急进。

面对蒋介石的第二次"围剿",毛泽东冷静地分析了目前敌我形势和我军胜利条件,布置了红军和地方党的各项政治准备工作。在反"围剿"中采取坚壁清野,诱敌深入,以伏击和奇袭方式打击敌人,等削弱敌军力量后,再一鼓作气而歼灭之。

4 月 7 日,蒋军的王金钰第五路军占领富田、丁江、藤田。5 月 16 日,其右路军(公秉藩二十八师)在东固附近白云山下被红三军优势兵力全歼;中路军郭华宗四十三师原准备协攻东固,但因情况不明而停止进攻,旋被红军歼灭。同时上官云相的四十七师也被击溃。

富田战斗后,毛泽东又指挥红军,就势向东横扫。从 5 月 16 日到 31 日,红军先后在东固、白沙、中村、广昌、建宁连打五个大胜仗,自西向东横扫 700 华里,歼敌三万余人,胜利地粉碎了蒋介石的第二次"围剿"。

为庆祝第二次反"围剿"胜利,毛泽东又写了一首词《渔家傲·反第二次大"围剿"》:

白云山头云欲立,白云山下呼声急,枯木朽株齐努力。枪林逼,飞将军自重宵入。

七百里驱五十日,赣水苍茫闽山碧,横扫前军如卷席。有人泣,为营步步嗟何及。

对于两次"围剿"的失败,蒋介石感到一些恐慌,更加认识到红军的厉害,必先去除而后快。

6月21日,距离第二次"围剿"结束刚刚1个月,蒋介石迫不及待地发动了第三次"围剿"。这一次,他亲临南昌,担任湘鄂赣浙皖豫六省"剿匪"总司令,可谓重视之。总兵力达到30万,比第二次"围剿"又增加了10万。

任何应钦为前敌总指挥兼任左翼集团军总司令。下辖赵观涛的第一路军、陈诚的第二路军、朱绍良的第三军团、蒋鼎文第四军团;任陈铭枢为右翼军总司令,下辖蒋光鼐的第一军团、孙连仲的第二军团、上官云相的第三路军;任卫立煌为预备军总司令,下辖8个师、2个旅、3个航空队。

面对国民党30万大军的进攻,接连取得两次反"围剿"胜利的红军,在战术上已是轻车熟路,采取避实就虚,向敌后运动。在毛泽东、朱德等人的领导下,红军运用灵活的战略战术,先是从闽西向赣北,再向赣南运动,再由赣南向闽西运动,绕道千里,避敌锋芒,寻机消灭敌人。

但是敌人也吸取了前两次的教训,没敢冒进,按部就班,一步一步向前推进。结果,红军被包围在以高兴圩为中心方圆几十里的狭小地带。

形势十万火急。

且说8月一天的午夜。没有风。不知名的小虫低吟着。

在浓重夜色的掩护下,一支部队在快速行进着。

马蹄被粗布包裹着,踏在地上发出轻微的"扑扑"声。

"向后传,前方开阔地,加快速度。"

"向后传,前方开阔地,加快速度。"

……

原来,红军利用从国民党手里缴获的电台获知敌"围剿"部署和各路敌军的分布情况,毛泽东、朱德果断决定,利用敌军蒋鼎文第九师和蔡廷锴六十师之间的接合部空隙,主力红军插入敌后,歼灭正在莲塘前进的战斗力较弱的第三路军,然后进击龙冈、黄陂,调动敌军于运动中加以各个歼灭。同时红三十五军、红十二军第三十五师伪装主力,向西运动,牵引敌人。

机遇就在一线间,胜利就在转瞬时。

第二天,红军便到达莲塘,胜利跳出国民党的第一道包围圈。

第三天,击败上官云相四十七师。

第四天,击败郝梦龄五十四师。

经过三天行程,赶到黄陂击败毛炳文的第八师。

南昌"剿共"行营。

蒋介石同德、日、英的顾问在看着作战地图,在做着他的黄粱梦。

"哈哈,看,我们的包围圈正在缩小。"一个日本顾问笑着说。

"这种铁桶式'围剿',是对付游击战最好的办法。"德国顾问非常自信。

"是啊,是啊,蒋先生,看来,我们不久就可以开一个庆祝会了。"英国的顾问附和着。

蒋介石没有作声,但已喜形于色,满脸笑容的他一扫往日的愁容。也许是压抑太久了,他吩咐卫兵拿来一瓶红酒。要和这些外国顾问们庆祝一下即将到来的胜利。

"感谢各位先生对蒋某的支持,我提议,为我们的胜利干杯!"

"cheers!"

……

"报告,我部第三路军遭到共军袭击,损失惨重。"一名卫士慌忙跑过来,手拿一份电报。

"什么?"还没有干杯的蒋介石急忙接过电报,一种不祥的预感使他感到恐惧。

"哎呀,这是怎么回事?"看完电报的蒋介石瘫坐在椅子上,手里的杯子"砰"地掉在地上。

外国的顾问面面相觑,不知发生了什么事情。

"娘希匹!"只见蒋介石突然从椅子上跳起来,完全不顾自己的失态,粗口大骂起来,"是谁放跑的,我要枪毙他! 枪毙他!"

得知红军主力在永丰、宁都、兴国三县交界处,蒋介石连忙调动部队,欲再成包围之势。

此时的红军已整整休息三天了。毛泽东和将领们不断地研究敌情,发现周围国民党军离红军最近的只有 15 里,兴国方向有一个 20 里的缺口还没有合拢。

"对,就在这里。"毛泽东用手指重重地戳在地图上。"这一处为密林区,我们可以派红十二军从这里突围出去,佯装主力红军,从而吸引国民党主力,而我军主力可以留在这里休整,待十二军将敌主力吸引过来,我军再一举歼灭之。"毛泽东做了一个钳形手势。

红十二军接受了任务,趁夜色穿过敌人的空隙后就掉头北上,一路上浩浩荡荡,故意让敌人发现。当敌机侦察时,战士们就拉开距离,一个连成一个营的架子,去迷惑敌人。

为了使敌人进一步上当,红十二军的战士们充分发挥自己的聪明才智,沿途设下许多"圈套":在经过的路上,每逢岔路,都用白灰画上箭头,写上"部队由此前进"、"军团由此北上"等等;一到宿营地,会写字的战士便拿起粉笔在墙上、门上写"某团连驻此地"。还在显眼的地方留言:"同志,速到前边接我,有急事"等等,敌人误以为十二军就是主力部队,便尾随而来。

为了给主力部队创造更加有利的歼敌条件,红十二军见山翻山,遇水过河。江西赣南到处是绵亘起伏的山岭,荆棘遍地的山路,这对于行装辎重、补给困难、又缺乏山地行动经验的大队敌军来说,简直就是难耐的苦刑。

体力上占优的红十二军还不停地对国民党军队进行骚扰,使得敌军精疲力竭,士气低落。而此时的主力红军已休整半个月,兵强马壮,士气旺盛。

毛泽东玩起"猫鼠游戏",紧抓战机,全歼四十七师、五十四师,还把蒋光鼐、蔡廷锴的部队打得落花流水,纷纷败逃。

陈铭枢没有任何表情,他弹了一下烟灰,满脸惆怅。

蒋介石做梦也没有想到会成为毛泽东的手下败将。在他自己看来,曾经打败过的名将不少,如吴佩孚、孙传芳、张作霖、冯玉祥、阎锡山、李宗仁、唐生智、张发奎、石友三。他们有的是军官学校的高材生,有的是从小拉杆子起家的土匪,有的是少年投军的行伍,他们经过几十年努力培养的数十万大军也免不了成为他的败将,然而共产党才出现几年,毛泽东领兵不过三年,竟可以打败自己的三次"围剿",而且是想找红军找不到,找到红军打不过,真是万般的无奈。

蒋介石无法接受这个结果,也不敢接受这个结果。

可是在南方非常会议事件开始进入宁粤合流阶段,北方又爆发了"九一八事变",他只得暂时停止了"围剿"行动。

| 蒋介石亲自督师第四次"围剿",再吞苦果

广州非常会议事件以蒋、汪合流而结束。

蒋介石于 1932 年 3 月再度出任军委会委员长,不顾日本在上海发动的"一·二八事变",公开提出"攘外必先安内"的口号。蒋介石置民族危急于不顾,再次自兼"剿匪总司令",发动了第四次对工农红军的"围剿"。

蒋介石为"剿共"可谓费尽心思。

此时领导红军作战的毛泽东由于反对王明的极"左"路线而被剥夺了党权,不久召开的"宁都会议"对毛泽东做了错误的批判,撤销了其红军总政委的职务,离开了军事指挥第一线。此时受"左"倾盲动主义和肃反扩大化的影响,红军的战略战术严重失误,战斗力有所削弱。10 月,鄂豫皖的红四方面军进行战略转移,另辟川陕根据地;湘鄂西区的红二军团也于同时缩编为红三军,向湘鄂川黔区转移;湘鄂赣的红十六军也转移到湘赣根据地,于 1933 年 6 月成立红六军团。

何应钦看到"剿匪"形势一片大好,几次失败的他又亲自向蒋介石请缨。

1932 年底,蒋介石任命何应钦为湘鄂赣"剿匪"总司令,贺国光为参

谋长;陈诚出任中路军总指挥,下辖罗卓英、吴奇伟、赵观涛三个纵队共12个师;蔡廷锴为左路军总指挥,下辖6个师1个旅;余汉谋为右路军总指挥,下辖5个师1个旅。此外还有5个师2个旅与2个航空队作为预备队。

1933年1月,50万大军浩浩荡荡杀进中央苏区。

面对国民党的强大进攻,毛泽东不在位,而正值王明路线统治的红军在军事上采取了冒险主义,临时中央和苏区中央局的作战重点是要进攻敌人重兵防守的南丰城,企图以此来打破敌人的"围剿",作战前方的周恩来、朱德等人对这个作战方案感到疑惑。因为南丰城为国民党重兵防守之地,红军围攻南丰城,耗费时日,不能筹款不说,还可能遭到其他敌军的夹击,届时可不是损失大不大的问题了,而是关乎红军的生死存亡问题。但此时国民党的"围剿"步伐越来越快,蒋介石又在南昌设立行营,亲自督师。

局势的发展已不容许红军内部对作战方针进行充分的讨论,强攻南丰已成为必须执行的硬性命令。

2月9日,周恩来、朱德率红一方面军由黎川附近集结地区向南丰开进。12日完成对南丰的包围,傍晚发动全线进攻……

2月13日,在蒋介石南昌行营。

"报告,中路军陈司令来电,共军已向南丰城发起总攻,已探明这是共军主力。"传令兵快速地将最新的消息报告给蒋介石。

"以卵击石,这是怎么回事?"蒋介石听完,忙查看旁边的军事地图,若有所思地说,"水已经抽干,鱼儿要出来了。"

"南丰城有我重兵把持,'共匪'围攻南丰城,看来是要做最后一搏了!"旁边的参谋很有信心地说。

"电令陈诚火速增援南丰城,一举歼灭围攻南丰城的'共匪'。"蒋介石做了一个有力的手势。

南丰作为陈诚"进剿"赣南的踏板,有第八师的六个团据守。陈诚认为红军在短时间内拿下南丰不可能,遂令守军据城坚守。同时急令所属的三个纵队分三路进行增援,企图将红军主力合围于南丰城下以消灭。

2月14日,面对敌情变化的严峻时刻,周恩来、朱德毅然改变原有军事部署:留下少量部队佯攻南丰,牵制吸引增援来的国民党第二、第三纵队;将红军主力四五万人秘密撤至南丰西南的东韶、洛口、吴村等地隐蔽集结。

2月27日,红军主力于南丰西数十公里外的黄陂地区设下了埋伏,消灭了正在行进的国民党第一纵队的五十二师和五十九师,活捉两师师长,大大地挫伤了国民党部队刚刚恢复起来的士气。致使第一纵队总指挥罗卓英与担任先头部队的第十一师师长肖乾在指挥上产生矛盾。导致了国军第十一精锐师被红军主力歼灭。师长肖乾负伤,罗卓英只身逃脱。面对惨重的损失和不断低落的士气,蒋介石不得已停止了第四次"围剿"。

"娘希匹,煮熟的鸭子竟然飞了。"蒋介石又开始跳脚骂娘了。

第四次"围剿"的失败让蒋介石非常遗憾,但他也看到红军内部的分裂,"围剿"的真正希望。为了抓住这个希望,1933年10月,蒋介石纠集100万大军、200架飞机,发动了对中央根据地的第五次"围剿"。

这次"围剿"蒋介石一方面充分利用"七分政治"分化红军与群众的关系,意图使红军成为无水之鱼。另一方面在总结前几次失败教训后提出"战术上取守势,要以静制动,以守为攻;战略上取攻势,要以实击虚,以攻为守"推行堡垒战术。意图步步为营,慢慢拉网。

此次"围剿"以南昌行营为总部,蒋介石亲自坐镇,下设三军:

北路军,以顾祝同为总司令,蒋鼎文为前敌总指挥,驻临川。又下辖三路:第一路军总指挥由顾祝同兼任;第二路军总指挥为蒋鼎文;第三路军总指挥为薛岳、陈诚。共辖18个师,为各路军最雄厚的力量。

西路军,以何键为总司令,驻宜春,下辖10个师。

南路军,以陈济棠为总司令,驻韶关,下辖10个师和5个空军队。

此外还有浙赣闽边区警备司令赵观涛的4个师和赣、粤、闽、湘4省的保安团。

规模之大,可以说蒋介石是全力以赴,孤注一掷了。

面对国民党100万军队的进攻,毛泽东不在位,以李德为首的国际代表则完全否定了前四次反"围剿"的经验,而是采用以堡垒对堡垒,实行阵地战和短距离的突击战,同敌人拼消耗。结果根据地越打越小,红军越打越少。

就在国民党部队快速收缩包围圈的时候,一份电报放在蒋介石面前。

蒋介石看了一眼,一下子跳了起来。是什么使蒋介石如此惊慌失措?原来,上海抗战后,蒋介石调十九路军到福建"围剿"红军,十九路军对此非常反感。11月20日,十九路军陈铭枢、蒋光鼐、蔡廷锴等领导人与国民党内的李济深等一部分反蒋势力联合,在福州成立中华共和国人民革命政府,推李济深为主席。声明推翻国民党,提出打倒蒋介石,并释放了监禁的中共党员,并同中央红军签订了停战协定,力图争取全国各阶层人士的支持。此时的十九路军已扩编为5个军共4万余人,飞机30余架。

蒋介石非常害怕红军与十九路军联合,也怕红军向江、浙扩展,更怕的是自己的政权旁落。此时的他焦虑万分,不住地在屋内踱来踱去。

夫人宋美龄这时走了进来,看见丈夫一脸焦急的样子,知道又遇到棘手的事情了,忙问:"达令,遇到什么问题了,让你这么慌张?"

"哦,夫人,你来了,刚来的电报说十九路军已经声明脱离我们,自成政府了。"蒋介石叹气。

"十九路军的总指挥是蔡廷锴吧,我们见过面,子文不是也跟他打过交道嘛。"宋美龄给他递过一杯茶水。

蒋介石接过来,抿了一口,便放到桌上:"单是十九路军不可怕,可怕的是如果共产党与十九路军联合,那这次'围剿'看来又要凶多吉少了。"

"那十九路军与共产党现在还没有联合吗?"

"这还没有确定,不过听说他们已经私下与共产党有过接触。"

"如果他们真的联合了,就不好说了。"

"是啊,夫人,我现在正在头疼这件事啊!"

"那为什么不立刻攻打十九路军,趁他们现在立足未稳!"

"现在'我们'的兵力都在'剿匪',各有任务,派其他派系部队,我不放心,若他们也与十九路军联合,我们岂不是竹篮打水一场空!"蒋介石不无忧虑地说,"现在两广的李宗仁和陈济棠虎视眈眈,早就想逼我下野。再说,如果十九路军得到国外的支持,我们也不好办呐。"

"那也应该先阻断他们之间的联系,将福建政府彻底孤立起来。"

"如果共产党增援十九路军,在江浙一带建立根据地,这也令我头疼。"

"共产党现在正被'围剿',损失惨重,可能没有能力支援吧!"宋美龄提醒丈夫。

"毛泽东已不是'共匪'的领导了,这次'围剿'中,共产党的这套战法完全不行,兴许共产党的领导……"蒋介石沉思了许久说,"我们可以试一试。"

21日,蒋介石从北路军顾祝同部抽调蒋鼎文二路军11个师以及张治中的第四路军、卫立煌的第五路军组成"入闽军"赴闽作战。同时以重金收买和政治许诺,得到粤、桂的支持;照会英、法、美等国,要求他们不同福建政府发生关系,不给以任何援助,使福建政府陷于孤立。

由于中央红军领导层的错误,未能及时援助福州革命政府,着实帮了蒋介石一个大忙。完全孤立的第十九路军在国民党军队的猛烈攻击下,坚持了不到两个月便垮台了。"福建事件"的主谋者陈铭枢、蔡廷锴以及李济深、蒋光鼐等旋即逃亡香港。这次起义,据李德回忆,当时"周恩来、博古主张支援十九路军,但上海局反对支援。结果服从上海局"。

1934年1月21日,十九路军失败,为蒋改编后,又投入到第五次"围剿"中。

4月中旬,国民党集中了11个师的兵力进攻广昌,企图从北面打开苏区的大门,夺占瑞金。"左"倾冒险主义者也拉开架势,准备同敌人"决战",但是面对敌人的飞机和大炮的轰炸,红军损失惨重,被迫撤出广昌。广昌战役后,蒋介石又下令加紧"围剿",从六个方面向中央根据地的兴国、宁都、石城等地突进。然而博古、李德却命令红军"分兵把守",结果红军进一步遭到失败。随着宁都、石城相继失陷,中央苏区已濒临绝境。博古、李德不得不放弃固守根据地的计划,只剩下战略转移和开始二万五千里长征一条路了。

此时的红军经过艰苦转战,突破了国民党军队四道封锁线,却付出了惨重的代价,部队由出发时的八万锐减到三万。

这时,蒋介石终于可以松一口气了。

然而,红军形势的急转直下让更多的红军领导人有了清醒的认识。

毛泽东再次被推举为中央政治局常委。不久又成立了以毛泽东、周恩来、王稼祥三人组成的军事领导小组,开始确立毛泽东的领导地位。

红军四渡赤水,佯攻贵阳,威逼昆明,巧渡金沙,忽南忽北,声东击西,与国民党展开了高度的运动战,寻机歼灭敌人的有生力量,甩开敌人的围追堵截,实现了渡江北上的意图,跳出了敌军的包围圈。从此红军战略转移从被动走向主动。

蒋介石虽然将川、滇、黔三省归于中央统治之下,但对于中央红军尚未肃清感到忧虑,当他听说毛泽东又恢复了领导位置,不禁大惊失色,心里顿生一种不祥之兆,连连骂娘。

第十二章　美龄从军

┃　跟蒋介石一起，宋美龄也经历了多次忧患

婚后，蒋夫人宋美龄一直致力于当好蒋介石的贤内助。

频繁的军阀混战、变幻莫测的国际形势和突如其来的种种变故，使中华民国政府的政务乱了方寸，国民政府不得不跟 28 个分散的地方行省打交道，其中还包括一些难以对付的大军阀和大土司，以巩固作为中央政府的地位。然而，也正是由于这一切，在当初的 13 个年头里，使宋美龄变成了一位高明的调停能手。这一点连蒋介石也是不得不承认的。

最初，宋美龄并不具有外交家的天赋，她早年虽然毕业于美国威斯理安女子学院，但回国以后的生活圈子总还是比较狭小的。就是在当上第一夫人之后，她也不明白究竟要做些什么，才能与自己现在的身份相称。但是，不管怎么说，宋美龄是拿过刀叉吃饭、见过西洋世面的人，加上跟蒋介石结婚后，有机会接触了更多的中外人士，心有灵犀的她，自然知道蒋介石在各地设立的行营或官邸应该准备两套客厅摆设，一套中式，一套西式；要为随时来访的中外贵宾建一个容易找到的盥洗室，并设一间带酒吧的舞厅。她清楚地知道，外国人的追求，并不是像中国人追求的仅是政治层面；遇上记者提出挑衅性的问题时，最好不要耍脾气，而是要设法转移话题；地方军阀、"地头蛇"来晋谒蒋介石时，千万不要摆架子，而要给他们创造一个宽松和谐的谈话气氛；尽管她脾气不好，她竭力掩饰自己，不管对何种人总是"微笑外交"，以给对方一个好的印象。这些年也使宋美龄渐渐地成熟起来了。

她要把一切都弄得既妥帖又舒适，把每处行营官邸都布置得十分雅致和整洁。她懂得名画古玩珍贵，自己也常来作画写生，她把自己收藏来

的名画古董,摆设在客厅,不只为装门面,也为自己欣赏,提高自己第一夫人的品位。有时,宋美龄为了搞到一张名画,特别是一帧原作时,飞机的汽油不知耗费了多少。心事重重的宋美龄总是吃得很少,蒋介石以为她是为宗教信仰节食,所以每次共同进餐时,都把好菜往她碗里夹,并劝她不要学那苦行的修士修女,宋美龄听了只是嫣然一笑。

跟蒋介石一起,宋美龄也经历了多次忧患。1927年下半年,因蒋介石大开杀戒,受到二姐宋庆龄的谴责,被国民党中央开除出党。结婚就是在蒋介石下野后,也即是他的低潮时期,因此蒋介石对宋美龄倍加尊重,危难时见赤心嘛!此后岁月蹉跎,蒋介石再度出山,大权独揽,宋美龄跟着蒋介石四处奔波,风光一时。这个时候有一段经历,不仅留在宋美龄的心里,也留在人们的记忆中。应该说那是一次悲剧。在江西南昌城,她和她的侍从几乎丧命。

江西赣南是中共五大红色根据地之一。共产党的希望在江西,国民党的心患也在江西。于是一场血与火的战争和较量就在江西提前打响了。

这是1930年10月,蒋介石准备得很久、蛮有信心的"剿共"战事,经不起五天的战斗,五个师全遭击溃。前敌总指挥十八师师长张辉瓒阵亡。连师长在内,9000人被俘,片甲未归。一战失利,吓得谭师向东龙冈跑,许师向头陂跑,惊魂落魄之中又给消灭了一半。第一次"围剿"就这样鸣金"搜"兵般地结束了。这下可气坏了蒋介石,他急得抓耳挠腮,哇哇直叫。宋美龄走了过来,她理解丈夫的心情,安慰道:

"亲爱的,胜败乃兵家常事。我们这一次是没有得到胜利,但中国绝大部分土地还在我们手里,我们不怕!红军的确厉害,但他们龟缩在一个小地方,终有一天会给我们消灭!我主张趁红军立足未稳,立刻发动第二次'围剿'!"

"我同意夫人的主意!"美国军事顾问立马支持,"江西是个腹地省份,是华中与华南的交通枢纽,江西如果给红军控制,无异将中国的南北两部割裂,长此以往,实在不妥。我们应该趁它羽毛未丰,再来个迎头痛击!"

"夫人,你快想办法把何应钦给我召来!我要当面谈!"蒋介石来回踱了几步,停下来道,"我打算让他出任第二次'围剿'总司令!"

"好!"宋美龄应了一声走出了屋。

片刻,侍卫报道:"军政部长何应钦求见。"蒋介石连忙下令,"快,请他进来。"

何应钦穿着厚呢大衣,全副武装,行过礼,坐下道:"总座,找我有事?"

蒋介石扫了何应钦一眼道:"上一次发动 10 万人的战争,我们是失败了:这一次要出动 20 万,加了一倍,而且由你任军政部长,亲自出马,希望你替我挽回一点面子,别让人家笑话我们是饭桶一个!"

"一定一定!"何应钦蛮有信心地说,"这一次我们要铭记上一次的教训,遵照您的意思,采用步步为营、稳扎稳打、重重包围的战术。而且这个时候正是春耕,我一定要达到破坏春耕、抢光种粮种子、放马吃秧、放干水田、拆烧房屋,以达到斩草除根,杀尽'共匪'的目的!"

| 宋美龄连夜驱车从南京赶赴南昌

日子过得飞快。

何应钦率领的部队已经进入苏区一个多月,除了拆毁民房、奸淫妇女、宰掉耕牛、拿走种籽、放马吃秧、弄干水田之外,根本找不到红军的主力在什么地方。各军将领急了,间或到南昌城去找这个坐镇指挥的总司令老蒋诉苦:"搜索一个月了,还无法找到对方主力。'共匪'采取的是闪避战术,极力避免作战,一直退到不容易到达的深山里,间或化整为零,先行分散,然后再在我附近集合,进行突袭,伤透了脑筋!"

何应钦从未见过这种打法,一脸的无奈,他只能告诉三军将领:"找不到主力,围住他! 饿死他!"

且说这时的红军不但没有围死、饿死,都藏在大山里,化整为零地猫在老百姓家里,等待着反击的号角吹响。5 月 16 日的凌晨,号角终于吹响,共军开始了反击。这一个攻势好生了得! 第一仗打富田区王金钰、公秉藩等 11 个团,一下子便打了个落花流水。接着打垮东固的郭华定,东韶的孙连仲,建宁的刘和鼎、朱绍良,缴枪两万多支,俘虏三万余人,二次

"围剿"就这样又完了。

从 5 月 16 日到 5 月 30 日,15 天中红军行走 700 里,有人说红军是在钻牛角尖,但终于钻通了,简直是天下奇迹! 郭师败后,郝梦麟率师星夜逃回永丰,得免于难。由于对苏区情形不熟,内部又无法统一,士兵也不肯卖命,何应钦浩浩荡荡带 20 万人上江西,落得个凄凄凉凉回去,好不悲伤! 消息报到南昌,正在坐镇的蒋介石怒火万丈!

再说宋美龄得知这个消息,和侍从官连夜驱车从南京赶到南昌。

美式吉普车临近南昌城时,也许是司机过度疲劳的缘故,车在山垭口转弯的时候,打迟了方向盘,飞驰的吉普车直向山涧箭一般地冲去,等司机明白过来,为时已晚,美式吉普车已腾入山沟,"啪"一声撞到大树,接着又撞上了山崖,车在山沟里打了几个滚,方才停了下来。

宋美龄被甩到车外,只擦点儿皮,倒没有伤着,而她的侍从官的腿被摔断一条,肋骨被摔断三根,住进了南昌陆军医院。

行辕中,蒋介石正在火冒三丈、跳脚骂娘的时候,这边又传来了夫人车祸的消息。这一仗,蒋介石真是赔了夫人又折兵!

蒋介石在陆军医院见了宋美龄,好生批评宋美龄,道:

"你不在南京好好待着,到南昌来干什么?"

"陪陪你嘛!"宋美龄说得轻松。

"多危险呀!"蒋介石面目阴沉,"苍天有眼无珠,我是赔了夫人又折兵啊!"

"我是上帝保佑,命大造化大! 阎王爷还没把通行证留给我!"宋美龄淡淡一笑道,"这次不是为你而来,我是诚心从军来的。美国朋友劝我换换生活环境,多走动走动,这样身体不会变胖,而且纽约的报纸已经同我订下合同,报道你在前线打共产党的真实情况,稿费从优,而且也可以通过我的报道,让美国朋友知道:我的丈夫蒋某人多辛苦啊,春夏秋冬一年四季在替他们打共产党,他们给你的援助,不是可以更多的吗?"

"你呀你……"蒋介石一阵怜香惜玉,"从军,从军,再从军就没命了! 战争是我们男人的事,与你们女人无关!"

| 蒋介石真是赔了夫人又折兵

8 月的南昌城。

长日刚过,微曛的天气,使人倦极。鸟声和着隐隐的松涛声,也好似催眠的歌,有时便会蒙胧睡着。城外的虫声一阵阵地传到城内来,昏黄的电灯也放出了银样的光辉。

蒋介石在南昌陆军医院看望宋美龄不久,也即是半个月后,宋美龄便在医院躺不下去了,经常失眠,并且又患了荨麻疹,那是一种神经一紧张就会反复发作的皮肤过敏症。孙士英院长劝她再住些日子,可是她却固执己见,非要出院不可。孙院长无奈,便通知大夫办了出院手续,开了一些常用药物,回去休养。

宋美龄在南昌从军没几天,就感到住腻了,吵着要上庐山换换空气。蒋介石说:"你是来从军的,如今前方快要发动攻势,反而你要逃跑,要到庐山去,那要给人笑话的,怎么可以呢?""好,我不走了。"宋美龄便改变主意,建议开舞会,请外国顾问玩一阵。蒋介石给缠得没办法:"好好好,你要怎么办,就怎么办。不过也得考虑一下影响,我们是'剿共'来的。"

宋美龄不服气地道:"'剿匪'有什么了不起?谁不知道我们有 30 万人,红军只有我们的十分之一?有什么可怕的,你说就要发动攻势,我跟你一起上前方去!"

听说宋美龄也要上前方,美国顾问们也跷起了拇指说:"夫人好样的!"这可使宋美龄乐不可支,她要他们多照几张"战地留影",和她的《从军记》一起寄到美国去。可是蒋介石就没有这样乐观,他心中嘀咕着红军的突袭,嘴上也不便表示拒绝,同陈诚半开玩笑半作真地说了声:"辞修,夫人也想上前方,士气大概可以提高不少。不过夫人也该知道,"他叹口气,"同红军作战,简直是一种终身的刑罚,可以说这是没有希望的无期徒刑,而她觉得很美。"

"别这样说。"宋美龄瞅一眼外国顾问。

"没有关系,"蒋介石笑道,"你把我跟辞修讲的话记在你的《从军记》中好了,让美国朋友明白,我是这样辛苦地为他们打共产党!"

……

9月初,浩大的攻势开始了。

在蒋军的部队中,到处传颂着蒋夫人从军的新闻。虽说大多部队当做笑料,但有的部队也当真……

"说不定宋美龄还会到我们军营呢!"

"有可能。"

"等打胜了,我们也和第一夫人照张合影,露露脸!"

"美死你啦! 一身臭汗,早把夫人熏跑了!"

"我和她是同乡,烟酒不分家,到时递根烟,认认老乡,说不定她会改变主意同意哩!"

"别做梦娶媳妇尽想好事! 快睡吧,明天还不一定打得赢!"

……

殊不知,就在蒋军爆炒宋美龄从军这件新闻时,毛泽东领导的中国工农红军已经绕道千里,挥师回到了赣南根据地西部,集中在兴国地区,严阵以待。但蒋介石30万大军已经分路直通兴国。红军当时的战略是由兴国经万安突破一点,然后由西而东,向对方后方路线上横扫过去,让对方主力深入赣南根据地置于无用武之地,这是作战的第一阶段。等对方回头向北,必甚疲劳,红军便乘隙打其可打者,为其第二阶段。这个方针中心是避开蒋介石的主力打其弱点,但红军向富田开进之际,蒋介石发觉了。

蒋介石一发觉,立刻调派陈诚、罗卓英两师星夜迎将上去,满以为可以一鼓作气而歼之。不料红军一个大转身,队伍又回到了兴国西部的高兴墟,那个地方只有这么一个墟场及其附近几十平方里可以集中。蒋介石心想瓮中捉鳖,这下子你可跑不掉了! 宋美龄也催着不要失掉时机!

夫妻一唱一和。

蒋介石立刻下令大包围。

但24小时后,情况突变,红军已向东面兴国县东部之莲池、永丰县南部之良村、宁都县北部之黄陂方向突进。蒋介石、宋美龄以及一批外国顾问们正在较后方的上官云相军中静待佳讯时,不料蒋鼎文、蒋光鼐、蔡廷锴、韩德勤几路兵马并未扼住红军退路。相反,红军却乘夜通过了那蒋军五路人马中间的 20 公里空隙地带,转到莲塘。第二天便同上官云相、郝梦麟两个师发生了激烈的前哨战。

这天清晨,雾大得很。

白雾缠在山腰,一团一团举手可摘。

在上官云相军中写《从军记》的宋美龄:

> 刚刚在打字机旁工作了两个小时,她便拉开窗帘,凝视着远山间的浓雾,接着她慢慢走出了屋,活动活动身骨,抽支烟,把这迷人的山景写进她的恢宏的著作中。像许多女作家一样,宋美龄的感情是丰富细腻的、思路是敏捷开阔的、文笔是优美流畅的,她想用散文的笔调打动大洋彼岸的美国人,尤其是那位罗斯福总统。说不定那位总统大人大笔一挥,一笔巨款将会记在她宋美龄的名下,可谓名利双收,拿笔杆的说不定比拿枪杆的还强……

宋美龄异想天开。

异想天开中她觉得头脑发胀,烟瘾上来。

她掏出一支福利乐雪茄,点上火,美美地抽上一口,吐出一个烟圈。正在这时,炮声轰轰隆隆地从不远处传来。宋美龄为之一振,赶忙跑出打字间。

谁知情况突如其来,红军已追了上来,后方起了火。上官云相那个师挨了轰炸,接着郝梦麟师也遭了袭。此情此景,蒋介石、宋美龄心惊肉跳,不知所措。宋美龄的《从军记》第七章"红的日记"刚开一个头,便写不下去了,双手发疟疾似地哆嗦着,别说打字,连拿筷子都拿不住了。她厮守着蒋介石,眼见炮弹雨点似地落在指挥所周围,耳听杀声震野,鬼哭狼嚎,欲退不行,欲进不可。

"怎么,还听不到我们的炮声?"宋美龄问。

正在此时,一发不长眼的重型炮弹,不知从哪儿飞过来,带着哨响,落在右旁不远的栅栏里爆炸。杨永泰见势不好,迅速跑过来,用自己身体掩护了蒋介石的生命,而他自己负了重伤。宋美龄被气浪冲倒,一片炮弹皮击中她的小腿部,鲜血直流……

第十三章　蒋宋交恶

｜　老蒋的敌人——宋庆龄

6 月的南京。

温度极高，坐着就浑身冒汗，难怪人们把南京列为中国的四大火炉之一。宋美龄从南昌回到南京第一天，下了一场雨，温度还稍微低了一点。秘书已把一叠文件呈送到她的面前。文件是权势的象征。作为爱权势的宋美龄就像吃饭一样，每天当然少不了看文件。不过前一阶段在南昌陆军医院和从军的日子，她确实憋坏了，既看不到机密文件又听不到当日广播。可是回到南京，文件一来一大堆。于是，她埋在文件堆里，翻阅起来。她从这些方格字里，品味出中国局势的微妙变化，就像她在美国时品味槟榔糖一样……一份、两份、三份……她认真地翻阅着。

倏然一份标有"机密"字样的文件跳入了她眼帘。这是近日南京政府翻印中共的一份文件。标题为：《国民党已不再是一个政治力量》，签名人为二姐宋庆龄。

文中写道：

当做一个政治力量来说，国民党已经不复存在了。这是一件无法掩盖的事实，谁也否认不了。促使国民党灭亡的，并不是党外的反对者，而是党内自己的领袖。1925 年孙中山病逝北京，国民革命突然失去了领导，以致中辍。幸而当时在广州的党内同志严格遵守他的遗教，以群众为革命的基础，使北伐能于短期内在长江流域取得胜利。但是不久之后，蒋介石的个人独裁与军阀和政客之间的相互争吵，造成了宁汉分裂，使党和人民之间的鸿沟日益加深。

近来宁、汉两派发生分裂，形成两个对峙的力量，双方各自指责对方的缺点，明争暗斗，他们用虚伪的政治口号，作为欺骗中国人民的武器……由于日本公然侵入我国东北、广州和南京，这两个集团由于国难当前和舆论的谴责，都不得不暂时停止公开的战争，而召开所谓"和平统一会议"。阴谋围绕着会议进行了三个月之久，争议的中心问题不外乎党中央委员会和政府中职位的分配！关于构成全国绝大多数的农民、工人的苦难和急需，在这个会议上没有一个字提到……

宋美龄看不下去了，把文件合上，闭目沉思。

她的心剧烈地跳动着，久久不能平静。显然，她为一娘同胞的二姐站到共产党的那边而不安。应该说，三姐妹中，她对二姐感情最深。在美国求学时，她年纪还小，是二姐一手照顾，因此她从心底里感谢二姐。自己和蒋介石要结婚时，二姐公开了自己的态度，是不同意的。在宋美龄结婚的前半个月，宋庆龄已离开了上海，和她的好友雷娜结伴乘船去了莫斯科。在政见的斗争中，她同情二姐宋庆龄的不幸遭遇，她又不同意大姐那样恶言恶语地攻击她，以至于没有了姊妹之情。

那是宋美龄回南京不几天，大姐宋霭龄来家看她，宋美龄是很感激她的，所以姊妹俩一说起话儿就长。

"唉，政治把我们姊妹分开了！大姐来看我我高兴，二姐要是再来看我该多好哇！"宋美龄不胜感怀。

"她，她算个老几，我们宋家权当是没有了她！她要现在来，我抬脚就走！"前面宋美龄的一句情感的话燃起了宋霭龄心中的一团火。

"大姐，你不能这样，我不管什么政治不政治，手心手背都是肉啊！"宋美龄不同意大姐这样对待一娘同胞的二姐。

……

︱ 宋庆龄,家族中反蒋的另外一种不和谐之声

确切说,宋美龄和宋霭龄为宋庆龄的事吵得不可开交时,宋庆龄正在莫斯科红场伫立着,默默地为小妹祝福,那是一种痛苦的祝福——夺人之爱。

宋庆龄已寡居两年多。

她才 30 岁出头,风姿不减当年,本可以再嫁,母亲也多次劝过她,但是她不。她不仅深切地怀念孙中山,而且,像她所阐明的那样,致力于使他的主义和理想永存下去。然而,这对女性来说,是一个困难的角色,但她以尊严、勇敢和忠诚扮演了这个角色,连她的对手也对此表示钦佩和尊敬。

一天,她在《纽约时报》上看到一条对她个人进行人身攻击的消息。她顿时愣住了! 这个无事生非的消息对她是个不小的打击,她几乎昏过去。她在医院里躺了三个星期,身体几乎垮了下来,然而她又坚强不屈地活了下来。

然而散布这一消息的不是别人,恰恰正是她的姐姐、听风就是雨的宋霭龄。可是宋庆龄并不知道,她还被蒙在鼓里。宋霭龄散布这一消息的目的,是想让世界上的人忘记孙中山的遗孀。中国革命新的女性领袖将是南京委员长的夫人——宋美龄,可是宋美龄对此并不领情。

不久,消息传到宋美龄耳朵里,当宋美龄知道这是大姐散布的谣言时,她气得哭了。她真不理解大姐为何这样做,这样太损伤二姐的自尊心啦! 这天,宋霭龄来南京看她时,她便当面问姐姐:

"大姐,听说二姐病了,病得很厉害!"

"我也听说了,不知得了什么病?"宋霭龄回答得漫不经心。

"我倒听说了。她是看了《纽约时报》的那篇有关她的谣言气病的。"宋美龄又道。

"一篇小稿,就那么计较,还是第一夫人哩,倒不如说是个小肚鸡肠!"宋霭龄轻蔑地说。

"也不知是哪个人,这么缺德,无中生有,恶意伤人!"宋美龄说完直看

大姐的反应。

"话也不能那样说,谁让她自作自受呢!世界上没见过这样不开通的女人!"宋霭龄佯作不知。

"大姐,我倒听说是你传的呀?"宋美龄认真起来。

"我!"宋霭龄大吃一惊,马上她又平静了下来,"说了又怎么样? 她要不改,我以后还要说,起码比这还狠!"

"大姐,一娘同胞,你不能那样做!"宋美龄不高兴地说。

姊妹俩不欢而散。

在宋氏三姊妹中,宋美龄具有超凡的能量和强烈的支配人的欲望。

说穿了,她具有一般女性所不具备的特点,那就是权欲心。宋美龄在政治上极右。她不像二姐宋庆龄那样浪漫,一切寄托于理想和对于穷人的怜悯;她也不像大姐宋霭龄那样过分爱钱,养成一种贪婪性,以至于发展到嫉妒人,包括姊妹之间。

蒋介石火冒三丈:我说夫人,你不要再护她了,我要干掉她!

如果说是蒋介石聪明的话,当时他是利用了全国人民对于国父孙中山的信任。中山陵规模宏大,气势雄伟,堪称是我国建筑史上的一大奇迹。

6月1日,南京政府举行奉安大典。蒋介石本以为宋庆龄能通过这次亡夫葬礼后,感恩戴德,回心转意,没想到却发表了反对他的措辞激烈电文,使蒋介石大为恼火。宋美龄也无能为力,只是在旁边骂人:"这个朽木不可雕的二姐!"

杜月笙又名杜大耳朵,看到这篇电文时,他做出了比委员长甚至更为过火的反应。不过,这是宋家人,得请示蒋介石。于是他操起了电话,接通了蒋宅的秘密电话。

"电文看到了吗?"杜问。

"看到了。"蒋答。

"这人敬酒不吃吃罚酒,我看不如先下手为强!"

"干掉她?"蒋介石犹豫片刻,"老兄,且慢,容我三思。"

"好,那我就等你的话了!"杜大耳朵放下了电话。

时隔不久,宋庆龄在莫里哀路的公寓门窗被砸,共产党已在派人关注宋庆龄的安全。

可是,事隔不久,宋庆龄又连连发表反蒋檄文,蒋介石火冒三丈:

"我说夫人,你不要再护她了,我要干掉她!"

"你说什么?"宋美龄头脑一轰,她知道蒋介石手狠心黑,什么事都会干出来的。"我这不是给她写信嘛!让她回心转意,仁至义尽方君子嘛!"

"不,我已经仁至义尽!"

"那你那宝贝公子现在还在骂你哩,你为什么不斩草除根?"宋美龄据理力争。在宋美龄眼里,她把宋庆龄看做是她丈夫的主要敌人,但这并没有减少她对二姐的关心和钟爱。她始终爱她的嫡亲二姐,但她完全不能宽恕她的政见。"你说呀,你为什么不说话呀?"

蒋介石气急败坏:"你莫讲啦!"说罢便拨通了杜大耳朵的电话,"喂,杜兄吗?"

"对,是我!"

"你给我放下!"宋美龄知道不好,抢前一步,夺去了蒋介石手中的话筒,断了线。

蒋介石怒吼:"你要干什么?"

"不许你给杜大耳朵打电话,难道我吃他的苦头还少吗?"

"好好好,今天我听你的好不好?"蒋介石妥协了。宋美龄知道他并非是真正的妥协,因此二姐宋庆龄的安全也成了宋美龄的一块心病。

一奶同胞的宋美龄,她的心情好复杂啊!她懂得了什么是政治,什么是亲情。

暗杀宋庆龄之谋

确实是杜大耳朵早有暗杀宋庆龄之意,不过没征得南京方面的同意。

昨天,蒋委员长刚打来电话,还没讲话,线断了,不知委员长有何要事?他想再拨,怎么也拨不通了,使他与南京失去了联系。他心急火燎,第二天一大早,便登程亲自来到了南京。

杜大耳朵直奔军机办公室而来,不料他扑了个空,原来蒋介石刚刚在这里开了一个会,乘车离去。迎面他碰到了宋子良。

"杜先生,你找谁?"宋子良上前搭讪。

"子良,看到委员长了吗?"

"他刚刚驱车离去。"

"是回家?"

"不,"宋子良眼珠一眨道,"听他说,他要到警备司令部。"

殊不知宋子良是知道蒋介石已经回家,他不能照直说,因为他的三姐宋美龄已经给他打过招呼:要对杜大耳朵有所警惕。他不能不防啊!

宋子良把杜大耳朵支开后,径向三姐宋美龄家走去。

"小弟,有事吗?"宋美龄问道。

"杜大耳朵来啦,我把他支走了。说不定一会儿他还会来。"宋子良答道。

"还有其他事吗?"

"没有啦,三姐。"

"那你回去吧,一切由我应付。"

宋子良走后不大一会儿,杜大耳朵真的来了,径往蒋介石的公寓闯来。

"什么事让杜先生这么火烧屁股?"宋美龄因上次被软禁对杜月笙有一定成见,她不冷不热地说。

"委员长呢?"

"他从一大早就出去啦,一直也没有回来。"

"刚才听子良说他到警备司令部去了。我到那去了,人家说根本没来。你们是不是把他给藏了起来?"杜月笙带着火说。

"看你说到哪里去了,他这么个大活人,我怎么能藏得住他呢!"

"那我进去看看再说。"杜月笙有些不大信任。

"慢点!"宋美龄看到对方无礼,也不大客气地说,"要知道,这里是南京,而不是上海。"

"你,你?"

"我,宋美龄。"宋美龄也毫不示弱地道,"也不是八年前的宋美龄。"宋美龄说罢一抬手道:"卫兵们,快送客!"

杜大耳朵找了个无趣,被卫兵们轰出了门。这件事实际上也是宋美龄八年前被杜月笙软禁的一种本能报复。她早就寻找时机,以雪心头之恨,可是一直没有遇到机会。

杜月笙出了公寓门,愤愤不已。他像吃了一只绿头苍蝇一样,心里不是滋味儿。他决心要加快对宋家姊妹的报复。这个上海滩的大流氓,他会不择手段的。可是宋美龄哪里知道,她这次的得机报复,竟是弄巧成拙,为杜大耳朵暗杀宋庆龄加了一把火、投了一块炭。

当晚,蒋介石进卧室休息时,宋美龄在枕头旁悄悄地对他说:"今天中午杜瘸来找你,我把他给支走了。"

"你怎能这么处理事?"蒋介石埋怨道。

"你在休息,我不许他打扰你!"宋美龄道,"我看他夜猫子进宅院——没有好事。"

蒋介石无语。

宋美龄翻过身子,用红指盖的手指点着老蒋的脑门道:"我要警告你,二姐若有个长短,我可要找你算账!"

蒋介石道:"快睡觉吧!"

"那你得有个保证。"宋美龄道。

"好好好,我保证按夫人的指示办!"蒋介石把身子侧了过去。

┃　宋美龄暗中保护二姐庆龄

翌日晨,蒋介石刚起了床,杜月笙便堵上了门。蒋介石把杜大耳朵让进客厅,久日不见,二人寒暄一番,杜大耳朵便诉起昨日苦来:

"你那第一夫人太厉害了,昨天让我吃了闭门羹。"

"夫人不恭,待我去批评她! 女人家怎能这样干!"蒋介石劝慰道。

"前天,委员长给我亲自打电话,刚说了一句,线就断了,不知委员长有何指示? 我等不及,昨天便乘车来了。"

"噢,是这么回事。"蒋介石埋在沙发里,叹了口气,他想起了昨天夫人对他的警告,马上转了话题,"前天的电话,我是想询问一下上海共产党的动态。"

"上海吗,很平静,"杜大耳朵呷了一口酽茶道,"有我们青帮弟兄在,共产党就不敢猖獗。最近,我们暗杀了一批。枪打出头鸟,其他也就老实多了。"

"干得好!"蒋介石一拍茶几道,"就是得让他们尝尝我们的厉害!"

"最近,我们发现一份传单,又是宋庆龄的署名文章。这个人我想干掉她,以绝后患!"杜大耳朵说完,望着蒋介石的脸色。

"按我的意愿,早就要除掉她!"蒋介石说到这里,杜大耳朵满脸喜色。不过当蒋介石说出下半句的时候,他的脸又像秋后霜打的茄子。"你要知道,除掉她如同宰一只鸡那样容易。可是她是孙先生的夫人,影响非同一般,小不忍则乱大谋,懂吗?"

"这点我懂,"杜大耳朵又不同意蒋介石的意见,"委员长是不是太过于小心啦?"

"莫急。"蒋介石道,"半个月后答复你。"

杜大耳朵见蒋介石固执己见,心想,我不如来个先斩后奏,看你还说什么。于是他便回答道:"请你尽快给我回个话。"

"好好,我力争。"

"今天没有别事,你工作忙,我要告辞。"

蒋介石起身把杜月笙送出了门外。

一周后,上海传来消息,孙夫人遭遇车祸,重伤住院,蒋介石为之一怔,马上打电话去找杜月笙,杜大耳朵矢口否认:不是我啊。

一团迷人的雾!

┃　蒋介石的"妻管严"

宋美龄闻知这事，并不比杜大耳朵火气小。蒋介石正在开会，忙于"剿匪"。宋美龄也顾不得这些了，一头闯进了军机室，叫出了正在主持紧急会议的蒋介石。

"二姐的事，你知道吗?"宋美龄怒气冲冲。

"知道一些，并不详细。"蒋介石见夫人来势汹汹，慢慢解释道，"我已经给杜月笙挂了电话，问起此事，他矢口否认。"

"你们俩合伙整我，把我当小孩，你以为我还不知。"宋美龄说这话的时候，眼珠喷火。

"谁告诉你的，还是你自己猜的?"蒋介石也认真起来。

"那我问，上次杜大耳朵找你干什么?"宋美龄像放连珠炮似的问，"他回到上海不到一周，为什么就出了此事。不是你指使的还是谁干的!"

"夫人，我本来不晓得此事。真是天大的冤枉! 让我跳进黄河也洗不清啊!"蒋介石向宋美龄摊开了双手，"夫人，请你先回去，这事我们回家再谈，我先开会。"

"不说清楚，你别想开会!"宋美龄抢先一步拦住门口。

"我的达令，这样你就不好啦。等我开完会，一切都会给你查得一清二楚的，请你相信我。"蒋介石道。

这时，孔祥熙也走过来劝说，宋美龄才算饶了蒋介石，放他进了会议室。

第十四章　民族之战

┃　心怀鬼胎，日本显露狰狞

公元 1931 年 9 月 18 日深夜。没有星光月亮。

黑夜掩盖着罪恶，罪恶伴着黑夜发生，炮声、枪声交加，曳光弹在夜幕中拖着长长的尾巴，把人们从酣睡中惊醒……

原已根据不平等条约而驻扎在东北的不过一万多人的日本关东军，向中国东北军驻地北大营和沈阳城突然发动进攻。第二天，日本军队轻而易举地占领了沈阳、长春等东北二十多座城市。二十多座城市同时飘起了日本的青天白日旗。继而，四个月内，辽宁、吉林、黑龙江三省全部沦陷，东北人民陷入水深火热的亡国惨痛之中。

"九一八"事变是日本发动的武装侵华事件，这不是一个偶然的事件，而是经过日本裕仁天皇长期地酝酿造成的，是其曾祖孝明天皇和祖父明治天皇的侵华战略的继续。

1862 年，孝明天皇正式批准了长州藩的《长州计划》。这个计划的主要内容是：

第一步，实现内部联合和国家现代化，主旨在于增强国力。

第二步，向海外扩张，在日本与西方之间，建立一个缓冲地区，也就是统一亚洲，由日本人做盟主。

这个政策，成为日本以后的基本国策。但此国策又在历史的变迁中，不断予以修改，增加内容和扩大规模。

明治革新后，明治天皇又进一步把《长州计划》肯定下来，并付诸实施。为此他在各方面积极准备。主要是进一步学习西方科技；积累资金和皇室财富，扩充军备。

1894年，明治天皇开始实施侵略计划。同年7月，首先促成朝鲜内乱，继而侵占朝鲜；同年发动中日甲午战争，迫使中国政府签订了丧权辱国的《马关条约》。

1912年7月29日，明治天皇患胃癌死去，大正天皇继位：他的侵华行动是于1916年10月策划刺杀张作霖，以吞并东三省。但此次刺杀计划没有成功。

1921年12月，大正天皇因病不能理事，由21岁的儿子裕仁摄政。裕仁摄政前，游历欧洲各国，网罗了许多日本留学生，这些人在以后成为了日本军国主义分子的骨干。他们主要在巴黎、苏伊士和法兰西三角地带刺探和获取最新工业技术，并用于改变日本国的新工业技术。裕仁摄政时谨慎地把自己装扮成一个宪政统治者，以和平使者的形象出现于世人面前。但他暗地里又建立了一个秘密组织，研究周边各国情况，尤其是中国。

1926年12月25日，大正天皇去世，裕仁于1927年加冕。此时他已得知蒋介石的不抵抗政策，加快了对中国的侵略步伐。但东三省面积为本国的三倍，有精锐的东北军，如果强取必然付出巨大的代价。裕仁为了不费一枪一弹而获取东三省，起初对东北军司令张作霖千方百计地拉拢，当研究认为蒋介石最有可能成为领袖人物时，便彻底地抛弃了张。炸死张作霖，控制张学良。开始同蒋介石秘密磋商，最后达成一个不为人知的协定：裕仁支持蒋介石反共，但要蒋只统治长城以南的中国土地；长城以北的满蒙地区则由日本控制。等蒋介石的个人统治建立后，裕仁还希望蒋把西方的资本家赶出上海，以独霸中国。按李宗仁说，蒋介石于访日期间出卖了东三省，等他完成统一大业后，他又将在日本订的密约从日本人手中骗回销毁，使日本人无凭无据。这种说法，无文字可以证实，但日本方面也讳莫如深。所以一般认为无此密约，但从以后事态发展来看，则又和密商之说吻合。权作蒋介石与日本的口头许诺吧。

1928年12月29日张学良突然易帜使裕仁计划落空。于是裕仁便产生了武力侵占东三省，驱逐张学良的念头。在裕仁的密谋和策划下，发生了开头的一幕——"九一八"事变。

应该说，事件的突发，是蒋介石南京政府长期奉行不抵抗政策而把主要精力用于与汪、胡政治"分赃"和"剿共灭共"的政策上所导致的必然事件。

事变的爆发令国人大哗。

日本亡我之心不死，国难已迫在眉睫！

中华民族到了最危险的时候，每个人被迫发出最后的吼声。《义勇军进行曲》的歌词，喊出了亿万中国人心中的满腔怒火。

然而蒋介石自有打算，他已经和裕仁有了口头之约，在事变发生前就做好了前期工作：

7月12日，蒋对张学良发电："此非对日作战之时。"

7月13日，于右任（杨虎城的靖国军老上司）又电："中央以平定内乱为第一，东北同志宜加体会。"

7月23日，蒋介石向全国发出《告全国同胞一致安内攘外电》，正式提出"攘外必先安内"的国策。

8月22日，蒋说："中国亡于帝国主义，我们还能当亡国奴，尚可苟延残喘，若亡于共产党，则纵为奴隶亦不可得。"

9月12日，蒋介石亲到石家庄与张学良进行密谈，令张不要抵抗，而求助于"国联"调解。

9月16日，蒋又致电张学良："无论日本军队此后如何在东北寻衅，我应予不抵抗，力避冲突。吾兄万勿逞一朝之愤，置国家民族于不顾，希转饬遵照执行。"

"九一八"事变发生后，南京政府电告东北军："日军此举不过寻常寻衅性质，为免除事件扩大起见，绝对抱不抵抗主义。"南京政府采取这种态度，使日本帝国主义无所顾忌地用武力大规模进攻中国。由于民族危机已到严重关头，国民党阵营内部也出现急剧分化和破裂。

日本帝国主义武力侵占中国本土上的事实，使中日之间的民族矛盾逐步上升到主要地位，使中国国内的阶级关系发生了重大变化。中国的工人农民是要求反抗日本侵略的。青年学生和城市小资产阶级,在经过四年多的低沉状态后,也纷纷行动起来要求抗日,沉寂多时的城市重新沸腾起来。北平、南京、广州、武汉等地的学生、工人和市民群情义愤,纷纷游行示威,罢课罢工,发表通电,强烈要求南京政府抗日,但得到的却是蒋介石无情的镇压。

再说日本几乎未遇到抵抗便占领了面积三倍于本国的东三省后,侵略野心进一步膨胀。1932 年 1 月 28 日开始策划成立伪满洲国,使东三省成为日本的殖民地。为了转移国际舆论和中国人民的视线,同日,日本又在上海发动了"一·二八"事变,但是对于日本帝国主义的侵略行径,蒋介石还是不予积极抵抗,仍希望能依靠国联干涉,得到和平解决。1 月 29日,蒋介石确定应付"一·二八"的原则为"一面预备交涉,一面抵抗"。在方法上交涉开始以前,为国联与九国公约国接洽,及至交涉开始时,同时向九国公约国声明。"对日本先用非正式名义与之接洽,必须得其最大限制。"在程度上,"交涉必须定一最后限度,此限度至少不妨碍行政与领土完整,即不损害《九国公约》之精神与不丧失国权。"又确定以"十九路军全力守上海"、"前警卫军全力守南京"。

2 月 18 日,上海日军司令植田谦右、总领事村井仓松分别向十九路军和上海市政府发出了最后通牒,限中国军队 20 日下午 5 时前撤退。中国方面未予答复。3 月 1 日,日军向上海驻军发起全线进攻。

天亮后不久,大片大片的火光掠过天空,惊天动地的炮声撕裂了晨霭,在震耳欲聋的坦克和装甲车的重压下,碎石铺成的路面惊惶不安地颤动着。一架架漆着太阳旗的飞机贴着江面飞来,抖抖翅膀,扔下一颗颗重磅炸弹;停泊在黄浦江中的日本海军"名取"、"氢思"、"得内"、"由良"号巡洋舰也一齐开火,顿时繁华的市井化为一片火海。

此后,战火弥漫了大上海。

上海的天空,一片燃烧的天空。

同时,大上海保卫战开始了。

一群群市民,在中国军队的掩护下,奋不顾身,顺着街区往前奔跑,奔向枪声最剧烈的地方。

胳膊上缠着红十字标记的年轻护士，平时手无缚鸡之力的市民，今天却一个个扛起了担架；刚从工厂里出来的工人，顺手抄起太平斧，端起锋利的钢钎；无法读书的大、中学生，挨家挨户募集门板、棉被，送往市郊加固工事。戴眼镜的教书先生，把长袍掖在腰间，不顾吱吱横飞的流弹，跳上方桌，发表慷慨激昂的演讲。

驻守上海的驻军在总指挥蒋光鼐、军长蔡廷锴和淞沪警备司令的指挥下，奋起抵抗，从而爆发了"一·二八"淞沪抗战。

越来越多的市民涌上街头汇成了一股股汹涌的人流，涌向前方。叫喊声、咒骂声、命令声此起彼伏：

"到闸北去！到闸北去！"

"杀尽鬼子！杀尽鬼子！"

"鬼子不投降，就叫它灭亡！"

"叫长官给咱们发枪！给大刀片也行，老百姓能打仗！"

"保卫大上海！上海不能失！"

人们的呼喊声压住了机枪的射击声，压倒了坦克的履带声和迫击炮弹尖利的爆炸声。几艘冒险驶入苏州河的日本汽艇，还未抛锚，便连人带船被平射炮弹掀翻在江中。那些落水的日本海军陆战队士兵，刚从水里冒出头来，眨眼间便被岸边扔过来的石条石块砸成了肉泥，喂了河里的鱼虾。

日本海空军发狂了。

从巡洋舰"出云"、"川内"号上起飞的九二式水上攻击机，犹如大雷雨前的扑灯蛾，不顾死活地窜进上海市区。它们那宽大的机身，几乎擦着美丰洋行的屋顶，见工事就往下撂炸弹，见人就往下扫机枪。

"嗒嗒嗒"，苏州河岸上蹿起更多的火苗，四下蔓延，烧得焦枯的洋槐树上挂满了断臂残肢，暗红色的血液在马路上流淌……

偌大的祖国没有制空权。

上海遭空袭！

上海人无处藏身！

伤员增加，无处安排……一封又一封的加急电报发往南京；一声一声呼叫着——"南京，南京国民政府……"

　　蒋光鼐、蔡廷锴指挥的第十九路军奋力抵抗,给日军以沉重打击。由于上海、南京是国民党统治的心脏地区,当日本大举增援后,南京政府迫于形势也派出第五军军长张治中率部赴上海参战。可是蒋的基本方针依然是求和,害怕战事扩大,引火烧身。

　　日本为了挑拨十九路军和其他中国军队的关系,孤立十九路军,竟故意放风说,日本只与十九路军作战,不与南京政府以及其他中国军队为敌。蒋介石的嫡系何应钦立即下令"人不犯我,我不犯人",不许其他军队支持十九路军。

　　再无援助的十九路军根本无法阻挡源源不断的日本增援部队,3月2日,十九路军总指挥蒋光鼐宣布撤退,并发表通电,宣布:"我军抵抗暴日,苦战月余,以敌军械之犀利,运输之敏捷,赖我民众援助,士兵忠勇,肉搏奋战,伤亡枕藉,犹能屡挫敌锋。日寇猝增两师,而我以后援不继。自2月11日起,我军日有重大伤亡,以至于正面战线,而日寇以数师之众,自浏河方面登陆,我无兵增援,侧面后方,均受危险,不得已于3月1日夜将全军撤退到第二道防线,从事抵御。"

　　然而,无意抵抗的蒋介石却正在和日本议和。5月5日,签订了丧权辱国的《淞沪停战协定》。"允许日本军队在吴淞、闸北、江湾等地驻扎,而中国军队不能在上海周围设防……"

　　蒋介石为了自己的私利,弃国家、民族利益于不顾,真正成了民族的罪人。

▎　张学良代蒋受过

　　再说北方。

　　面对蒋介石的步步忍让,日本却丝毫没有领情,不久又发动了"华北事变"。

　　1933年初,日寇开始向热河进犯。

　　1月6日,日军进攻山海关。山海关守军何柱国部奋起还击,安德馨营全体官兵 300 余人力战殉国。长城抗战爆发。但因孤军无援,没有抵挡住日军陆海军联合进攻的势头。

1 月 8 日,山海关沦陷。之后,日军开始向长城一线推进。听了蒋介石话的张学良放弃了东三省,保留热河、河北,苟延残喘,静候蒋介石同日本人交涉。山海关战事一开,张学良便知,如再不抵抗,热河、河北就不能保住。于是决定调长城以内的东北军四万人进入热河布防。但是张学良对抵抗没有把握,便致电蒋介石求援。

1933 年 2 月 11 日,行政院代院长宋子文受蒋介石之托开始北方之行。随行的有军政部长何应钦、外交部长罗文干、内政部长黄绍竑、参谋部次长杨杰等。专车由南京经徐州陇海路经郑州,再转平汉路到达北平西站。宋子文抵达北平后,即在阜成门内原清朝顺承王府会见北平军分会委员长张学良,听取前方情况的汇报。

2 月 18 日,张学良陪同宋子文视察热河。热河省主席汤玉麟在承德热情款待宋子文一行。在一次欢迎会上,宋子文慷慨陈词:"本人代表中央政府,敢向诸位担保,吾人决不放弃东北,吾人决不放弃热河,纵是敌方占领我首都,亦无人肯作城下之盟。"

在此期间,宋子文、张学良等人在承德清宫清音阁召开一次军事会议。会议期间,宋子文、张学良联名致电日内瓦中国驻国联代表团,表示中国军民"决心抵抗日军之进一步侵略"。张学良还与宋哲元等二十余名高级将领发出通电,表示抗战到底,呼吁国人支援。

为了确保热河的防守,回北平后,宋子文还与张学良拟定了热河保卫战计划草案,决定成立两个集团军,每集团军辖 3 个军团。第一集团总司令由张学良兼任。第二集团总司令由张作相担任,辖孙殿英、汤玉麟各一军团和张廷枢的第十二旅及冯占海等义勇军。

在蒋介石不抵抗的大政方针下,2 月 21 日,日军纠合伪军共 10 万人,分三路进攻热河,一路由绥中攻凌源,一路由锦州攻朝阳,一路由通辽攻开鲁。当地守军 20 万人,不作抵抗,望风而逃。日军长驱直入,于 3 月 4 日以百余骑兵先头部队突入承德,热河失陷,热河省主席汤玉麟把搜刮来的民脂民膏,装满了 200 多辆汽车,运往天津租界,他本人也跟着逃走。

热河失守,全国舆论哗然。张学良自知失职,曾表示要亲率王以哲等军去与日军拼杀,收复失地热河,结果落空。

全国上下,一致谴责南京政府,并要求对张学良、汤玉麟等按军法处置。迫于舆论的压力,张学良于3月8日电请辞职,以谢罪于国人。南京政府同时发布命令:"热河省主席汤玉麟,身兼边疆重任,兼统军旅,乃竟于前方军事紧急,忠勇将士矢志抗敌之时,畏忠弃职,贻误军机,深堪痛恨。着即先行逆职,交行政院、监察院同军事委员会彻底严缉究办,以肃纲纪。"

此后,全国舆论攻击的矛头开始指向不抵抗的蒋介石。蒋介石深感自己是"泥菩萨过河自身难保",必须逼迫张学良下野,为自己戴罪受过。蒋介石要求张学良下野也有多种原因:一是北方的阎锡山军队和冯玉祥的旧部都因张学良曾在中原大战中与己作对,所以不听张学良指挥。这就无法靠张学良在北方指挥各军抵抗日寇,而中央军又不能调往北方。二是因为张学良体力不支,精神颓丧,统率诸军精力不济。三是蒋介石要张学良为自己戴罪受过。

3月9日,蒋介石约张学良在保定会晤。张学良抱着蒋介石可能决心抗日,并补充给东北军充足的弹药,以便让自己戴罪立功,收复热河的希望,从北平赶往保定。张学良到保定后,首先与先期到达的宋子文会面。宋子文转达了蒋介石的旨意:"失东北,丢热河,中央与张均责无旁贷,全国舆论指责于委员长与总司令必须有一人下野,方可以平民愤。"

张学良只得表示:"既然如此,请立即免除我本兼各职,严予处分,以谢国人。"

3月9日下午4时,蒋介石的专车到达保定,张学良在宋子文的陪同下上车与蒋介石商谈。蒋介石不待张学良开口,首先用很严肃的口气对张学良说:"我接到你的辞职电报,知道你的诚意。现在全国舆论沸腾,攻击我们两人,我与你同舟共命,若不先下去一人,以息全国愤怒的浪潮,难免同遭灭顶。所以我决定同意你辞职,待机会再起。"蒋介石要求张学良于次日飞往上海,免部下夜长梦多,并让张学良到上海后赶快出洋治病。张学良表示:

"我不该丢失东北，早应引咎辞职，以申国法，振军心……"张学良还提出："日本野心要吞并中国，希望中央迅速调劲旅北上，收复热河，保卫华北。"

蒋介石连声说："好，好，好！"

蒋介石离去之后，张学良失声痛哭，并与随从说："蒋先生对日仍以外交为主，并想用黄郛（亲日派）到北平来主持政务，专办对日外交"，"骂我不抵抗，我也不辩。但下野后，天知道我这不抵抗的罪名要背到哪天呢？我记得仿佛林肯有几句话，说人民是欺骗不了的，我只不过是个替罪羊，代人受过罢了。"

1933 年 3 月 21 日，张学良通电下野，宋子文为其办完了出国手续。

4 月 11 日，张学良启程赴欧洲考察。

宋子文送走张学良后，蒋介石对宋子文说："你为此事帮了忙。听说你与张学良的交情不错，做了不少工作。张学良这张牌还要打，等有一定时机再说。"

日本亡我之心不死

轰动一时的长城抗战失败了，日寇越过长城直逼平津。

蒋介石为了全力"安内"，对于日本的侵略竟不加干涉，1933 年 5 月 31 日，他派亲日派黄郛同日本签订了《塘沽协定》，协议的主要内容为：

——中国军队退至延庆、昌平、顺义、通州、香河、宝坻、芦台所连之线以西和以南地区。

——日本随时用飞机侦察第一项之实施情况，中国方面应予保护。

——日本认为中国方面已执行以上条件后，即回归长城一线。

——长城以南和延庆至芦台一线以东以北为治安区，由中国警察机关执行。

协议将察北、冀东二十余县划为不设防区。不仅事实上承认了日本占领东北和热河四省的合法化，更为危险的是它令华北门户洞开，平津随时可以被侵占。

1934 年 3 月 1 日，日本宣布在伪满洲国实行帝制，溥仪由"执政"改称"皇帝"。4 月 17 日，日本发表了独占中国的"天羽声明"，称日本是东亚的主人、中国的保护者，任何国家不得染指中国，中国更不能与日本以外的任何国家发生关系。当年的 5 月 14 日，蒋介石便派代表与日本就"满洲国"通车、通邮、长城设卡等问题达成协议，变相承认了伪满洲国。

然而日本的野心并不止于此。裕仁天皇已经决定了"南进"的国策，意图倾全国之力侵略中国。下一步就是华北。他指示"当前把南京政府对华北政权的影响，削弱到最低限度"。

此后的日本不断在缓冲区制造事端，寻找借口逼迫蒋介石签订了《何梅协定》和《秦土协定》。《何梅协定》的主要目的是让中国在天津、河北的驻军撤离，撤销党部和军事委员会，将河北省主席于学忠撤职，同时压制中国自发的反日行为；《秦土协定》的主要目的是促使蒙古独立。这样日本就可以控制中国北方一线各省，为从北向南的全面侵略做好了战略准备。

1935 年，日本开始积极策动汉奸在华北发动"五省自治运动"。
1936 年 9 月 23 日，日本又提出七项要求：

——以河北、察哈尔、山东、山西、绥远五省为缓冲区域。南京政府在以上各省内仍保留宗主权，唯一切其他权利和义务——如官吏之任免、赋税之征收及军事之管理等，皆需移交当地自治政府。

——仿照华北经济提携方式，在中国全境进行中日经济合作。

——订立共同防共协定。

——建立中日间的航空交通线，特别是上海至福冈线。

——中国政府聘用日本顾问。

——订立特别优待日本货物的关税协定。

——完全压制排日宣传，包括修改各级学校教科书。

这个要求实质上是企图变晋、冀、鲁、绥、察五省为"华北国"即"第二个满洲国",这样就可以不费一枪一弹达到吞并华北的目的,同时政治、经济、教育以日本利益为主,从而为侵占华中、华南做好准备。

在蒋介石的不抵抗政策下,日本亡我之心不死,中国面临亡国的危险。

媚日求和的蒋介石骑虎难下

面对日本咄咄逼人的进攻态势,一向媚日求和,以达到全力"剿共"的蒋介石也终于感到有些顾虑了。

当日本天皇破坏和自己的暗约,发动"华北事变"侵占热河时,蒋介石就多少感到引狼入室,"剿共"正值骑虎难下。

由于日本在华北的经济扩张,严重地损害了国民政府和"四大家族"的利益。

日本在华北的武装走私与非法掠夺使国民政府主要收入中的关税、盐税、统税急剧减少。据统计,仅关税一项,从 1935 年 8 月至 1936 年 5 月,即减少约 3000 万元,使国民政府财政收入受到很大损失,动摇了它的财政基础,也迫使国民政府对日政策发生变化。

1935 年 11 月 12 日至 23 日,中国国民党第五次代表大会召开,蒋介石作了重要讲话,尤其在外交方面,他分析说:

> 吾人应以整个的国家与民族之利害为主要对象,一切枝节问题,当为最大之忍耐,复以不侵犯主权为限度,谋各友邦之政治协调;以互惠平等为原则,谋各友邦之经济合作;否则即当听命党国,下最后之决心。中正既不敢自外,亦决不甘自逸。质言之,和平未到完全绝望时期,绝不放弃和平;牺牲未到最后关头,亦绝不轻言牺牲……果能和平有和平之限度,牺牲有牺牲之决心,以抱定最后牺牲之决心,而为和平最大之努力,期达奠定国家复兴民族之目的,深信此必为本党救国建国唯一之大方针。

　　此话表示了日本如果无止境地进攻，超过了"和平之限度"，只有"听命党国，下最后之决心"了。这说明蒋介石对通过"国联"解决日本危机仍抱有一线希望，而中心要点，仍是"先安内，后攘外"，即以最大力量消灭异己力量，以"忍耐"二字，将"剿共"之战披上了合法外衣，"五全"大会虽然对抗日问题未有重大突破，但表明了蒋介石对日政策的某些微妙的变化。

　　1935 年 12 月 9 日，北平首先爆发了"一二·九"学生爱国运动，获得了全国人民的热烈支持，唤起了千千万万人的爱国觉悟，掀起了全国抗日救国的新高潮。这时中日民族矛盾上升为国家的主要矛盾。中国共产党估计到，在日本帝国主义的继续侵略，全国民族民主革命运动继续发展的情况下，代表美、英利益的蒋介石政府有可能为了减轻人民抗日运动对自己的压力，维护其利益而改变对日态度，因而放弃了"反蒋抗日"的口号，采取了"逼蒋抗日"的方针。

　　1936 年 5 月中旬，日本在天津、青岛增兵，要求中国军队撤出平津、河北、山西和绥远。

　　7 月 13 日，蒋介石在国民党五届二中全会上演讲，对于他的"最后关头"的解释，有了比较明确的界定。他说："中央对于外交所抱的最低限度，就是保持领土主权的完整，任何国家要求侵害我们领土主权，我们绝不能容忍，我们绝对不签订任何侵害我们领土主权的协定，并绝对不容忍任何侵害我们领土主权的现实。再明白些说，假如有人强迫我们签订承认伪满州国等损害领土主权的协定的时候，就是我们不能容忍的时候，就是我们最后牺牲的时候。"表明了南京政府的政策开始转变。

　　9 月，当日本提出华北自治七项条件时，蒋介石的态度也强硬起来。在提出的对案中明确回应：

　　　　——废止上海、塘沽协定。
　　　　——取消冀东伪组织。
　　　　——停止包庇走私。
　　　　——华北日军及飞机不得任意行动及飞行。

——解散察东与绥北匪军。

同日蒋介石又指出同日本决心开战,绝无和谈之可能:"察倭素性之横暴,决不能避免战争。"

然而正当蒋介石对于决心抗战举棋不定时,日本又要求和蒋直接谈判。蒋又萌生和谈幻想,派张群前去谈判,未果。

11 月 1 日,蒋介石终于感到对日之战终不可避免时,开始准备迎战。他说:"对倭之政府,彼以不战而屈来,我以战而不屈服之;彼以不宣而来战,我以战而必宣之。"

将功补过,张学良倾心抗日

1933 年底。

蒋介石看到东北军尚有很大的实力,为了达到既消灭红军又削弱东北军的目的,遂把大部分东北军从华北调到鄂豫皖一带"围剿"红军。由于东北军有较强的抗日要求,不愿与红军为敌,在东北军将士的呼吁下,张学良于 1934 年 1 月被蒋介石电召回国,同时被委任"鄂豫皖剿匪总司令部"副总司令,蒋介石兼任总司令。为了帮助蒋介石武力统一中国后尽早抗日,张对蒋的"攘外必先安内"的错误政策忠诚地执行着,以待时机。

1935 年,红军长征到达陕北,"鄂豫皖剿匪司令部"被撤销,改在西安设立"西北剿匪总司令部",张学良仍任副总司令,代行总司令职权。这时的他希望在西安站稳脚跟,扩大东北军实力,以取得蒋介石的信任。谁料想到西安不到一个月,东北军就连吃败仗,损失了两个半师,更让他意想不到的是蒋介石竟然取消了被全歼的两个师的建制,对于牺牲的两个师长也没有抚恤,张学良窝了一肚子的火。

面对日军咄咄逼人的进攻形势,精明的张学良睡不着觉了,如果仗这样打下去,不仅不能消灭共产党,恐怕回东北老家都有困难。有着抗日思想的张学良开始反思中国的革命形势和蒋介石的"攘外必先安内"的政策。

1936 年 1 月 25 日,毛泽东、周恩来、叶剑英等红军领导人发表了《致东北军全体将士书》,揭露了蒋介石把东北军调到甘肃、陕西打红军的阴谋,指出蒋企图使愿意抗日的东北军和决心抗日的红军都受到损失,达到削弱乃至消灭异己的目的,建议互派代表协商抗日,得到东北军广大官兵的拥护。在这种特定形势下,张学良同中国共产党开始接触,此时的杨虎城将军已和中共达成了停战协议,只是二人还没有取得对方的信任,没有及时联系罢了。

2 月下旬,中共中央派李克农前往洛川同张学良、王以哲进行初步谈判。由于蒋介石电召张学良到南京开会,张派王以哲、赵镇藩先同红军代表接触。

3 月 3 日,张学良由南京回到西安,第二天,他亲乘飞机直抵洛川。

一下飞机,王以哲邀他先去住所小憩。可张学良把头一摇,急切地说:"不,先去看红军代表。头一次和人家谈判,就让等了我这么多天,实在有失礼节。"

在从机场开往军部的汽车上,王以哲将自己和李克农谈判的情况与达成的协议,向张学良一一作了汇报,张学良连连点头并夸他们干得不错。汽车径直开进红军代表住的小院。李克农和其他工作人员闻声从房内走了出来。

张学良和李克农是第一次见面,王以哲作了相应介绍,于是,两双曾经敌对之手便紧紧地握在了一起。

"李先生,对不起,让你们久等了!"张学良用审视的目光久久地望着李克农,诚挚地表示歉疚。

"张将军,你昨天上午还在南京,回到西安没有休息,便急急忙忙地赶来,太辛苦啦!"李克农微微笑着,友好而亲切地说。

两人手拉着手,走进那间小小的会客室。

为了避人耳目,张学良离开西安时是化了装的,他身穿银灰色长袍,外套黑绒马褂,头戴灰色礼帽,鼻梁上架着一副金丝墨镜,手里提着文明棍,完全是一副商贾的模样。李克农笑着说:"要不是王军长介绍,我还以为张将军是个阔商人哩,张将军什么时候解甲从商了呢?"

　　张学良低头看了看自己的一身打扮，呵呵笑着："我这个生意人，脚大手也大，专搞趸销，不是零售。"

　　几句玩笑一开，客厅的气氛顿时显得活跃起来。大家坐下后，张学良便诚恳地说："李先生，你们和王军长的商谈，很好，达成的协议我都知道了，我完全同意。贵军毛泽东、彭德怀、叶剑英、聂荣臻等二十位领导人1月25日联名写的《致东北军将士书》，我已经拜读。我完全赞成和拥护贵党、贵军关于联合抗日的主张，并期望与贵军进行全面的合作。最近，红军抗日先锋军东渡黄河，准备直接对日军作战，这一行动，足见贵军抗日的诚意与决心，学良十分钦佩。不过，对于贵党提出的抗日民族统一战线不包括蒋介石，这一点我有不同见解，愿意提出来和贵党商榷。"

　　张学良英年气盛，性格开朗，李克农早就有所耳闻。今天一接触，快人快语，肝胆磊落，果然名不虚传。于是，李克农微笑着说："请张将军直说。"

　　"蒋介石现在掌握着全国的政治、经济命脉和指挥陆海空军的大权，是全国最大的实力派，要对付强敌日本，就得联合他，否则一切都很困难；统一战线不要蒋介石，我认为是个很大的失策。而且蒋介石也是有抗日可能的。贵党的统一战线为什么容不得蒋介石在内呢？"

　　尽管张学良的语气很平缓，李克农也一直微笑地听着，但气氛显得有些紧张。王以哲生怕谈僵，连忙站起来打圆场："好啦，张副司令旅途辛苦，需要休息。我们下午再谈吧！"

　　"好，好，下午再谈。"张学良大概意识到自己性子急了一点，连忙附和着说。

　　下午，正式谈判一开始，李克农就首先发言，围绕张学良上午提出的问题阐述了共产党和红军的看法："蒋介石一贯坚持'攘外必先安内'的错误方针，对日本侵略步步退让，不积极抵抗；对主张抗日的红军却全力'围剿'，意欲斩尽杀绝，这就是原则错误。蒋介石握有全国的政治、经济和军事命脉，本应抗日，却实行不抵抗政策，他已经成了全国人民的公敌，我们怎么能够'与虎谋皮'，把他列入团结的对象呢？从实际出发，我党的抗日民族统一战线没办法包括蒋介石在内。"

　　张学良右手托着下巴，紧抿着嘴唇，认真而仔细地听着。李克农的话音一落,他却自信地摇了摇头:"这个问题请允许我保留个人的意见。蒋委员长也是炎黄子孙,抗日统一战线应该争取蒋介石参加,只有争取他参加我们才有力量打败日本侵略者。我们应该多做工作,争取他一起抗日并不是没有希望的。人都是要变的。"

"如果蒋介石愿意放弃反共政策,解除对人民的压迫,愿意领导全国人民抗日,我们对他的态度当然也可以重新考虑。不过,要他改变反共反人民的立场,难!很难!"李克农仍然坚持己见。

"这是长期形成的问题,双方意见不一致,可以暂搁起来,以后继续商讨嘛。"王以哲插话说。

"好,我回去一定把张将军的意见转达给党中央和毛主席、周副主席。"李克农也立即表示赞同。

3月5日,会谈在友好坦率的气氛中结束。双方除了在"反蒋抗日"问题上不一致外,基本达成了抗日救国的口头协议。

4月9日,张学良与周恩来在肤施(延安)清凉山下桥儿沟天主堂举行会谈。这次会谈后,东北军和红军不但双方停战,而且进而互派代表、互通情况,张学良在这次会谈中也着重提出"拥蒋抗日"。

5月5日,中共中央审时度势,认为日本对中国的侵略造成其同美英帝国主义不可调和的矛盾,有可能争取蒋介石抗日。于是变"反蒋抗日"为"逼蒋抗日",向南京政府发出通电,呼吁蒋介石合作抗日。并以实际行动表明停止内战,一致抗日的诚意。

6月底,张学良请准蒋介石,在陕西王曲开办王曲军官训练团,名义上"整军剿共",实则是训练抗日干部,为进一步"联蒋抗日"做人员和思想上的准备。

第十五章 西安兵谏

兵谏华清池,惊骇全中国

西北军在东北军的影响下,也转入了休战状态。

10 月 22 日,蒋介石飞抵西安,在华清池下榻,部署新的"剿共"计划。

"春寒赐浴华清池,温泉水滑洗凝脂。侍儿扶起娇无力,始是新承恩泽时。"白居易的这首《长恨歌》中提到的华清池,就是离西安不远的临潼华清池。

张学良和杨虎城遂恳劝蒋介石停止内战,一致抗日,遭到蒋的训斥,认为张、杨二人动摇军心,认为自己必须亲自驻扎西安,以便将"剿共"进行到底。为了迫使张、杨二人进行"剿共"战争,蒋介石令嫡系部队开进潼关,大批战斗机落入西安机场;万耀煌二十五军控制咸阳和咸阳至兰州的公路;胡宗南第一军自甘肃向东布防,包围和监视东北军和西北军。同时从两广调中央军北上,向陕西推进。蒋介石此时的调兵频繁,将西安的两个主角扔在一旁。

这时的华清池,风和日丽。张学良快步走入蒋介石的办公室。

"报告!"

"哈!汉卿来了,坐。"蒋介石抬手示意张学良坐下。然后不紧不慢地说:"汉卿啊,我知道你来是为'剿共'一事,不用再说了,我已决定,如果你们不'剿共',那我就调其他部队来。"

"委员长,我还是请您慎重考虑一下我的意见,日本步步紧逼,先是侵占东北,进而是华北,丝毫没有罢手之心,下一步,就可能是华中、华南,那时就国将不国了。停止内战一致对外吧,不要中了日本'以夷制夷'的诡计。"张学良上前一步,力谏蒋介石。

"你竟然还敢说出这样的话，换了别人，我早就枪毙他了——你想抗日、想打回东北老家，这个我理解，但是我们现在的目的是'剿共'！"蒋介石有点恼怒。

张学良不顾蒋介石的警告，继续说："委员长，日本已经扶持一个满洲国，现在正把华北变成第二个满洲国，即使我们'剿共'取得胜利，但所余的国土不知有多少了，到时我国有何力量与日本对抗！"

"汉卿，我告诉你，中国最大的敌人不是日寇，而是共产党，过去虽然耗费多年之功，没有'剿灭'他们，但是今天确是到了'剿灭'的时候了，你不主张'围剿'，而主张联合他们，你想造反呀？"面对张学良的执迷不悟，蒋介石的口气开始硬了起来。

"自东北易帜以来，我对委员长忠心耿耿，服从训令，不敢稍息。而'九一八'国难发生以来，各方怨谤，集中在我一身，只有委员长体谅我保全我。我也认为委员长的事业，就是国家民族的事业，即使我粉身碎骨，也报答不了委员长对我的厚待。"张学良上前一步，声泪俱下地谏诤道，"出于对领袖的尊崇，我仍要冒死进谏。当前的国策，是团结抗日还是分裂内战，必须明确择定，这对国家民族的前途，以及个人的荣辱都是成败攸关。我以为，委员长必须悬崖勒马，领导全国团结抗日，才是振兴国家唯一正确的道路。否则，在错误的道路上越走越远，就会成为国家和民族的罪人呀！"

张学良慷慨激昂的陈词，痛哭失声的泣诉，丝毫没使蒋介石动心，他气得五官都挪了位，脸上青一阵、白一阵。张学良说完，他便撇着嘴角，冷笑着说："你中共产党的毒太深，不要再讲了，我不愿意听！军人以服从为天职，我要叫你向东，你就应该向东；我要叫你往西，你就得往西；我要叫你去死，你就得去死！不要问为什么，这是命令！"

张学良见蒋介石如此冥顽不化，既生气，又失望，伤感到了极点，不禁抱头失声痛哭起来。

蒋介石斜了张学良一眼，默默地摇了摇头。待张学良感情稍微平静一点后，又说："我明白地告诉你！东北军和十七路军现在只有两条路可走：一条是服从'剿共'命令，全部开赴陕甘前线进攻'共匪'，中央军作为你们的援军；另一条是如果不愿'剿共'，就把地盘让出来，让中央军去'围剿'。你们嘛，立即撤离西北，东北军调往福建，十七路军调往安徽。两条路何去何从，你们可以自由选择！"

张学良知道蒋介石"剿共"决心已下，再说也无用，只得站起来，擦干眼泪，悲怆地朝门外走去。

此次哭谏未果，张学良和杨虎城开始酝酿兵谏。

12月12日凌晨。骊山的寒风摇曳着疏枝残叶，不时传来夜鸟的凄厉哀叫。

"砰——"一声枪响，划破了寂静的夜空，紧接着是一阵卡宾枪的爆响。

梦中的蒋介石被惊醒，本能地从床上跳起。他意识到兵变发生了。昨天，他就从张学良匆忙的行动上已经看出一丝端倪。原以为张不会立刻动手，本打算今天天亮就离开这个是非之地的，他没料到兵变来得如此之快，他感觉头有点发木。

这时竺培基和几个卫士跑了过来。

"委员长，东北军和西北军哗变了，我们赶快逃吧！"竺培基的声音也变了调。

没容蒋介石穿衣戴牙，卫士蒋孝镇便抓住蒋介石的手向骊山方向逃去。

几个卫士护送蒋介石从后墙仓促跳出。慌乱中，蒋介石摔伤了脊腰，只得由卫士搀扶着。

这时追兵发现了他们的行踪，几梭子子弹打过来，卫兵被打倒了一批，只剩下竺培基这个独臂外甥和断腰折骨的老舅了。蒋介石已是精疲力竭，无力向前了。他也顾不得许多了，便躲在附近一个石头狭缝里休息。搜山的士兵黑压压地向山上涌来。

"活捉蒋介石！"

"一定要抓活的！"

……

声音此起彼伏，蒋介石又冷又怕，这时也感觉到这个狭缝不安全，准备伺机转移，突然听到一句"这里有个人影"，他吓得赶紧缩回脑袋，心里七上八下,嘴里不住地恳请耶稣保佑。

然而,脚步声分明越来越近,几只黑洞洞的枪口伸了进来。

"是不是委员长,赶快出来,不然就开枪了!"

蒋介石知道自己被发现了,索性把心一横,"我是委员长,你们不要开枪!"

这样,蒋介石被活捉了。

再说张、杨二人听到临潼响起枪声,便指示十七路军旅长赵寿山放信号弹,各部队开始行动。杨虎城特务营营长宋文梅迅速冲进南京国民党军政大员下榻的西京招待所,将这些大员和军统局的高级干部控制住。

9时许,兵变成功完成。

9点30分,西安新城大楼东厢房。蒋介石赤脚穿着一双鹿皮底圆口便鞋,面色苍白地斜躺在椅子上。

"委员长,您受惊了。"张学良不卑不亢地问候。

蒋介石毫不搭理。

"我们受全国人民的要求,发动这次事件。我们内心纯洁,完全是为国家民族着想,不是为个人利害打算。现在,希望委员长能平心静气,勇于改正错误,联合全国力量,坚决抗日! 以求民族生存,则学良和全国人民于愿足矣。"

当张学良说完这一席话后,蒋介石才抬起头,正视对方一眼,然后讷讷地说:

"你既然为了国家,应先送我到洛阳,送我到洛阳再谈。"

张学良已了解蒋介石的为人和他一贯的做法。把他送回到洛阳,等于放虎归山。他到了洛阳,还会同你谈吗? 休想。

"今日之事,岂容搪塞了事。"张学良继续慷慨激昂地说,"我们仍希望你勇于改过,群策群力,共赴国难。如果仍然执拗不悟,坚持己见,就只有让民众公裁了。"

蒋介石一听说张学良要把他交出去让民众公裁,不由得满肚子气愤全发泄出来。他气冲冲地说:"过去,我待你那样好,现在你竟想把我交民众公裁! 你既然说是为了国家,你还是把我先送回洛阳再谈! 要不然,你就把我枪杀了吧!"

说完这句话以后,蒋介石就闭目坐在椅子上,不再说了。首次见面,谈话没有什么结果。张学良只好告辞出去。

蒋介石坐在椅子上,陷入了沉思。

南京,一座瘫痪的城

南京政府得到蒋介石在西安被扣的消息,犹如晴天霹雳,大为吃惊、哗然。各种传言交织一起,哭,哭不出声,笑,笑不出来。再加上街头谣言四起,简直一塌糊涂。

南京,一座无主的城!

南京,一座瘫痪的城!

事变爆发时,宋子文、孔祥熙、宋霭龄、宋美龄一行正在上海。

当天下午3点多钟,宋子文从机要秘书手里,接到一份何应钦发来的绝密电报:西安有兵变,蒋介石在何处"尚未查明",派飞机前往侦察。一个小时后,孔祥熙、宋子文又接到南京政府财政部秘书的绝密电话,转告了张学良致宋子文、孔祥熙电报的主要内容。

闻此消息,宋子文的心极为紧张而沉重。

他为"兵谏"的突发感到震惊,为蒋介石的安危而恐惧。虽然他与蒋介石有过恩恩怨怨,但共同利益还是把他们捆在一起。他冥思了好一会儿,才拨了一个电话:"谭秘书,准备晚上的火车回南京,并约苏联大使馆的鄂山荫秘书明早在南京宋宅见面。"

这时,大姐也风风火火地跑了过来。宋霭龄手拿电报,看了一遍,也愣了神儿。片刻后才道:"小妹知道了吗?"

"她的电报在我这,还不知道。"宋子文道。

"小妹要是知道了,她会要死不活的。你要想好了办法以后再告诉她。"宋霭龄提醒道。

"小妹的脾气我知道。"

"此事不瞒她。"

"听说南京的情况很乱。"

"我知道了。这一切都要给小妹讲清楚。"

针对情况,他们又商量了一会儿。

当天晚上,宋子文、孔祥熙在宋霭龄的陪同下,驱车直驶宋美龄住宅。宋美龄正以航空事务委员会主任的身份召集会议,讨论改组"全国航空建设会"的事。孔祥熙把宋美龄叫出来说:"西安发生兵变,委员长消息不明。"这个信息如同晴天霹雳,使其惊骇。宋美龄一声长哭,如同死了当家人、房子倒了顶梁柱。宋霭龄急忙上前劝说。经过紧急商议,他们决定第二天清晨赴南京,并约蒋介石的顾问澳大利亚人端纳同行。

深夜,经过苦心斟酌,孔祥熙给张学良发出了事变爆发后的第一封电报:

> 急!西安张副司令汉卿吾勋鉴:密。项由京中电话告知,我兄致弟一电,虽未读全文,而大体业已得悉。保护介公,绝无危险,足微吾爱友爱国。至为佩慰!国势至此,必须举国一致,方可救亡图存。吾兄主张,总宜委婉相商,苟能有利于国家,介公患难久共,必能开诚接受,如骤以兵谏,苟引起意外枝节,国家前途,更不堪设想,反为仇者所快!辱承契好,久共艰危,此次之事,弟意或兄痛心于失地之久未收复,及袍泽之环伺吁请,爱国之切,必有不得已的苦衷,尚须格外审慎,国家前途。实利赖之。尊意如有需弟转达之外,即乞见示,伫候明教。弟孔祥熙叩文亥沪寓印。

这封电报,态度比较委婉,措辞比较谨慎,反映了在上海的孔祥熙一行对事变的基本看法。在南京,对于国民党的军政大员来说,12月12日晚上,也是一个紧张而恐惧的不眠之夜。中央委员齐集何应钦官邸,正召开着中央临时紧急会议。

大家议论纷纷,莫衷一是。有的主张讨伐,有的反对。渐渐讨伐派占了上风。

孙科道:"不要紧张,不要紧张,有冯副委员长在此,应当请他表态。"何应钦瞅一眼冯玉祥,摇头道:"这个事关重大,应当仔细商量再说。以我之见,应该派飞机去炸西安,这才是上策!"正说着,宋子文和宋美龄赶到。宋美龄呼天喊地、大哭大叫,一头闯了进来。

宋美龄哭了一阵,她想用眼泪换取大家的同情。继而她便止住泪,问道:

"何总司令,一切事情我都知道了! 现在我来问你,你这样做是何用意? 你假使发动战争,你能善其后吗? 你能救出委员长的生命吗? 我现在老实告诉你,你这样做简直是想谋杀他!"

何应钦一听,脸色大变。

宋美龄板着面孔讲:"幸亏是你在领导这批饭桶,要是旁人,我一定当他是异党分子看待! 何总司令,这可不是闹着玩的事! 出了事连你也跑不了!"

何应钦一个劲儿搓手,赔笑道:"那么照夫人的意思,应该,应该……"

"应该停止军事行动!"宋美龄斩钉截铁,"你非给我停止讨伐不可! 你非给我用尽一切办法把他救出来不可! 你非要把他活着救出不可! 你非要立刻去做不可!"

"夫人,"何应钦作出为难状,同时也撇开自己的责任,"这是会上通过的,不是一两个人的意思。"

"Damn!"宋美龄用英语骂人的话也急了出来,"要不,你就重新召开会议,我和子文、祥熙也出席!"她弦外有音,"免得让你为难。"

"不不不,"何应钦一脸堆笑,"夫人不必劳驾,救出领袖,是我们大家的责任。"他试探道,"已经通知 20 个师出发了!"

"20 个师也得调回来!"宋美龄冷冷地说道,"何总司令,你以为武力讨伐真有把握吗? 你未必太乐观了! 好多外国朋友告诉我,为这件事一旦发动大规模的战争,西北方面并不是孤立无援的。广东、广西、云南、湖南、四川、山东、河北、察哈尔、山西、绥远、宁夏的各地军事政治负责人,都在乘机而动,并且可以确定,他们没有一个愿意花气力帮助你发动战争,甚至有几个人,也许他们全会走到张、杨方面去!"

"这个,"何应钦讪讪答道,"这个问题我们也曾研究过,戴笠那边可以派人前往各地设法收买……"

"收买?"宋美龄冷笑道,"别做梦了! 现在他们每个人都想在这次冲突中扩充势力,谁给你收买?"

"是的,夫人。"何应钦不由得软了下来,"那么照夫人的意思现在我们应该先做些什么?"

"派人到西安去!"

"这怎么可以?"何应钦假装吃惊,"那不太危险了吗? 而且西安附近已经开始轰炸?"

"我说我要你停止一切战争措施!"宋美龄手拍桌子,"我明天就派端纳到洛阳,转赴西安。子文也去,我也要亲自去!"

"夫人",何应钦劝道,"夫人不必去了,冯玉祥愿意代替委员长做人质,就让他去一趟好了。"

"不! 谁也代替不了我,我要亲自去。"宋美龄说一不二。

"实在太危险,你的安全……"何应钦还没有讲完,宋美龄道:"告辞了!"说完,望了何一眼,匆匆穿上皮大衣,戴上白手套,抓起皮包扭头就走。

会议至此不欢而散。

何应钦是亲日派。

何立即把宋美龄的话转告日本密使。但把自己如何屈服一点略去不提。那个密使听说宋美龄如此这般,不禁皱眉道:"何将军,你要知道,这是千载难逢的好时机,机不可失,时不再来。"

"我如何不知道!"

……

何应钦欲干不能,欲罢不休。他经过日本密使的再次唆使,不由得心痒难熬,可是一时也不敢过分乐观。他送走日本密使后只能够给前方将领继续发几道命令:进攻!

前方20个师是否已经把西安围得水泄不通,何应钦尚不清楚。但当夜宋美龄气呼呼地又找上门来。

"何总司令,你怎么又下令进攻了? 你真的存心谋杀他吗?"

何应钦正一肚子没有好气,见她三番五次责问,也不禁发起火来。只见他把桌上文件一推跳起脚来道:

"你妇道人家懂得什么国家大事,不许你管!"

　　宋美龄吃了一惊，一时倒没有了主意。退后一步，冷笑道："好！我倒要看看我们的何应钦先生能耍些什么花招！"她眉头一展，"我实话告诉你吧，老蒋并没有给共产党杀死！张学良刚才还给我发一个电报，欢迎端纳到西安去！怎么样？他没有死，何先生失望了吧？嘿?"说罢她把电报在头顶一摇、扭头就走。留给何的是"得得得"的皮鞋声。

　　何应钦怔住了！片刻，何应钦一个箭步抢出去，正好赶上宋美龄钻进汽车。何应钦强颜欢笑，挥挥手道："夫人，不送了，领袖很安全，这真是个好消息。"话犹未尽，车子绝尘而驰。

　　宋美龄回到官邸，端纳已在等候，宋美龄把皮包一摔，自有侍卫上前帮她脱下大衣。只见她并不往沙发里躺，却走到写字台边，提起三Ａ美式钢笔歪歪斜斜写了一封信。然后让端纳坐下，问道："我写给他的，你以为把这封信放在身上不会有危险吗？"

　　端纳点点头："绝对不会。我是张学良在东北时候的顾问，私交关系不错，不过请你告诉我，你是怎样写的?"

　　宋美龄点点头念道：

　　"汉卿等要求抗日，而我夫予以当面拒绝，确属不该，现在果然闹出事来，希望以圆满解决，端纳先生到后，请与他多面谈，他还是有真知灼见的，我及子文等不日也将离京飞秦，但应以端纳先生此行结果如何而定。至于南京，戏中有戏……"

　　"嗯嗯。"端纳点头道，"这封信写得很好，你已经说了不少话，相信委员长一定会同我长谈的。"端纳伸出手同她握着，"那就这样，我明天一早就走。从西安这两天的情况来看，委员长的安全大概没有问题，夫人不必听信谣言。"

　　宋美龄道："这个我倒很放心，如果他们已经杀死了他，绝对不会要你这个外国人去的，这个我明白。不过我现在担心的是我们自己的飞机乱炸误事，担心军队开进去出事！我一直有这个顾虑，顾虑他的生命倒不是结束在红军或是张、杨手下，而是结束在自己人手中……"她顿一下，"你明白!"

　　"是的，夫人。"端纳吻着她的额角，"我明白，你放心！只要我一去这事情就好办。我早已看清楚了，红军根本没有参加这次事变。”

宋美龄点点头，伸出手去。端纳又吻着她的手背：“我去了，这是一件微妙的差事。”他指指自己的心口，“这是对我而言。”

宋美龄笑了。她在车窗边扶着绒窗帘目送端纳钻进汽车，却见陈布雷拢着双手，缩着脖子在长廊里匆匆而来，直奔客厅。

“陈先生，”倒是宋美龄先开口，“看你面色不好，不舒服吗？”

陈布雷几次三番忍着眼泪，欠身答道：“夫人，您好！我是不舒服，接连几天没睡着，失眠的老毛病又发作了。”

“呵！”宋美龄以为他有什么重大消息，见他这样说，也透了口气。接着往沙发一坐，“陈先生在吃药吗？”

陈布雷连忙答道：“正在服用胚胎素，托福托福，这胚胎素效果不错。”他连忙问道：“夫人，西安有什么消息没有？”

宋美龄反问道：“西安情形还好，倒是你听到些什么？这几天的谣言……”

陈布雷一拳擂到沙发上，愤愤地说道：“夫人啊，真是一言难尽！中政会应该是最高权力机关，可是代秘书长恰好不在南京，一切会务等等，我不得不以副秘书长的身份处理。可是，难啊，中政会副主席都不在这里，要不要开会？怎么开法？都得取决于四位院长，可是这四位院长往往甲是乙否，莫知所从！戴院长精神失常，不可理喻；屈院长、于院长闲云野鹤，从不问事；只剩下孙院长，可是这位院长又与戴院长意见相左，有一次几乎动粗。”

“嗯，”宋美龄叹气道，“这真难为了你，那你这几天做了什么呢？”

“我，”陈布雷揉揉心口，“我调动了报纸上的舆论，运用某方面的力量，在报上发表讨逆立场的文章；此外，我又同立夫、果夫、养甫联名劝试张学良；同时，代黄埔同志发出警告电文。”陈布雷说到这里有点头昏，脸色发白。

宋美龄吃了一惊，不耐烦地叫道：“侍卫官，陈先生有病，快送他回去！”

陈布雷苦笑道：“不碍事！不碍事！”

宋美龄便下逐客令道：“既然没有什么大事，那就请陈先生先回去休息吧!"

"不必不必,"陈布雷极力使自己镇静,恭恭敬敬立在一旁,"夫人,那布雷告辞了,现在我只有一句话奉告,这两天张季鸾来找过我两次。他的消息不少,主要是说朝中有人主张讨伐,这事有利有弊,但以委员长的安全为第一,望夫人镇静应付。此时此地,布雷实在无法做主。"说着说着,陈布雷的泪水夺眶而出,"夫人,布雷蒙介公垂青,万死不辞;无奈局势如此,使我悲伤!根据各方面的消息,张、杨和共党反而深明大义,这事情对外实在说不出口。"

"陈先生,"宋美龄开门见山问道:"你是不是说何应钦别有阴谋?"

"夫人也知道了?"陈布雷大惊,一屁股跌坐在沙发上。

宋美龄冷笑道:"我早就看出来了,我明白了!而且我已经请端纳先生带着我的亲笔信明天一早飞洛阳,前往西安察看风声,何应钦的阴谋不会得逞,大家可以放心!"

"夫人!"陈布雷惊喜交加,涕泪纵横,"夫人真是了不起!布雷追随介公这么多年,里里外外,事无巨细,可以说了如指掌;但这一次何敬之从中作梗,却使我毫无办法!"他边说边掏出一包安眠药片,"夫人皇天在上,此心耿耿!如果介公有个三长两短,那一切都谈不上了,我也预备吞服一大包安眠药片追随介公。如今柳暗花明又一村,一切又有了希望,布雷又有重生之感了!"说罢把安眠药往痰盂中一掷,长揖而别,"夫人,布雷告辞,今晚无须安眠药片,托福可睡一大觉。明天当振作精神指导宣传部工作,夫人如有见教,请随时指示。"说完喜滋滋地走了。

宋美龄正为丈夫担心,陷入极度的痛苦之中,在这个关键时刻万万料不到几乎绝了交的二姐宋庆龄却对她伸出援助之手,令她感激落泪。

12月13日,宋庆龄用电话通知孙科,叫他准备飞机,她愿意偕何香凝一同飞往西安,劝说张学良和杨虎城以大局为重,释放蒋介石。宋庆龄这个举动,给濒于破裂的姊妹之情带来了转机。

宋美龄得知这个消息,立即给居住在广州的二姐拍了封电报表示内心的谢意。宋庆龄接到电报,也回电让小妹不必着急可以放心,代向大姐大弟问好。

12 月 14 日下午，端纳安全抵达西安，西安并不像他想象得那样可怕，到处是锣鼓喧天，张学良在机场迎接了他。

二人短谈一阵，便引见了蒋介石。

"报告委员长，副司令和端纳顾问见您来了！"孙铭九支起门帘，端纳跨进门槛，直趋蒋介石，两人使劲握手。

张学良立在一旁，寒暄之后，端纳连忙掏出钢笔拟了个电报，交给张学良道："请你马上派人发电，今晚到达南京。"

"你这是……"蒋介石问道，"何必这么着急，我们还没有开始说话。"

端纳叹口气道："唉！委员长，说来话长，我这个电报是打给夫人的，我是受夫人委托来的，上面只有一句话：'我已经同委员长见过面，'至于以后的电报，当然我们商量后再发。"蒋介石听了一怔，问道："难道他们以为我已经不在人世了？"

端纳尴尬地回答道："总而言之，南京谣言满天飞，把西安说得一团糟，简直没法儿提！"端纳从皮包里掏出宋美龄的亲笔信，道，"委员长，夫人在南京一切安好，您别惦念，这是她给您的信。"蒋介石接过，忙不迭地拆开，读到那句"南京是戏中有戏"，蒋介石也忍不住，当着端纳这位澳大利亚人咧嘴笑出声来。

"委员长，"端纳劝道，"现在一切都走上了正轨，不愉快的事情绝对不会有了。我先来报告前天的事，就是 12 日那天的情况……"端纳把南京政府，尤其何应钦如何主张讨伐轰炸西安的事说了一遍，"我同夫人的看法是一样，这不是闹着玩的。但反对也没效。倒是和你有矛盾的冯玉祥说了公正话，大声疾呼，反对动刀动枪。可是他手上没有权，也不能解决问题。谣言满天飞，没有人愿意来西安；愿意来的人又不让来，于是我决定冒一次险。"端纳长叹，"其经过一言难尽，以后再说吧。我是昨天 13 日到达洛阳，又接到张副司令的欢迎电报，今天便来了。在洛阳时，我跟空军开玩笑地说过，如果你们一定要炸西安，那么除了蒋委员长之外，现在又多了一个端纳，而且夫人、宋子文和孔祥熙他们说不定这两天也要来。空军们说，那怎么能炸西安？不过这是讨逆总司令何应钦的命令。"

　　蒋介石双目直瞪,眼睛里要冒出火来:"他们竟敢这样胡闹!"

　　"是啊!"端纳说,"自从前天出事以后,南京就用尽方法使西安与南京之间的交通断绝,尽力设法不使全国民众获得这里的真相。譬如说,在夫人接到我刚才发出的电报之前,她还以为委员长已经死亡了!"

　　蒋介石突地俯身书桌,半晌才叹道:"汉卿只不过是想对我说话,有什么不可尽言的,却非要把我扣留起来才和我说话,真是胡闹得岂有此理!"张学良把这几句话译为英语告诉端纳,端纳微笑道:"依我的看法这几天是您最舒服的日子了,您不也是常常把人扣起来才对他们说话吗?"张学良闻言发笑,不愿意立即翻译给蒋听,端纳也尽管在笑,于是蒋追问:"他说什么? 他说什么?"

　　张学良只得说:"我不能把他的话译给委员长听,您将来回到南京再问他吧!"

　　"回南京?"蒋介石不相信自己的耳朵?"此话当真?"

　　"只要你答应一个条件,也就是两个字'抗日',明天我就派飞机送您回南京!"

　　"你说,"蒋介石也气愤地指着张学良大声说道,"你说什么? 你太信任共产党了,你知道我同共产党的血海深仇,今天你把我弄成这个样子,说不定共产党今晚就对我下毒手!"

　　张学良听蒋这么说,忽地仰天大笑,声震屋宇。笑得蒋介石同端纳莫名其妙,以为大事不好,定有突变,张学良突地收敛笑容,严肃地说道,"报告委员长,共产党到西安来了!"

　　蒋介石身子一抖。

　　"而且,我已经同他们见面了!"

　　蒋介石整个身子瘫软在太师椅上。

　　"而且,我们已经同中国共产党军事委员会副主席周恩来、中国共产党红军参谋长叶剑英、中国共产党西北苏维埃政府主席博古三位代表,在今天上午发表过宣言了!"

　　蒋介石眼睛紧闭,靠在椅背上直喘气。

　　"我们的确谈过委员长的安全问题!"

"你们怎么说?"端纳立即发问。蒋介石惨白的脸泛着汗,合上的眼皮微微睁开,呼吸更急促,喉间犹如装了风箱。

"报告委员长!"张学良说道,"我说出来,您一定又不相信的。中国共产党对于西安事变的政策,是要争取一切可能的力量转移到抗日战场,只要你答应抗日,就给你一个自赎的机会!"

"啊!上帝!"端纳像放下千斤重担似的轻松,"我这一次西安之行,成绩太美满了!"他奔过去握着蒋介石的双手:"委员长,我给你道贺,无须多久,我们就可以回南京去了!"

"我同共产党血海深仇,鬼才信他们会放我走。"蒋介石摇摇头。

宋美龄西安"救夫"

12月22日晨5点30分,西安机场。

三架"福克"式飞机呼啸着急速下降,滑向跑道。逐渐减速,然后戛然而停,落入机场。

在头戴皮帽的东北兵的护送下,宋美龄、宋子文一行驱车经过了城门,径向蒋介石的居处驶来。

这两天,蒋介石心里有事睡不着觉。他惦记着南京的代表何时来,自己是否马上可以"脱险",听端纳说,夫人也要来,子文也来,是真的吗?……一阵朦胧中,隐约听到飞机声,他神经质地爬起来,小心翼翼地对着镜子整理一阵,迎接她和代表的到来。

蒋介石伸长脖子望着,长短针快在"6"字上重叠的时候,门前汽车声震天价响,一连串敬礼的口令声中,张学良一马当先,大步进来。后面一个全身黑色一步一扭的女人紧跟着,宋美龄真的来了。

宋美龄、宋子文、端纳、蒋鼎文、张学良等一个个跟进来。只见宋美龄走在前面,略一端详,见老蒋气色还好,他的安全千真万确,立时奔过去道:"伤在哪里?给我瞧?"

蒋介石淡淡地答道:"还好,回去找个大夫看吧。"

"啊!"宋美龄皱眉道,"没有大夫替你看伤吗?"

张学良连忙接过去道:"有的,夫人,大夫每天替委员长换药、打针。"

"那就好。"宋美龄一脸笑,"我知道你们不会亏待他的。"边说边要大家坐下,东指西点,犹如一个主妇。蒋介石低声问道:"你来干什么? 这里很危险,不是个太平地方!"

"危险?"宋美龄耸耸肩膀,摊摊手,"你不是更危险吗? 可是你并没有少掉一只胳膊。"室内一片低沉的笑声,她再扭过头问道,"我这次来,你没想到吧?"

蒋介石微笑道:"我早知道了。"

"哦,"宋美龄一怔,"何敬之来过电报?"

蒋介石摇摇头:"今早做早祷,在耶里米亚第三十一章中说得明白,耶和华将由一位妇人之手显示奇迹。"

在座人等一齐发出赞叹之声;"委座可了不起,有先见之明。"

宋美龄瞅一眼宋子文道:"瞧,人家说他道行不深,今天你可亲耳听见的,他的确已经悟到了。"

这时,宋美龄把一个小东西放在他的手里。这东西很小,他握在手里,把手举到嘴边,然后把脸转向客人,向他们露牙笑。这是他 11 天前没戴假牙出逃以来的第一次微笑,心细的宋美龄带来了他备用的假牙。

扯过一阵,张学良告辞。

蒋氏夫妇同宋子文三人坐定,这才言归正传。先由宋美龄把南京情形说了一遍,结尾道:"我今天在洛阳耽搁一阵,已经命令空军千万不能轰炸西安,他们答应了。陆军方面,真的听从何敬之的没有几个,他们不至于发动大攻势。问题是夜长梦多,我们应该尽快离开西安,回到南京,不让姓何的再搞鬼。祥熙本来是要来的,考虑南京情况,让他在家里守摊子。"

"那正式代表是不会来了?"蒋介石有点失望,沉吟一会儿,"不过你同子文两人也足以代表政府了。对日抗战我口头上已经答应,明天他们一定会召集会议,你们在会议中,算是见证人好了。旁的我看也不至于有问题。"

"那你不参加了?"宋子文问。

"我不参加有不参加的好处。参加事后我就不好说话了,反倒不利。

谈判桌上,原则放人,其他你们看着谈。"狡猾的蒋介石,为其日后翻案在用心计。实际日后他也是这样做的。

"他们真的会放你?"宋美龄问。

蒋介石点点头。·

"南京三番五次的传说你已经死了。"

蒋介石苦笑。

蒋介石透口气道:"子文,据你看,明天我们答应了这些,还有没有别的问题?"

"从我来到这里的情况看,我想不会有问题。"宋子文道。

"好,"蒋介石以拳击桌,"那我们首先讨论一下,如果他们要条件,我们该答应到什么程度,怎么答应? 由谁答应? 一切要留有余地,不要把话说绝。"

……

两党谈判在激烈进行着,中国共产党的代表周恩来亲自会见了蒋介石。少帅把他介绍给蒋夫人宋美龄时,周恩来表现得温文尔雅,给宋美龄留下了深刻印象。

据有关史料记载:

周恩来在 24 日和 25 日同蒋介石会晤了两个小时,主要是周谈话。由于他们曾经在黄埔军校共事,他对蒋以"校长"相称。蒋介石后来提到这次会见时说,周是他认识的"最通情达理的共产党人"。他还在另一个场所感谢周恩来,他说:"你帮了我的忙。"他提到周为释放委员长向铁腕人物杨虎城说情,并且说服杨虎城,其次是张学良。周恩来以这种办法出力拯救了蒋介石的生命,显然,周恩来是以中国共产党的政策为前提,即要想建立抗日统一战线,必须尽可能多吸收国民党右派参加,而要达到这个目的只能争取蒋参加进来。这无疑是高明的决策。

谈判是真理与谬论的对峙。

谈判犹如旋风在激烈地进行着。

桌上桌下，白天黑夜，战友亲属间……直到25日中午，宋子文、宋美龄与杨虎城、张学良间，大体上已把蒋介石答应的条件反复商量、斟酌完毕。宋家兄妹在代表们面前无非是斩钉截铁，极力保证只要回到南京，一定可以使蒋介石实践诺言。对方倒很坦白，说并不是以小人之心度君子之腹，实在是侍候蒋介石已非一日，对他的诺言不敢轻信。即使张、杨能够信任蒋介石，但东北军和西北军中的高级长官们，都在表示怀疑，他们甚至向张、杨二人血泪陈辞，说如果不是存心出卖他们这些弟兄，就应该同宋子文等谈个明白，然后放人……

宋美龄终于在西安过了半天的圣诞节，虽然没有盛大的宴会、众多的外宾，但上帝对他们宋家也不能说不是厚爱了。

蒋介石听说谈判结束，心中倒反而嘀咕起来。他不是怕西北方面不让他成行，而是怕南京方面有如张学良那天晚上告诉他的："随时随地要他的命。"

蒋介石看看表，低声向宋子文道："你问问他们看，这个时候起飞，有无危险？他们有无保证？"

宋子文皱眉道："人家向我们要保证，吵了这么几天，好不容易解决了；现在你向他们要保证，好，万一再拖上几日，拖出个变化来，你说合算吗？"

"这个，"蒋介石想了想，"唔，这个……"

正沉吟间，张学良满面笑容地走进屋道：

"报告委员长，今天下午，咱们要走了，为了欢送，代表团已经准备下酒席，请委座、夫人、宋先生赏光。"

"走？"蒋介石一怔，好像怀疑自己听错了，"你也去？"

"对，我和你们一起回南京，我和夫人已经说好了，表示我的诚意、我的赤心！"张学良道。

"关于酒席，你就说我身体不好，谢了吧。"蒋介石推辞道，"下午就要走，我……"

"是啊，"宋美龄噘着嘴，"我恨不得马上就上飞机，昨天晚上的南京，圣诞节,你说有多热闹!"

"不。"宋子文反对道,"一切都解决了,没有必要再担心。这是最后一个宴会,不去不好。"

下午3时许,沉寂多日的西安机场又欢腾起来。

机场四周挤满了黑压压的欢送人群,军乐吹打起来,煞是热闹;共同抗日的标语,横空悬挂起来。口号声伴着军乐在机场上空回鸣。

"欢迎蒋委员长抗日!"

"团结一致,共同对外!"

"打倒日本帝国主义!"

……

蒋介石面如灰色,皮袍、大氅、呢帽、手套、毡鞋,穿得很多;右手捏住宋子文的大衣,左手抓住宋美龄的手臂,三人走进候机室,恨不得立刻钻进飞机,破空而去。蒋介石急得什么似的,低声对宋美龄道:"这事情也怪!汉卿怎的不露面?他去不去南京是另外一回事,可别受了部下要挟,不把我们送回,那才糟哩!"

"是啊!"宋美龄也是这么说,"我也是这样想。"

宋子文对身边的杨虎城说:"学良呢?"

"学良,一会儿就来。"

"不要担心,有委员长在此,西北军的工作还是由你和张主持,学良去南京,5日内我让他返回。"宋子文再次向杨打了保票。

……

说话间,只见少帅张学良正领着一大堆人匆匆赶来,大步跨进候机室里。一见宋子文便爽朗地笑道:"杨虎城先生一清早便在飞机场警戒,特地为委座送别。"

宋子文忙不迭地摆手道:"请请,委员长正在休息。"

蒋介石早已听得明白,微微点头,算是答理。

杨虎城背后跟着东北军、西北军的高级长官,分两行站着,一个个身高马大,全副武装,短剑长靴,煞是威风,尤其是一双双眼睛注视着蒋介石。蒋介石不由得打了个冷战起立,哈着腰杆,龇牙咧嘴道:"这个,这个,你们辛苦了。"

"哪里。"杨虎城代表大家致辞,"委员长回京之后,更比我们辛苦,为民族、国家,一切请多珍重。"

听到"民族、国家"四字,蒋介石心头一慌,心想这话儿又来了。宋美龄从口袋里掏出一张纸来,张、杨等人以为蒋介石要做一个精彩的训词,不料宋子文却代替了:

"蒋先生绝对不会忘记答应你们准备抗日;陕甘宁青新五省交给张学良、杨虎城两位负责;东北军与十七路军每日 500 薪饷,按月由中央发给;停止剿共,红军改编、简编问题由张学良负责;所有参加西安事变之人员一概不究。同时答应红军代表团,日本如果侵入华北,必须抗战。划陕甘18 县、宁夏 3 县,共 21 县为边区自治政府,由中央管辖。中央承认红军改编成三军;中央逐月供给枪弹 800 万粒。以上各条在手续上须经行政院通过,并宣布全国。"

蒋介石接着对众将领说:"你们这一次的事情,嗯,是做得很冒失,幸好觉悟尚早,一切主张既经考虑接受,过去的也就不必再说了。今后只当它没有这件事算了,大家安心训练部队才是。"

众将领闻言都感到蒋介石变了,沉默间,杨虎城说:"时候不早了,请委座、夫人、宋先生上机吧。"他扶着蒋介石诚挚地低声说道:"委座请放心,这里一切都很安全,要不然不会让几千人进入机场欢送您。同时刚才这里又同洛阳通报,已经明白告诉他们,说是委座可能在洛阳降落。"

杨虎城怕他担心:"不过您可以放心,按理说,洛阳应该比西安更太平,而且这里如果隐瞒事实,不把委座的真实行踪通知他们,反而增加洛阳的麻烦,所以刚才大家一商量,认为通知洛阳是对的。"

无论杨虎城如何解释,红军代表团、东北军代表、西北军代表团诸人如何热烈地同蒋介石握手送行,以及两三千欢送人的欢呼,蒋介石都听不清、看不明——如同机器人了。他只希望立刻踏进飞机,立刻起飞,离开这个使他深恶痛绝的城市——西安。

蒋介石匆匆忙忙走向飞机,他不记得如何坐上为他特设的沙发。欢送者挥舞着围巾、帽子与手套,这使他眼花;欢送者高呼"欢送蒋委员长返京抗日!"这声音却变成毒蛇似的在咬嚼着他。

蒋介石瘫软在沙发里,思潮起伏,从12月12日,差不多半个月的时光,他曾为自己的生命安全、一生事业而忧心焦虑,如今透过一口气来了。

飞机迎着朔风行进在西北高原上,掠过崇高的秦岭,之后迎来巍峨的华山,紧接着伏牛山脉在望;渭水尽头地面出现了巨蟒似的陇海铁路。这些山川河流,乃至阳光云雾,不但引不起蒋介石的开阔之感,相反地使他感到不安。他默看了坐在自己身旁的夫人宋美龄一眼,宋美龄正在打开耳机听音乐。难得的第一夫人,是她平息了南京政府的内乱;是她挽救了自己的第一生命!

飞机在云层里穿行。宋美龄突然大声喊:"我们不耽误回南京过新年哩!"

蒋介石哈哈笑了:"过新年,我送你件最好的礼物!"

"什么礼物?"

"军事秘密。它的价值比生命更珍贵。"

"那是什么宝贝?"

"届时你就知道了。礼物代表我的心。"

······

若干年后,蒋介石在私下会晤他的嫡系官员时透露,那次谈虎色变的西安事变中,夫人给了他一条命。他和她没白做夫妻一场。愿意来世再做夫妻。

不是宋骗了张而是蒋骗了宋

南京鸡鸣山是风景秀丽之地。

"北极阁"——宋子文的公馆就坐落在这里。环境幽雅,山高林密,人称避暑的好去处。

因宋子文在西安以个人身份担保张学良的人身安全,张学良送老蒋赴南京后,就与宋子文一起居住在这里。

宋子文也可说是个有良心之人,虽到南京,始终惦记着在西安谈判时自己的承诺:一是答应西北军乃由张、杨负责指挥;二是张到南京后5日即回到西安坐镇。这些承诺已公布于世,白纸黑字,自然有它的力量。

可是这白纸黑字的承诺在出尔反尔的蒋介石的眼里,却是一钱不值。

张学良一到南京"北极阁",军统特务便在这里层层设岗,把个偌大的北极阁与世隔绝起来。与其说是保护张学良的安全,不如说软禁他为好。

初来乍到的几天,宋子文每天陪少帅下棋,玩麻将,打网球等,有时还陪他接待来客。

这时,西安方面要求蒋介石、宋子文兑现诺言,立即释放张学良回西安主政。消息见诸报端,令宋子文心中不安。而蒋介石要求宋子文做的第一件事,是示意张学良应有来京待罪的表示。张学良为了早日回到前线,立即写了一封向蒋介石请罪的信,信中表示:

> 凡有利于国事者,学良万死不辞,乞钧座不必念及私情,有所顾虑。

殊不知这是蒋介石玩弄的鬼把戏。蒋假惺惺地在信的批语中写道:

> 已亲来都门,来身请罪……有尊重国法,悔悟自投之表示……应如何斟酌情事,依法办理,并特予宽大,以励自新之处,伏候钧裁。

然后将此信转交国民党军事委员会。表明他的不计前仇大义。

张学良来南京的第二天,便对宋子文说:"我已安全到达,恐西安杨主任有惦,发封电报告之。"

"可以吧。"宋子文也没多想立即应允了他。

少帅的电文是:"杨主任虎城兄勋鉴:午后二时抵京,寓宋子文兄处,一切安善,请转告诸位同志释念。学良印。"

电文发出后少帅始终惦着杨的回电。可是他哪里知道老蒋早已下令军统局扣下了他的所有信函。

宋子文仍惦记着自己的许诺"5 日保证少帅回去",便请示蒋介石。老蒋不冷不热,不说放他也不说不放,而又给宋子文布置了一项新任务:"要他尽快派人与西安方面联系,索还张、杨扣留的 50 架战斗机和飞行员等 500 人。余后事再说。"

宋子文立即照办。12 月 28 日他召来阎宝航做了交代:

"我与蒋夫人和张副司令已经商量好,请你去西安一趟,告诉东北军、西北军将领,张副司令几天内就回来。副司令有一封信带给杨虎城先生,让他把那批马丁飞机放回来。抗战时还需要这批家伙,不要损坏了。"

"什么时候去?"

宋子文说:"我已经从上海包妥一架飞机,明天你就动身。"

"尊令。"

阎宝航于 29 日由上海飞往西安。

在西安受到了杨虎城的热情接待。杨问:"弟来何事?"

阎答:"受蒋夫人、宋主任、张副司令员之令,特来上交涉那 50 架飞机和人员返南京一事。"

接着呈上了张学良的亲笔信。

"那张副司令呢?"杨虎城立即反问。

"情况不会有变。来前宋主任特意交代,5 日内必回西安。请主任及东北军全体官兵不必过虑。"

"既然张司令员有令,飞机和人员的事情我们立即照办。"杨虎城又道:"不过,国共两党的共同抗日问题,请委员长尽快落实。国难当头,不可有误。"

接着西北军的将领又反复向阎进谏,力促政府兑现,免得夜长梦多、失去人心。

阎当场保证:"不是签发了声明了吗? 我回京可以向首长汇报。决不贪污。你们还有什么话要说,我一同带回去?"

杨说:"军中无主就要乱套,尽快让学良提前回来。"

就这样,阎宝航顺利带回了被扣的飞机和人员,返回向子文复命。

在阎宝航去西安的那天(12月29日),国民党中常会第32次会通过了张学良"交军事委员会依法办理"的决议,并内定组织高等军法会审,由李烈钧任审判长。

宋子文得知这个消息后,心急如焚,多次向李烈钧详细询问此案的意见,并且一再流露出"为张缓颊"的意思。在开庭审理前,宋子文又找到蒋介石进行交涉。蒋介石写给宋子文一封信,字迹很大,至少有三页多纸,大意是说五天后一定使张将军返回西安。宋便信以为真。在张学良一名随从问起宋时,宋一口咬定说:

"审判是个手续,五天内保证回西安,我姓宋的不骗人。"

然而,不是宋骗了张而是蒋骗了宋。

12月31日,军事法庭开庭审理,张学良被判为:有期徒刑十年。继而,蒋介石又提出"请求特赦"。最后,国民党政府宣布"张学良所处十年有期徒刑,本刑,特予赦免,仍交军事委员会严加管束。"这一纸"特赦令",张学良将军在"严加管束"的名义下遭到长期软禁!

宋又三番五次地向蒋请求尽快放张学良一事,结果却遭到了蒋介石的白眼,令他十分伤心。宋子文无法向西北、东北军官兵们交待,亦无法向全国人民交代,更无法向老朋友杨将军交待,更无颜见到学良,迫使他无法在南京住下去了,在一个月黑风高的夜晚,他以公务等堂而皇之的理由,怀着良心有愧的心情,悄悄地离开了北极阁,来到上海住处办公。

阎宝航完成使命后,急回南京北极阁宋子文复命,谁知人走楼空,接着阎又追之上海,寻到宋子文。

"宋主任,你让我好找啊。"

宋子文的脸色极不好看,对阎说:"委员长变卦了,不放张,我再三请谏也无用。让我也无脸见少帅了。"

"人员和飞机已经放回来了。这不,杨将军又被我们骗了吗?言而无信,今后我们怎么出去办事呀!"阎有些牢骚。

接着阎又一五一十地向宋反映了西安方面,迅速恢复张学良行动自由的强烈要求。末了又说:"难道没有补救的办法吗?"

宋沉思了一会儿对阎说:"有。你可以去奉化和蒋委员长面谈。"

不容阎分说,宋便操起了电话,直接接通了小妹宋美龄专线。两人说了一阵。再加上宋做工作,蒋夫人便同意阎去奉化见委员长。

阎宝航立即表示为难。道:"我一个人去怕是不好吧。人微言轻,起不到什么作用,再说你们对此事负有道义上的责任,更不应推卸不管。还是善始善终好。"

"那就请李石曾出山,陪你去一趟吧。"接着宋子文又用电话邀来了李石曾老先生。

李石曾开门见山:"此事重大,我陪没问题,怕是完不成任务。还是子文和我们一起去。边鼓我们来敲,戏你来唱。"

这时电话铃声响了。

子文操起听筒,里面传来了中共中央代表潘汉年的声音:"我已经来到上海,准备与你对话,实现你在西安所说的诺言一事。"

"啊,我知道了。这不我们正在落实呢。"宋子文放下话筒说:"那我就与你们一起去。"

于是宋子文昼夜兼程来到奉化。

蒋介石为何在奉化不在南京?这里需做一个交待。蒋从西安回来后,为表明他对事变应负的责任,在1936年12月29日向中央辞去了行政院长和军事委员会委员长的职务。经国民党中央加以劝留,给其一月的时间回奉化疗养。

处在休养中的蒋介石并没有立即召见他们,宋子文一行只好住在武陵中学。遥遥无期,宋子文很是心烦。其他二位向他开玩笑说:

"大国舅来还不行,何况我们这些小兵虾呢?"

宋子文哭笑不得。

晚上,宋子文趁二位不在之机,偷偷给小妹挂了个电话,问小妹是什么情况。

宋美龄说:"委员长情绪不正常,很心烦。我也给他说了几遍,他就是不回话。我看他的意思不想见你们。"

"原来是这样。"子文的心凉了半截。

第二天,作为要面子的宋子文在餐桌上对二位说:"阎先生,看来上海还有事务，我不能在这里多等。你和李石曾在这里暂等吧。我要回上海。必要时我再来。"

阎宝航感到不解地说："这叫什么事，没见到委员长你就要往回跑！"

"让他回去吧。"李石曾紧向他使眼色。因为李石曾已经知道蒋介石不接见他。

宋子文走后不几天，公馆便来了电话，要李石曾去，委员长要面见。

于是李石曾赶忙到蒋公馆，向蒋作汇报。蒋假惺惺地表示说："西安事变后的善后工作要做好，这是一个信誉。"

"是的。再一个，西安方面强烈要求释放张学良，不知委员长有何安排？"李石曾道。

"我想请他到雪窦山来玩几天，这里风光很美。"蒋介石道："请你回去把他请过来。"

"好。"

……

就这样张学良又由南京转移到奉化。名曰游山玩水，实则是"严加管束"。

李石曾回到上海向宋子文汇报时："看来张学良难以回到西安去了。"

宋子文只是叹气："没有想到竟是这个结果。"

过了好一阵子，宋又问："委员长没提别的事吗？"实际宋问的是在西安事变时许诺的"改组政府一事，由宋子文和孔祥熙组织行政院，宋子文负责并组成使各方面满意的政府"。

李石曾摇摇头说："没有提到。"

宋子文又很失望。人不是无情之物。在张学良被囚的日子，宋子文还不断到张的被囚地走走转转，陪张唠嗑。也许宋子文、宋美龄还有恻隐之心，有时还断不了给张送些日用品和名烟名茶之类物品。

那是 1937 年暮春一天，两辆车迎着落日的晚霞，向层林尽染的雪窦山爬去，路越来越陡……

宋子文和宋子良、宋子安在参加蒋介石亡兄的丧礼后经宋子文提议，兄弟三人特意来雪窦山看望少帅张学良的。为释放张的问题，宋与蒋关系搞得更僵。

宋子文、宋子良、宋子安吃完午饭后,在蒋派的一位向导带领下,弃车步行了十余里,来到雪窦寺门前一座古刹。据说这是奉化最大的寺庙,光和尚就有20余人。古刹左侧有三间青砖造的瓦房,是蒋介石专门为囚禁张学良指令军统特务建造起来的。

宋子文一行来到古刹后,军统局的监视人员便把宋子文、宋子良、宋子安带到屋子里面去了,几名卫士则在外面等候。大约过了一个多小时,张学良送宋子文、宋子良、宋子安兄弟仨出来。张学良身体十分瘦弱,面容憔悴。张学良与宋氏三兄弟分别时,咽喉哽塞,两眼泪汪汪的,宋子文也潸然泪下,跟随在张学良身后的赵四小姐更是泣不成声。

……

过了不久,宋子文再次来溪口。张学良陪宋子文游览雪窦山,两人谈话非常随便,话题也很多,谈兴极浓。宋子文还在山上住了一夜,与张学良抵足长谈至深夜。次日晨,宋子文下山时,张学良与宋子文依依不舍。

对于蒋介石囚禁张学良,宋子文是十分气愤而又无可奈何的。宋子文曾对其亲信说:"蒋介石对张学良这样处置太糟了,我苦谏几次,他都不听,真叫人伤心。"

宋子文对张学良讲:"委员长希望你休息几年,闭门休养,研究学问。"然而,"休息几年"完全是骗局!张学良将军长期遭监禁,一直处在特务们的严密控制之下。

后来,他们又把张学良转移到安徽黄山、江西萍乡、湖南郴州和沅陵、贵州修文和桐梓等地。

5年后的一天,被囚禁在贵州修文县阳明洞的张学良患急性盲肠炎转为腹膜炎,不得不开刀切除了阑尾。

这时宋子文在美国未回,戴笠向在美国的宋子文报告了这一情况。翌日,宋子文复电戴笠道:汉卿割治经过良好,甚慰。务请逐日电示病情,并祈饬属慎护为祷!

同日,宋子文又致电张学良慰问,电云:

顷闻兄患盲肠炎,割治经过良好,稍慰悬念。尚祈格外珍重。已请雨农逐日电夫人,恐焦念过度,有碍健康。

在发电前,宋子文删去了电文的最后一句,可能是担心张学良反过来忧虑妻子于凤至的健康,反而加重病情。

这时的于凤至身体状况极为不好。张学良被囚禁后,即由赵四小姐相伴,流转各地。而于凤至积郁成疾,患乳癌赴美就医。宋子文是不敢将于凤至的病情真实的情况告诉张学良的。这说明宋子文对其一家深表同情。

尔后,宋要戴"逐日电示病情",戴笠自然领会。

7月17日,戴笠由贵阳致电宋子文:"震电奉悉。汉卿先生由盲肠炎溃烂变为腹膜炎,经割治后现已平复。自昨日起热已退清,精神甚佳。委座对汉卿先生病极关心,晚当慎护一切,请勿念。闻公署过劳不适,至念,敬祝健康。晚笠。筱。贵阳叩。"

其实,张学良的病并未"平复",而日益恶化。迫不得已,又进行了第二次手术。

8月17日戴笠于重庆致电宋子文,报告说:"汉卿先生疮口脓尚未清,已续行开刀,但无妨碍,乞勿念。"

张学良的病,动了两次手术,拖了好几个月宋子文似乎也有点着急。1942年1月26日。宋子文致电戴笠:"汉兄病况,盼示。"短短六个字,流露出宋子文对张学良的关切之心。

祸不单行。由于蒋介石的迫害,张学良一家在张学良患病期间,其长子在伦敦得了精神病。

于凤至致函国民党政府驻英大使顾维钧给以照顾,顾维钧竟不复电。

8月20日,宋子文致电顾维钧:"汉卿长公子马丁,入牛津精神病院。其弟在伦敦,请询病状,可送美否? 请复示?"

22日,顾维钧复电宋子文,表示不同意送其长子赴美医治。顾维钧称:"马丁在医院,一时尚不能出。医生曾证明,有精神病恐到美不便。其弟在飞机厂事忙,昨甫获晤。彼以暂留就医为宜,并拟辞去飞行任务,可忖照顾乃兄。倘在美预为商治,特许登岸,彼当伴送,汉卿夫人函迟为复,祈代致歉,容另告。"

当时,于凤至夫人的健康状况不好,因此,宋子文和张学良的女儿张娴瑛商量后,决定对于凤至保密。

11 月 12 日,宋子文致电戴笠:"汉卿长子,入伦敦精神病院。因张夫人病,迄未复元,商得其女同意,暂不转达。闻汉卿现在重庆,不知确否?近体如何?请兄将此事,先告知四小姐,酌量情形通知汉卿,其夫人心神亦颇眢乱,最好有一信来,以资安慰,盼复示。"宋子文既要关注在重庆被关押的张学良,又对曾经同宋美龄结为金兰的于凤至极为怜悯。目睹张学良一家如此悲惨境况,宋子文心中总有些不安。

同年 12 月 4 日,张学良的女儿张娴瑛结婚。宋子文特地于 3 日致电戴笠,请他转告张学良,电文说:"汉卿女子函告,得母同意,于本月 4 日与陶鹏飞君结婚,请便中转达。"由于此电是经戴笠之手转达,戴笠是否及时告诉张学良,这就不得知了。

1946 年 11 月,蒋介石密令特务将张学良押赴台湾。

宋子文在西安事变期间所说:保证张学良今后的安全,答应的"西北军政由张、杨负责"的条件,完全成了一纸空文,化为泡影。

蒋介石在软禁了张学良将军以后,又逼令杨虎城辞职"出洋考察"。实际杨的结局比张更惨。

1937 年 3 月,宋子文对十七路军驻南京代表李志刚说:"委员长病好了,腰也不怎么痛了,愿与杨见面,并且表示期望自动去看他,不提是他要见,以为这样见面,最能恢复感情。"

李志刚将这番话转达给杨虎城,听完后并未理睬。后来,顾祝同也说出了同样的话,杨虎城才意识到这就是"命令",方同意与蒋见面。

3 月中旬,杨虎城将军赴杭州会见蒋介石。宋子文参加了这次会见。

蒋介石在同杨虎城谈话中首先自我吹嘘一番。他说:"我向来对人宽大,不记旧怨,以往对人,你是全知道的,不必多说。"蒋介石虚情假意,企图麻痹杨虎城一行。

接着,蒋介石居心叵测地说:"在事变中各级人员(指蒋介石的亲信)

对你是有不满情绪的,这是一时转变不过来的,你继续任职,在情感上有些不便,不如先往美参观一个时期,回来再任职,出国费用可由公家负担,启行的时期也不必规定,可以从容准备……"这是蒋介石会见杨虎城的主要目的,就是企图通过逼迫杨虎城"出国考察",来解除杨虎城对东北军和十七路军的控制,达到迫害张学良和杨虎城的目的。

杨虎城早就料到蒋介石会对他下毒手,但只有当面答应"出国考察"。

杨虎城回到西安后,并不准备"出国"。他认为,抗日战争即将全面爆发,一旦抗日战争爆发,他就不必出国而可直接在国内参加抗战了。

为了催促杨虎城出国,宋子文对李志刚说:"这是最轻微的纪律处分,是经过研究的,对杨是有益的。"他还要李志刚向杨虎城详加解释。

在蒋介石的一再催促下,杨虎城不得不离开西安,在上海西爱咸思路宋子文公馆住了一段时间,在宋子文帮助下办理了出国手续。

在蒋介石的催促下,杨虎城不得不填写了两份表格,其中包括出国参观考察的项目、范围和往美、英、法、瑞士等国行程计划,并且写了两份报告,一份送南京军委会办公厅,一份送南京政府外交部,办理出国护照。蒋介石批给杨参观考察资金 15 万,由宋子文交中介人换成英币。同时,宋子文还派了一名姓王的翻译随同杨虎城出国,负责为杨经办官场交际和翻译事项。

6 月 29 日。

杨虎城将军一行由上海乘美国"胡佛总统"号客轮东渡。

在杨虎城出国考察期间,宋子文一直同杨虎城保持着通信联系,向他通告国内的形势和南京政府的态度。

卢沟桥事变爆发后,宋子文于 7 月 10 日和 11 日,接连自上海致电杨虎城。第一封电报说:"卢沟桥战事已停,目前不致扩大,如有变化,当续告。"第二封电报却说:"卢沟桥战事停而复作,敌由关外调来大队。我方已准备作战。"接到第二封电报后,杨虎城经过一番思虑回电宋子文:"两电均敬悉。日寇进迫,国将不国。噩耗传来,五脏痛愤。弟为革命军人,何忍此时逍遥国外。拟由旧金山返国抗敌。乞转陈中枢。"同时杨虎城还致电到南京政府,请求准予中止考察军队,返国抗敌。

7月14日,宋子文致电刚刚到达旧金山的杨虎城,说:"依目前情势,请将军稍缓返国。"

看完宋子文的电报,杨虎城沉默了,十分不快。

为了表示返国杀敌的决心。杨虎城于16日专报南京政府,请求准予中止考察军事,返国杀敌。另外,又致电宋子文,表明决心,希望他能从旁促其实现。

宋子文请示了蒋介石,蒋的态度十分生硬。

最后杨虎城终于在宋的允许下,回到香港。宋子文又到香港看望了杨,并交给他一张从香港至长沙的飞机票。要他在长沙待命。

杨虎城到了长沙后,蒋介石要约他赴南昌相见。当杨好不容易赶到南昌,这时戴笠告诉他:"委员长刚走,要你到武汉相见"。杨虎城信以为真,又赶到武汉。又说蒋委员长又到了南昌,要他去南昌求见。实际蒋介石压根儿就不想见到杨虎城,而是一种计谋。

后来,杨虎城就这样被长期监禁起来。先由长沙,后转移到益阳、贵州息烽山以及四川渣滓洞中美合作所等地。1949年9月6日,在大陆解放前夕,杨被蒋的军统局特务杀害于中美合作所。同时被杀害的还有杨虎城的次子、幼女和《西北文化日报》社长宋绮云夫妇。其夫人谢葆真被捕入狱,不久被折磨而死。

悲哉,历史的悲剧。

第十六章　抗日救国

｜ "七七事变",拉开全民族抗战的序幕

卢沟桥位于北京城外西南的永定河上。

"明昌二年三月桥成,敕命名广利,并建东西廊以便旅客。"建成后的石桥长 266.5 米,宽 7.5 米。桥下 11 孔,桥上 142 根石柱,柱上刻有姿态各异的大狮子 281 头,小狮子 204 头。桥正对着宛平县城,在桥东头,有清朝乾隆皇帝所题的"卢沟晓月"碑。据说这"晓月"是另有原因的:每当旧历的月尽头(晦日),天快晓时,下弦的钩月在别处还看不分明,如有人到此桥上,他便先得清光。漠漠之风沙,呜咽之河流,"卢沟晓月"在中国古老文化的熏育下,呈现给世人无尽的遐想。

1937 年 7 月 7 日,如往日一般宁静的夜晚漂浮着不安的气氛。

宛平城东北不远的地方,日军正在进行军事演习。守城的中国士兵注视着近在咫尺的日本兵。沉重的气氛压迫得每一个人都有些喘不过气来。这些个子不高却凶恶卑鄙的日本军人总是在其演习后借口找茬,然后提出一些无理要求。这次又不知酝酿出什么阴谋来。

果然,演习不久,一批日军来到宛平城门前,声称有一名士兵去向不明,要求进城搜查。面对日军的无理要求,中国守城官兵断然予以拒绝。正在演习的日军当即包围了宛平县城,造谣说演习的日本兵听到宛平城内的枪声,引起混乱,结果以丢失一名日本兵为理由,要求进城搜索,但遭到中国守军的拒绝,并向周围日军请求增援。

此时,得知消息的北平市长、第二十九军副军长秦德纯明确指出:"卢沟桥是中国之领土,日军事前未得我方同意在该地演习,已违背国际公法,妨害我国主权,走失士兵我方不能负责,日方更不得进城检查,致起误

会。"为防止日军故意找茬,便指示在天亮后帮助寻找。

然而日军所谓丢失的那名士兵,因解手离队,已经归队,宛平城内如何找到?受调查之命的宛平县县长王冷斋没有发现日本兵的影子,便于8日凌晨赶到日本特务机关解释。此时,失踪的日本兵回到部队的报告也已经到达。蛮不讲理的日本军官松井表示即使日本士兵回到部队,但为什么会失踪还需要调查。王冷斋十分气愤,如果要调查原因,只要问一下那个日本兵不就清楚了。然而,已经开始行动的日军岂会就此罢手。7月8日凌晨5时,早有密谋的日军开始对宛平县城发动进攻。"七七事变"爆发了。

"七七事变"的发生并不是偶然的事件,而是日本全面侵华战争中所走的必然的一步棋。伪满洲国的成立以及华北事变的顺利解决使得以裕仁天皇为首的日本右翼势力得意忘形,加快了对中国的侵略步伐,整个国家的经济体制已经完全纳入战争轨道,1911年与美国签订了《美日通商航海条约》后,确保了石油、角铁、机械、飞机材料等军需材料供应,建立起以生产各种战争物资为主体的军工生产体系。在政治体制上,日本也进一步法西斯化,对外侵略愈演愈烈。华北事变后,日军千方百计地扩大侵略行动,不断派遣大批的日本军人和特务潜入华北各个城市进行侦察、策反活动,为下一步的侵略计划做准备。"七七事变"后,日军又占领了平津地区,开始由平汉线、津浦线南下,叫嚣"三个月内灭亡中国"。

"七七事变"的发生,彻底暴露出日本灭亡中国的野心,从根本上触动了蒋氏政权的利益,迫使蒋介石停止内战,采取"全国抗日","必出以最后牺牲之决心,绝无丝毫犹豫之余地"。

17日,蒋介石在庐山发表了著名的《庐山谈话》:

> 我们的东四省失陷,已有六年之久。现在冲突地点已到了北平门口的卢沟桥,如果卢沟桥可以受人压迫强占,那么我们五百年的故都,北方政治文化中心与军事重镇北平,就要变成沈阳第二!今日的北平如果变成昔日的沈阳,今日的冀察亦将成为昔日的东四省。北平若可变成沈阳,南京又何尝不可变成北平!……我们固然是一个

弱国,但不能不保持我们民族的生命,不能不负起祖宗先民所遗留给我们历史上的责任;所以到了迫不得已时,我们不能不应战。至于战争既开之后,则因为我们是弱国,再没有妥协的机会,如果放弃尺土寸地与主权,便是中华民族的千古罪人!那时便只有拼民族的生命,求我们最后的胜利……我们希望和平,而不求苟安;准备应战,而决不求战。我们知道全国应战以后之局势,就只有牺牲到底,无丝毫侥幸求绵之理。如果战端一开,那就是地无分南北,年无分老幼,无论何人,皆有守土抗战之责任,皆应抱定牺牲一切之决心。

《庐山谈话》表明了蒋介石开始履行自己在西安事变中所做的政治承诺,宣告了全民族抗日战争的开始。

"三个月灭亡中国"

中国全民族的抗日战争虽然开始了,但是由于两国的科技水平和军事实力相差很大,战争一开始,就呈一边倒的状态,随着日军的步步进逼,中国军队连连后撤,狂妄的日本军人竟叫嚣着一个月占领太原,十天占领上海,三周占领南京,一个月占领武汉,在华南一举攻占广州,在三个月内灭亡中国。弹丸岛国竟想演一出蛇吞象,其图谋可谓疯狂。

蒋介石对日本这种狂妄的态度十分恼怒,决心与日本一较高下,但由于实力相差悬殊,只得采取战略防御措施,尽量阻延日军的进攻态势,利用广阔的国土,力图在持久战中取得胜利。在这里,我们首先了解一下"八一三"抗战,这次会战,是蒋介石决心抗战的第一次会战,蒋介石欲在此次会战中出了一口恶气。

一贯不把中国士兵放在眼里的日军将进攻的矛头直指上海,因为上海是中国的经济文化与军事中心,占领上海不仅可以削弱中国的反抗气势,同时还可溯江而上,直逼南京和武汉,迫使国民政府投降。

然而侵略者却忽视了中国人民反抗压迫的革命传统,哪里有压迫,哪里就有反抗,更何况这次有国民政府的号召。侵略者的不义行为必将受到人民战争的打击。

南京,国民政府。

蒋介石正在召开一个紧急会议,讨论即将打响的上海会战。

"日军如此嚣张,乃是英美等西方诸国坐视不理之果,今以上海作为战斗地址,一可威胁西方国家的在华利益,迫使他们表明态度;二可牵引日军在华北主力,使其不能自北而南切断国民政府的西撤之路,威胁抗日腹地。"蒋介石回过头问,"对于上海之战,吾欲拼力而争之,诸位有何良策?"

"日本此次兵发上海,来势凶猛,但持久能力不强,我军若有强有力的援军支持,取胜必有希望。"张发奎首先发了言。

"我看还是做两手准备,上海能保则保,不能保则应将我军主力撤出战场,以备后续作战。"何应钦觉得上海战役胜算率不大。

"日军军事装备远胜于我,取胜务必取进攻,进攻需要兵力,敌有炮弹,我有人弹,报效党国,在此一役。"陈诚斩钉截铁地说。

……

你一言,我一语,会场一会儿就开了锅。

蒋介石左看看,右看看,发现旁边的冯玉祥一直沉思没有说话,于是点将道:"冯将军,你在想什么呢?"

冯玉祥抬头看了一下蒋介石,他对老蒋谈不上什么佩服,对老蒋弄权逐利的手段也非常反感,但人在屋檐下,岂能不低头,何况这有关民族的大事,不可计较个人私怨。他不紧不慢地说:"日军兵势凶猛,但援军较少,我们尚可坚持一段时间,一旦敌人援军到达,以敌之武器装备,攻陷上海也只是时间问题。我以为,上海之战,只要达到拖延时间,消耗敌军实力、吸引敌军主力的目的就算成功了。"

"言之有理。"蒋介石点点头。此次上海之战,他也拿不准能否胜利,但小日本欺人太甚,得了东北也就算了,但是却还要华北、华东,岂不是还想要整个中国? 不给他点厉害瞧瞧,他还是不知道满足!

会后,蒋介石组织第三战区,由冯玉祥指挥,后由于增援的队伍来自南方各省,便亲自兼任战区司令官,协调各军的战斗。

8月13日,日军像"七七事变"一样,故伎重演,声称士兵失踪,悍然向上海发动了进攻,驻扎在上海的中国军民,面对绝对优势而又准备充分的日军,积极应战,体现出民族之魂魄。日军久攻不下,屡屡要求增援,兵力达到30万人,大炮、坦克、飞机、军舰等重装备武器悉数用尽,不过才攻下虹口、闸北。

恼羞成怒的日军于8月20日发动全线进攻,海陆空三军齐向上海压来。尽管在敌人猛烈的炮火和飞机轰炸下,中国士兵成建制连、成建制营地牺牲,但是英勇的官兵们视死如归地坚守阵地,没有后退一步。

日军司令松井石根又要求增援五个师团,于9月5日向宝山城发起猛攻,在日军30艘舰艇的炮火压制下,宝山城里一片火海。负责守卫宝山城的十八军五八三团三营500余名官兵全部壮烈牺牲,这就是著名的宝山城保卫战,不可一世的日军还是没有前进一步。

10月底,日军在强大的重型武器的掩护下,又发起新一轮的攻击,由于日军重型武器杀伤力巨大,中国守军伤亡惨重,虽然顽强抵抗,但已无法挡住源源不断的日军进攻,一步步陷入被动局面。为保主力不被消灭,中国军队开始撤退。11月12日,日军占领上海。

上海会战,意义十分重大,一方面,日军伤亡惨重,从此改变了对中国士兵的认识,调整了对华策略;另一方面,国际上如英、美等西方国家也改变了对中国的态度,纷纷调整对华政策,使中国的抗日战争有了国外援助;第三,三个月的上海保卫战为重工业设备、院校、机关、物资等向后方大转移提供了充足的时间,使中国的经济未受到彻底的打击。

在这次战役中,中国士兵表现出的顽强斗志和视死如归的民族精神极大地鼓舞了全国人民的抗日热情,蒋介石作为这次战役的领导者,成为人们心目中的"抗日英雄"。

首都南京城的陷落

国民政府军在上海与日军殊死一战,确实吸引华北的日军向上海方向援助，但此时的华北区国民党军却按兵不动，采取守势，而不趁机攻击已经抽空实力的日本华北方面军，客观上，给了华北日军以喘息的机会。要知道，在战场上，机会稍纵即逝，在取得上海会战胜利的日军旋即进攻察哈尔省，攻占张家口，补充华北地区的兵力。

面对日军的进攻，负责守卫北平南郊任务的国民党第二集团军总司令刘峙竟向南一口气逃到保定，而日军依靠铁路，向南迅速深入，相继占领保定、沧州。

经过一番部署，蒋介石命韩复榘派两师增援山东，但韩复榘为保实力反而南下撤退，日军不战而胜，又南下占领青岛、泰安。更为可恨的是在保定会战失败的刘峙又一口气跑到河南，使得山西一下子暴露在日军的进攻中，日军分三路进攻山西，不久占领太原。

蒋介石的算盘落空了，虽然在敌后的八路军频频破坏日军的交通线、补给线，阻碍日军南下作战；虽然部署的中国军队对日军进行了有效的打击，但个别队伍的逃跑影响了刚刚形成起来的全国抗日气氛。蒋介石感到失望，各军在战斗中只想保存自己的实力，有了兵才有权，这是军阀时期再明白不过的道理了。

太原失守，标志着整个华北的沦陷。日本侵略者开始了由北向南的长驱直入，虽然蒋介石采用黄河决堤，但也只不过略微拖延了日军的侵略速度，从根本上解决不了实际问题，相反，黄河决堤造成的社会危机和自然生态危机也是十分严重，蒋介石应该承担其中的责任。

南京城内一片混乱。哀嚎声、车笛声、斥骂声、枪声、孩子的哭声交织在一起。马路上，行人脚步匆忙，装有大包小包的马车和商旅官长的洋车在嘈杂的人群中穿梭。

国民政府。

青天白日旗在这阴霾的天气里显得无精打采。一向威严的卫兵也不时透出不安的表情。

宽大的会议厅内。

蒋介石阴沉着脸，不说一句话。

是啊,本想着让日军吃一些苦头,但如今却让他们这么快就打到家门口,他感到胸中的那口恶气更重了,压迫得他有些喘不过气来。

何应钦这时起身打破了尴尬的安静。

"委员长,我看现在不是追究谁的责任问题,该认真地研究当前的形势,日军现在从西、北、东三方面向我进逼,陆海空三军都强于我方,形势十分危急,该迅速做出决策呀。"

蒋介石将怨气压了一下,扫视众将。"你们都是我的左膀右臂,关键时候还是需要各位尽力尽责,虽然日军占领华北,威胁南京,但也不过是我们早已料到的情况,但南京有国父之墓,岂可不守!"

大本营作战组长刘斐力主弃城:"蒋委员长,日军陆海空力量明显强于我方,如果死守南京,不过是螳臂当车,我们的主力反而受损严重。这有悖于先前我们拟定的保存实力,与日军展开持久战的思想。我认为,只要用 18 个团左右的兵力,象征性地进行防卫战,然后主动撤出南京城,对于国父,也算是个交代。"

素有小诸葛之称的白崇禧和军事委员会办公厅主任徐永昌也表示赞同。

白崇禧说:"近几次作战,我方军队损失颇大,需要休整一段时间,俗话说'留得青山在,不怕没柴烧',只要我们度过这段休整期,还可以卷土重来嘛!"

蒋介石有些犹豫,南京作为国民政府首都,就这样轻易送给敌人,他不想担放弃南京的责任,但是,却没有人主动承担责任,怎么办呢?

这时,训练总监唐生智也站了起来:"委员长,首都是国父陵墓所在地,值此大敌当前之际,如不牺牲一二员大将,我们将对不起总理的在天之灵,更对不起我们的最高统帅。我愿领兵,与南京城共存亡!"

"哦,唐将军,你的勇气令大家钦佩,但是强敌来袭,不好抵御呀!"蒋介石听唐生智提出死守南京城,内心不禁大喜,但面上仍带关切之色。

"养兵千日,用兵一时,唐生智不才,愿以身殉国。"唐生智斩钉截铁地说。

"那好,在座的还有什么意见?"蒋介石又看了一下文武诸官。

　　下面相视无言,他们虽然知道南京城肯定守不住,但谁也不敢提出异议,谁也不愿背负放弃南京的黑锅。就这样,唐生智临危受命,担任南京城的卫戍司令长官。

　　12月12日,日军实施了对南京城的合围,炮火笼罩着整个城市。面对敌人强大的军事压力,最后唐生智只身率领少数部队突围,留下大批军民被困城内。

　　13日,日军占领南京后,竟然开始了长达六个星期的大屠杀,据战后远东国际法庭在判决书中说:"在日军占领后的最初六个星期内,南京及其附近被屠杀的平民和俘虏,总数达20万人以上。"这种估计并不夸张,这由掩埋队及其他团体所掩埋尸体达155000人的事实就可以证明……这个数字还没有将日军所烧毁了的尸体,以及投入到长江或以其他方法处理的人们计算在内。

　　悲哉!痛哉!

　　反思现在日本还有一些人,竟不愿承认,甚至想抹杀这段历史。但历史终旧是历史,谁也抹杀不了,日本军国主义对中华民族所犯的滔天罪恶必将受到惩罚。

第十七章 航空"司令"

宋美龄，中国航空委员会秘书长

宋美龄问鼎权威，向权力靠拢，蒋委员长也给夫人以权力——中国航空委员会秘书长，不少人背后叫她"航空司令"。宋美龄没有从财政部长宋子文的兜里掏一分钱，而得到了 120 架飞机的援助和一个"空中外籍兵团"。消息传到国内，引起轰动。包括蒋介石也不得不对妻子的外交天才佩服得五体投地。

在蒋氏家族中，宋美龄可谓是位大忙人。

如果说蒋介石是盘磨，那么宋美龄则是磨道里奔跑的小驴子。自从宋美龄走进蒋家门以来，她随着战火的纷飞，忙里忙外，忙东忙西。她精力充沛，蒋介石给她提供了权力。宋美龄认为，有权便能控制局势、控制人。蒋介石手中的权力使她有机会进行历史性改革，根据她的意愿改变中国人的生活方式，提倡"新生活运动"。当时，街上流行红裙子就是宋美龄的意志体现。正如威斯理安大学里的女管家所讲的，宋美龄除了活泼之外，最明显的特点就是绝对服从权威。也许权威是改变命运的关键吧。

这个事可追溯到"九一八"事变后，上海、南京、北平、天津、武汉、长沙、杭州、西安、广州等地的学生、工人、市民，纷纷罢课、罢工，游行示威，要求国民党政府抗日。各地人民还组织各种抗日救亡团体，展开抗日活动，各城市的学生组织请愿团前往南京，要求国民党政府出兵抗日，收复失地。1932 年 12 月中旬，北平、上海、南京等地学生三万多人，汇集南京，向国民党中央党部和国民党政府请愿示威。要求抗日的标语、传单撒满了大街，雄壮的爱国呼声震动了全城。国民党政府拒绝接受群众的正义要求，出动大批军警进行镇压，枪杀了不少爱国学生。国民党政府的血腥屠杀,更加激起了人民的愤怒……

面对着这种情况,蒋介石深感兵力不足。特别是在"剿共"第一线,炮火的不足,不能构成立体式的作战。蒋介石处于内外交困的地步,开始着手成立航空委员会,加强年轻的航空部队的建设。选谁出任这一要职呢?蒋介石开始注视他的"贤内助"了。

"要建航空部队,那当然好! 不光威风,更重要的是加速'剿共'的步伐!"孔祥熙、宋子文、宋霭龄、宋美龄等频频催促。

宋子文对蒋的态度始终是不大客气的:"你要知道,自从'九一八'以后,国民党的政治威望大大地打了折扣,这是日本向我们亲美英政权的挑战。要我说,不光成立航空部队,还得成立一套特务机构哩!"

"对!"蒋介石肯定道。早在数年之前,蒋介石除了研究《曾文正公全集》之外,对德、意的特务机构兴趣更大,他命令手下几员大将研究古今中外的特务组织,希望组成一个更有效率的机构,来巩固他的地位。"那好,今天这两个事一起凑凑,讨论出个初步意见来。"蒋介石说到这里,把目光转向子文,"你先拿个意见吧!"

"关于航空部队的成立,我没考虑成熟。"宋子文也不客气道。"关于特务机构的名字暂且不说,我看这个机构的宗旨是:强化独裁政治,镇压新的革命情绪,在军事上继续'剿匪',在组织上肃清异我,在政治上进行CC社的秘密活动,在经济上进行统制经济,在军事中进行复兴活动,可以完全是一个严密的军事政治经济体系。"

宋霭龄一笑:"听美龄说你深更半夜还同德国顾问研究,是不是什么蓝衣社?"

蒋介石点点头:"他们已经研究了好久,蓝衣社这个名称是非正式的,刘健群提出过,说希特勒有黑衫党,墨索里尼有褐衫党,我们也应该来一个蓝衣社,临时采用蓝衣社这名字。"

"到底叫什么名字呢?"宋美龄也不大感兴趣,"总要响亮点,名不正言不顺那就不好。"

"但是,"孔祥熙插嘴,"总要有个中心。"

"中心是法西斯!"蒋介石瞪着眼睛,"说了半天,难道你还没有弄清楚？子文刚才说过，国民党的声望低落了，我个人的名誉也打了折扣，那就得想办法挽回！想什么办法呢？跟希特勒学！跟墨索里尼学！谁都知道德国同意大利，完全是依赖独裁政治而完成'革命'的，所以我们的口号与目的是，"蒋介石一字一顿，"借法西斯之尸，还国民党之魂！"

"你有把握吗？"宋子文抽着雪茄，躺在沙发里冷冷地问他。

"当然有！"蒋介石有点反感，"一方面，我派了大批人马到德、意两国去留学。一方面，我自己也在学，刚才大姐说美龄告诉她我深更半夜还在同德国顾问谈天，那是不错的，"他摇晃着大腿，"最近我学到很多东西。"他笑得有点得意洋洋，"我决定把纬国送到德国和意大利去，让他多见见世面。"

"别提你的宝贝儿子，"宋美龄撇撇嘴，"你瞧你把那个大宝贝送到苏联，他要'大义灭亲'革你的命哩！你不怕你那个小宝贝将来从德国回来，也要来这一手吗？"

"你不要这样说。"蒋介石对她太太始终畏惧三分，平时在她面前不但不提经国、纬国的名字，而且也不让他们见面。今天大谈法西斯聊得高兴，说顺了嘴便提到了小儿子，果然惹起了宋美龄的反感，但当着这么多人，蒋介石不得不顶几句："经国是环境使然，他'大义灭亲'那一套，说实在话，过后想来我反而很高兴，因为这是他跟托洛茨基这批前辈往来得多了，也学到了这一手功夫，我可以同你打赌，他将来回国不反对共产党才怪！"他瞪瞪眼，"至于纬国，他年纪还小，什么时候出发去德国我还没有决定，不过去是去定了。德、意两国不同于苏联，也绝不会再来一个'大义灭亲'的，你放心。"

"时间不早了，"宋子文看了看手腕上的表道，"那就再谈航空部队的成立一事。"

"关于建立航空部队一事，想法很久喽！"蒋介石以委员长的口气道，"它是显示国威军威的象征，当然也是壮我们蒋宋家族的门面！子文啊，这个事还须你掏钱包，我想向美国购买100架作战飞机，怎么样？"

"只要壮我们蒋宋家族的门面，我掏钱；不过得找一位干事精干的人。不然，我是舍不得掏的。"宋子文道。

"这个人已物色好了,保你满意!"蒋介石目光炯炯。

"是谁?"

"美龄!"蒋介石语气肯定。

"我看可以!"宋霭龄嘴快。

"我同意霭龄意见。"孔祥熙也随着道,"小妹对美国情况很熟,在当今中国找不到第二个比她更合适的人选。"

"那就这样定了!"宋子文道,"小妹办事我放心。"接着他把头转向宋美龄,"小妹,大家都相信你,你呢?"

"我,"宋美龄权欲熏心,她早想从政参政,显示自己卓越的领导才能,一直没有机会。听到蒋介石的提议和大家都赞成的话,心里高兴,"让我干我非干出样儿让大家看看! 不过让我干,我还有个条件呢。"

"什么条件?"蒋介石道。

"委员长,我要权,凡是我应有的权力都给我。我不愿当那个有职无权的哈巴官。"宋美龄道。

"我任命你为航空委员会秘书长,可以了吧,大权实握! 干好了,将来给你个空军司令! 哈哈……"

"此话当真?"宋美龄反问。

"可以当真!"

"咱们一言为定!"宋美龄扬言道,"我要对'共匪'采取报复,我要坐飞机去江西轰炸'共匪'的老窝!"

"是啊,第一夫人就应该有第一夫人的风度!"孔祥熙逗她道。

"说正经的。"宋霭龄嗔了胖丈夫一眼。

"祥熙说得好!"蒋介石补充道,"我想从黄埔军校六期学生中挑选一小批人在南京成立航空班,并在军政部下面设立航空署。然后再成立几个航校,培养一批精干的飞行员。"

"哪几个航校?"宋美龄问。

"南京、洛阳、南昌。"蒋介石回答。

"好,我都统管起来!"宋美龄好大的胃口。

"我再给你请位懂行的顾问,给你做顾问主任,好不好?"

"你说是谁？"

"周至柔。"蒋介石答道，"人很好，既有魄力又有经验。工作有难处我还可以过问。"

"那好。"宋美龄虽然想揽权，但觉得自己是外行，她同意了。

抗战爆发的前一年。

正值蒋介石五十寿辰，缺乏经费的国防局，借此机会掀起了广泛的"献机祝寿"运动，从全国民众中筹款向美国、英国购买了 100 架老式的霍克 Ⅲ 式驱逐机和海盗机，扩编空军装备。

抗战爆发时，虽说在航空委员会注册的各种杂牌飞机有 500 架，其实可供作战用的仅有 91 架，许多飞机是孙中山时期留下来的，都未从注册簿上注销。此外，中国空军原拥有的美制霍克式飞机已经陈旧不堪，新组装的意大利菲亚特式飞机质量又非常差，有的初次试飞就摔了下来，被飞行员称之为"空中活棺材"。

中国的航空修理技术还很落后，迫切需要一批"航空医生"。有人提出来怎么办？

"我去请！"宋美龄一口应承了下来。

"到哪请？"周至柔问。

"美国。"

"美国是你的第二故乡，我赞成。"

"我不光请'医生'，我还想要几架新式飞机哩！当然这一切都要靠面子啦！"宋美龄说完淡淡一笑，她做任何事都觉得很轻巧、很容易。同时，她认为这也是施展她外交天才的良机。

"你什么时候出发？我好到机场送行。"

"处理完手下工作，一个星期后吧。"

"好，我祝贺你。"周至柔说。

宋美龄的美国之行

一周后,宋美龄登机从南京启程。

到机场欢送她的不光有航空委员会的要员,还有蒋、宋两家,包括委员长蒋介石。

"祝你一路顺风!"蒋介石和夫人握完手,把一束象征友谊和吉祥的鲜花献给宋美龄。

"谢谢,请诸位坐等我的佳音。"宋美龄风度翩翩,袅袅婷婷走上舷梯,在舷舱口旁,又举起了鲜花向送行的人员频频致意。

一阵轰鸣,飞机像只大鸟般地起飞了。

白云托着飞机,飞机在白云上穿行。它要把宋美龄和她的随行人员从大洋的这岸送往那岸。

从飞机往下眺望,未受战争影响的美国首都华盛顿,犹如幻想中的童话城市。

在客机的圆形舷窗中,首先出现的高耸云天的华盛顿纪念碑,它像一柄白色的长剑直插云霄;波托马克河畔停泊着好多艘漂亮的汽船,岸边行驶的汽车,看上去像是一只只小甲虫;接着浮现的是方格棋盘般的大街,具有民族文化交融特色的建筑群令人目不暇接。后来,国会大厦、林肯纪念堂和最高法院也一一展现在她的眼前。

宋美龄走下飞机,并没有像她想象的那样激动的场面:罗斯福和夫人以及众多的人群,五彩缤纷的鲜花,穿着整齐的军乐队,抛向空中的彩球,以及久日不见后的拥抱。

走出机场大门,宋美龄有点茫然,车辆往来如梭,广告牌上大白天也亮着霓虹灯,穿戴体面的女学生打闹着跑过去,差一点踩着宋美龄的脚尖。

由于大量销售战争装备,美国正在走向前所未有的繁荣,五花八门的消费品、保健品,堆满了商店橱窗。芝加哥的皮鞋、纽约的吸尘器、洛杉矶的音箱、费城的风扇,与百老汇来的演出队争相招徕顾客。

宋美龄无心光顾这些,她真想骂娘。正在她心急火燎之时,一辆总统府轿车驶来,戛然停在她的身旁,车速过猛,兜起一阵风尘。车门开处,出现一位修饰体面的胖胖的贵妇人。用不着介绍,她就是总统罗斯福的夫人。

"您好,美龄!"总统夫人把怀中的鲜花献给了宋美龄。"车子半路抛了锚,让您等急了。真对不起!"

"总统夫人,您好。"宋美龄出于礼节,接过鲜花,满面笑容,"我们都是老相识了,没有什么。"接着她又把自己的随从人员逐一地做了介绍,然后上了车。

"总统阁下忙吧?"宋美龄上了后座,问道。

"他这几天正在国会大厦开会,忙得不可开交,接到您的电报,让我负责您的接待,有什么事我们俩尽情谈吧。"

"这是介石给总统阁下的亲笔信,请您代转给总统。"宋美龄随手打开黑色皮包。

"好好,我一定办到。"总统夫人接过了信。

"另外,关于我这次贵国之行,有关意见书,也呈交给总统。"宋美龄嫣然一笑,"请夫人尽快给我个回话,中国战事吃紧,恐怕我不能久待。"

"你应该多住些日子。"罗斯福夫人接过意见书,"你还像过去那样,办事这么急。"

"还记得那次没有赶上飞机,我急得哭吗?"宋美龄道。

"那是十多年前的事啦!"罗斯福夫人回忆道,"是有这么回事,不过现在你是中国第一夫人了。介石很有头脑,中国不是让他给统一了,就连孙中山都没能真正做到啊!"

"您又夸他了,"宋美龄道,"他也只不过是顺应了历史,没什么可赞扬的。如果说他有成绩的话,全是贵国的倾囊相助啊!"宋美龄说到这里,突然话锋一转道,"这次我来也是向贵国求援来了,不光求物还要求人哩。"

"那好,总统很关心中国的事! 只要你来了,我想他是好说话哩!"罗斯福夫人慢慢地说,"希望你多住几天,我陪你到新开发的旅游胜地巴尔溪去玩一玩。"

"那好,我争取,夫人。"

……

车子穿过五角大楼的南草坪,宋美龄被安排在白宫里住下来。

┃　宋美龄的外交公关

从前的朋友都来看望宋美龄，有的还为她举办接风洗尘晚宴。

旋转门转个不停，会客厅高朋满座，裹着夹大衣的熟人接踵而来，带着鲜花和他们浓艳风采的夫人，还有的带着波斯小狗。一位小姐落落大方地弹起了钢琴，她演唱的是《美丽的阿拉斯加》和《朋友，祝您晚安》。五彩缤纷的宴席上，摆着香肠、炸牛排、喜三肝、鸳鸯蛋、女士香槟和德国啤酒以及微甜的俄亥俄白酒。

舞厅里，霓虹灯闪亮着，优美悦耳的舞曲下，对对双双携手迈进舞池跳起来，转起来，优美的舞姿给人留下了深刻的印象。

在休息室里，宋美龄与众多的大学同学聊天，好多人的话题都是想买花园式的洋房，换辆新轿车，购买更时髦的家用电器。福利社会，"三高"社会，有位朋友自信地说，美国正向这个方向前进。舞台的歌星是这样唱，收音机里是这样讲。战争是凶神，美国无意卷进去。

不同的思想，使宋美龄觉得有些说不出的隔阂。朋友们劝她同他们一起做一次环岛旅行，她谢绝了；朋友们劝她参观往日的校园，她也摇摇头；朋友们开车拉她参加美国古老传统婚礼，她推说有事离不开。对于美国国民这种安于现状，她表示莫大惊讶！她想着她的东方，战争的凶神在日继夜行地吞噬着千万个婴儿；战争的火焰在燃烧着千万座无辜的民房……

她开始向来看望她的朋友演讲中国抗战的真情。

有一天，她也记不清确切的日子啦。她去视察工作的途中，日机对前方的村庄轰炸。一排排重型炮弹像火妖似的扑向村庄、民房，一股股烟柱冲天而起，轰炸声、哭叫声、骂人声交织在一起，霎时间村庄夷为平地，化为废墟……

她驱车前往，一千余人的村庄只遗下一个不满周岁的婴儿。婴儿的年轻母亲是被炸弹片击中，临死前她还紧紧地抱住婴儿……

宋美龄从死难母亲怀中抱起婴儿。那婴儿扯人心弦的哭声，合着她的心跳声让她感到震撼。她以妇幼会的名义，向日本军国主义提出了抗议,并向全世界爱好和平的人民发出呼吁:救救儿童!

她的宣传开始曾遭到她的朋友的轻视,同时也很快得到了一些朋友的承认和同情。她的一位女友曾在《纽约时报》抢先发表了一篇《支持中国正义战争》的署名文章,她为自己的演讲和宣传成功而感到由衷的高兴。

14 年前,在这个美丽的国家,宋美龄只不过是一个不起眼的留学生,而今天,她作为中国四万万人口大国的第一夫人、新任中国航空委员会秘书长,出现在这个国家,受到了欢迎。但是使她不满足的是,高傲的美国并没有拿出它应有的热情欢迎她。比如来时的迎接以及她到美国后的工作日程安排,并没有按她设想的去办,她想会见富兰克林·罗斯福总统,罗斯福还一直忙于他的国事,至今还没有通知会见日期,作为一个大国的第一夫人,她的自尊心受到严重的伤害。她也深感到祖国的落后必然会导致旁人的藐视,因此她的民族自尊心比任何时候都强烈。她耐心地等待着总统对她的会见。

半个月后,也是她和罗斯福夫人第三次会谈后的隔日,电话铃响了,正式通知了会见的日期。

宋美龄高兴了。

她和她的秘书连夜抄写她的发言纲要……

┃ 宋美龄与美国总统罗斯福的会面

白宫。

7 日晨。

在白色的铁栅栏后面,太阳光拨动着金色的琴弦,洒落在修剪得整整齐齐的草坪上。高大的云杉环绕在楼房四周,宽阔的树冠直插冬日的天际,轻轻地摇曳着,好像正在倾谈着它们 140 年来所见证的一切。

一座白色大理石堆砌的喷泉,坐落在一尘不染的草坪正中,四面装饰着精致的雕塑。巧妙地镶嵌在水池中心的人工喷头,不停地将洁净的水花喷射到半空,然后又雨点般地跌落到水池里,在阳光的映照下扬起道道绚丽的彩虹。

这不是一座普通的庭院。它那规整的建筑物内部,布置得像宫殿一般,墙角爬满了常春藤。它那主楼的顶端,终年飘扬着一面星条旗,表明了它那显赫的权力中心的位置。

建成于1792年的白宫,是除华盛顿总统外其余历届总统的官邸,是美利坚合众国政府的象征。

此刻,在一群壮实的警卫的护拥下,一辆轮椅车正缓缓地通过白宫的南草坪。

轮椅车上,端坐着一位仪表堂堂的老人,他的白发修饰得完美无缺,浅绿色的双目明亮而温和,老人的腰板挺得很直,眼睛望着前方,仿佛是一位主宰万物的君主,看也不看他的臣民一眼。事实上,他的行动极为不便,离开他的警卫,他连半步也动不了。

他就是美利坚合众国第三十二届总统、民主党领袖罗斯福。

在白宫西翼的椭圆形办公室内,穿着礼服的宋美龄女士,正在怡然自得地吸着鹿牌雪茄,等候着总统的召见。尽管总统是她的干爸,这次召见也是不容易的呀!

坐在宋美龄对面几张扶手椅上的,除了白宫办公厅主任外,还有航空部和国防部(当时也称战争部)的几位头面人物,你一言我一语地闲扯。

总统罗斯福被贴身警卫推进了椭圆形办公室。

办公厅主任点点头,那些警卫便无声无息地退了出去,还顺手带上了房门。

宋美龄见罗斯福进来,立即起身迎上前去,把一束早已准备好的鲜花献了上去,继而在老人的脸上吻了一下。

罗斯福挥手示意宋美龄坐下,然后道:"我很想了解你们中国的情况,正好你来了,可以当面谈谈。至于还有什么要求,我的官员都在,你也可以提出来,不必客气。"

"那好。"宋美龄用流利的英语对答。然后她通报了近两年来的中国风云变幻的形势,从介绍中国四方割据的军阀谈起,讲到蒋介石如何结束中国军阀混战的局面。讲着讲着,她很激动,完全脱离了事先准备的发言提纲。她还告诉罗斯福:"继统一中国后,蒋介石已把他的敌对力量——共产党包围到江西井冈山地区不到百平方公里地域,如果按常规,不出意外的话,近期即可斩草除根!"

"那好,那好!"罗斯福称赞说,"蒋先生还是很有办法的!"他接着问:"哦,日本对中国入侵情况怎么样?你也谈谈。"

"我也正想谈这个问题。"宋美龄道,"日本是一个资源贫乏的岛国,'九一八'事变以来,它便加紧了对中国的入侵掠夺,现在每天日本都有上百架飞机盘旋在中国上空,轰炸中国的城镇,残杀中国人民。可是贵国作为它的贸易伙伴,对它的战略物资供应有增无减,逐年递增。"宋美龄说到这里,掏出一片纸条,念道:"据统计,1935 年日本从贵国进口物资,钢占 91%,汽车及零配件占 90%,石油及其他燃料占 70%,生铁占 47%,废钢铁占 63%,机械及各种机床占 46%。"

椭圆形办公室里静悄悄的,只有福八恩时钟走动的"嗒嗒"声。宋美龄报出的一连串的数字,就连总统身后的官员也未必这样知底,使大家感到一种隐隐的不安,如果有一天跟日本宣战,那些出口的物资就会变成割破美国士兵脑袋的刀片。几年来掉以轻心的麻木意识,让美国人民,包括总统都要重新警惕起来。

罗斯福的办公厅主任也激动地插话:"在过去的一年中,我国输往日本的战略物资,也基本保持着这样的水平,有的品种还略有升高。这些数字表明,日本人谋求同我国改善关系的要求是迫切的,离开了我国雄厚的物力,他们的战争一天也维持不下去,我跟野村大使的谈话结果,得出的也是这么个印象。"

罗斯福命令他的秘书道:"这些数字很重要。你们把近三年我国对日本国出口物资统计上来交给我。"身旁的秘书向他点点头,接着他又说,"两年前,希特勒曾对欧洲人亲口许下诺言,说他要维持整整一代人的和平……算了,不去提它了,我也天真地上了当。我希望这一次能做出正确的判断。哦,我想听听俄国佬的态度如何?有些时候,赤色分子的行动很有参考价值。美龄,你再接着给我谈谈。"

"好!"在总统面前,宋美龄表现出一种东方女性的温柔美。她理了理腮边的短发道:"最近,日本驻苏大使东乡茂德,向苏俄提出缔结《日苏互不侵犯条约》,目的是减轻满洲边境的压力,以便将其精锐的关东军主力调进长城以内,投入华中战线作战。另一方面,假若缔约成功,苏俄也可以将其屯集在西伯利亚的后备兵团投入西线战场,加强其正面防御。"

宋美龄不断说着,同时又注意地观察着在座诸公的表情。她说:"令人费解的是,苏俄同中国订立了类似条约,却断然拒绝了日本的请求。"

罗斯福的手指轻轻敲击着办公桌的台面。由于上了年纪,他的手已呈灰色,上面还有好些深褐色的斑点,暴露的青筋像一条条小虫。他低下头,他永远不会理解共产党人。但是他了解日本人。

罗斯福的下属都知道他对日本人的反感。这个看法是总统从会做生意的日侨身上形成的。侨居美国的日本人精明得像鬼一样,什么产品他们都可以照样仿造出来,不管什么专利权不专利权。来自远东的情报也谈到,吃苦耐劳的日本士兵,光靠一包大米就可以过活,令人不可思议。

最主要的是,"九一八"以来,日本在中国制造的"满洲国"傀儡政府,从根本上改变了罗斯福对日本内阁的信任。这一次,野村吉三郎或许也是在玩花招,他们已有好多年没有见面了,谁知这位"老朋友"居心何在呢?

"野村差不多有两年没给我写信了。最后那封信是他从日本海军省发来的,他说他一直盼着同我重温旧谊。"罗斯福自言自语地说道,"我过去认识他,我只听说过他是海军方面的专家,没想到他会到这里来当大使。"

总统干咳了一声,扭头吩咐办公厅主任说:"您得慢慢去摸野村的底牌。我想这里面必有圈套,而美国人民不允许我们再中圈套。我看欧洲和亚洲的风势越刮越大,说不定有一天会刮到我们这块乐土上来的。"

美国政府的决策人物们,听到总统这番耸人听闻的话语,无不倒吸一口冷气。

"美龄,你接着谈,你这次来有什么要求?"罗斯福在轮椅车上耸动了一下,挥手道,显然他听得很认真。

"我这次来没有别的目的,主要想把这些严峻的形势通报给您,以便贵国采取应有的防范措施,给强盗以惩罚。"宋美龄挪动一下身子,又侃侃而谈,"面对着这种严峻的形势,中国已着手成立航空委员会,驱逐日本的侵扰。我受中国航空委员会委托,来这里一是解决飞机援助问题,二是给中国已有的破烂飞机请'郎中'问题。我想贵国政府如果豁达大度的话,应该满足我们的要求,日后我们是不会忘记的。"

"两位部长先生,你们看呢?"身为总统的罗斯福,他并不急于表态,这也许是他的一种高超的领导艺术。

"总统先生,您的意思是不是说,咱们得冒着同日本人翻脸的风险,调兵遣将来支持这项道义性的措施?"国防部长试探性地问道。

罗斯福没有马上回答国防部长的提问,而是慢慢地抬起手臂,让两只拳头抵在一起:"举个例子吧,你们可以看见,我的两只手是势均力敌的,谁也压服不了谁。为什么呢? 因为这双手的肌肉、骨头、血管乃至神经,都是相等的。白宫的东楼和西楼是对称的,它们所采用的建筑材料和规模也是相同的。轮船的左右甲板宽窄也是相等的,失去平衡,就有翻船的危险。"

沉默片刻后,罗斯福又接着说:"我的观点可以简单地归结为一句话:要保持我们这个世界的平衡,双方力量的消长也必须保持平衡。自不待言,我现在是倾向于向中国提供有限的援助。"

"总统,我代表中国人民向您和您的国家表示由衷的感谢。"使宋美龄高兴的是她的这趟美国之行没有白跑。她灵机一动道,"我也邀请诸公,带着夫人参加今晚我的答谢晚宴。""好!""好!""好!"椭圆形办公室里传出一阵朗朗笑声。

| 宋美龄的答谢晚宴

当晚,黄昏伴着暮色悄悄走进白宫的时候,宋美龄精心安排的答谢宴会进入了高潮。

应邀参加的不光是罗斯福总统及其夫人,当然也包括白宫幕僚们。

镁光灯在闪烁,宾主双方入座。这是一次中国式的传统宴会,菜肴之丰盛,堪称世界无比。宋美龄的祝酒词,英文演说,像一篇"稍加修饰的散文",既有文采又有思想,使在座者无不为之惊叹:"果真是个外交家!一流夫人!"

宴会后,她同华盛顿新闻界进行了更为重要的接触,那是在白宫椭圆形办公室举行的集会,共有158名新闻记者拥到那里,要再睹一下她的风采。她穿了一套礼服,别致地佩戴了中国空军的双翼徽记,英姿飒爽地向记者们透露了中国的形势,以及日本对华侵略的情况。她呼吁美国人应该支持中国人民的正义斗争,以及应该怎样维护美国人在华的利益。中国人一直把美国当做自己的大后方,美国人应该以无私的援助来支援中国政府的斗争。

"中国有句老话:'人固未易知,知人亦未易也。'我们期待着美国朋友的理解和支持。"讲到这里,宋美龄嫣然一笑,那笑容灿烂如出水的芙蓉,那话语使人久久回味。镁光灯不停地闪烁,"咔咔"地摄下了这幅特写的镜头。

继而,记者们紧紧追问对蒋夫人和罗斯福总统都很敏感的一些问题:

"关于中国没有最充分地使用它的人力的消息是否确实?"

"这是什么意思?"蒋夫人心里虽然有气,但面带笑容地说,"中国目前有多少弹药就使用多少人力。总统说过,中国现在需要更多的弹药。中国已经训练了飞行员,但是没有足够的飞机和汽油;中国已经成立了航空部队,但它还名不副实。"

"那你的意思是让美国人支援?"

"不!"宋美龄否认道,"我只是把中国的现实介绍给美国朋友,我们需要被别人理解。如果是朋友,你们援助我们当然也不拒绝。"继而宋美龄把头转向罗斯福总统:"尊敬的总统阁下,你说呢?"

宋美龄谦逊地转请罗斯福回答。他曾经解决这么多的重要问题,而且度过了这么多的危机,她觉得,她让他来回答这个问题是万无一失的。

记者们微笑地眼看她如何简练地把球扔给了罗斯福。总统毫无惧色,他说:"当前把飞机和供应品运往中国存在巨大的困难,但是美国正在努力把东西运进去。如果美国人民都将理解我的话，这将是无私的援助。不就是百架飞机吗！这等于每个美国人碗里少放两块牛排！"这番回答，使罗斯福显得极有总统风度。

"感谢您，尊敬的总统阁下！"宋美龄急忙伸出手来，"谢谢您，您对中国人民的难中支持！不，还有很多理解您的美国人民！"

……

就这样，宋美龄并没有从财政部长宋子文的兜里掏出一分钱，而得到了120架飞机的援助，和一个"空中外籍兵团"。这个消息传到国内，引起轰动。包括蒋介石也不得不对妻子的外交天才佩服得五体投地。也就是从那时起，宋美龄像其有传奇色彩的父亲宋查理一样涂上了神秘的色彩。

为了让这批飞机安全运往中国，宋美龄雇用了美国那位神通广大的威廉·波利。波利建立了一个公司——称为中央飞机制造公司，来承担这项工作。

为了尽快地找到合格的飞行员，宋美龄一方面加紧中国三大航校的建设和招生，一方面又往返于中美之间。

宋美龄的外交活动终于打动了罗斯福总统的心，他发布了一道命令，允许军事人员辞职，同波利的中央飞机制造公司签订合同，跟陈纳德一道去中国与日本军作战一年，此后他们还可以重新回到他们原来在美国军队的岗位上去。他们还签订合同，答应给每个应征军人每月750美元的薪饷，外加旅行津贴、住房和每年30天薪饷照发的假期。中央飞机制造公司同意每击落一架日军飞机发给500美元奖金。陈纳德任这个志愿大队的队长。于是这批美国驾驶员传奇式地出现在中国的战场上。在以后的几个月里，他们击落日机近百架，美国志愿大队因功绩辉煌而举世闻名。中国人称他们为"飞虎队"，而且这个名字变得很流行。

后来由于美国已经参战，美国志愿大队的任务就要改变了，飞行员们的军人身份、正常的公事、正常的薪饷和军装都要恢复。陈纳德被重新任命为陆军航空兵准将，属于一个新的晋升等级。志愿大队因帮助中国抗日有功，在中国人民中有极高荣誉和声望，数以百计的来到中国的其他美国飞行员被称做"飞虎队员"。

第十八章　外交夫人

| 宋美龄赴美看病

宋美龄的才能随着她的阅历在增长。

1942 年 10 月 9 日，美国副国务卿威尔斯召见中国大使魏道明，宣布美国取消在华领事裁判权及有关的种种特权。美国最高法院院长为庆祝中华民国"双十节"，在费勒得斐亚独立厅前发表最亲切的祝辞，并鸣自由钟 31 响。

"双十节"的当天，蒋介石致电罗斯福总统表示感谢。电文说，全中国民众都因美国这一行动欢欣鼓舞，费城独立厅自由钟为祝福中华民国国庆日而敲响，更使中国人民对美国人民的亲善友好有共鸣感觉。电文说，此种献礼对于中国军民继续抗战的鼓励，是其他事物均不能比拟的。

罗斯福总统复电说："取消在华领事裁判权是美国政府及我个人多年的心愿。中国抵抗侵略者的英勇奋斗精神令人敬佩。"

正是在这种气氛下，"双十节"过后的不几天，第一夫人宋美龄因荨麻疹复发，在董显光及其他随行人员陪同下，秘密地离开重庆，搭乘美国军用飞机，飞越太平洋，前往美国。

碧蓝的天空，飞机平稳地飞行着。

宋美龄鸟瞰着一望无际的蓝色太平洋，感到说不出的超脱和振奋。这些日子，她实在太累了，要不，荨麻疹还不会复发呢！

宋美龄在纽约哥伦比亚长老会医疗中心接受治疗，住了一个月的院，病愈后立即展开了旋风般的外交活动。

| 宋美龄旋风般的外交活动

11月的华盛顿尚未降雪。

从白宫椭圆形办公室的落地长窗里向外望,天空十分晴朗。

宋美龄首先拜会了罗斯福总统的夫人埃莉诺·罗斯福。美国第一夫人埃莉诺·罗斯福,接到中国第一夫人宋美龄的电话后,已在门前等候。与宋美龄一样,她也是一位美国标致的美人。她穿着一件华丽的蓝色裘皮短装,烫过的金黄色的头发披泻在背后,亭亭玉立站在门口,显出惊人的美貌。

当宋美龄的专车开过来的时候,两位以美丽和才华驰名全球的第一夫人相会了。这已不是第一次相见,用不着任何人介绍和欢迎,她俩像亲姐妹一样拥抱在一起,用英语欢欢喜喜地交谈起来。

宋美龄那苗条的身躯深陷在大沙发的坐垫里,她顺着茶几,把见面礼——一巨册邮票推送到总统夫人的面前:"尊敬的夫人,请代转总统先生,我希望我亲手挑选的一点礼物不会显得太过时了吧。"

埃莉诺双手接过,笑逐颜开。

这册邮票,是宋美龄专门为访美而苦心孤诣弄来的。她早就听说罗斯福总统是个集邮迷,便四处打听哪儿有珍品,后来交通部长张嘉璈提供了一条线索:敌伪占领的上海原邮政总局保险柜里有四巨册,而且是从清代的第一套大龙票到民国各时期的全有,堪称国宝。宋美龄立即派人潜入上海,把这四册邮票全弄到重庆,两册交邮政总局,一册携至美国专赠罗斯福,投其所好。

埃莉诺捧起那册邮票,翻了几页说:"这些邮票堪称宝贝。罗斯福从少年起就是个小集邮迷,现下又是个老集邮迷。他知道了,一定比我更高兴。夫人,我太感谢您了。我马上给您引见他。"

翌日,会见是在一个红霞满天的早晨。

宋美龄在埃莉诺的安排下,来到了白宫。

对于白宫,宋美龄并不陌生。

早在她留学美国的十年生涯中,多少次她和同学们结伴,在白宫前的铁栅栏前散步、指指点点,欣赏白宫的建筑造型艺术。白宫前绿草坪上的和平鸽给她留下了深刻的印象,而白宫对于她们这些少女们则充满着神秘。中国抗战初期,她以中国第一夫人、新任中国航空委员会秘书长的重要头衔,来到白宫,接受罗斯福总统的秘密接见。律师出身的罗斯福总统,虽然不乏律师的尊严,但他的和蔼可亲也令宋美龄感到很放得开。他说话慢慢的,声调柔柔的,话语中透出一种深思熟虑和远大抱负;他阐述一种问题和思想时,总是从小到大,从身边的事情说开去,透过迷雾,给人以高远。然后又由高远回到身边,给人一种亲切。随着总统的接见,白宫的神秘也就随之消失,而留给宋美龄的另一种神秘则是罗斯福那双不能行动的腿。出于礼貌,宋美龄多次抑制住了她询问的冲动。直到她临上飞机回中国时,方从罗斯福总统身边的工作人员口中得知:罗斯福在青年时期便是一位体育爱好者,滑冰则是他的拿手好戏。他张开臂膀,迎着寒风,像雄鹰展翅,给人以畅想。那年罗斯福还在大学读书。一次在加拿大与友队进行滑冰比赛时,脚下坚冰突然裂缝坍陷,年轻的罗斯福不幸堕入冰水中。直到被队友搭救上岸,双腿已麻木失去知觉,从此再也没能站起来。

罗斯福虽然泪洒冰场,结束了他的体育生涯,但残废的身体并没能遏制住他个人宏伟抱负的实现,反以百倍的毅力与常人竞争。他后来从律师事务所走进军营,在军队中先后担任要职,最终在总统竞选中获得巨大成功,成为美国历届总统中任职最长、最受欢迎的总统。

宋美龄在埃莉诺的陪同下来到白宫时,罗斯福正在国会大厅开会。会议已近尾声,工作人员安排宋美龄先登上白宫顶层参观白宫周围的景色,然后在总统接待大厅中等候。

接待大厅位于总统办公室的左侧,离国会大厅仅有几步之遥。大厅宽绰豪华,装饰精美。正面雪白色的墙壁上镶嵌着美利坚合众国五彩缤纷的地形地貌图;四周有几幅中国风格的山水画,雅致而气势非凡;一张椭圆形桌子横亘在大厅中央;中央花池里摆满了生机勃勃的鲜花和松柏盆景;在沿墙壁四周摆着沉重但令人舒适的牛皮沙发;隔窗可望见华盛顿的新姿和宾夕法尼亚大街的车流。

当罗斯福坐着轮椅出现在宋美龄面前时,宋美龄从深陷着的沙发上站起来,迎上去,礼节性地把一束鲜花呈送到老人手中,继而在罗斯福的脸颊上吻了一下。

罗斯福开口道:"夫人,我迟到了,应该检讨!"

"该说对不起的是我而不是您。"宋美龄用流利的英语回答。

"此话怎说?"罗斯福略一愣怔,等待着宋美龄的下文。

"本来嘛,我应该早来看您,只是忙于国内抗日事务,耽搁了启程的时间。若不是介石催促,恐怕今天还来不到这里呢!"宋美龄对罗斯福一语双关。

"蒋总统他好吗?"罗斯福边问边示意宋美龄坐在他身体右前方的沙发上。

"他很好。"宋美龄接着从随身的工作人员手中拿过一个大信封呈到罗斯福手中,"这是介石给您的信。他让我向您问候并祝您身体健康。"

罗斯福接过信,认真地读了一遍,随手把信交给身旁的秘书,说:"我代表美国人民欢迎夫人的到来。中国作为世界反法西斯的主战场,作为我国的盟国,我们一向是十分关注的。上次你是秘密来美国,而这次是公开的国事访问。关于中国抗日前线的战场形势,尽管通过新闻和情报渠道知道一些,但还是想听听您的介绍。"

"OK。"宋美龄很有风度地把披巾取了下来,盖在自己的双膝上,然后开始通报中方战场的情况。从敌我之间的力量态势,谈到各个战区的官兵士气、物资供应;从日军的几次大的失败,谈到中国军队在各个战场上的戮力攻击;尤其谈到以陈纳德将军为首的飞虎队给日军构成的很大威胁时,宋美龄和罗斯福不约而同地露出会心的微笑……讲着讲着,宋美龄完全脱离开事先工作人员为她准备的提纲,遇到总统感兴趣的问题时,察言观色的宋美龄还能即兴描述一番。罗斯福感到很高兴,宋美龄亦感到兴奋。

"照此下去,我感到中国的抗战离胜利已为期不远。"罗斯福很有风度地在长桌上弹了弹修长漂亮的指甲盖,声音轻轻的,像是在弹琴。

"是的,阁下。"宋美龄翕动一下涂满红色唇膏的嘴唇,"关于胜利应该说为期不远。不过,我只是讲了对我抗战有利的一面,而困难的一面我还未向您通报。"

"什么困难?"罗斯福机敏地问道。

宋美龄缓了口气,表情凝重地说:"困兽犹斗。日军是决不会自动承认失败的。他们每天有数百架飞机向我们的前线和后方投下数千吨炸弹,妄图挽救危局。中国的制空虽有盟军的援助,但还难以和日军抗衡。因此,中国士兵的伤亡每天都在增加。后方医院爆满,许多伤员不得不在露天场院里等待手术和治疗。很多伤员由于缺医少药而牺牲了。临来前,我到一个后方医院视察过,那里有一百多位伤员至今没有床位,有四位伤员痛苦地呼唤着我的名字而死去,那情景看了真让人难过。"说到这里,宋美龄用丝质手绢揩了揩湿润的眼角。

罗斯福也为之动情。他略欠了欠身子,似乎明白了宋美龄此行美国的目的,说:"请讲清楚,还需要多少资金?"

"我这里有几个统计数字,请总统阁下过目。"宋美龄没有正面回答罗斯福总统的提问,而是把一张早就准备好的明细表落落大方地呈给了罗斯福。在宋美龄的感觉里,这组数字似乎是大了些,直接回答未免显得轻率。

罗斯福一面用手轻敲着台面,一面认真地审查着表格中那枯燥的数字。遇到哪一个战区伤亡数字较大时,就向宋美龄提问几句,宋美龄则对答如流。罗斯福显然不太相信这些数字,但提的每一个问题都被胸有成竹的宋美龄一一解答,滴水不漏。当罗斯福总统抬起眼睛重新审视面前的这位娇小的东方女性时,不由得深深地感到这位蒋夫人的富有心计和城府深深。

"请放心,作为中国的盟国,我们决不能袖手旁观,尽量满足贵国的困难要求。但是比起在前线用生命和鲜血和日本人作战的中国官兵来说,这些困难算不了什么。美国是一个民主国家,虽然我是一国之总统,但不能我一人说了算,还要征求国会的意见,这点希望你能谅解。今天,你讲得很好,我心悦诚服。我想,你如果能再用使我心悦诚服的话演讲给国会议员们听的话,你此行的目的就不会落空。至少我是这样认为的。"罗斯福认真地说。

"是吗?"宋美龄睁大了美丽的眼睛。

罗斯福总统点了点头,似是暗示。

"谢谢!"当两只手用力相握时,默契达成了。

罗斯福总统和夫人做东宴请了宋美龄。之后休息片刻,双方又坐下来对国际反法西斯同盟所面临的形势,交换了意见和看法,对胜利的前景进行了预测,并对中国战场上美援的运用和监督进行了讨论。最后,宾主双方用不容置疑的口气向等候在门外的记者们宣布:中国和美国是世界上两个伟大的国家,中美要在当前的反侵略战争中互相支持,胜利一定属于国际反法西斯同盟。

……

当宋美龄怀着兴奋的心情乘车离开白宫时,一轮圆圆的红日正在落入西陲山野中,不过,在宋美龄的眼中,那是充满希望的太阳。

宋美龄的英文口才征服了美国参、众两院

1943年2月18日12时13分。

美国国会讲坛。

这天,宋美龄穿着深绿色的中式旗袍,披着亮色的披肩,下摆开叉几乎高到膝盖,一头柔和的黑发优雅地盘在颈后,她佩戴着价值连城的宝石,纤指上涂着红指甲油,脚上穿着透明长筒袜和轻便高跟鞋,庄重大方、风采动人。在副总统亨利·华莱士陪同下步上讲坛。亨利·华莱士做了简单的开场白,宋美龄便开始了动人演讲。

她理了理腮边的秀发,压了压跳动着的心口,以纯正的美国口音,滔滔不绝地讲了下来。如果不做介绍,你就猜想不到她是中国人。

先生们,女士们:

见到你们很亲切。

美国是我的第二故乡。我在这里生活了十年。我在儿童时代便来到了美国,在这里读完了大学,度过了我的青年时代,所以说我把

美国当做第二故乡。今天再来到这里，感到非常高兴、亲切。

众人一阵掌声。

掌声过后，她把话题一转道：

可是，我的第一故乡正遭到日本帝国主义的非人性的侵略，他们每天把成万吨的炮弹，倾注到我们的土地上，从空中、从海上、从地面……很多地方成了无人村。日本地面进攻的部队在中国的大地上，实行灭绝人性的三光政策，杀光、烧光、抢光的三光政策。没有被杀死的他们拥挤在一起，闪着惊慌不安的眼睛，呼喊正义的人们去救他们……此时，我们的国土，文明已被野蛮代替，正义已被邪恶驱除。他们急切地向你们呼救！

宋美龄讲到这里，又把她亲身经历的三个悲惨故事讲了出来。台下群情激愤。

最后宋美龄很动感情地大声疾呼：

中国到处在流血。我那善良的婆婆，总统的母亲，就是在纺棉花时被日机投下的炸弹炸死的。这一点，没去过中国的人是绝对不会想到的，侵略者是多么残暴！我的丈夫，作为中国的总统，把所有的精力和心血倾注在救国救民上，许多人不知道我的丈夫的处境是多么艰难。我，生于中国，长在美国，是属于中美两个国家的。我坚信，两国都不会屈辱地承认失败，而要以正义反对侵略！

在这里，请允许我再讲一个故事。这个故事发生在我国衡山地区，叫磨镜台的传说。一千余年前，衡山地区有一座古庙，庙中有一位住持，天天在石头上磨一块砖。日复一日，年复一年。一天，一个小和尚问他："住持师父，以砖磨石，究何为乎？"住持答道："余欲磨砖成镜。"小和尚说："住持师父，磨砖成镜，不可能也。"住持说："这与你整日念阿弥陀佛以求福祉是同样不可能的。"这个故事讲完了。我是说，我今日对贵参议院诸位参议员，以及对旁听席上诸位女士与先生，愿更进一言：吾人之诸领袖，倘无吾人全体积极协助，不能实现此种共同理想。此磨镜台故事之教训，乃诸君与余所宜深切领会者也。

宋美龄讲完这段寓意的传说，全体议员站起热烈鼓掌。他们不仅是出于礼貌，而是被她的真情打动了。掌声从心底发出。

宋美龄挂着泪花，连连向听众鞠躬致谢。

一小时后，美国众议院。

宋美龄稍事休息后，又在众议院议长雷朋的陪同下，走上众议院会议厅的讲坛，发表了轰动一时的演说。

她首先赞扬了美国士兵在世界各地奋战的情形；接着引用孙子的"知彼知己，百战不殆"和"看人挑担不吃力"的谚语，说明西方人对日本始则估计过高，视为超人，后又认为击败日本为轻易之事。她强调盟军应改变偏重欧洲战场的观点。她认为打败日本比打败德国更为重要。她说："吾人慎勿忘日本今日在其占领区内所掌握之资源，较诸德国所掌握者更为丰富；吾人慎勿忘如果听任日本占有此种资源而不争抗，则为时愈久，其力量亦必愈大。多迁延一日，即多牺牲若干美国人与中国人之生命；吾人慎勿忘日本乃一顽强之民族；吾人慎勿忘在全面侵略最初之四年半中，中国孤立无援，抵抗日本之淫虐狂暴。"她希望美国能把注意力转向日本，摧毁日本的武装力量，"日本之武力，必须予以彻底摧毁，使其不复能作战，始可解除日本对于文明之威胁。"宋美龄风度翩翩，意绪泉涌，侃侃而谈，说到感人处，常常被掌声打断。当她谈到盟国应立即击败日本时，全场起立鼓掌。演说完毕，掌声雷动，达数分钟之久，议员们一再起立欢呼，楼上旁听席上的听众也起立欢呼，气氛十分热烈。宋美龄频频含笑致谢，退出会场。

宋美龄在美国两院的演说，通过无线电向全美广播，引起美国听众的强烈反响。美国朝野人士纷纷写信向宋美龄致敬或邀请宋美龄去观光、演讲，每天收到信函多达两三千封。美国各界报纸杂志纷纷发表社论和评论，多达三千余篇，一时之间，掀起了一场赞扬宋美龄的外交旋风。

美国总统夫人埃莉诺·罗斯福称赞宋美龄的演说"不仅盛极一时，抑且举世无双"，"当我看到蒋夫人身着中国服装，沿阶梯走向讲台，被四周站立的人群包围时，我不得不为她的成就而感到荣幸之至。当她演讲时，她俨然是一位斗士！"美国议院外交委员会主席勃罗姆说："蒋夫人演讲时态度之优雅，解释世界局势之透彻，运用英语之流利灵巧，不但使每一听众能了解其意义，且能与其抱有同一见解，莅美外宾之影响美国民众者，从无若蒋夫人之甚！"议员凡登堡被宋美龄的演说感动得流下眼泪，并说："蒋夫人在参议院之即席演讲，为本人列席国会 17 年以来最佳之演讲词，预料国会必能实际援华，不徒以空言塞责。"

宋美龄白宫答记者问

白宫。

2 月 19 日上午 10 时 45 分。

宋美龄又在这里举行了答美国记者问。

宋美龄与罗斯福在白宫椭圆形办公室联合举行记者招待会，美国各报名记者出席的达 173 人，人数之多，实属空前。

这天，宋美龄换了一套礼服，别出心裁地佩戴了中国空军的双翼徽章。这大概是因为宋美龄想要在美国记者面前说明现在中国需要更多的飞机和弹药，逼迫罗斯福总统更多、更快地援华的缘故。宋美龄看起来很像一个大眼睛的孩子，她坐在大转椅的边上，小脚还够不着地板。表情严肃的罗斯福夫人坐在宋美龄的身边，一只手放在宋的手臂上。罗斯福坐在宋美龄的另一边，他轻松自如，显出是一位对付新闻界的能手。

罗斯福总统简单地向报界引荐了宋美龄，当他谈到宋是一位"与众不同的特使"时，竟开怀大笑起来。宋美龄慢慢地站起，说："我在中国曾与蒋委员长亲历前线各处，对于日本人之刀剑从未感觉其可惧，而于今日面对这么多支铅笔沙沙挥舞于速记本上，一时反生恐惧之感，诚如谚语所谓笔锋强于刀剑。但我目睹诸君笑容可掬,复使我感觉如置身于良友之群,则亦无所谓其恐惧,且所谓使机巧之问句,我相信不致发生。"接着,记者们开始紧紧追问一些颇为敏感的问题。

记者:夫人来美有何正式使命,是不是私人性质?

宋:并无正式使命,我来贵国是为反法西斯同盟的建立。

记者:舆论上对于援助中国,确无二致,但曾微闻有人说中国并未充分利用人力作战,夫人对此有何见解?

宋:吾人不能徒手作战,必须有若干配备。吾人用若干人力,毫无空军掩护,已坚持抗战四年半。所谓中国未充分利用人力一说,完全不值一驳。

记者:在华美国空军对于中国军民之影响如何?

宋:战事初起时,吾人只有飞机数百架,后随战事紧张与持久而逐渐丧失……迨贵志愿空军来华,屡创日机,造成辉煌之战绩,日机始不敢任意乱炸城市,至于志愿队在华最大之效果,厥为使中国人民认识已非单独作战,而有美国共同作战。中国现所需要者为军火,其要点在如何可使得到飞机与汽油,贵国总统已经克服许多困难,余意此一问题,还需请总统解答。

罗斯福幽默地说:"现最难解决者为运输问题,吾人不能横渡大洋,亦不能经由俄国,只能从中国西南飞航……吾人正在尽力设法,将来援助必能相当增加,此不仅为情感问题,实为整个战事胜败问题,当前把飞机和供应品运往中国存在巨大的困难。但是美国正在努力把东西运进去。如果美国人民都将理解我的话,这将是无私的援助……此乃吾人确定之政策,必当竭力促速实现,上帝许吾人如何快,吾人即如何快。"

记者:夫人有无具体办法,使吾人对华援助可以迅速增加?

宋:顷间总统曾谓上帝许君等如何快,君等即如何快,吾可补充一句:上帝助自助者。盖中国战士以血肉抵抗共同敌人,美国对华之援助,在中国观之,乃在尽其友情与盟义。

宋美龄讲完这段话,暴风雨般的掌声从人们的心底发出。

在答记者后,罗斯福紧紧握着宋美龄的手,连赞:"讲得好!讲得好!"

宋美龄也高兴地给罗斯福一个吻说:"看来我这趟美国之行没有白

跑。我也邀请诸公，带着夫人参加今晚我的答谢晚宴。"

"好！""好！"大厅里传出一阵朗朗笑声。

当晚，黄昏伴着暮色悄悄走进白宫的时候，宋美龄精心安排的答谢宴会进入了高潮。

应邀参加的不光是罗斯福总统及其夫人，当然也包括白宫的幕僚们。

镁光灯在闪烁，宾主双方入座。这是一次中国式的传统宴会，菜点之丰盛，堪称世界无比。宋美龄的祝酒词使在座者无不为之惊叹。

团结一致，共同抗敌，成了宴会的主题。

另外，宋美龄其后的一个月里，在美的日程也安排得满满的。这儿有一张日程表，里面不仅反映了她的活动，也反映了她访美大受欢迎的程度：

2月28日，宋美龄一行离华盛顿乘专车赴纽约。

3月1日晨8时40分抵达纽约本雪文尼车站。纽约各界名流二百五十余人到车站迎接。宋美龄登上装甲车，以摩托车警察队为先导，随从人员分乘16辆汽车跟在后面，浩浩荡荡驶向豪华的华尔道夫大饭店，住进42层的一套房间里。

当天上午11点半，宋美龄出席纽约市长为她举行的欢迎会，登上市政厅外广场上的高台，与纽约一万多市民见面。纽约市长宣布接受宋美龄为纽约市荣誉市民，并致欢迎词。宋美龄发表即席演说，感谢纽约市政当局及市民的欢迎盛意，并赞扬纽约市的建筑和市政组织，最后谈到中美关系，她说："中国不想让别人偿付代价而本身享受权利，更相信友好与正直之美国，亦必不肯由他人偿付自由之代价而本身享受其利益也。"

中午，宋美龄出席纽约华侨团体为她举办的欢迎会，并用汉语对华侨讲话。

晚上，卢斯和约翰·洛克菲勒邀请宋美龄赴晚宴，并由美国名流多人及美国东部九州州长作陪，宋美龄因"节劳"没有应邀。

3月2日晚7时许，由卢斯陪同各州长及约翰·洛克菲勒等人到饭店会见宋美龄。

当晚，在麦迪逊花园举行了有两万余人参加的市民欢迎会。欢迎会由约翰·洛克菲勒主持,会场布置得庄严而又华丽。8时半,全园灯光转成淡蓝色,中国男女儿童一百余人着中国服装,手提丝制小灯笼鱼贯入场,作为开幕的先声。接着,美国海、陆军仪仗队,手持旗帜,步向讲台。洛克菲勒宣布欢迎会开始,歌咏团高唱中美两国国歌。市长拉加地亚致欢迎词。此时,全场起立致敬,鼓掌声、欢呼声响彻云霄。宋美龄频频点头,向众人致谢。

3月3日,宋美龄出席纽约华侨在卡尼奇大会堂举行的欢迎会,并致词。

3月5日下午在旅邸举行记者招待会,回答记者提出的问题。

1943年宋美龄重访母校麻州威斯理安女子学院,受到欢迎。3月6日上午,宋美龄一行来到她的母校威斯理安女子大学,路经波士顿华侨居住区时,受到华侨的热烈欢迎。

3月19日上午抵达芝加哥。在州长和市长的陪同下步入车站大厅与群众见面。芝加哥市长凯莱将一巨大金钥匙献给宋美龄,并说:"此乃本市一切事物之锁钥,芝加哥已属于夫人所有。"宋美龄回答说:"敬谢此大钥,用启大心锁。"献钥礼毕,宋美龄一行驱车来到芝加哥最豪华的特雷克饭店下榻。

3月20日下午,宋美龄在旅邸举行记者招待会,答记者问。

3月21日下午,出席华侨欢迎会,并发表演说。

22日,出席芝加哥市两万余市民在大运动场举行的欢迎大会。

3月25日,宋美龄一行乘火车横穿美国大陆来到美国西海岸的旧金山。在旧金山第十四号码头,受到热烈欢迎。

3月25日下午3时,宋美龄出席旧金山市政厅的群众欢迎大会,并检阅了群众游行队伍,接受该市的市钥。

26日,举行记者招待会,同日晚出席旧金山市政府和总商会联合举行的盛大宴会,在皇宫大饭店用金碟进餐。

27日晚8时,到旧金山市民大礼堂发表广播演说,并接受该市"荣誉市民"称号。

3月29日晚带领少数随员出席了旧金山码头工会为她举办的欢迎会,并向码头工人发表演说,劝告美国码头工人不分派别,团结一致,积极工作,增加生产,支援中国抗战。

　　3月31日上午10时,宋美龄一行驶抵洛杉矶,在洛市市长及各界名流要人的陪同下驱车来到市政厅,出席欢迎会。会上,洛杉矶市市长宣布当日为"蒋夫人日",并将"蒋夫人日"通告原本,装入红木锦盒内,赠给宋美龄留念。

　　4月1日,宋美龄在大使饭店招待美国电影界名流。

　　下午6时,宋美龄在会客室接见塞尔兹尼克等16位电影公司负责人,并举行茶话会;6时半在楼下"黄金"厅接见高级导演和编剧数十人;7时在"黄金"厅隔室接见电影明星百余人。

　　4月2日上午,宋美龄在饭店招待洛杉矶新闻记者,共到一百余人。宋美龄就印度问题、苏联问题以及战后国际问题、妇女问题等回答了记者的提问。

　　4月2日晚7时,洛市市民欢迎蒋夫人委员会在大使饭店举行盛大公宴,欢迎宋美龄。来宾一千余人。

　　4月4日,洛杉矶市民在好莱坞广场举行盛大欢迎会,这是宋美龄访美以来最后一次,也是听众最多、最为辉煌、最为热烈的一次欢迎会,是美国民众欢迎宋美龄的最高潮。

　　4月14日下午,宋美龄带领少数随员出席了洛杉矶华侨欢迎会,赞扬华侨的爱国精神,鼓励华侨推进新生活运动。而后返回纽约,在熊山小住。

　　5月3日,宋美龄再访白宫,与罗斯福夫妇告别,回纽约华尔道夫饭店休息。

　　6月15日乘火车到加拿大访问,于当日下午1时15分抵达加拿大首府渥太华。出席了加拿大援华基金会等三大团体所举行的献金仪式,接受三个团体的献金。

　　6月16日,宋美龄赴加拿大国会大厦发表演说,成为在加拿大国会发表演说的第一位外国女性。接着,她参观了图书馆并巡礼阵亡将士纪念碑。旋即返回美国,三访白宫,与罗斯福夫妇告别。

| 宋美龄圆满完成任务回国

6 月 29 日。

宋美龄自美国南部某机场登上美国政府特备的四引擎巨型飞机启程返国，董显光和孔令伟随行。

途中，当飞机航行于巴西一带时，忽遇另一架飞机迎面飞来，险些相撞，幸而驾驶员机敏，迅即闪过；飞越大西洋上空时，因预防敌机骚扰，灯光全息，又遇一架飞机迎面而来，分不清是敌机还是友机，驾驶员紧急转变方向，躲过这架飞机；飞经非洲上空时，曾遇暴风雨；飞抵印度时，忽然油箱漏油，又与地面失去了联系，机长准备觅地降落，幸而他一转念又继续飞行，才没有误落入缅甸的日军占领区。

7 月 4 日下午 5 时安全抵达重庆。

7 月 11 日，重庆各民众团体在夫子池新运广场举行了欢迎宋美龄归国大会。

宋美龄访美获得极大成功。她所受到的接待有许多在美国接待外宾史上是破例的。她得到了许多外国元首都得不到的礼遇和殊荣。她使美国公众进一步了解中国的抗战事业，促进美国政府的对华援助。她此行还接受了美、加各方面人士的大量捐助。这些对中国的抗战事业都是有益的，同时无疑地也提高了宋美龄在军界、政界的影响。

稍微留心一下中美关系史的人，都会注意到蒋夫人 1942 年 11 月访美所引起的轰动。

一家《论坛》杂志报道说：罗斯福总统先后邀请蒋夫人在白宫和海德公园私邸小住，并陪她出席国会演说，出席记者会，这在美国接待外宾史上是破例的事。特别是蒋夫人，正式应邀在参众两院联席会议上发表演说，并出席两院外交委员会盛宴，以及在洛杉矶碗形广场对美国公众发表演说，这都是来访美国的绝大多数外国元首所不曾享受过的殊荣。

第十九章　抗战轶事

｜　中国远征军的作战内幕

珍珠港事件结束了中国独立抗日的局面,蒋介石便插手"帮助"英美这两个新的盟国。

1942 年 12 月 8 日凌晨,日本以 183 架飞机从海上 6 艘航空母舰上突然起飞编队,秘密偷袭美国珍珠港。无疑是美国援助中国抗日激怒了日本,实际这是一场战略上的报复行为。

日本偷袭这天,正是一个星期天,美国人一点也没有防备。日本 183 架飞机低空悄悄进去,狂轰滥炸,珍珠港一片火海升腾。8 艘战舰没待反应过来均已成了哑巴,260 余架飞机全部化为灰烬,4000 名官兵全部成了牺牲品。

蒋介石接到电报,在日军偷袭珍珠港的第二天,他就向罗斯福总统、丘吉尔以及斯大林做出了相同的表示,他建议马上召开一次紧急联合军事会议。

结果反应不一:斯大林答复说俄国尚未准备好参加太平洋战争;大个子罗斯福和矮个子丘吉尔却表示赞同。

这次会议在宋子文的周旋下,于 12 月 23 日在重庆召开,决议在重庆还成立了一个联合军事委员会,以协调东亚的战略。英国阿基鲍尔德·韦弗尔将军指出,就英国而言,头等大事就是要挽救缅甸。当时日本对缅甸的进攻迫在眉睫。最后大家同意,从中采取行动。于 1941 年 10 月重新开放缅甸公路,确系东方战场生死攸关的一条供给线。蒋介石急于表态,要使这条道路保持畅通。除了缅甸和经过苏联的陆路之外,中国现在通向外部世界的另一桥梁就是香港。

但是,此时的香港本身就处于日本人日益强大火力的压力之下。1941 年 12 月,蒋介石提出派出大批中国军队帮助英国保护他们的直辖殖民地香港。尽管这个建议没让英国人接受,但他还是用了相当多的兵力从大陆这边攻打小日本。

苏联是首先援助中国抗日的社会主义国家。但蒋介石只相信他自己和依靠资本主义国家。在 1940 年底有一次官邸汇报中,蒋介石对一位交通部次长说:"苏联担任的西北运输工作应全部停止。"这位次长吞吞吐吐地说,新疆尚有许多物资未曾运完,而且都是急要的。蒋介石一听,怒气冲冲地命令他:你照我的意思办不会错,你不要再想运了,再这样下去,都成他们(指中共及苏联的)的世界了。"

杜聿明听到有些诧异,觉得苏联援助中国抗日的飞机、坦克、枪炮等都需要大量的油料、弹药补充,为什么要停运呢?特别是杜聿明所带第五军的坦克等装备迫切需要苏联的补充,可是慑于蒋介石的淫威,始终未敢出声。

原来,蒋介石对苏联存在疑虑,怕苏联与德、意、日结成联盟,宁肯依靠美英等资本主义国家。故坚决站在反共反苏的立场上,当时断然拒绝了苏联的援助。他集中全力经营滇缅公路,任命小舅子宋子良为滇缅运输总局局长,设立许多汽车保养站,集中主要车辆担任运输。

后来,蒋介石又提出派兵帮助在缅甸的英国人,他的建议再次遭到了英国人的拒绝,但是随着日本施加的压力越来越大,英国人改变了初衷。

在抗日战争初期,日本军国主义者蔑视中国人民英勇无敌的力量,满以为在短期内完全可以使中国屈膝投降,哪知打了一年、两年、三年,伟大的中国人民不但没有屈服,反而愈战愈强。这时日军妄想从沿海包围截断我国际交通线,迫使蒋介石投降,于 1939 年冬在广西钦州、防城登陆,侵占南宁,截断我连通越南海防的国际交通线;1940 年 9 月间又侵入越南。至此,我滇越国际交通线已被截断,而可依靠的仅有滇缅公路。滇缅公路早在 1938 年春即开始修筑,于是年 12 月间初步通车,成为支援中国抗战的一个重要的交通大动脉。可是通车不久,即被英国殖民主义者不断留难,甚至在 1940 年 7 月 18 日英日正式成立封锁滇缅路协定,自是日起英国封锁滇缅路三个月,到 10 月才又开放。

珍珠港事件后,美国向日本宣战,与英国发表了著名的《大西洋宪章》。蒋介石权衡利益再三,认为日本已显败相,遂在年底对德、意、日宣战。

1941 年 2 月,英国军队遇急,要求中国派兵支援。蒋即令杜聿明率第五军、六军、六十六军组成中国远征军赴缅作战。

为救助英军,中国远征军与日军抗击 12 天,但获救后的英军却不支援中国军队,中国军队当然也不能等着全军覆没,必须及时撤退。面对中国军队的巨大损失,身为总司令的史迪威却令中国军队誓死抗战。

此时的中国军队只顾掩护英军撤退,自己的退路却被日军截住,只得突围。据杜聿明回忆:

> 各部队经过之处,多是崇山峻岭、山峦重叠的野人山及高黎贡山,森林蔽天,蚊蚋成群,人烟稀少,给养困难。本来预计在大雨季前可以到达缅北片马附近,可是由于沿途可行之道多为敌人封锁,不得不以小部队牵制敌人,使主力得以安全转进。因此曲折迂回,费时旷日。至 6 月 1 日前后,军直属部队的一部及新二十二师到达打洛;九十六师到达孟关(孟拱西北)附近;二零零师到达中缅边境南坎附近;黄翔部到达国境泸水附近与国内宋希濂部取得联系。
>
> 自 6 月 1 日以后至 7 月中旬,缅甸雨水特大,整天倾盆大雨。原来旱季作为交通道路的河沟小渠,此时皆洪水汹涌,既不能徒涉,也无法架桥摆渡。我工兵扎制的无数木筏皆被洪水冲走,有的连人也冲没。加以原始森林内潮湿特甚,蚂蟥、蚊虫以及千奇百怪的小巴虫到处皆是。蚂蟥叮咬,破伤风病随之而来,疟疾、回归热及其他传染病大为流行。一个发高热的人一经昏迷不醒,加上蚂蟥吸血,蚂蚁侵蚀,大雨冲洗,数小时内就变为白骨一堆。官兵死亡累累,前后相继,沿途尸骨遍野,惨绝人寰。我自己也曾在打洛患了回归热,昏迷两天,不省人事。全体官兵曾因此暂停行军,等我被救治清醒过来时,已延误了两日路程。我急令各部队继续北进,而沿途护理我的常连

长却因受传染反而不治。二零零师师长戴安澜因重伤殉国，团长柳树人阵亡，第九十六师副师长胡义宾、团长凌则民为掩护主力安全而牺牲。

突围后的中国远征军从原来的十万余人减少到四万余人，其中由于不熟悉当地地形，加之指挥混乱，非战斗减员占了大部分。

中国远征军失败的根本原因在于中英战略矛盾，中国远征军的主要目的是确保滇缅路这条国际交通线。而只有保卫滇缅路的咽喉——仰光海港的安全，才能保全滇缅路，这是人所共知的常识。可是自从中国缅印马考察团提出中英共同防御意见草案，于1941年五六月间正式送交英方后，在半年多时间内，英方对中英共同防御计划既未着手准备，亦未同意中国远征军事先入缅布防。在多次中英会报中，英国方面一直坚持它的错误判断，着重要求中国在车里、佛海布防，而不愿讨论中国远征军入缅布防问题，以致中英共同防御计划未能及早准备。

中国远征军失败的第二个原因在于对中国远征军的指挥权问题，蒋介石想自己来指挥中英双方在缅甸作战的部队。但英国对蒋介石并不欢迎，因此采取排斥的态度，下令中国远征军归英方指挥。蒋介石对此自不甘心，曾于1942年2月27日令侯腾飞返腊戍提出七项条件通知英军司令部胡敦，划清中英作战地境。但英国是一个唯利是图的国家，只要与它有利，它是什么也承认的。胡敦除了关于设置联络官一点怕暴露其不可告人之企图，因而未予承认外，其余都接受了。3月1日，蒋介石亲到腊戍指挥部署，企图对胡敦施加压力，取得指挥权。英方另派魏菲尔来见，关于指挥权的问题仍然没有做出让步。

一计不成，蒋介石又生一计。他在离腊戍前又调中国战区参谋长史迪威来腊戍，指挥中国远征军，并面命杜聿明"要绝对服从史迪威，对于英方有关问题由史迪威去办"。这就是在中国远征军之上，再加上一层重复机构。

史迪威一出头，英方看到胡敦经不起中美双方的压力，就改派亚历山大来继任英缅军总司令（当然英国还另有用意）。亚历山大一到任，便下令放弃仰光。这时美国将军的气焰很高,史迪威虽然没有指挥联合军的名义,却以中英联合军指挥自居,指手画脚,不可一世,尤其史迪威派出的人员对英方人员十分傲慢。蒋介石对英方不通知中国即放弃仰光,非常愤怒,3月9日令第五军未入缅部队暂缓入缅。11日正式令第五、第六两军归史迪威指挥,12日又令成立中国远征军司令长官部。英方正式提出意见说:"史迪威与亚历山大间指挥系统不明。"史迪威日益感到亚历山大比胡敦更狡猾难缠,于18日由腊戍飞渝,向蒋介石报告与亚历山大会商结果,并"请示将第五军主力集中于平满纳"。史迪威希望借中国远征军之力,在同古击灭敌人一部,以壮大他的声威,从中取得中英军在缅联合作战的指挥权。但史迪威由渝返缅后,因为二零零师撤离同古问题和杜聿明闹翻,遂就返梅苗向亚历山大报到,表示归英方指挥,从此史迪威就以中国战区参谋长的身份,卑躬屈膝于亚历山大之下,把中国远征军完全任亚历山大宰割,并派出他的喽啰到中国部队中监督执行亚历山大的错误指示。

由于缺乏对中国士兵的了解,加之美英指挥官漠视中国士兵的自尊,直接导致了远征军的失败。

第一次入缅远征失败后,中国远征军分为两部分,一部分撤到印度,改称为"中国驻印军总指挥部",简称"中国驻印军";另一部分退至本国境内怒江东岸,连同以后新增加的部队到1943年春重新成立"中国远征军司令长官司令部"。在后来的反攻及打通中印公路(亦称史迪威公路)中立下了不朽的功勋,显示出中国士兵侠义勇敢的战斗精神。

蒋介石篡夺抗战"果实"

太平洋战争爆发后。

由美、英、苏、中领衔的26国联盟,在美国总统罗斯福的提议下,蒋介石被推举为中国战区最高统帅,担负起中国、泰国、越南地区联军部队的总指挥。在反法西斯斗争进入决定性胜利的前夕,蒋介石作为中国战区最高统帅、中国国民革命军海陆空军大元帅、军事委员会委员长,对他指挥的部队的战斗序列又做了重新调整,为最后取得抗日战争的胜利,作出了自己的努力。

但是,中国抗日战争的胜利,主要是靠全国人民的团结奋斗,与共产党领导抗日军民的英勇奋斗分不开的。可是,在抗战胜利后,蒋介石却想独占抗战胜利的果实,建立自己的独裁统治。

为了抢占抗战胜利果实,1945 年 8 月 15 日,蒋介石以中国战区最高统帅的名义致电日本南京派遣军总司令冈村宁次,向他明确指示:"凡非蒋委员长或本总司令所指定之部队指挥官,日本陆海空军不得向其投降缴械及接洽交出地区与交出任何物资。"

接到日本无条件投降电文后,蒋介石于重庆发表《抗战胜利对全国军民及全世界人士广播演说》。演说中充满了"不念旧恶"、"与人为善"、"以德报怨"的想道。这种想道成为蒋处理日本投降和有关事情的基本精神,而忽略了对日本军国主义分子和战犯严惩的一面。

蒋于当天电命日本侵华军总司令冈村宁次按指示原则投降,并派何应钦代自己接受投降。蒋对冈村指示六原则主要内容是:立即停止军事行动,派代表到玉山接受中国陆军总司令何应钦命令;军事行动停止后,日军一切装备暂不许动,保持现有态势,静听命令;飞机船舰停放现地;长江船舰集中宜昌、沙市;不许破坏任何设备、物资;接到该指示后,要迅速答复。

蒋介石随后就向各地伪军发出通令:"非本委员长命令,不得擅自移动驻地。"然后制定了伪军收编方案,改伪军为自新军,替蒋介石占据伪军原占领的地盘。同时,要求美国替自己运兵抢先去占领原日本侵占的地区,空运军队去抢占京、沪、平、津各大城市。

冈村接蒋电令后,于 17 日答复。冈村直接向蒋拍电,说明立即遵命派代表赴玉山,要求派员接见。电报最后署名为"驻华一日军"字样,充分表明冈村并未认罪。

1945 年 9 月 9 日,蒋介石派何应钦主持受降典礼,接受日本派遣军总司令冈村宁次统辖的 128 万军队的投降;派熊式辉、杜聿明去抢占东北地区；派李延年去抢占山东地区；派 10 个整编师，约 30 万军队去抢占中原地区。

对侵略者，总是手软，与人为善；而对本国人民或不同政见者，则严厉镇压，不予稍息，是自清朝以来当局者极其突出的劣根性。这当是半殖民地半封建统治者以天下为私物的政治特征。

由于蒋介石对日军的"与人为善"、"以德报怨"，使得中国人民不仅没有从日军那里得到应有的补偿，而且这场战争留下的余毒至今仍在危害着无辜的人民，没有得到认真清算。

此时，蒋介石的图谋已经开始暴露。

重庆谈判桌前，蒋介石与毛泽东的握手

时间到了 1945 年 8 月，这是中国人民八年抗日战争胜利的喜庆日子。

遇喜又忧，日本被赶出中国国门，国共争锋已成事实摆在面前，再次成为世人关注的焦点，人们普遍担忧的是，解决了外患又来了内战。此时的蒋介石称雄之心未死，但又对全面内战颇有顾忌：一是人心向背。八年抗战，苦不堪言，国人普遍期待和平，反对内乱。包括英、美、苏三国都表示不赞成中国发生内战；二是蒋介石最最不放心的他的精锐军队抗战期间大都退到中国西南和西北地区，要迅速开赴共区前线作战还尚需一段日子……左右权衡利弊之后，计谋在心的蒋介石，一方面在调兵遣将的同时，一方面向共党发动了和平攻势，1945 年 8 月 14 日向中共领袖毛泽东到重庆和平谈判，发出第一次电邀：

万急，延安

毛泽东先生勋鉴：

倭寇投降，世界永久和平局面，可期实现，举凡国际国内各种重要问题，亟待解决，特请先生克日惠临陪都，共同商讨，事关国家大

计,幸勿吝驾,临电不胜迫切悬盼之至。

蒋中正未寒

一九四五年八月十四日

当时,毛泽东接到这封电报时,他刚作完《抗战胜利后的时局和我们的方针》的长篇报告,很累。看完电报着实让他吃一惊,蒋介石的电邀出人意料,为了摸清蒋的真实意图,毛泽东随即把这个任务交给了情报专家李克农。李克农很快把注意力锁定在国民党军令部派驻延安的两个联络参谋周励武、罗伯伦二人身上。他判断,蒋介石电邀毛泽东赴重庆谈判,定会密令周励武、罗伯伦加紧活动,收集延安方面的动向。因此李克农果断命令:严密监视周、罗二人,破译其电台的密令。

8月15日晚,电话铃声骤起,受李克农指挥的情报系统从重庆反侦察获悉,重庆各大报已被告知,明天一早要全文公布蒋介石致毛泽东的"寒电"。李克农立即将情况向毛泽东作了汇报,毛泽东高兴地说:"蒋介石观我不语,便展开和平攻势,占我上风。我起草电文回复蒋介石。"

接着,毛泽东针尖对麦芒,发出"铣电":

重庆

蒋委员长勋鉴:

未寒电悉。朱德总司令本日午有一电给你,陈述敝方意见,待你表示意见后,我将考虑和你会见的问题。

毛泽东未铣

一九四五年八月十六日

毛泽东的电文很短,诡谲地回避了他是否要去重庆参加谈判。

电文发出以后,毛泽东作诸葛状,一方面在枣园接见了国民党军令部驻延安的联络参谋周励武、罗伯伦;一方面举行记者招待会,当面回答记者自己对蒋介石"寒电"的看法。告诉记者先不准备去重庆,等蒋委员长复电后再作考虑。得到这些情报后,周励武急匆匆地向重庆蒋介石汇报了自己会见毛泽东的经过,千真万确:毛泽东绝不会去重庆!

蒋介石得到这一确切情报后,马上复电嘉奖周励武,命令他们随时注意毛泽东的动向。同时又胸有成竹说道:"果不出吾料,毛泽东绝不敢来重庆。"

由此国共两党间的智囊团,围绕着毛泽东来不来重庆展开了一场斗勇斗智的较量。

李克农坐镇枣园社会部,调集精兵强将,指挥若定,严密监视蒋介石和国民党的动向。当对方将延安所谓"情报"发给重庆,送到主子蒋介石手中时,照例也会有同样一份"情报"放在毛泽东的办公桌上。

8月20日,蒋介石口授"文胆"陈布雷,再次邀请毛泽东赴渝谈判。这就是著名的"哿电":

延安
毛泽东先生勋鉴:

来电诵悉,期待正殷,而行旌迟迟未发,不无歉然。朱总司令电称一节,似于现在受降程序未尽明了。查此次受降办法,系由盟军总部所规定,分行各战区,均予依照办理,中国战区亦然,自未便以朱总司令之一电破坏我对盟军共同之信守。朱总司令对于执行命令,往往未能贯彻,然事关对内妨碍犹小,今于盟军所已规定者亦倡异议,则对我国家与军人之人格将置于何地。朱总司令如为一爱国爱民之将领,只有严守纪律,恪遵军令,完成我抗战建国之使命。抗战八年,全国同胞日在水深火热之中,一旦解放,必须有以安辑之而鼓舞之,未可蹉跎延误。大战方告终结,内争不容再有。深望足下体念国家之艰危,悯怀人民之疾苦,共同戮力,从事建设。如何以建国之功收抗战之果,甚有赖于先生之惠然一行,共定大计,则受益拜惠,岂仅个人而已哉!特再驰电奉邀,务恳惠诺为感。

蒋中正哿
一九四五年八月二十日

此电很长,口气虽强硬又委婉,颇有文理。李克农在拿到"哿电"后,断定蒋介石是假戏真唱获得舆论上的优势,毛泽东不去,他则可以把拒和平搞内战的责任全推在共产党的头上。李克农把自己的判断向毛泽东汇报后,毛泽东决定再给蒋介石吃一颗"定心丸",增加他对自己的误判。

8月22日,毛泽东给蒋介石回应了第二封电报,这就是著名的"养电":

　　重庆

蒋委员长勋鉴:

　　从中央社新闻电中,得读先生复电,兹为团结大计,特先派周恩来同志前来进谒,希予接洽,为恳。

毛泽东未养
一九四五年八月二十二日

依照李克农的意见,毛泽东再次接见国民党联络参谋周励武、罗伯伦。一见面,毛泽东就"开诚布公"地对周、罗说:"蒋委员长'哿电'已收到,本日已复蒋委员长,因自己工作繁忙,无法脱身,为团结大计,先派周副主席前去重庆会晤蒋,待恰当时机再相机赴渝。请将我的话转告蒋。"

再说蒋介石收到毛泽东的"养电",心中窃喜:黔驴技穷,毛泽东被逼无奈表态了,派周恩来到重庆"晋谒",与我周旋,自己仍然躲在延安不敢露面。不到一刻钟,情报系统又送来了周励武、罗伯伦见到了毛泽东断定其不会来重庆的电文。

8月23日,蒋介石再次给毛泽东发去了第三封电报,邀请毛泽东赴重庆谈判:

　　延安

毛泽东先生勋鉴:

　　未养电诵悉,承派周恩来先生来渝洽商,至为欣慰。惟目前各种重要问题,均待与先生面商,时机迫切,仍盼先生能与恩来先生惠然偕临,则重要问题,方得迅速解决,国家前途实利赖之。兹已准备飞机迎迓,特再驰电速驾!

蒋中正梗

一九四五年八月二十三日

毛泽东收到电报,躺在沙发上大笑不止:"蒋介石要把假戏唱到底喽!果真以为我不敢去重庆了!"这时,国际舆论也站在了蒋的一边而嘲笑毛胆小,美国驻华大使赫尔利公开表示:美国政府担保毛泽东的人身安全。斯大林和苏联居然也站在所谓"中立"立场上,劝告毛泽东为民族利益、为维护团结一定要赴重庆与蒋介石谈判。

"我去了!"毛泽东忽然当机立断,登机重庆,蒋介石上了圈套。毛泽东特给蒋介石的第三封复电:

> 特急,重庆
>
> 蒋介石先生勋鉴:
>
> 　　梗电诵悉。甚感盛意。鄙人亟愿与先生会见,共商和平建国之大计,俟飞机到,恩来同志立即赴渝进谒,弟亦准备随即赴渝。晤教有期,特此奉复。
>
>
>
> 毛泽东敬
>
> 一九四五年八月二十四日
>

不过,这封电报发出的时间,并不是真正的二十四日,而是毛泽东登机前一个小时发出的。

8月26日,毛泽东在中共中央召开政治局会议上详细分析了当前的国内外形势,毅然决定率周恩来、王若飞等人赴重庆,与蒋介石谈判,并迅速调派干部赶赴前线,先蒋抢占有利地形,在军事上立足行动。

毛泽东决定亲自去重庆与国民党谈判,对于李克农来说,立时感到了自己肩上责任重大。主要依据十多天来他提供的情报和分析,稍有偏差,可能会威胁到毛泽东的安全。为此,他又反复核对了收集到的情报并再度进行了分析,认为现在这场情报战是该收网的时候了。于是李克农下令封锁消息,保守党的机密,不得走漏关于毛泽东是否去重庆的消息。

一切如常,毛泽东亲赴重庆谈判的前期准备工作在绝对保密下进行着,而国民党派驻延安的特务周励武、罗伯伦却懵然不知,还在那里打牌呢,而远在重庆的主子蒋介石更是得意洋洋。8月26日,蒋介石在得到周励武密电,再次报告毛泽东不会来重庆的情报后,得意地使出了自己的"撒手锏",给对手出出险露露脸,于是煞有介事地派一大员乘飞机去延安接周恩来,同时再次当面邀请毛泽东来渝,并同意美国大使赫尔利和军委会政治部长张治中同去相邀,可见蒋公和平之意之诚之真,令世人可敬可叹。

同时蒋又密令在延安的周励武、罗伯伦提出要会见毛泽东的要求。毛的身边人笑着婉言回绝:毛泽东正与赫尔利大使、张治中部长谈话,周恩来下午将乘飞机与赫尔利、张治中去重庆。得此"情报"的周励武、罗伯伦,又一次向重庆发出密电,至今称毛泽东无意去重庆。他们做梦也没有想到,这封电报送到蒋介石手中时,毛泽东已在周恩来、王若飞的陪同下登上了赴重庆的飞机。

应当说,当毛泽东与赫尔利等同机来到重庆机场时,蒋介石如同雷击似地惊呆了,半晌才恍然醒悟上了共党的圈套!同时这一爆炸新闻,也惊骇了世人。

飞机落地后,毛泽东在机场向新闻界发表了简短的书面谈话,指出目前最迫切的任务,是保证国内和平,实现民主政治,巩固国内团结,以期实现全国统一,建立独立、自由与富强的新中国。毛泽东亲自到重庆谈判,中国共产党争取和平、民主、团结的诚意受到全国人民的热烈欢迎和拥护。

尽管毛泽东突到重庆出乎蒋的意料,但蒋介石还是作出了以礼相待的姿态。由于国民政府本来没有和谈的诚意,事先没做谈判的任何准备,谈判的程序、议案均由共产党方面首先提出,才使谈判筹备工作得以基本完成。

在重庆期间,毛泽东就和平建国等问题直接同蒋介石进行多次握手商谈。有关问题的具体谈判主要放在中共代表周恩来、王若飞和国民党代表王世杰、张群、张治中、邵力子之间进行。9月3日深夜,中共代表经研究提出关于两党商谈的主要问题共计 11 项,提要交国民党政府代表。主要内容包括:确定和平建国方针,承认各党各派的合法平等地位,承认解放区政权及抗日部队,结束国民党的党治等,并表示拥护蒋介石的领导地位。

9 月 4 日开始,国共两党谈判进入实质性阶段。谈判桌前,几经周折,充满着激烈的政治斗争和认真。斗争的焦点是军队和解放区问题,关键时刻互不相让。而看破红尘的人,认为双方不过都是在演戏,认真也是逼真。

比如在军队问题上,蒋介石恨不能一口吃掉共产党的军队而后快,而中国共产党在长期的革命斗争中深深认识到,没有人民的军队便没有人民的一切。但为了争取和平建国,毛泽东在谈判中作了灵活性的让步,提出公平合理地整编全国军队,表示中共领导的军队可以大量削减。当时人民军队人数已超过 100 万,共产党方面提出改编为 48 个师,而当时国民党的军队可保留为 263 个师。但蒋介石断然否定中共的提议,苛刻地要求"中共军队之组编,以 12 个师为最高限度",甚至要求共产党"交出军队"。其后毛泽东又进一步作出让步,同意国民党 263 个师,共产党 43 个师,比例 1/7。蒋介石提出军队将编至 140 个师,毛泽东提出共产党军队可相应改编为 20 个师,双方军队比例仍为 1/7。经过毛泽东多次让步与力争,蒋介石才表示"可以考虑"。

再如关于解放区问题:中国共产党提出解放区民主政府的存在是革命发展的结果,它受到人民的支持和拥护。谈判一开始,共产党方面就提出"承认解放区及一切收复区的民选政府",但国民党方面则表示"承认解放区绝对行不通",将解放区斥之为"封建割据"。争论最激烈的军队和解放区问题一直悬而未决。

时间到了 9 月 8 日,国民党政府代表根据 4 日蒋介石亲拟的《对中共谈判要点》,对中共的 11 项提要提出书面答复。

蒋介石对这次谈判的方针是,在政治上可以作出一些关于开放民主自由的许诺,但一定要在"政令军令统一"的名义下取消中共领导的解放区和军队,这是底线不可突破。因此,蒋在表面上承认中国共产党的地位,承认各民主党派的地位,承认和平团结的方针,并允诺召开政治协商会议,但对于解放区政权和中共军队的地位,却坚决不予承认。至 9 月 21 日,谈判一度陷于停顿,一星期后才恢复谈判。为使谈判获得进展,中共方面先后作过多次让步。

10 月上旬,谈判获得进展,毛泽东表示国共双方在一起商量团结合作、和平建国问题具有重大的历史意义,强调"和为贵",一定要用和平的方针来解决两党的争端。10 月 10 日,国共双方代表王世杰、张群、张治中、邵力子和周恩来、王若飞共同签署了《政府与中共代表会谈纪要》,即《双十协定》。《纪要》就和平建国的基本方针、政治民主化、国民大会、党派合作、军队国家化、解放区地方政府等 12 个问题阐明了国共双方的见解。其中有的达成了协议,有的未取得一致意见。国民党方面接受了中共提出的和平建国的基本方针,承诺要坚决避免内战。

10 月 11 日,毛泽东在张治中的陪同下飞回延安。周恩来、王若飞仍留重庆与国民党继续商谈尚未取得协定的问题。

应当说,这次握手谈判是一场事先没有诚意的设局,不会有什么好果子的。事实上,当谈判还在进行的时候,蒋的部队已经集结了,炮口直指中共的部队,而也开始了排兵布阵。于是另一场设局游戏已由谈判桌前转移到真枪真弹的战场上了。这是真正和最后的较量,亦是败者为贼、胜者为王的大角逐。

第二十章　情感红灯

| 名人夫妇的苦恼

黛玉葬花，宋美龄焚鞋。

爱得愈真，可留给她心底的恨也愈是绵长。松树下，宋美龄架起了干柴，她把那水晶鞋放在上面，点燃了她心中的怒火。烈火从鞋底下喷放出来，吐露出蓝蓝的火舌，和着她的眼泪在燃烧。

人生乃是一个万花筒，有红有绿，有黑有白。红的令你心跳，绿的令你喜欢，黑的令你烦闷，白的令你浮躁。

不是吗？刚才还满脸笑容的宋美龄，此时被一则传言击倒了，她陷入了极度的烦闷和浮躁之中。

宋美龄哭了，宋美龄蒙上被子，咬住枕角哭了。

泪水浸湿了她那头下的枕巾……

为了抗战胜利这一天的到来，八年了，她协助丈夫做了多少工作，吃过多少苦头，数都数不清。

早在抗战初期，美国女记者埃德娜·李·布克访问他们夫妇后，并以"名人夫妇"为题向全世界人民介绍了他们：

> 蒋氏夫妇生活充实，很有规律。他们共同努力工作。他们的一天，是从早上 6 点以前读《圣经》和做祷告开始的。总司令不吸烟，甚至不喝茶和咖啡。在总司令家里，也没有打麻将和跳舞这类费心安排的活动。
>
> 然而，蒋夫人总是抽出时间，向外国教会组织的集会发表演说，开办小学或者孤儿院，抚育那些阵亡人员的子女。她翻译蒋介石的

电文,同他进行磋商,或者在重要会议上当他的翻译。她为世界各地的报刊撰写文章,组织妇女团体,接待许多国家来访的贵宾,并在一个又一个政府事务委员会担任委员。

的确,宋美龄也忍受了不少委屈。宋美龄本人的日程安排就比较紧张,而她又嫁给了一个喜欢工作到凌晨的党国要人,这使她不得不放弃很多自己从前喜爱的业余活动,来适应蒋介石的生活节奏。

事实上,正是宋美龄把蒋介石介绍给了世界上其他国家的元首,也正是宋美龄、宋子文兄妹的不停奔波,国民政府才得到成千万美元的贷款和直接援助。

宋美龄和蒋介石的反目源于一则小道消息:有人说,蒋介石与一位姓陈的女子关系暧昧,还说在黄山官邸附近的南山别墅区看见蒋介石与这位陈小姐幽会过。但是,谁也无法证实这则小道消息是否可靠,人们对此是讳莫如深的。可以肯定的是,有些人对此是幸灾乐祸、津津乐道的。

当这则小道消息传到宋美龄耳中,她立时感到一阵钻心的痛苦。一个女人几乎什么都能容忍,就是丝毫不能容忍自己丈夫可能做出的此类事情。于是,连个过渡时期都没有,宋美龄一下子就跟蒋介石疏远了。

她哭了,她痛心疾首地哭了。

她发现,只有哭才是真正属于女人的……

从传言到近阶段蒋介石的反常言行,她不能不相信这一切都是真的。

｜ 蒋介石旧习难改

狗改不了吃屎,色狼改不了邪性。

1945 年 8 月 15 日,中国人民的八年浴血抗战,在全世界爱好和平人民的反法西斯中,日本政府被迫宣布接受《波茨坦公告》,日本昭和天皇宣布无条件投降!

欢乐、普庆,首先起始于多雾的陪都山城,紧接着如暴风雨般地蔓延于全国各地。全国沸腾了！

饱受兵燹之灾的中国百姓，逆来顺受的芸芸众生，燃放着喜庆的鞭炮，披红挂绿，敲锣打鼓，把积沉了十多年的欢乐全部释放了出来。有的纵情痛哭，有的放声大笑，有的鼓掌扔帽子，有的伏地拜天，一位目击此景此情的英国记者报道：中国疯了！

9月3日，重庆国民政府举办了盛大空前的阅兵仪式，以庆贺这场浴血八年、来之不易的抗战胜利。尔后，国民政府又宣布放假三天，全民同庆，以松弛那紧张的神经。于是街头、学校、公园，贴满了红红绿绿的标语。士兵们仨俩成群，谈笑风生，一片祥和。商店门前排起了长队，那是长官赏洋十块，供士兵添置日用物品的。歌乐山下，正逢庙会，人流如织，民间舞会正火……整个山城沉浸在胜利的欢乐中。

胜利使人性得到了解放，同时胜利又考验着每一个人。

这天，宋美龄躲在家里和大姐等人打桥牌，而蒋介石也被张静江等哥们儿请去喝庆功酒。

三杯酒下肚，老蒋就扯起了当年上海十里洋场的"行语"。张静江心领神会，趁小解之际，便到对门舞厅请来了三位陪酒小姐。那三位小姐，个个如花儿一般，亭亭玉立。老蒋看了好不欢喜。接着又是几杯酒下肚，喝得满脸通红。今日有酒今日醉，在哥们儿的怂恿下，又从酒场到舞场。

这样一来二去，时间久了，便有了传闻。

知夫莫如妻，再加世上没有不透风的墙，消息便传到了宋美龄的耳朵里。作为妻子，宋美龄深有醋意之感。作为政治家，她有更深层的见解：生活的糜烂，往往会导致政治的腐败。多少王朝被推翻，多少帝王是短命，历史已做了证明。目下抗战刚刚胜利，仅是第一步，江山归谁还难说。如果说宋美龄比蒋介石高明，恰恰是她那双纵观历史风云的眼。不以胜为乐，不以败为馁，不以传闻为据。对于丈夫的风月之事，作为妻子，她没有急于追究。得忍就忍，她认为忍并非无能，而是一种政治家的风度、生活的超脱。她没有打草惊蛇，而在寻找时机，以事作证，以理晓人，使其幡然悔悟。于是，多日来，她不时地翻阅史书，寻找哲人治国名言和典故，用笔勾勾画画。凡是她认为主要的，全都圈了下来，送给丈夫看，相信书能给人以智慧。再说蒋介石也是聪明绝顶之人。起初,他以为夫人对此事有察觉,心有不安。后见夫人静如秋水,便真的理解起文中的哲理来。事情虽有收敛,但毕竟陷了进去。

宋美龄是政治家,但她毕竟又是女人,那心中妒火在燃烧,她要以行动来制止。她要给"委座"面子的同时又不留面子,这就要求她做事要有策略而不鲁莽,既不伤感情又能唤醒他的理智,既不打草惊蛇,又能启导他。

那是一天的黄昏,重庆街面上下着毛毛细雨,和着炊烟,四周的建筑物上升起了朦朦胧胧的白雾,天阴人也躁。宋美龄在一家饭店、一个特别的房间里,以突然的行动出现在陈小姐面前。陈小姐来不及收拾整理,发散如麻,面对夫人的突如其来,慌了。

"念你是个不成年的少女,我原谅你,只一次!"宋美龄的眼睛喷火。

"谢谢夫人!"陈小姐跪了下来。

"委座身担国家之命运,你不要毁了他的名声和江山!"

"是!是!"

"请你写个字据,好吗?"

"写什么?"陈小姐有些茫然。

"保证。"

"好,我写。"

宋美龄就这样不动声色地把字据拿到了手里。

这天晚上,蒋介石装模作样地回到了家。

有了证据,宋美龄心平如镜地问:"到哪里去了,这么晚才回来?你没什么我还不放心呢!"

蒋介石回答:"开完一个会,顺便与老同志谈谈话。"

"别装蒜了,事情瞒得了别人,还瞒得了我!"宋美龄从沙发上站起身,走到门前"啪"的一声关上门,并插上插销,道,"你不嫌丑,我还嫌脸红呢!告诉你,你们的一切好事我全清楚了,我不但清楚,而且还有证据!"宋美龄说到这里,马上从衣兜里掏出一张纸条,"你看看吧,你还可以撕掉!"

蒋介石一愣,走过去接过纸条,不看便罢,一看鼻尖上便冒出了汗。原来这是陈小姐的悔过书。为人奸诈的蒋介石一看不好,立时把纸条撕个粉碎,撒在脚下:"没有了证据,看你还奈我何?"

"嗬,你以为干得很妙! 不过你错看了人,我宋美龄也不是吃素的。"疾恶如仇的宋美龄这时又从兜里掏出另一张纸条,"这是影印件,照样可以当证据! 如果你还要撕的话,我还可以给你。不过,我还要劝你,不要把事做得太过分了! 我要捅你,早就捅你了,看在夫妻一场情面上,我不那样做,我怕丢你这个委座的人! 动乱了国家对不起人民!"

蒋介石像秋后霜打的茄子蔫了,他低下了头。此时映在心里的是什么呢? 是感激也是嫉恨。感激的是她以党国为重,大局为重,给了自己面子,非同一般女人;嫉恨的是这个非同一般的女人,她以她的智慧降服了自称"中国第一人"的他。他向夫人跪下了……

"别这样,亲爱的。"宋美龄把他扶了起来,"一个男子汉拜倒在女人的裙下,人家会笑话的。朝前看,中国是属于我们的!"

宋美龄尽管这样说,但感情的破裂却医治不了她那心头的创伤,也许男人和女人结合的秘密就在这条带情的纽带上。它是神圣的,任何一方都不得将它扭曲。

必须摆脱这一切,获得哪怕是暂时的安宁,她一定要尽快离开重庆。

三天后,宋美龄从十字架前站起来,快步走到床头柜前,拨通了专线电话。

云岫楼那边的侍卫官答话了:"哪里?"

"我是美龄,请蒋主席接电话。"

"哦哦,是夫人,蒋主席此刻刚召开一个重要会议呀,他正讲话。夫人您看……"侍卫官有些为难地答道。

"不行! 请他马上跟我通话。"宋美龄以不容拖延的口气道。

蒋介石来接了电话。宋美龄告诉他,今天晚些时候她必须见到他,有要事相商。

林园官邸的夜色像阴霾一般迫近起来,浓重起来,仿佛黑暗随着夜气同时从各方面升起,甚至从高处流下来。四周的一切很快地黑暗起来,寂静起来,只有鹌鹑偶然啼叫几声。

"我的皮肤病又犯了，"宋美龄终于提出，"我想到美国去治疗一段时间。"

蒋介石眉头紧皱道："我不希望你在这个时候离开，否则更不容易平息那恶毒的攻击。真的，我期待你能留下，同我共渡难关，像你从前做的那样。"

宋美龄从来没有料到，一个生性如此骄傲的人会提出这样的恳求，一刹那，她的心软了下来。但她一想到那些流言蜚语，她的怒火重又燃起。

"你要我闷不作声地留在重庆，让人背地里捣我的脊梁骨，我才不干呢！"宋美龄喊道。

"甭说了，我不是向你保证过了嘛，我可以用自己的人格向你担保！"蒋介石道。

"不要说担保，你能设身处地替我想想吗？"宋美龄盯住蒋介石的眼睛问道，"你知道我心里的滋味吗？17 年来，我过的是一种提心吊胆、毫无乐趣的日子，我跟你在枪林里走，弹雨里行，说是住在行营，但那种发臭的房间根本不是人住的地方。而在公开场合，我还得流露出笑容来，使人觉得我们生活得很顺心。每一个春夏秋冬，每一次记者招待会，每一次去美国，不管我怎么想，都得顺着你定的调子唱。这样生活了 17 年，才突然意识到这种日子漫无尽头……"

宋美龄说着站了起来，走到梳妆台前，她那对大眼睛泪水晶莹，她的声音嘶哑而尖利："够了！我不想再听你解释什么了！再也不愿按别人的节奏去跳舞了，也不想再做磨道里的小驴子啦！我要远走高飞！"

现在，蒋介石和宋美龄互相冷漠地打量着对方，由于太熟悉反而感到陌生。

许久许久。蒋介石问：

"你打算什么时候动身？"

"最近就走，越快越好。"宋美龄去意已定，拿出香帕，擦去脸上的泪痕。

"那你什么时候回来呢？"

"说不定。"

"好吧，我放你走。"蒋介石感到此时再说也是多余。

就在宋美龄去美国的前一天,为了解决这众说纷纭带有神秘而敏感的问题,蒋介石夫妇在黄山官邸召开了一个记者暨高级官员招待会,由蒋介石出面发表讲话,平息社会上那些谣言。

招待会召开的次日,宋美龄就乘机飞往美国治病去了。

那里有她的胞姐宋霭龄,或许能有知心话语去抚慰她那心头的创伤。

宋美龄一生笃信基督教,基督的博爱宽容,决定了她的道德观。

在美国接受治疗期间,宋美龄常常回想着自己的生活。生活本应该有波澜,没有波澜的生活激不起人们的回忆。为了排遣心中的郁闷,宋美龄在养病期间找了好多本书来看,可是,那些另一个时代的人物在她看来都是些不可思议的人。那些人物的烦恼似乎微不足道,那些人的要求低得可怜,而那些人的激情又显得矫揉造作。

更奇怪的是,不管宋美龄读的什么书,字里行间都有蒋介石的影子,他总是书里的一个角色,随时出现在宋美龄的眼前。

她还会时常放下手中的书,张望一下卧室里的电话,看那铃声是否响了。接着又转身环顾四周,将信将疑地感到国内又来人了。哦,她想回国,她想念蒋介石,这之中不含有爱和欲望,但也没有厌恶、仇恨或报复心理。这只是怀旧,宋美龄的心还是留在华夏之邦。

宋美龄病情好转,不久便回国了。

黛玉葬花,宋美龄焚鞋

人过了 50,就像天到了黄昏时一样。

宋美龄做什么都有点力不从心的感觉。由于长期的奔波,她的荨麻疹病又犯了。这种顽固的皮肤病,几经治愈,又几经复发,使她深感讨嫌。这几天,各大战场的敌情通报,摆在国军面前的形势十分严峻。唉,天也凉了,身体又患了感冒,好在没有发烧,只是头有点发痛,因此她取消了原定要参加的会。

林园的风光是美的。歌乐山的外景自不必说,园内胡桃树和赤杨树林里鸟声婉转,草虫唧唧,花坛里的郁金香、铁脚海棠的主茎上,都抽出翠绿的枝条来,枝条上又绽开一个个小花蕾。阳台上摆出来透气的一盆盆水仙、文竹也已转青,与悬在半空里的兰花争芳斗艳。

宋美龄和她的姊妹们在这座天然屏障的山城里,整整度过了八个年头。然而在这八年抗战中,由于工作的繁忙,日理万机,她们还无暇光顾这山城、这歌乐山的风光。不过,她们也并不遗憾。因为这山城酷爱自由的人民和他们的政府,早在1946年底,国民政府还都南京之前,便在十字路垒石修建了一座宏伟的丰碑,历数她和丈夫的功绩,作为历史的见证。

其碑文曰:

国民政府于二十六年七月七日开始抗战,为建瓴审势,经野制宜之计,是岁十一月二十日移驻重庆,导率全国,共御强敌,遂以西南重镇建为陪都。中经八载,赖领袖英断,军民效命,盟邦协力,终致日本乞降,乃于三十四年九月三日宣告胜利。寇氛既息,疆宇既复,政府回都南京,而重庆官民爱有伐石著绩之举,张市长伯常嘱为撰文,以昭悠远。余惟抗战之制胜在于同心,建国之期成亦然。民族光荣与夫世界和平之所系,舍是莫由。乃撰兹铭语,俾行路永歌,以憬国人之思。铭曰:

黾勉同心,勿怠勿荒;以成胜利,以建新邦。

国民政府文官长吴鼎昌谨撰

中华民国三十五年十月

宋美龄是这年10月底由南京飞回这里来的。这里还有她的别墅,还有一些没有来得及迁移南京的中央非主要机构,这里还有很多熟悉的人。总之,她对山城是有感情的。

不像以前,她是这座山城的主人。这次来,她是做客的,确切地说,她准备在这里疗养一段,来恢复她那太疲劳的身子。再者,也许是南京官场的温度太高了,她喜欢官场斗争,后来不知怎么的,她又厌恶这官场斗争,也许这山城的温度宜人、环境幽清,对她反省过去的历史、清醒头脑有好处。所以她一横心,给侍卫官说了声,连丈夫也没有打招呼,便匆匆来了,以至于她该带的衣服都没带全。

她来的时候,受到了重庆市政府热情的款待。她参加了几次市政府的重要会议,还参加了那块丰碑落成典礼。她曾多次声明,这次来的目的不是为工作,主要是疗养。可是在市长大人的眼里,宋美龄的位置举足轻重,并不亚于她的丈夫。借花献佛也好,评功卖好也罢,反正他们都有自己的目的。今天,市长大人邀她去参加一个外国使团的会议。宋美龄讨厌这种官场奉迎,借故身体不适回绝了。

"夫人,还没吃药吧?"她的忠诚卫士蔡妈,端了一杯温开水,缓缓走进她的居室。

宋美龄打开一包头痛粉,就水喝了下去。啊!真苦。

"夫人,那会咱就不参加了。刚才他们又来电话催,我给拒绝了。这些人也是,不参加就不参加,何必来那么多电话。你先休息吧,我去应付。"蔡妈说毕,收了茶具,带上门,又缓缓地离开了。

蔡妈太好了,虽然她有她的个性,容易发脾气,但她仪表的整洁,做活的细致,理解人的入微,却使宋美龄始终对她充满着敬意。她任侍仆40年,爱发脾气的宋美龄还从没有在她面前发过脾气哩。她虽是微不足道的侍仆,但她的微妙的作用不可低估。

宋美龄在床上躺了一会儿,也许是药效的作用,头渐渐不痛了,变得清醒些。对一个爱活动的人来说,此时再让她睡,简直是受罪。宋美龄索性从床上坐了起来。

她踱步到院子里,阳光还好,蔡妈正在用喷壶浇花,抬头见宋美龄走了过来,问道:"夫人,怎么不休息啦!吃药时间不长,甭凉着汗。"

"头好了些,随便走走,没什么的。"宋美龄淡淡地回答,接着去赏花。她凝视着这个方圆不足200平方米的花坛。几百种花儿展现出它那妩媚婀娜的英姿,吐着清馨浓郁的芳香,闪露着那青春斑斓的花颜:孔雀蓝、琉璃碧、翡翠绿、玛瑙赤、葡萄紫,五光十色,一朵朵一簇簇的,像孔雀开屏似的张开了会意的笑脸。

　　随着阳光的波动,只见朵朵花儿昂起了首,整个花坛五光十色,愈来愈离奇、绚烂,宋美龄的两只眼睛都有些应接不暇了。

　　宋美龄凝视着花坛,觉得人工培植的花卉和草木毕竟是人工培植,它有些矫作,有些人为之意,故因此失去了自然美的风味,岂不大失雅致。它不像郊外的花卉野草,举目望风韵天成,给人以心旷神怡之感。

　　她想到林园官邸外的歌乐山去观光。听说那里风光很美,几个去过的官员曾竭力向她推荐过,因政务繁忙,她一直挂在嘴上。正好今天有些时间,何不了却心愿。

　　爬山需要平跟鞋,这高跟鞋无论如何是不行的。她让蔡妈陪她一起去,并让蔡妈再找一双平跟鞋来。

　　蔡妈答应了,并去居室找鞋。

　　因为宋美龄平时很少去爬山,合适的鞋是不多的。蔡妈一连找了几个屋都未能找到。

　　宋美龄干什么事都心急,她决定自己去找。可是也未能如愿。

　　"夫人,这有一双水晶鞋,看能不能穿。"蔡妈从宽大的壁橱里寻出了一双鞋,上面已落满了灰尘,细看还有一层白霉。蔡妈用鞋刷拂去了灰尘和白霉,露出了耀眼的光泽。啊,好漂亮的鞋。

　　宋美龄走上前去,正要去接,却止住了手。她看清了这双鞋不是自己的,而是那位她非常嫉恨的陈小姐的鞋。

　　"蔡妈,扔掉吧,我不愿看到它。"宋美龄在蔡妈跟前竭力平息着自己心头的火气。

　　起初,蔡妈一怔,还不晓得是怎么回事,细一想她才明白过来。马上向夫人道歉道:"都怪我,夫人,我不该把它拿出来。"

　　"没什么,"宋美龄不看则罢,一见气则不打一处来。于是她改变了原来的初衷。道,"蔡妈,给我吧,我要用我的心火把它烧掉!"

　　宋美龄从蔡妈手中接过那双水晶鞋,从桌上取出火柴,然后出了居室,向林中缓缓走去……

　　黛玉葬花,宋美龄焚鞋。时代虽不尽同,可作为女人却有心理上的相似之处。

爱得愈真，可留给她们心底的恨也愈是绵长。

松树下，宋美龄架起了干柴，她把那水晶鞋放在上面，点燃了她心中的怒火。烈火从鞋底下喷放出来，吐露出蓝蓝的火舌，和着她的眼泪在燃烧。

往日，第一夫人都能以理智控制自己，今天，她却控制不了啦！直到蔡妈把她搀扶到居室，她还在哭。

今天，她没再提到歌乐山去观光的事。蔡妈理解她，也没再问。

本来这些天来，她的心已平静下来，谁知一石激起千重浪，再也平静不下来了。

她一天一夜没有吃饭，第二天一早，她就向蔡妈提出要走的事。蔡妈知道她的脾气，也没有拦她。

于是，她们坐飞机飞回了南京。

宋美龄下决心再也不来林园官邸。

然则事情过了半个世纪，林园官邸焚鞋的事一直在民间流传着……第一夫人的手是白皙的，并带有美国高级花露水的香味。过去她曾多次到火线访问，和官兵握手，留给官兵最深刻印象的不是她的美，而是她手上的香味。在男性军人的世界里，不少人曾说，夫人的手是神圣的，握过她的手，战死在疆场，无怨无悔。

第二十一章　拉压"醋乔"

｜　史迪威犹如坐在一个火山口上

1941 年 12 月 1 日，日军偷袭珍珠港，太平洋战争爆发，美国被迫直接与轴心国作战。1942 年 1 月，中、苏、美、英结成反法西斯统一战线，蒋介石担任了中国战区最高统帅。

为了与美国盟军更好合作，同时获得更多的美国援助，蒋介石致电美国总统罗斯福，请他派一名高级将领来华，出任中国战区统帅部参谋长。

美国派出了陆军中将史迪威。但美国陆军部除了委任他为中国战区参谋长外，又另外授予了他 5 个官衔：美国驻华军事代表、中缅印战区美军司令官、美国对华租借物资管理统治人、滇缅公路监督人、在华美国空军指挥官。

蒋介石要罗斯福派人，本意来中国后完全听自己指挥，没想到史迪威一下子戴了 6 顶乌纱帽，而其中 5 个他根本无权干涉。蒋介石指望通过这样一个人，要到更多援助，以装备自己的军队日后对付共产党。但美国政府却授权史迪威监督援华物资的使用，防止国民党官员贪污和蒋介石挪作他用。这样蒋介石对史迪威的指望和美国政府派史迪威来华的目的，就存在着根本的分歧和对立。美国政府与蒋介石之间的冲突，使史迪威犹如坐在一个火山口上，随时可能由于美蒋矛盾的激化成为一个牺牲品。

史迪威性格直率，容易动怒，在美国就得了个"醋性子乔"的诨号。来到中国这样一个惯讲人情世故的国度，他当然更难适应。史迪威一开始就步入了雷区。

霭龄为了蒋宋孔家族的利益，配合美龄，开始对史迪威极力拉拢。

两姐妹在新开寺蒋介石的别墅和范庄孔家公馆里，轮流邀请史迪威吃饭聊天。

在孔家装饰豪华的西式客厅里,两姐妹向史迪威大谈在美国留学的经历,谈美国文化对她们的影响熏陶,赞扬美国经济发达,赞扬美国民主自由,列举她们在美国的朋友对她们的帮助和给她们留下的美好印象。美龄活泼热情,不时穿插些玩笑,称史迪威"乔大叔",以引发笑声,制造轻松气氛。霭龄则体贴周到,使离家万里的史迪威感到温暖舒适,产生宾至如归之感。

史迪威感激霭龄和美龄的盛情,把她们看做可爱的朋友,但他属于那种正直传统型的人物,把公务与私情并不搅和在一起,他尽情享受她们的招待,视为中国人的好客和两国人民的纯真友谊,不知道这是两姐妹的一种感情投资,她们的目的是要在他的职务上取得加倍利润的。

史迪威或者是假装糊涂,或者根本就不知道中国有"吃了人家嘴软,拿了人家手短"之类的格言警句,他在两姐妹的私人客厅里是和蔼可亲的朋友,而一旦和她们的丈夫到了公事场合,便又成了凛然难犯的美国将军了。

史迪威视察了中国的各个战场,看到国民党对日作战的正面战场兵力不足、士气低落,却把最精锐的 50 万大军摆在西北,用于围困陕甘宁边区。而共产党领导的八路军、新四军活跃在日军占领区,英勇作战,却得不到应有的补给,武器落后,衣服破烂。史迪威感到美国人受了蒋介石的愚弄,援助了那么多武器物资,却发挥不出支持抗战的效能。史迪威向蒋介石正式提出建议,要求他把包围共产党的 50 万大军调往抗日前线,同时给八路军、新四军调拨一部分先进武器装备。

脾气乖戾的蒋介石根本听不进史迪威的意见,他拿出了战区最高统帅的威风,呵斥史迪威受了赤化宣传的影响,坐歪了屁股,史迪威以自己亲眼所见的事实据理力争,两个人爆发了激烈争吵。

耿直的史迪威向美国政府报告说,蒋介石的政府中贪污成风,到处是裙带关系,根本得不到人民支持,全靠戴笠的特务秘密监视,随时剪除异己和压制民众来维持,建议美国政府放弃对这个腐败政权的支持。他在日记中更直言不讳地把蒋介石称为"独裁者",说他那颗剃得发亮的脑袋像一粒花生米。以后他干脆以"花生"来指代蒋介石。

　　蒋介石看到自己请求派来的人竟然到处和自己作对,霭龄、美龄花了那么多金钱和感情极力拉拢,这个美国佬居然油盐不进。他恼羞成怒,致电罗斯福,说他派来的这个史迪威根本不称职,应该立即撤换。

　　史迪威和蒋介石的要求都没有被罗斯福接受。但美国陆军部倾向于史迪威的意见,美蒋关系出现了裂痕。

　　霭龄与孔祥熙一番密商,认为与美国的关系是蒋政权能够维持的支柱,这种时候决不能得罪美国,把关系搞僵。霭龄决定自己再次出面,拉拢史迪威,争取他与蒋介石的和解。

　　霭龄认真总结了开初与史迪威交往的成败得失,感到对付山姆大叔不能和对付中国人用一样的手段。中国人中只要套近乎了什么事都好办,为了朋友,什么道德、原则、法律都可以不管。和美国人却不行,尤其是这个史迪威,很不够意思,拉来拉去,还是交情归交情,公事是公事,一点不通融。霭龄决定这回换换手法,按美国人的思维方式,同史大叔做笔交易。

　　霭龄和美龄发出邀请,请史迪威到美龄家中做客。史迪威看到地点虽是蒋介石府邸,主人却是美龄和霭龄,欣然驾车前来。他们一起呷着美龄亲手煮的巴西咖啡,进行了一场温情脉脉纱幕下的谈判。

　　史迪威坚持他对中国战区国民党军队作战不力的抱怨,并且指出亲日派何应钦从中作梗是主要原因,应该撤掉他的参谋总长职务。霭龄、美龄表示赞同,说她们也很希望尽快改变中国战场无所作为的状态。对何应钦,美龄一想起他在西安事变中的表现就生气,她们一致同意配合史迪威一起给蒋介石施加压力,敦促蒋尽快撤换他。

　　霭龄、美龄还对史迪威的忠职敬业精神和工作效率大加赞赏,表示要在蒋介石面前为史迪威说好话,促使蒋与史改善关系。霭龄说:"只要我们做工作,改善关系并不难。对委员长,大姐可以发号令,小妹能吹枕边风。"

　　"枕边风?"史迪威对这个词不太理解,对它的效力也有怀疑,"蒋先生很固执,如果不是在谈判中据理紧逼,他很难改变什么。"

　　"呵呵,这个你就不明白了,尤其是小妹和老蒋关系的本质。"霭龄放下杯子,把一方喷了法国香水的真丝手帕向史迪威一甩,接着说,有一首中国诗这么说:"微风二级,大风六级,暴风八级,台风十二级,枕边风无穷大级。它虽不能摧天拔地,却可以把一个人几十年形成的人生信条吹得颠倒过来呢!"

"真能如此?"史迪威将信将疑。

"这事我不打保票,但你可以拭目以待。"霭龄笑眯眯的眼睛里,有一颗坚定的瞳仁。

史迪威回到住处,不停地哼着美国南方的乡村小曲。几个月来,他第一次心情这么舒畅,他觉得收获太大了,挥笔在日记中写道:"我们签订了攻守同盟。不论出于什么原因,她们现在很当真,或许我们能获得一些成就。"

| "历史表明,胜利者都是正确的,失败者都是错误的"

隔了一天,也就是 1943 年 9 月 15 日,霭龄、美龄又联合发出邀请,请史迪威到范庄孔府做客。

又在孔府做客,霭龄已不是当初请史迪威品尝各种美酒佳肴了。这次史迪威受到的第一道招待,是当头一棒。

史迪威还沉浸在上次两姐妹尽情奉迎自己的喜悦中,屁股刚刚坐稳,正想开一句玩笑,把气氛活跃起来,霭龄却皱着眉头开口了:

"史将军,你是我们最好的朋友,所以我们认为应该把刚刚听到的消息通报给你。否则就显得我们见危不救,太对不住朋友了。"

史迪威想好的笑话没能说出口,他大张着嘴巴:"唔?"

心直口快的美龄说:"是这样,现在正有人策划撤换你,我们真怕不能再在家里愉快地招待你了。"

"啊——"史迪威紧缩的心有些放松,"委员长向罗斯福总统提出的这个建议,已被总统拒绝了。"

霭龄的眉头锁得更紧了:"乔,现在的问题不在中国方面,而在你的祖国。"

霭龄连所用的称呼都是别具匠心的。她在极力套近乎的时候,用一般的称呼"史",而在存心打棒子的时候,反而用了这个昵称"乔"。

"美国人策划撤我?"史迪威显然被击中了,他瞪着惊愕的眼睛,"我与蒋先生的矛盾,和他们有什么关系?"

"你太单纯了!"霭龄的措词、语气,像一个母亲训导混沌未开的孩子,像一个教师向入学蒙童进行启蒙教育,"美国有一个院外援华集团,你知道吧?"

"当然知道,那是由一些活动能量很大的议员组成的一个非正式团体,他们通过各种途径向公众宣传中国,向政府施加影响,促使政府制定有利于中国的政策,增加对中国的援助,密切中美关系。"史迪威像小学生背书一样朗朗道出。

"你可知道这个'华'是特指蒋委员长的政权,并不是泛指中国吗?"

"唔?"史迪威有些迷惑。

"对,关键就在这里。这个院外援华集团的成员都是我们下工夫一个一个争取来的,是与我们私交很深的可靠朋友。今天给你透个秘密吧,他们为中国的事所作的努力,我们是心中有数,知恩必报的。"

史迪威拍着脑袋:"噢,我明白了。你是说他们在为蒋宋家族工作,蒋先生对我不满可以通过他们去向总统施加压力,达到他撤换我的目的?"

美龄抢过来说:"你说得太露骨,太难听,我们中国人是不这样说的,应该说是……"

霭龄拍了一下美龄的肩膀:"小妹,我觉得这壶咖啡味苦了些,你尝一下是否该再加点糖?"美龄打住了话头,去品尝咖啡。

霭龄缓缓地说:"乔,实际情形是这样,现在你的一些做法已经把院外援华集团和蒋先生逼到了一条舢板上,根本用不着蒋对他们传递什么、要求什么。你知道,蒋同美国的联系完全靠我们宋家兄妹,他自己与美国是联系不上的。你是我们姐妹俩最好的朋友,我们不会一边请你喝咖啡,一边去动员美国议员施加影响去撤你的职。在中国,那种做法叫两面三刀,是很卑鄙的行为,我们不会那么干。"

"我不明白。"史迪威说的可能是真心话。

"其实道理很简单。"霭龄是善于做套的能手,她只需在必要的时候让美龄敲敲边鼓,收套的绳子始终攥在自己手里,"院外援华集团几年来一直在鼓吹蒋介石是抗日英雄,是远东反法西斯的旗手,为他争取了不少美援。但你却报告说他每天发布的对日战报,90%以上都是假的,说他的政府贪污腐败,这不等于说院外援华集团在与蒋同流合污,共同欺骗美国政府和人民吗? 你伤害的不止是一个蒋介石,同时也得罪了你国内的一股势力,是不是这样?"

史迪威挺得笔直的脊柱出现了弯曲,头伏在了膝盖上。不一会儿他喃喃地说:"我直接写给总统的报告,这些人怎么会知道呢?"

"咦,你不要忘记,美国人最讲新闻自由、言论自由,记者抓到的东西,可以不受任何限制地捅出去。越是机密的东西,他们越是千方百计去刺探,去公开,去引起轰动,以使自己出名……"美龄逮住这个话茬竟说得激动起来。

"小妹,"霭龄一声轻唤,却是一个警示。她怕美龄把话题扯偏,钓鱼钩子没弯儿,就没有力量了。

"咳咳,我扯远了。总之,美国别的东西都好,但这新闻自由、言论自由绝不是好东西,最容易坏事,最容易损坏国家利益。我和蒋先生都是主张庶民勿谈国事,新闻必须检查的。"美龄心中这些话如骨鲠在喉,不吐出来是不痛快的。

"其实并不需要记者到白宫去偷阅文件。你的报告也许现在还安全地锁在保险柜里。但是你的想法你自己没有控制好。"霭龄始终保持着轻声慢语。她的每句话都是深思熟虑的产品,没一句是脱口而出的。

"你说是我自己泄露出去的?"霭龄没有直接回答史迪威,她起身走到一个文件柜前,取出了几份美国出版的报纸和军统密报的清样,然后指给史迪威看:"瞧,这是你在西安的讲话,这是你在重庆的讲话,这一篇是你在昆明给飞虎队讲的。这个是你在缅甸当着英国军队和中国远征军讲的,美国记者在场。"

史迪威没有去接。他只从霭龄手里瞟了几眼。不错,那些话是自己讲的,没有歪曲和捏造,只是好些义愤填膺时谩骂国民党政府和蒋介石的话被特地标了出来,显得那么刺眼。

美龄看大姐逼住了史迪威，赶紧参战，她拉开身边的文件包说："我这里也有几份。看，这上面说你在某月某日，说俞飞鹏是'土匪'，他可是委员长的表弟呀！喏，还有这个，你在备忘录和其他文件上签名，从来都是签'美国中将'，而不肯使用中国战区参谋长的头衔。这，这是美国报纸的报道，说你讨厌中国人，说中国人不是好东西。看，下面还有评论，说你的这种思想和希特勒没什么'区别'，这种思想决定了你根本不适宜在中国任职，只会破坏美中同盟关系……"

史迪威被两姐妹逼到了悬崖上，鼻尖渗出了汗珠。

美龄把文件慢慢塞回了包里，她用眼睛的余光盯着史迪威，美滋滋地等着他投降。

出乎美龄的意料。

史迪威保留着他年轻时美国牛仔的血性，短暂的沉默之后，他忽然站起身来，向两姐妹大声宣告："不错，那些话是我说的，你的情报和报纸的报道都是准确的。但我并不认为我说错了什么，我现在仍然坚持我的观点！如果这不符合某些人的口味，他们撤换我或者我主动辞职都可以，我不怨不悔！"

史迪威就要告辞。

这不白忙乎了？美龄用无奈的眼光迅速瞟了霭龄一眼。史迪威这个态度，等于把姐妹俩绞尽脑汁下的钓钩，吞到肚里开溜了。

一直静观事态的霭龄对这种局面已有准备。

"乔，不必激动。人们对一件事情各有看法是最正常不过的事。这里的关键是争做胜利者，不做失败者。"

"失败者，你说谁是失败者？"史迪威眼睛里要冒出火来。

"请坐下，"霭龄非常平静地说，"答案很简单，在这次事件中，你如果被人家鼓捣下台了，你就是失败者；如果他们费尽心机没把你搞掉，你仍然是中国战区的参谋长，他们就是失败者。难道不是这样吗？"

"历史将证明我的看法是正确的！"

"不！历史只记载胜利者和失败者，不评判是非。"霭龄又加重了语气，"历史表明，胜利者都是正确的，失败者都是错误的。"

"我所知道的历史并不是这样！"史迪威的思维方向被引上了另一条道。

"好吧，每个人都宁愿做错误的胜利者，也不愿做正确的失败者，是吧？"

"……"霭龄绕口令似的话把史迪威拐糊涂了。

"乔，你为中国抗战作出过杰出的贡献，又是我和美龄的好朋友，我们真心希望你留任到中国抗战胜利的那一天，不愿意看到中国战区统帅部出现另一位我们不熟悉的美国将军。"霭龄说得非常动情，她甚至用手帕去擦拭眼角。

"真的，我是多么愿意经常看到你啊！"美龄的语调是情切切、火辣辣的。

史迪威似乎被感动了。片刻沉默之后有些懊丧地说："那么大的势力在策划撤换我，我恐怕无所作为了。"

"不不不！"霭龄从心底笑开了花，史迪威终于被钓牢了，"只要我们努力，胜券还是在你手上。美国院外援华集团的人，我和美龄可以使他们转变态度，只不过——"

"不过什么？"

"蒋总司令那里，还得你这个参谋长做个姿态。"

"蒋？我们已经吵翻了，而且我并不打算改变立场。"史迪威一想到那颗厌恶的花生米脑袋，不由人就想动气。

"委员长对你并没有什么恶感，他只不过也受到一些人的压力，不得不有所表示。现在他也在试图寻找机会与你和解呢。"美龄以知情人的身份透露说。

"我不改变观点，也不想去认错！"浑名"醋性子乔"的史迪威果然倔得可爱。

"呵呵呵！"霭龄这次笑得轻松，也别有深意。"西方人最看重的是什么？金钱、权势、情欲，这是他们人生的三大支柱。中国人最看重的是什么？面子！他可以不要一切实际利益，却不能不要面子。也就是说，你只要给他面子，甚至可以从他兜里掏出最心爱的东西。所以呀，同蒋先生的和解，你不用改变什么，更不必去认错，你只要做个姿态就足够了。你想一想，给他一个面子，完成你在中国的使命，使你成为一位青史留名的人物，这桩交易不吃亏吧？"

"为什么非得我作姿态,给他面子?"

"不管怎么说,他是战区司令,你是下级呀!"

"给他个一文不值的面子,问题能解决吗?"史迪威显然有些动心。

"以我和小妹的名誉担保!"霭龄说得斩钉截铁。

"以我们的名誉担保!"美龄说得庄重认真。

10 月 17 日,史迪威被迫上演了这出由两姐妹导演的活报剧。

在宴会之前,史迪威走向蒋介石说:"我唯一的目的是为了中国好,如果有做错之处,那并非有意。"蒋介石喜笑颜开,不管史迪威说的是什么,这个仪式本身已经表明,史迪威屈服了,认输了。蒋介石以长官和胜利者的姿态,同史迪威握手言和。

这次会见的报道和图片,立即出现在美中两国报纸上。

在另一场合,蒋介石得意地宣称:"最后允许史迪威悔改留任,重加信用。"

史迪威事后却越想越不对劲,这场风波中蒋介石要求撤换自己的要求已经遭到罗斯福总统的拒绝,为什么最后竟是自己去向蒋道歉呢?这明明是已胜反败,自栽跟头。他在日记中愤愤写道:"这是一次该诅咒的经历,真不是滋味!"最后他才明白,自己被霭龄的甜言蜜语给诱拐、挟持、坑害了。他把霭龄比作一条不发响声咬人的响尾蛇,提醒自己再不能上她的当了。

┃ 罗斯福最终做了妥协

一年之后,史迪威与蒋介石的矛盾再一次大爆发。

日军在太平洋战场连连失利,为了从中国战场抽出兵力加强海上作战,他们在中国大陆加紧攻势,企图一举击溃中国抗日力量。在豫湘桂战役中,国民党军队顶不住日军疯狂进攻,大败溃逃。这时美国政府担心国民党军队完全崩溃或投降,那样势必增加美军在太平洋战场的压力。因此罗斯福总统向蒋介石发出了紧急建议,要求由史迪威统帅中国战场一切军队,授予他指挥全权,以阻遏日军的深入。蒋介石一看就毛了,上次要求撤换史迪威没撤成，这下倒好，把自己给撤了。可他不敢公开反对罗斯福的建议，只好复电表示"原则赞同"，暗中却动员一切力量，促使罗斯福改变决定，威胁恫吓史迪威，使他不敢接手指挥权。

蒋介石向他身边的重要人物亮明了底牌：史迪威现已控制着中国全部租借物资，如果再让他统帅全国军队，再由着他去加强和装备共产党，我们就等于全完蛋，再没日子过了。手里没了军队，我也不是委员长，你们也不是高官大吏，咱们全变成人家砧板上的鱼肉了。阻挠史迪威接管军队，大家都要出力，以后论功行赏。

蒋介石命令一下，行动最快、卖力最大的，还数霭龄夫妇。

正在美国访问的孔祥熙赶紧跑到白宫，拜谒罗斯福总统，当面表示意见说："中国的军队有历史、地域、系统等种种复杂情形，主要依赖统帅与各级将领的个人情感才能指挥得动，统帅人选的威望、资历和人事关系非常重要，绝不是随便指定一个人，只靠发号施令就能调遣得了的。史迪威做中国军队的总指挥，能不能胜任愉快，以祥熙个人观察，大有疑问。"

孔祥熙自以为这番话锤炼得理透情浓，炉火纯青，可罗斯福听完只问了一句，这是你的意见还是蒋总司令的意见？孔祥熙当然只能说是自己的私人的看法。罗斯福说，蒋总司令已经来电表示同意，你不必过虑了。孔祥熙便再也无话可说了。

接着跑到美国活动的是美龄。她对到机场迎接她的总统代表霍普金斯说，我希望当面向罗斯福总统说清楚，我这次来美国，没有其他任何目的，仅仅是为了医疗和休息。霍普金斯说，既然这样，就不必去见总统了，罗斯福夫人会到医院看望你的。

美龄对罗斯福不会见自己十分不满，但无法改变。于是她向总统代表和总统夫人强烈表示，史迪威不了解中国人民，不了解中国国情，更不了解中国军队，无法担当起指挥全国军队的职责。她举例说，史迪威强迫蒋介石把最精锐的55师派到缅甸作战，结果这个师在日军压力下，全军覆没在热带雨林中。美龄说，这只是史迪威众多悲剧性错误中的一个。在中国发挥作用最好的，是陈纳德和他的飞虎队，应该多派这样的人。她强调说，要打败日本，办法只有一个，就是美国多出钱，多给好装备，放手让蒋介石来指挥,其他人不要横加干涉。

美龄阻止史迪威接管军队的心情过于急迫,以致人家认为她的情绪有些偏激,所说情况不太可靠,反而没引起太大重视。

还是霭龄棋高一着。

她认为,此事罗斯福固然是关键人物,但决定是他做出的,没有非常有力的理由和重大情况变化,让他改变决定是很困难的。这件事中还有一个关键人物,那就是史迪威本人。如果他知道自己根本指挥不动中国军队,他就会知难而退,罗斯福无法既强迫不愿交权的人交权,又强迫不肯接手的人接手。

霭龄再请史迪威到范庄做客,史迪威明知又是一次鸿门宴,但碍于情面,还是硬着头皮来了。

霭龄不需要再绕来绕去,那样也会引起史的反感。她单刀直入,直奔正题。

"中国军队的指挥历来讲关系凭感情,张学良、杨虎城捉了蒋介石为什么不敢杀他?因为就是中国也没有第二个人能指挥调动全国的军队。你史迪威跟哪一支军队有关系有感情?是老蒋的嫡系部队听你的还是白崇禧的桂系、龙云的滇军、阎锡山的晋军,或者川军,或者西北三马会听你的?军队到了你手上,结果你调遣不动、指挥不灵,这不仅会影响中美共同战胜日本的进程,也会影响你的名声和形象。那时,你作为一个调不动一兵一卒的光杆司令,将成为全世界嘲笑的对象。你想到过这是一种怎样的情形吗?"

史迪威说:"这种困难我非常了解,但指挥中国军队并不是我的要求,而是总统根据国际形势做出的决定。"

霭龄说:"好,就算这件事决策与你无关,但却与你的某些言行有关。你可知道美国政府派你来中国是与谁合作吗?是与蒋委员长的政府合作,可这几年你口口声声称赞共产党,屁股坐到哪里去了?共产主义同我们的主张犹如冰炭不能同炉,蒋委员长所以现在不剿共,还同意国共合作,是日本正侵略中国,一旦打败了日本,国共肯定是要分家的,免不了一场恶战。那时你就会知道你现在的许多言行是错误的。"

史迪威瞪起了眼睛："我只知道共产党真心抗日,要尽快打败日本,就应该帮助他们发展壮大力量。"

霭龄说："好,这个也不谈。蒋委员长是中国战区的最高统帅,参谋长的职责是辅佐统帅,哪有取而代之的道理?"

史迪威又想说话,霭龄说:"史将军,我们是朋友,所以我今天请你来谈点意见供你参考,而不是想跟你进行一场辩论。我说的话你回去可以再想想,采纳不采纳都没关系。只不过你需要知道并不是我一个人有这种看法。"

史迪威翻翻眼珠:"那好,你请讲,把你的意见都讲出来吧。"

霭龄莞尔一笑:"我只再说一点。如果中国的军队都交给你指挥,日本人肯定会以此为借口,说中国已沦为美国的殖民地,说美国在亚洲推行亚洲人打亚洲人的政策,说美国才是中国的侵略者,他们在帮助中国人摆脱美国的侵略。这是不是会有损于美国的政治形象呢?"

霭龄的话甬管理正理歪,却是针针见血,入骨三分。这一通冰雹式的话语,最直接的效果,就是要让史迪威感到,一个不在政府任职的中国妇女,都这么强烈地反对自己指挥中国军队,其难度是可想而知的。他没有必要去冒这个风险,做一个孤家寡人的统帅。

史迪威最后向霭龄表示,他服从蒋的指挥。如果有机会,他将向总统阐述自己不愿接管中国军队的想法。

霭龄又一次从史迪威身上捞了分。

蒋介石迟迟不任命史迪威,激起了罗斯福的愤怒。他对蒋介石阳奉阴违的做法进行了严厉谴责,要蒋对由此引起的一切不良后果,承担个人责任。

罗斯福弄巧成拙的是,他把这封电报打给了史迪威,要史迪威当面转交给蒋介石,从而使史迪威处于一种无法避嫌的位置。

当史迪威把这包辣椒粉交给"花生"的时候,"花生"打了一个大喷嚏,这喷嚏如同一股飓风,把史迪威卷了起来。

蒋介石说这是平生最大的耻辱,致电罗斯福说,事关国家主权与尊严,决不接受强制式的合作。表示宁可把军队交给日本人,也不交给史迪威。

孔祥熙在美国紧密配合蒋介石的强硬态度，说如果史迪威掌握了中国军队，即使打败了日本，中国也还是等于亡国。摆出一副要与美国彻底决裂的架势，不再提任何要求，就要打道回府。

罗斯福最终做了妥协。他听信了"闯进瓷器店的公牛"赫尔利的话，即在史蒋之间选择的话，只能选择蒋介石。罗斯福解除了史迪威的职务，把他召回国内，重新委派了宋家喜欢的魏德迈来中国任职。

第二十二章　败局难收

▎蒋政权的一个争权夺利的悲剧

上海的虹桥机场。

在国民党委员们的注目礼下，"美龄号"专机正滑入跑道，加速升空，霎时间，机身脱离跑道，向空中飞去，随着震耳欲聋的声音的消失，那飞机化作一个黑点，钻入远方的蓝天白云之中。

机身渐渐拉平。从舷窗射过来的一束光柱，正好映出宋美龄那半明半暗的脸。

这是一张新闻报，宋美龄从身后机座上取过来捧读着。那未干的油墨的清香不时扑鼻而来。那经过一番努力而变成铅字的消息使她心旷神怡：

> 蒋经国特派员被父亲召回免职。孔令侃总经理宣布无罪释放。
> 上海杜月笙之子杜维屏由特刑庭转解高院，念其初犯，轻判八个月，
> 以观后效……

在报刊右下角又刊出了一幅照片。这是小蒋被老蒋召回南京时的照片。照片中，老蒋神采奕奕，把一摞线装的《曾文正公全集》交到小蒋手里。小蒋春风满面，向老蒋叩谢。

照片下面有一组对话极为精彩：

> 老蒋：上海之行，初露锋芒，干得不错。为父争了光。
> 小蒋：有其父必有其子。
> 老蒋：锋芒不可不露，但不可毕露。这是套玄书，多读读，日后你

会明白天机。

　　小蒋莫名其妙。

　　宋美龄耐着性子把它读下来，本来惬意而又轻松的感觉转眼间又变得沉重起来。

　　她做了一件蠢事。

　　她开始反省自己。

　　这是 20 世纪 40 年代蒋政权的一个悲剧、一个争权夺利的悲剧！

　　失败的绝非是"打虎队长"蒋经国一人，而是丈夫的整个新金融政策以及它所代表的政府。它的后果一时还显现不出来，随着时间的推移，将越发显现出来，以至将全面动摇它的政府。

　　宋美龄并不糊涂。她以超越自我的目光看出来了。她把头伏在报纸上深深地忏悔了……飞机一直飞到北平，从北平转机飞长春，一路上她都没说一句话。

｜　后院起火

　　在蒋介石政权里，蒋、宋、孔、陈四大家族占有显赫的位置。实际上说蒋的政权也是四大家族的政权。人们往往把蒋姓放在首位，宋姓放在其后，其实宋姓才真正是实权派。宋氏两姊妹由于其卓越的才干，征服了男性世界，控制了蒋、孔两姓。她们能像捏面团一样地使男人围着她们转，使她们的男人在实践上也深感女人的厉害，自愧不如，甘拜下风。

　　宋美龄是中国当代的"慈禧"。

　　虽然"慈禧"的名字在中国近代史上不大中听，但是她与平庸之辈决不能等同。

　　桌上的电话铃响了起来。宋美龄放下手中的报纸走了过去，操起听筒。电话是上海打来的，对方不愿告诉自己的名字，只是告诉她孔令侃被捕，让她设法营救，不然命就没了。宋美龄欲要问话，对方已放下了电话。

神秘的电话,突发的事件,使宋美龄火上心头。

孩子是老人的希望。许多老人在知天命之年,便把希望寄托在孩子身上。这大概是一条不成文的规律。

宋美龄和蒋介石婚后二十余年,一直未生育。因此,她把全部的希望都寄托在大姐宋霭龄的四个儿女身上,四个小辈姨娘姨娘地叫得好亲热。平心而论,宋美龄最喜欢的又是戴维(孔令侃)和珍妮特(孔令俊)。

然而今天事情的发展却令人不能置信。"令侃儿啊! 你到底惹了哪家阎王,让你这样过不去!"宋美龄凭借她手中的特权,她决心要查个水落石出!

事情却是这样的。说白了,它源于政府的"黄金案事件",说深刻些,它又是蒋政权后期综合征引起并发症的必然结果。

内战时期的中国政府面临着极其严重的问题——饥荒、通货膨胀、封锁、对外关系……

蒋介石政府雇佣的人员极多,有中国人以外的欧洲人、美国人,他们专门从事维护形象、公共关系和宣传方面的工作。他们的工作之一是防止丑闻见报。但是事情总是两方面的,偶尔也有失误。例如1945年5月在美国新闻界传出一件丑闻,当时行政院代院长兼外交部长宋子文正在旧金山出席联合国会议。电台评论员雷蒙德·格拉姆·斯温的一篇报道把宋子文弄得非常狼狈。

1943年以来,在宋子文和孔祥熙的敦促下,美国一直在借黄金给中国。从理论上说,这些黄金应当由政府控制的中国各银行出售,帮助稳定通货膨胀的局面,就像给贫血病人注射维生素一样。蒋介石埋怨美国迟迟没有运送答应提供的黄金。尽管美国迟迟没有这样做,担任财政部长的孔祥熙仍然宣布,银行将出售"黄金证券",在黄金实际运到之后可把证券兑换成黄金。换句话说,这种黄金本来是打算用于制止中国市场失去控制的通货膨胀的(这种通货膨胀主要是孔滥发货币和宋霭龄从中牟取暴利造成的),现在却提供了一种可能被用来进一步从中渔利的新的期货市场。

在旧金山,在记者们追问下,宋子文说,他"自己揣测"是黄金市场的反常现象引起来的。他解释说,3月28日(星期五)政府决定从3月30日(星期一)起提高黄金的官价,当时商定严格保密。但是,在谈到成交的数字时,宋子文指出,星期五出售的黄金是最近每日平均销售量的两倍。这种情况只有在一种情况下才会发生,就是接近掌权人物的人向同伙泄露金价将在周末急剧上涨的消息,这样他们可以在星期五以廉价买进,在星期一以高价卖出。宋子文也许认为,他已使孔家一名成员处于困境,而孔家当时正处在得势时期。他说,他带着疑惑匆忙去找蒋介石。

按照蒋的命令,迅速地进行了一次调查,发现真正的"罪魁"是中央信托银行的两名小职员。这家银行的董事既包括孔祥熙也包括宋子良。在孔祥熙经营的交通银行或中国中央银行的董事会显然没有发现任何差错,不过十分奇怪的是,这两家银行在那个星期五都把正常的停止营业时间从下午5点延长到9点,以应付购买黄金的人"突然要求购货"。

两名不幸的职员被判死刑,匆匆忙忙被押赴刑场。在行刑前,其中一人大喊:"我们是替罪羊,拿我们开刀实在是冤枉啊!"这当然是显而易见的。

宋子文认为,处决是必要的。"因为政府哪怕有丝毫的贪污怀疑,就应该立即进行彻底调查并予以惩处。这只能更好地巩固政府的权力,增强人民的信心。"

从黄金丑闻中捞到的好处听起来非常可观。新闻报道承认是450亿元,但这是膨胀过的中国货币。对黄金丑闻负有实际责任的未指名的"高级官员"只赚了大约两万美元。

官方获利,人民遭难。在抗日战争胜利时,中国至少在纸面上拥有600万盎司黄金和9亿多美元的储备,这都出自美国纳税人的腰包。尽管储备这么多的硬通货和黄金,国外援华集团还是在大力游说,因而外援继续以惊人的速度源源不断地运到中国。从1945年至1947年间,联合国善后救济总署运往中国685亿多美元的物资、食品、衣服和设备。除此以外,宋子文在进出口银行的老朋友还为他提供8300万美元的贷款,加拿大提供6000万美元的长期贷款。

为了像宋子文说的那样"维护中国人民的尊严",他坚决主张在法律上由中国人完全控制这些外国援助。1944 年蒋介石曾使用过这种策略,所以提出这种要求没有什么害处。莫名其妙的是,提供贷款的机构竟然表示同意,尽管在华盛顿和伦敦的上层人士中间谣传,到战争结束时,宋子文已是地球上最大的富翁之一,在世界上一些最大的公司拥有大量股份,他已找到好办法从这些公司购买军用物资。费利克斯·格林援引宋子文的一个朋友的话说,到 1944 年,他存在美国的财产就超过了 4700 万美元。英国外交部的一位高级官员 1953 年接受记者采访时说:"宋子文拥有你们通用汽车公司的起支配作用的股权,不是吗?"当记者说美国官员们普遍认为不是通用汽车公司而是在杜邦公司时,这位外交部官员厉声说:"这个,难道没有办法掩饰所有权吗?"

宋子文被任命为行政院长之后,成立了一个特别机构为行政院善后救济总署来监督联合国救济物资的分配工作。他同美国政府和联合国商定,这些物资在中国码头刚一卸下,联合国善后救济总署就放弃对它们的所有权(在其他国家,联合国官员始终照管这些物资,以保证进行适当的分配)。卸下绝大部分物资的码头、储存这些物资的仓库和运输这些物资的运输公司,其中包括招商局都是为杜月笙所有。这为贪污盗窃提供了方便。

由于通货膨胀极为严重,中国银元与美元不久达到 1100 万比 1 的惊人汇率,蒋政府秘密地准备发行一种以黄金为"后盾"的新钞票,即所谓"金圆券"。这个计划要求所有中国人交出他们所有的失去信誉的旧货币和个人拥有的所有白银和黄金,以兑换这种新钞票。黄金和白银将按照政府确定的人为兑换率赎回,这是世界上最古老的骗局之一。这意味着那些设法在整个战争期间拿出黄金或白银的人将不得不以荒谬的兑换率接受价值可疑的新钞票。在中国,即便小店主都能识破这种骗局,但是任何人都没有选择的余地。

凡是知道将在什么时候实行"货币改革"的人都有从中牟利的机会。对这场大骗局来说,有名的黄金丑闻只是小小的准备动作而已。这次泄露秘密情报的是宋子文本人。

宋子文显然已经提醒他喜欢的一些国民党军官——仅在上海就有293名——在实行货币改革之前从上海各银行取出黄金。讨厌的是，那伙人中有一个人把这一消息传出去了。上海出现恐慌，数百名重要的存户匆匆忙忙从银行取出黄金。合法的黄金所有者从政府手中取出价值数百万元的私人黄金。这场恐慌蔓延到其他城市。委员长大发雷霆，他成了全国人民的笑柄。这次，他对宋子文感到彻底地厌烦了。

宋子文被正式指控为引起"抢兑黄金"的罪人。蒋勒令他辞去行政院院长职务，还解除他的所有其他政府职务，并吩咐陈家兄弟秘密调查宋子文的所有金融活动。在调查结束之前，蒋硬要宋子文担任广东省省长和"绥靖专员"的"安慰"职务。这使宋子文有时间通过他在广州和香港的银行分行把他的巨额财富全部转移出境和变卖他的绝大部分财产。

1947年秋，陈家兄弟结束了他们奉命进行的调查，提交了一份长达15万字的报告，指责宋子文"对外国……资金管理不当"。报告说，某个享有特权的公司集团花费资金和使用供应品的"目的并非进口用于建设的物资"。这个享有特权的集团包括宋博士和他的中国开发金融公司、宋子良的孚中公司和孔令侃的扬子公司。宋子文刚被解除职务动身前往广东省，调查人员就发现，中国储备的外国硬通货和金条大约丢失一半，其中包括宋子文掌管财政大权期间被认为放在中国国库的9亿美元的一半和600万盎司黄金的一半。

这些货币和黄金都到哪里去了呢？

得梅因《记事报》的直言不讳的发言人加德纳·考尔斯战后曾经前往中国访问，回国时写了一篇报道，这篇报道是在1947年9月发表的：

在上海的一次晚宴上，现政府的一位愤怒的批评者对我说："除非干掉宋氏家族，否则中国是永远好不起来的。好家伙！他们在华盛顿、伦敦和阿姆斯特丹有十多亿美元的存款。"过了一会儿，他走开之后，中国银行一位高级官员对我说："请不要相信这样的荒唐话。他们的存款不超过8亿美元。"

这时,孔祥熙旅居美国,宋子文以省长身份在广州流亡。

在暴风雨前的平静中,蒋介石决心发行金圆券。经过再次推迟,新货币的正式发行日期定于 1948 年 8 月 19 日。所有旧钞票及所有黄金、白银或外币都必须在 9 月 30 日以前交出。这次,为确保发行工作顺利进行,蒋委员长特派他的长子蒋经国协同新任财政部长俞鸿钧一道执行新的货币规定。

委员长给蒋经国下达了首先在上海进行整顿的特别指示。也是有意锻炼一下儿子,日后好步入政界。蒋经国对父亲的授意心领神会,当即立下军令状:"不干出个样子,决不见父亲!"

"好样的! 像我的儿子!"蒋介石拍着儿子的肩膀道。"你到上海后,要把黄金立刻冻结,严禁一两黄金、白银外流。要知黄金的厉害,稍有不慎它就会张开血盆大口吞噬父亲的政权,此事关系重大,你就去准备吧!"

蒋经国下意识地扯了扯中山装,说:"请父亲放心,我明天一早就去报到!"

当时映在蒋经国眼里的上海是交通混乱、市容不整、走私猖獗;十里洋场,五毒俱全;市场金融混乱不堪;刑事案件每天发生,人们怨声载道。这位曾任赣南行署专员的太子,一到上海,就着手整顿秩序,组织缉私队、纠容队、便衣队,宣布"王子犯法与庶民同罪"!

在执行这项任务期间,蒋经国将赶走除了拉山头的青帮成员以外的腐败分子,关闭黑市,监禁所有肆无忌惮的投机商,帮助上海社会进行经济"改革",这是一件难办的差事。他似乎不折不扣地执行了他父亲的命令。他对贪污腐化、黑市商人和货币投机商进行了一场无情的斗争,到处安插自己的莫斯科式的保安干部。设置大量便衣警察,跟踪异常人员。在街头巷尾开庭审讯,在马路边将罪犯处决。蒋经国这样做的目的,显然是想让人知道他的父亲蒋介石又回到了上海,重振旧日威风。

一场整顿与反整顿的斗争在大上海激烈地进行着。整顿中伴随着逮捕,以暗杀为主。枪口下的上海人民无不感到压抑。枪声、警车的鸣叫声充斥街道,人们无不提心吊胆地过日子。流言四起,不是谁被捕了,就是某某被杀了。恐怖笼罩着大上海。枪口下的大上海度日如年。

但是当时蒋经国犯了两个"严重错误":一是他逮捕了股票经纪人杜

维屏。这位年轻的经纪人被指控在货币改革生效之前不久向股票市场抛出了 3000 万股股票。他父亲杜月笙显然事先向他透露了消息。

杜维屏，又名杜老虎，毕业于美国麻省理工学院。他是上海十里洋场令人闻之胆寒的老虎，又是大流氓杜月笙的公子。杜月笙是洪帮的头子。

当年蒋介石从日本留学回国，不得志时，曾拜倒在杜月笙的门下，成为证券市场的小小经纪人。后来又得济于杜月笙的帮忙而发迹，走上政坛。杜维屏仗着这层关系，狐假虎威，大炒黄金，走私香港。然而，正当他的黄金梦将圆的时候，却撞到了蒋经国缉私队的枪口上。

蒋经国不理杜维屏的诱惑和花言巧语，大义灭亲，大脚一踩，只扔下了一句话："给我押下去！"

| "老虎"被捕，上海滩立即掀起了轩然大波

蒋经国对杜审讯和判刑的速度之快。

当人们还不知道他被捕的消息，此案就已了结。

小杜被判处 8 个月的徒刑，这不是由于他非法获得有关货币改革的消息，而是由于他在正规交易所外抛售股票的技术问题超越了规定。他没有服刑，因为这对他的父亲的打击太过分了一点。但是他被逮捕、审讯和定罪一事显然表明时代已经变了。

"老虎"被捕，上海滩立即掀起了轩然大波，消息不胫而走。

然而就在这时，一封匿名信扔到了蒋经国的办公桌上。

内容如下：

特派员先生大鉴：

打虎精神，可钦可敬。不过杜老虎还只是只虎子，斑斓猛虎你敢打吗？如有胆量，请到蒲石路扬子公司一行。吃人的老虎在等着你哩！

即颂

大安

观戏愚民谨启。即日

就是这封匿名信导致了蒋经国所犯的第二个"严重错误",以至于他在这错误的深渊里不可自拔。作为蒋政权的四大家族,由于裙带关系,使他们之间密不可分。但是他们之间的不同政见、利害冲突,却又不同程度地威胁着蒋政权。

这封匿名信,确切地说,它的微妙之处,像一发炮弹击中了某个家族的要害,挑起了一个家族对另一个家族的激烈的内战。

蒋经国虽然涉世不深,但他已看出,这不是一般的信,而是一封半是挑衅半是恫吓的信。心想:里面定有重大线索!蒋经国的睡意全被驱除了,这位嫉恶如仇、自尊心极强、想干出点事来的太子,倒要看看那只真老虎究竟有多大的虎威!"紧急出动!"太子命令身边的人。

太子之言,驷马难追。

缉私队快速出击,很快包围了上海滩上扬子公司的大院,并在仓库里发现了许多盗窃来的美国货和欧洲货。更使他们欣喜的是,在靠墙角的破木板下面,掩盖着一箱箱金灿灿的金条,耀人耳目,就像迷人的童话中所描述的一般。

擒贼捉赃,大功告成。

此时蒋经国已经了解了黑市的所有内幕,于是立即下令逮捕了扬子公司的总经理。这位总经理不是别人,正是他的姨弟孔令侃,名副其实的老虎。

"戴上吧,表弟。"蒋经国把一双手铐扔给了他的缉私队员。"须知王子犯法与庶民同罪!"

此时,政治上的利害冲突把他们间的裙带关系撕得体无完肤。

"戴上倒可以。不过总有一天,也许是明天,我的特派员先生,你还得给我亲自取下来,并给我赔罪!"孔令侃冷冷地对蒋经国道。

孔令侃的预言没有错,他相信不久的一天,微妙的裙带关系会把强权政治击得落花流水。

｜　蒋经国感到棘手，一边有父亲的指令，一边有夫人的说情

宋美龄刚放下电话，孔令俊已经飞马来报了。

宋美龄轻描淡写地又把孔令侃数落一顿后，决定返回上海，找经国说情。她相信太子不会不给她面子的。

蒋经国感到棘手，一边有父亲的指令，一边有夫人的说情，何去何从？当然他决不会倾向于后妈，摊开双手道："你来找我是预料之事。不过表弟的案子非同一般，临行父亲再三嘱咐我，因此，我岂能一人做主！还是请示请示父亲再说。"

宋美龄一听便火了，心想："父亲、父亲，你心中就没有我这个母亲。"不过她又把火压了下来，说道："经国，我的脾气你也是知道的，包括你父亲，我求过哪些人？今天我来求你，说明我看得起你，尊重你，希望你能给我留点面子。不看僧面看佛面嘛！"

"夫人，人已抓了，全上海的人民都看着我，我也有面子啊！别人不理解，希望你能为我着想。"蒋经国虽然话语不多，却也锋芒毕露。

"大胆，放肆！"宋美龄的火终于发了出来，"经国，不说别的，你到底放不放人？"

"夫人，经国以前有许多对不住你的地方，父亲也再三要我尊重你。眼下国难当头，希望你这次以党国利益为重！"蒋经国并不退让。他认为在原则问题上退让一步，就是对父辈的不忠。

忠言逆耳，逆耳忠言。两个本来就有成见的人一旦因事不谐时，往日的成见就像沉渣泛起一样，心中的火也随之而来。宋美龄变得有点强词夺理了："经国，你不要教训我了！我走过的桥也比你走的路长。这次你放也得放，不放也得放！懂不懂？"

血气方刚的小蒋也耐不住性子了，反问道："我要是真不放呢？"

"不怕你不放！"

两人不欢而散。

　　蒋介石的办公室刚开完一个会。他顺手推开窗子,透口新鲜空气,静静等待夫人的到来。

　　人如倒霉,一步一个。这半年里,从金圆券风波到全国各大战场的失利,从政府内部经济拮据,到四大家族的矛盾激化,并且波及到他们家庭的稳定。每天都是在吵闹中度过。刚才会议虽然统一了思想,也是吵闹得不可开交。蒋介石仿佛一下感到自己苍老了。他觉得自己有种隐隐约约的危机感,控制政权的自信心从来没有像今天这样低。

　　更使他不好办的是,家庭的后院里也着了火。夫人,能干的夫人也不像以前那样拼命卖力地支持他,感情的危机使他和她一天一天地把距离拉长。今早,锦州的范汉杰将军又来了告急电,几十万共军围城,形势十万火急,急需总司令亲去督战。说心里话,这也是件难办的事。即使他去,也只是某种象征性的安慰。这时,他想到了宋美龄,她去比较合适,既能代表他,又能起到某种微妙的安慰作用。他的提议刚一出口,委员们便停止了争吵,无不称赞这是一手妙棋。然而夫人怎么样呢?他心里还没有底数,因此他让夫人来的目的也是商量此事。

　　"你找我什么事?"宋美龄坐在蒋介石对面的沙发上,点烟吸了一口问。

　　"这两天吃饭怎么样?胃口好吗?"蒋介石答非所问。他不想开门见山,求人的事总得先讲点人情吧,夫人也不例外,她也是人,这是他的逻辑。

　　"大姐有事还在家等着我,有事请你快说吧。"宋美龄不需要关心,也答非所问,随后吐了一口迷人的烟圈,那烟圈在她面前升腾着、扩散着……

　　蒋介石望着那团团升腾着的烟圈,似乎悟出了宋美龄的心事。蒋经国早已把此事告诉了他。夫人求他,他求夫人,等价交换,谁也不吃亏,这是绝妙的好主意。显然再说其他的话都显得多余。"夫人,听说经国气你啦,并且还气得不轻,"蒋介石说到这里,叹口气又道,"孩子嘛,毕竟还是小孩子。我们不能与他一般见识,你也不必再生他的气!当初你要给我说一声,事情也就好办多了。"

　　宋美龄见对方开门见山地自我批评,气也消了下来。"经国对我没感情,这是你也知道的。令侃虽然不是我的亲生,但毕竟对我还是有一腔感情的,他的事情我不能不管!我们都老了,谁还没些想法?我为你奔波了一生,到底图什么? 儿子指不住,那侄子我不能不指!"

"达令,打开天窗说亮话,你要我怎么办吧?"蒋介石耸了耸肩膀道。

"给我面子,放了令侃!"宋美龄毫不退让。

"那我要求你出山办事呢?"蒋介石追问道。

"只要把令侃放出,需要我做的事你尽管说!"宋美龄也当即保证。

"那就一言为定!"接着蒋介石又把自己的心事全盘托出道,"夫人,目前看来,锦州的战事更加激烈。共军企图拔掉我们从山海关到锦州一带的据点,同时对于山海关及山海关以南的地区发动强大的攻势。郑洞国、曾泽生、范汉杰等守将都非常悲观,军心正在动摇。失去了军心,再好的补给也无济于事。我原想亲自飞长春去安抚,看来眼下能代替我的,非夫人莫属了。"

"好吧,我准备一下就去!"宋美龄爽快地应允了。

在矛盾的漩涡中,双方各自牺牲各自的利益而达成的交易成功了。因为成功各自都有如释重负之感。

这是一场牺牲原则而保全家族利益之争。在这场斗争中,宋美龄似乎获得的更多些,面子的挽回,使她有了做人的尊严。她以胜利者的姿态长长出了口气,掐灭了手中的烟蒂,吐出了最后一个烟圈,那烟圈升腾到空中,她又感到担子似乎沉重了起来……

正当毛泽东所领导的中国人民解放军以锐不可当之势横扫华北,蒋委员长仍然在苦苦维持自己家族的门面。

第二十三章 哀兵必败

| 长春，已是瓮中之鳖

内战进入第三个年头，全国的军事、政治形势有利于解放军而不利于国军。解放军在毛泽东的领导下同国军进行战略决战的条件已经成熟。在东北战场上，国军卫立煌集团55万人（其中正规军48万人），分别龟缩在长春、沈阳、锦州三个孤立地区；解放军东北野战军已发展到12个野战纵队及若干独立师和特种兵部队共70万人，形势对解放军极为有利。毛泽东适时抓住这一有利战机，决定同国军进行战略决战，并把决战的第一个战役放在东北战场。为配合东北作战，毛泽东同时决定华北第二、第三兵团于9月中旬发起察绥战役，钳制傅作义集团。

解放军在辽沈战役的第一阶段，是首先攻克锦州，截断北宁线，关门打狗。尔后围困长春，迫其投降。

锦州的外围战已经打响，长春被围已经多日。瓮中之鳖的国军人心动摇，惶惶不可终日。恰在这时，宋美龄乘专机从上海飞到了长春，代表蒋介石抚慰军心。

宋美龄还在天上的时候，长春的作战指挥部里，东北"剿匪"总司令部副总司令第一兵团司令郑洞国在一张军事形势图前，把眼睛死死地盯在标有红旗的锦州。因为那里有几十万解放军已在攻城。

解放军无数的炮队早在几天前就开到了指定地区。几十万发各种口径的炮弹，在几天之中扫荡了国军所占据的广阔地带。第一天，刚一开始猛烈的扫射，国军就放弃了第一道战壕，只留下了一部分监视哨。第二天，又放弃了第二道战壕，转移到第三道战壕里去了。

锦州的情况每半个小时要向司令郑洞国通报一次。作为司令的郑洞国也密切注视着锦州的事态。他知道锦州是整个东北的咽喉之地,牵一发而动全身,锦州一旦失去,长春便危在旦夕。

"司令,有电报!"一位机要参谋手拿电文走了过来。

郑洞国接电展读:"锦州吃紧,共军已突破防线,机场已被共军火力控制,速援。范汉杰。"

"增援?"郑洞国苦笑了一下,"锦州与我长春唇齿相依,只好先保锦州,增援一军……"

郑洞国的命令还未正式下达,突然长春外围解放军攻城的枪炮声也隆隆地响了起来。那发闷的炮声先是在城西,继而在城东、城南、城北,四面轰鸣。一发榴弹竟打进了城里,落在作战指挥部前面约 500 米处起爆。

"看来,我们顾头顾不了脚,锦州难以支援。"郑洞国马上又撤回了支援锦州作战的命令。转身对机要员说:"快给锦州发电,长春已被共军袭击,无力支援。"

解放军的炮声响了不到十分钟又停了下来。

"娘的,说攻城你也不真攻,纯粹是捣乱!"郑洞国走到窗前,把脸贴在冰冷的玻璃上。偏偏老天爷也给他忧郁的心情加抹了一笔哀愁,闪电没能撕碎浓重的乌云,巨雷低低地从云层中滚过之后,雨水从屋檐墙头和树顶落下来。

这时,一位机要参谋惊慌地赶来:"报告司令,刚接东北'剿总'急电,锦州失守,范汉杰将军以下八万多人被俘,其余全部战死。"

如同空中又一个炸雷,包括郑洞国本人,大家全部都惊呆了。

锦州陷落,沈阳、长春已是危城。

夜幕降临下来,给危城长春披上了肃重的黑纱。作战值班室里,郑洞国司令一夜没有合眼,锦州的失守,给他的震动太大了。他反剪着双手,不停地踱着步,自言自语道:"蒋总司令不是要来吗?怎么还不来?再不来,沈阳、长春就要完蛋了!"

他在等待着。

他在焦急地等待着……

宋美龄代夫上阵

第二天早晨 8 点。

"美龄号"专机像只大鸟，在长春机场上空旋转一圈，降落下来。

"美龄号"是蒋总司令的专机。

早已在机场等候的国民党军政要员，他们一个个身穿笔挺的礼服，脚蹬锃亮闪光的皮鞋，在停机场旁排排站着，目视着"美龄号"在跑道上滑行、减速、停下。

机舱门缓缓地打开了。

宋美龄首先走出了机舱门。

她穿着剪裁合体的紫红色的旗袍。在夫人的眼里，红色是胜利和吉祥的象征。细看旗袍上还有暗色花纹图案，有些熠熠发亮，分明是苏州的缎料。旗袍的开口处，露出肉色的长筒丝袜，脚穿高跟棕色皮鞋。这一切和着她那婀娜多姿的身条，白皙漂亮的瓜子形脸庞，乌黑发亮的秀发，给人以高雅、端庄、文静之感。

长期以来，她以个人优雅的仪态，成为众所尊敬的第一夫人。

宋美龄在舷梯上向欢迎她的人挥了挥手，下面队伍立刻爆发出一阵热烈欢迎的掌声。

"老蒋怎么没来？"官员间有人悄声问。

"宋美龄是他的全权代表，可能是老蒋忙不过来吧。"有人小声地回答。

"老蒋脾气坏，说不定谁会在他面前倒霉，不来更好！"

……

就在他们议论间，宋美龄在侍卫官员的簇拥下满面春风，步下舷梯，走到下面官员之中，和他们一个个握手、问候。

官员们握住第一夫人的手，想着当年的传说，自然把时间放长，分享那握手的幸福。

宋美龄同郑洞国、曾泽生等将军边握手边笑吟吟地说："本来昨天就应到达，谁知突然通知长春有雷雨，只得在北平停了一宿，今天一早就飞来了。一到长春，便是阳光明媚，河山清秀，这可是托郑司令的洪福啊！"

"哪里,哪里,"郑洞国连声道。此时他心中的阴霾已被夫人的几句话驱散了不少,紧绷的脸也放松下来,转而又道,"长春已是危城,昨日共军还在攻城,夫人光临,真叫我们担心啊! 不过话说过来,夫人不顾生命安全,亲临危城督战,实又令我们将士佩服佩服!"

"长春有几十万守军,郑司令又是蒋先生的挚友,征战数年,享有常胜将军之称。蒋先生军务缠身,虽然今日未能同行,关切之意已经表达。他已命令空投台湾新军来长春!"宋美龄用南美英语的声调说出的汉语,既流利又轻曼,给人以美的享受,引起了他们一阵哈哈笑声。

过去,他们曾听说,第一夫人以她特有的素质,丰富的知识,动人的文才,演讲的口才,以及她那非凡的仪表,征服了美国总统罗斯福、英国首相丘吉尔、苏联元首斯大林,以及他们所代表的本国人民,在世界的范围内刮起了一股"宋美龄"旋风。耳听为虚,眼见为实,今天他们无不佩服夫人的厉害。

"在南京时,我就听说李军长病得不轻。我要看看他!"宋美龄对下属的关心,着实令大家感叹一番。

在医院的高级病房里,郑洞国走进去,叫醒了正在闭目休息的李鸿军长,并转告夫人特来看他的意思。

李鸿将军不愧是一条硬汉。身躯凛凛,相貌堂堂。他虽身卧病床,却心忧国家之难。和别的将军不同的是,他性格倔犟,为人耿直。相传他在北伐战争时,一次与敌作战中,战友们全部壮烈牺牲了,独剩下他一人,子弹也打光了,敌人吼叫着冲了上来,声称抓活的。"奶奶的,我让你们抓!"他骂了一声,拔下刺刀,犹如一头雄狮,冲入敌群,展开肉搏。他一刀一个,两刀两个。右挑左拨,刺刀在他身前身后飞舞,"嗖嗖"作响,只见刀影不见人身。待大部队上来时,他已斩杀了 36 个敌人。战后被授予"孤胆英雄"的称号。他当军长后,还参加敢死队,冲锋陷阵,出生入死。他曾负过七次伤,子弹都没有真正把他击中。他负伤从不住院,用些苔藓粉末撒上,用绷带绷好,既止痛又不感染,且伤口又好得快。今天他终于抵挡不了病魔的袭击,连日的高烧把这个高大的汉子终于放倒在病床上。他多么不情愿啊! 一生从没有住院习惯的他,终于创造了纪录。这不是在住院,这是在给他罪受! 大军压境,战局吃紧。他不能带领将士冲锋,难道当今世上还有什么比此更让人痛苦的吗? 当郑洞国司令告诉夫人来看他时,他抬起了头,从床上挣扎着坐起来,连声道:"夫人来了? 夫人在哪里? 夫人在哪里?"

"我在这儿,李军长。"宋美龄走进病室,坐到李鸿军长的身边,看到李鸿瘦骨嶙峋的面孔,相貌已经彻底变了,一股痛惜之情爬上心间,她掏出手帕拭了一下眼睛,把自己温柔的手放在李鸿脉搏上,亲切地安慰道,"李军长,安心养病,留得青山在,不怕没柴烧。不要惦记战场,你的心愿他们都能实现……"

上司的信任莫过于理解。李鸿被宋美龄的这番既温情又知心的话语感动了,他动情地叫了声"夫人……"此时,刚强的汉子止不住泪水横流。

"不要哭!"宋美龄安慰了一会儿,又回过头来对众将官说,"现在越是困难,大家越是不要紧张;希特勒出动几千架飞机袭击伦敦的时候,丘吉尔首相照样不紧不慢地品着咖啡;斯大林格勒保卫战时,外国军队已攻进了城门,斯大林照样不慌不忙地抽着每天十支的大雪茄,这样反给人一个安定的印象。不说外国了,中国也不乏其例。三国时孔明设摆的空城计,何等的绝妙! 敌人认不清虚实,只好兵退十里,结果上了大当。我们和共党斗争不光动枪动炮,还要动心,你们懂吗? 关键时刻还要沉着冷静,这是非常难得的。"宋美龄说到这里,稍停一下,然后话锋一转道:"我这次来,并不是督战,而是教你们散散心,我也借机游山玩水。你们说,长春这个地方哪个地方好玩呢?"

人们被宋美龄这番轻描淡写的话语说得点头称赞。那话语像一服镇静良药安静了众官兵。宋美龄不愧为外交夫人!

"夫人要玩,这里有原始的大森林,大森林旁有一条饮马河,那里最好玩!"有人推荐。

"是的,饮马河倒是个好地方,况且又离长春不远,夫人难得来长春一次,正好尽兴地玩一玩。"有人敲边鼓。

"那好,我就去饮马河。"宋美龄银铃般的嗓门,说完格格地笑了,"郑司令,听说你枪法百发百中,我虽属女流之辈,却不甘拜下风,咱们可以比试比试吗？"

郑洞国只笑不语。

宋美龄从饮马河归来，有两只麂子和一头野鹿撞上了她的枪口，满载而归。自然又是一顿野味晚餐。就连号称"神枪手"的郑洞国司令也佩服夫人的枪法之准。

"夫人，没见过您打枪，实不敢相信，今日有幸领教，佩服。"

"司令过奖了。"宋美龄嫣然一笑道，"瞎猫撞个死耗子，我是碰巧啦。"

"不，不，夫人是练过枪法的。"郑洞国连连摇头。继而又道："明日您不是要给官兵演讲吗？顺便也把枪法搬过来让下属看看，那才让大家开眼界哩！"

"如果是那样的话，我的心就跳了，心跳岂能打好枪，我的司令，这一点你比我明白。"宋美龄婉言谢绝。

"夫人太谦虚了。"同车的郑洞国也哈哈地笑了。

红日西沉，晚霞落进平静的饮马河里，斑斓多姿。饮马河静静地流淌着，宋美龄的吉普车在它的身边驶过，把长长的黑影倒映在绚丽多姿的河水中。小鸟车前惊飞，时不时还会遇见几只野鸭从河面上扑棱棱地飞起来。

"啪，"驱车行进的宋美龄把身探出车窗，举枪便射，一只领头的野鸭从空中落了下来。侍卫官要停车去捡，被宋美龄拦下来："我只是觉得好玩，天也不早了，莫要捡了。"

小车顺着饮马河旁向前行驶着。

宋美龄感到这一天玩中有乐，挺有意思。

宋美龄被饮马河的旖旎风光吸引着，饮马河给宋美龄留下了深刻的印象。

宋美龄一番话，像一针强心剂，稳住了东北守军的心

第二天，宋美龄带着这些野味去慰问战士，并当场向全体官兵进行了即席演讲。她的演讲是从国内形势讲起，从华北战场一直讲到东北战场。

她的演讲不到 20 分钟,中间竟五次之多被官兵的掌声打断。

"夫人万岁!"

"夫人应该当总统!"

"夫人不愧为外交家!"

……

官兵们咀嚼着夫人亲手打下来的野味,品味着夫人抒情散文式的讲演,别有一番风味在心头。

"夫人,何不露一露您的枪法?"一人提议,百人响应,官兵们沸腾了。

早有人从袖筒里放出两只和平鸽,这是领教过夫人枪法的郑洞国司令的特意安排。只见两只鸽子从人群中翩翩飞起,在空中盘旋半周,然后向东方太阳升起的地方飞去……

"啪! 啪!"枪响鸽落。

人们还没有看见夫人使枪,鸽子已栽落在草地上。

"夫人好枪法! 夫人好枪法!"

"夫人,我们的神枪手!"

"百闻不如一见!"

……

又是一阵欢呼声和掌声。不少人现场抛起了帽子。

"谢谢! 谢谢!"宋美龄挥手制止道,"我的讲话结束了。今天下午我还要坐飞机回南京。我相信我是有机会回来的,再看望大家,并和大家一起玩。东北这块神圣的土地,有你们来守卫,我和蒋总司令是再放心不过了。东北的前途是光明的,光明永远属于你们这些和平的守卫者!"

人们沉浸在一片欢乐的气氛中。

宋美龄这番话,冲淡了东北守军的阴郁气氛,它像一针强心剂,稳住了东北守军的心。

宋美龄作为蒋总司令的特使,顺利完成了蒋总司令交给她的"安抚军心"的任务。不管这种情绪能持续多久,但毕竟激起来了。

当天下午,"美龄号"专机升空。宋美龄若有所失地俯视着长春城。灰色的街道、灰色的车辆、灰色的房屋、灰色的川流不息的人群——整个城市全笼罩在凝重的使人窒息的灰色中。除了那树林间或给城市涂了青春的颜色,其他一切全使人感到长春是处在衰老、混乱、麻木的状态中,随时都有被解放军攻破的危险。

宋美龄回到南京,老蒋没有像上次她从重庆回来一样,亲到机场迎接。这些日子,他太忙了,骨头架子都要散了,光应付各大战场的情况就招架不了啦!

宋美龄回到官邸,蒋介石正在吃晚餐。晚餐很简单,四菜一汤,外加一盘山城辣榨菜。蒋介石见夫人回来,急忙放下碗筷,起身迎接:"夫人,没到机场恭迎,请你见谅。"

"说得倒好,那你为啥不到机场迎接?"宋美龄嗔了他一眼,"快吃你的饭吧。"

"夫人,你这次长春之行,比两个军的增援还强,郑洞国等人刚才联名发表电文,表示死守长春,以待援军……"蒋介石又端起了饭碗。

"东北的情形太危急了,官兵思想也非常复杂。另外,郑洞国给我汇报,曾泽生军长有反叛言行。"宋美龄只觉身子酸痛,斜倒在沙发上。她呷了口蔡妈端上来的酽茶。

蒋介石叹口气道:"夫人,你这一去至少可让他们支撑二十多天,东北是个外科绝症,反正要锯掉的,我只是让他们牵制住共军,使我缓一口气,把内地布置好。"

宋美龄惊得坐了起来:"这么说你不准备派援军去了?"

"我们是有国无防,有兵无将啊!"蒋介石无奈地点燃了手中的香烟。

宋美龄一脸茫然……

｜　长春,一座危机的城

此时,解放军已完成了对长春兵分七路的包围。

三发红色信号弹腾空,总攻开始。子弹尖叫着,曳光弹在划滚着,构成夜空中的彩虹。黑压压的解放军部队在夜幕掩护下,向市中心逼近,逼近……

"沈阳,沈阳,长春呼叫,共军攻势猛烈,请求援兵!"

过会儿,沈阳方面回电:"长春,长春,沈阳呼叫,我方也遭到共军猛烈进攻,请向南京呼叫!"

一发炮弹落到作战部前方空地上爆炸,一辆吉普车连同车上的司机给报销了。郑洞国像是热锅上的蚂蚁,满脸通红,一直红到发根,鼻翼由于内心激动涨得大大的,额上冒着豆大的汗珠,一条深深的皱纹从紧咬着的嘴唇下巴伸展过去,眼里闪烁着一股无法遏止的怒火。

"不要推说理由了,娘的,老子全看透了你们的骨子。"郑洞国甩掉了帽子,露出了只有几根头发的秃顶来,那突出的条条青筋像蚯蚓般地蠕动着。"快接南京,我要给老头子讲话!"郑洞国蹀着脚步,越蹀越快……

"报告司令,南京接通。"报话员风风火火地跑过来。

"我要蒋校长讲话!"郑洞国嘶哑着嗓子。

"郑司令,我听出来了,有什么情况请讲!"蒋介石绷着脸。

"报告校长,共军以三倍于我的兵力,对长春已有过五次大攻势,皆被我们顶住。现在弹尽粮绝,伤亡惨重,请求援兵……"

蒋介石不耐烦地打断了他的讲话:"祝贺你!我已决定通电表彰,考虑到现在长春完全孤立,我命令你率长春全部守军连夜突围。"

"校长……"郑洞国叫了一声,传来一阵电频蜂鸣声。

"校长,校长,援军何时到达?"郑洞国又连喊了几声,无线电波断了。可是郑洞国哪里知道蒋校长并没有给他派援兵,也无法回答他的问话。

"断了。"郑洞国不情愿地放下了话筒。转过头来,对曾、李二位军长道,"蒋校长让我们突围。"

"突围,这怎么能行?"曾泽生愤慨地说道,"这不是明叫我们送死去吗?"

病快快的李鸿黯然地说:"今日之事,已到绝境,我是病入膏肓,必死无疑,不比你们二位了,请二位不要管我了,你们另找生路吧!"

"李军长,请你不要过于悲伤!"郑洞国道,"眼下情况不妙,但是须知,服从命令是军人的天职。上次蒋夫人还说有援兵来,我再去一个电报请示,然后再做决定!"

"郑司令,"曾泽生霍地站了起来说,"情况已十分明显,蒋先生是怕我们投敌,索性让我等早些送死。他不仁,我等也就不义! 具体司令怎么看,我就不管了。我就先走了!"

"曾军长,你要到哪里去?"郑洞国抽出手枪,上前一步拦住。

"我要回到我的战士之中去!"曾泽生慷慨激昂。

"干什么?"

"我要起义!"

"你要再说一声,我就打死你!"郑洞国手扣扳机,已把黑色的枪口对准了他。

众人不禁大吃一惊。他们知道,枪响将意味着什么。

"你打死我更好,这个窝囊气我实在受不了!"曾泽生面不改色,"司令,我跟随着你数十年,我有权提醒你,你的悲剧就在于盲目的轻信!"

"啪——"郑洞国的枪响了。然而他颤动的手并没有真正对准曾军长,而从他的身旁穿过。

"别开枪! 别开枪!"一位机要员跑来报告,"蒋夫人有电报!"

"什么电报?"郑洞国急忙问道,"快念一下。"

"是!"机要员应了一声,展报而读,"郑司令,愿上帝保佑你们! 宋美龄。"

一切都不言而喻。

一切也用不着多余的解释。

郑洞国手中的枪滑落掉地上,他一步上前,紧握着曾军长的手:"泽生兄,原谅我吧! 总座是在玩我们,他太绝情了。你们走自己的路吧! 我一个人死,我要坚持到最后一刻钟!"

曾泽生不失时机地劝道:"司令,识时务者方为俊杰。过去我们的悲剧在于没有认清禽兽,今天我们的出路在于把握自我。"

"莫说了,泽生兄,要走你就走吧!"郑洞国下了逐客令。

"告辞,司令,祝你保重!"曾泽生阔步走了出去。

"天啊!"李鸿军长一声长嚎,只觉头昏脑涨,天旋地转。

郑洞国一拳搔在自己的脑袋上,他有无限的酸楚、苦水……

曾泽生军长回到部队的当天晚上,率部举行了起义。起义震撼了长期在解放军围困下的整个长春守军。

在解放军的强大政治攻势下,1948 年 10 月 19 日,东北"剿匪"副总司令兼第一兵团司令郑洞国也率部投诚。

长春回到了人民的手中。

曾泽生起义,郑洞国投诚,全都跑向了共军

南京。

总统府官邸。

蒋介石刚开完一个军事会议,就匆匆来到机要室,询问长春的情况,可见他对长春的情况非常关注。机要处丛善坤告诉他:"长春守军已同总司令部失去联系一天多了,刚才又联系,可联系不上。"

目下,蒋介石最担心的是长春的局势不按他设计的圈套发展。不是他信不过郑洞国,而是战争的残酷,各种人都会变。

"总座,长春方面有消息了!"机要员把刚译完的电报呈给蒋介石看。

蒋介石迫不及待地接过电报一看:"娘希匹,曾泽生起义,郑洞国投诚,全都跑向了共军……"蒋介石骂完,呆如木鸡,他那拉长变形的驴脸,活像一座石雕的头像,呆板、发青、无神、苍白,脸上每一条皱纹的颜色都加深了。长春失守,而且失人,失人将意味着共军的壮大,特别是共军的新闻宣传,它比重型炮弹更厉害,瓦解军心,使他无法控制整个战场的局面。电报从他手中滑落到地上,若不是宋美龄上前去扶,他几乎倒下……

宋美龄得知长春失守、守军投敌的消息,也如炸雷轰顶。作为一个反共老手,她不希望解放军胜利和壮大;作为一个虔诚的基督教徒,她又不希望兄弟间的相互残杀,作为融二者于一身的她,她又痛恨又后悔:痛恨郑洞国、曾泽生不该投敌,后悔不该给他们报信。早知有这一天,真应该让他们跌进蒋介石设计的陷阱,然而这一切都晚矣!

长春失守不几天,孤城沈阳也失守了。

整个东北全完了。

宋美龄匆匆上道,却碰上雾天,飞机停开。出师不利,宋美龄鼓着一肚子气快快而归。蒋介石脸色有如黄梅天,一会儿咧嘴一笑,一会儿又沉下面孔,使劲搓手道:"唉!今天的天气如果放晴,或者说没有风雨,就好了。"

长春失守,大江东去

整个东北全完了。

解放军发动的辽沈战役共歼国民党军 1 个"剿匪"总部、4 个兵团部、11 个军部、33 个整师,共 47 万人,解放了东北全境。这一胜利,连同当时其他战场上的胜利,使全国的军事形势出现了一个新的转折点,解放军"不但在质量上占有优势,而且在数量上现在也已经占有优势",从而使共产党五年左右夺取全国胜利的预期大为缩短。

南京官邸。蒋介石得知这个消息,他一天没有进食,谢绝宾客。作为夫人,宋美龄曾来安慰一番。可是安慰又有什么用呢?宋美龄走出官邸时,摇摇头对侍卫官说:"他情绪坏得很,你们要注意照料他。"

更使蒋介石痛心疾首的,岂仅一城一池的得失?他明白这个大城危在旦夕,无法得救了;但如此庞大的一支部队竟片甲不归,这才使他悲伤!而美国竟未能及时帮忙,也叫他愤懑不已,但又不敢有所表示。

在这些天翻地覆的大事之前,蒋介石个人又面临他自己的"祝寿"之日。他的生日是 10 月 31 日,而解放军攻入沈阳却提早了一天,蒋介石对所有的部下都恨之入骨,他隐隐感到,这是丧钟敲响的信号。

蒋介石独个儿在房中打转,一再想东北之战,他自己四度飞沈,临空指挥;海面观察,布置出路;美机美舰,协同撤退,卫立煌名为总司令,却无一点职权,沈阳之失与他何干?蒋介石想到这里,认为非重办卫立煌不可,否则如此惨败,责任都搁在自己肩上,岂非贻笑万邦?当下提笔疾书,交付电台,拍发北平"剿总"道:"卫立煌对于指挥部署,迟疑不决,贻误战机,失陷重镇,立即扣留。中正。"

可是正在逃亡途中的卫立煌,做梦也没想到南京有此一着。蒋介石当时获得空军报告,知道驻沈部队正与地方团队同谋投共,沈阳情况恶劣,他怕十几万人马片甲不归,乃电令卫立煌火速突围。卫立煌接到撤退命令,知道援军无望,也就召集高级军官开会,可是各负责军官并未出席,卫立煌知道局势严重得无以复加,忙不迭跳上吉普车直扑机场,这才赶上飞机向葫芦岛逃亡。说来好险,当他座机起飞不久,机场和沈阳城就在共产党掌握之中了。

而傅作义接到扣留卫立煌的"手谕"之后,也感到莫名其妙,毛发直竖。华北"剿匪"总司令今日奉命扣留"东北剿匪总司令",明天又有谁知道,是哪一个"剿匪总司令"扣留他傅作义呢?当即复电南京,报告未见卫立煌飞平,旋踵蒋电又到,要傅作义即刻秘密飞宁,要事待商,这可使傅作义为难透了。但不去不行,也只得束装就道;正待上机,又闻报卫氏飞到!真不知如何处理才好。

却说卫立煌自沈阳逃亡到葫芦岛,复由该岛转赴北平,心想这下子可安全到达了,于是下得机来,先到"剿总"报到,一见傅作义,低声道:"好险,差点见不了你!"

傅作义不便马上把扣留事通知对方,进餐之时,慰问几句后又道:"除了你,还有谁也来了?"

卫立煌叹道:"没有来得及回来的各级干部,也数不清有多少。同我一起来的几架飞机中,人当然还有一些,另外有几个听说已经到了。"

"哪几位?"傅作义道,"你全部说给我听听。"

"有辽宁主席王铁汉、安东主席董彦平、沈阳市长董文琦、东北政委会副主席高惜冰,"卫立煌想了想,"应该还有王家桢委员、东北剿总副总司令马占山、万福麟、董英斌、黑龙江主席韩俊杰、兴安主席吴瀚章、哈尔滨市长毕泽宇等人。"

傅作义叹道:"完了!"

卫立煌也叹道:"是完了!"

"你别见怪,"傅作义为他设宴压惊,干杯道,"我有一些事情告诉你。"

"是什么?"

"南京连续给我两道手谕。"

"是啊,东北完了,现在要看华北了。"

"不,不,"傅作义道,"老头子要我去开会,而且是秘密离平,这是一件;另外一件,"傅作义叹道,"你自己过目吧。"边说边把那道手谕掏了出来,递了过去。

卫立煌读完电报,十分冷静地说:"如此说来,我应该是阶下之囚,而非老兄座上之客了。"

傅作义皱眉道:"我不知他怎么会出此下策,东北之战,分明他在指挥,与君何干?"

卫立煌苦笑道:"就因为是他指挥,我才挨了这下闷棍!"说毕一个劲儿喝酒。

"我非常抱歉,"傅作义道,"不过我可以告诉你的是,此番我去南京,说不定也有人拿着他的命令在等着我哩!"

"不会的,不会的,"卫立煌道,"他不敢碰你,像我,已经是个光棍司令了。"卫立煌悲痛地道,"傅总司令,对别人表示愤慨和痛苦,人家或许会说我贪生怕死;在你面前说几句,我想你不会有什么见外吧?"

"卫司令有什么事情要我做,尽管说。"

"我难过极了。"卫立煌道,"难道说什么是非与公理,在他的脑子里一点儿也找不到!我不是一个普通的人,拿共产党的话来说,我是靠'剿共起家'的。蒋主席还拿金家寨改名为立煌县,证明我是个不折不扣的反共将领,目前他来这一手,你说他还把我当人?"

傅作义劝道:"卫总司令,我看他是急昏了才下的这个手令,过几天情形就会好转,你不必难过。"

卫立煌叹道:"我不难过,只是愤懑!想我一介武夫,民国十九年打从陆大特别班毕业以来,一直没有跌过这么严重的筋斗……"正说着收音机里传出一个为他俩熟悉的声音:"我是前国民党第二绥靖区司令兼山东省主席王耀武,现在我同前山东保安副司令聂松溪、前兖州城防司令霍守义等高级将领 22 人,联合发表致国民党军官公开信。"

傅、卫二人闻言搁箸,吸烟倾听。

"我应该报告各位老朋友、老同学、老同事,"王耀武说,"我们被俘后,并没有被侮辱，受抢劫，像我们被俘之前，诬蔑解放军所说的那样。"接着王耀武报告他们受到优待的情形，接着又分析内战形势，最后呼吁国民党军人应以大局为重，不该效忠个人，应该及时起义、放下武器等等。

傅、卫二人听后默然。傅作义道："我们禁止老百姓收听对方广播，但我们自己，幸亏有对方广播，才能补足消息上的漏洞。新闻出口转内销很不正常。刚才广播的分明是他，咬字吐音，一点也不含糊。否则我还真以为王耀武牺牲了……"

卫立煌道："老实说，他分析局势那一段，说得很有分寸。"

正说着电话铃响，南京有长途电话来。询问傅作义何时动身？卫立煌是否抵平？傅作义照实说了，安排妥当，第二天立即专机飞宁。

极端秘密的一连串会议在等着傅作义。

傅作义知道蒋对他不大信任，说话处处小心。而南京空气阴沉，蒋经国的辞职已经批准，翁文灏三次辞职却未成功；大江南北的人民解放军开始威胁南京，陈赓所率部已向徐州疾进；美国西太平洋舰队总司令在上海声言要派兵护侨，而司徒雷登又说将撤退侨民；物价飞涨，印钞机日夜飞转；到处抢粮，军宪警都疲于奔命……

南京会议开了一天，蒋介石决定撤退华北，防守江南。并由傅作义负担华北军事全权事务，华北哪些城市应该撤退，也由傅作义自己决定；另方面南京空军即日起搬运北平设备及物资，因为陆路已经来不及了。

会后，傅作义又马不停蹄地回到了北平。

卫立煌在北平"剿总司令部"被蒋扣留的消息不胫而走，在南京及全国各地的国民党官员间更引起了人人自危、普遍不安的情绪……

翁文灏刚送出第四次辞职签呈，闭门谢客，却闻蒋夫人宋美龄拜访，见与不见，左右为难，最后还是见了。

宋美龄道："今日之下，院长责任重大，不可消极。"

翁文灏苦笑道："古话说得好，清官难断家务事，中国内部的问题非常微妙，夫人一番好意，我谢领了。"

宋美龄见他弦外有音，也只得搭讪道："也真是的，赖普汉先生前天对我说，这一次他到北方走了一趟，对中国的事情似乎懂得多了一些，他发现中国距离美国很远很远,而他自己为了中国的事情奔走,却很快瘦掉了几斤肉,哈哈哈。"接着笑问,"院长这次辞职,我看没有这个必要吧？委座对院长的期望值,是很大很大的。"

翁文灏不悦道:"夫人,蒋先生对我期望大,但以我这个职务来说,中国人对我的期望更大,可是我——"

"不要痛苦,"宋美龄道,"勉为其难吧,我听说他已经在考虑你的继任人选了,不过,那些张三李四,阿猫阿狗,一定会使中国更糟。"

翁文灏再也忍不住了,他压制住自己,反问宋美龄道:"夫人,你以为我还能干得下去吗？"

"我以为可以！"

"我以为不可以。"翁文灏道,"收支平衡完全失败,国库亏空太大,许多重大开支无法减少,我没办法！抑制高利贷,增加银行存款,吸收外币外汇,制止资金外流,稳定市场价格,提高输出贸易,吸收侨胞外汇等等,都失败了,而打击我们的倒不光是共产党,还有我们自己——我说是我们自己！他们贪污舞弊！目无党纪国法！我有什么办法！"

夫人无言。

"再说,"翁文灏道,"币制改革已经完全失败了,只有中央银行收回美钞 1.9 亿元这一点还算成功,但市面上的通货也因此大增,购买力大增,于是更加糟不可言了;限价的政策给工商业造成了巨大损失,现在连蒋经国都干不下去了。他都这样下场,与他比我算什么！"

"不过,"宋美龄再劝道,"他有他的父亲做后盾,而你,有我的支持,我愿意支持到底。"

"谢谢夫人的好意,"翁文灏苦笑道,"夫人是有学问有修养的人,应该体会到我的心情。一个官员,当他的人民对他都失望了,夫人的支持还会发生什么作用呢？"

"院长对大局是失望了？"

"是失望了,"翁文灏道,"而且非常难过。我这个内阁当然谈不上有什么成就,但如此下台,也真够瞧的了。"

"院长,"宋美龄站了起来,收敛了笑容,道,"请你再次考虑一下,如果你真的失望了，我可以考虑让委座在你的辞呈上签字生效。"

"话已这样了，没有考虑的余地啦!"翁文灏斩钉截铁，"请蒋先生快签字吧，越快越好!"

"那好!"

"谢谢!"

二人不欢而散。

在北平，也有人劝卫立煌到美国去，说是反正两面不讨好，此番侥幸恢复自由，不如出洋算了。友人相对痛饮，各发牢骚。

卫立煌慨然道:"我不懂得他的目的何在。如果把我扣留了，甚至把我杀了，而对大局有利，还有得说。事实上他这样做只显出一个大大的弱点:今后没有人敢对他忠诚到底了，连我这个'剿共起家'的人都会如此下场，还说什么! 不过，我这几天越来越感到，像我们这一种人，到底算什么? 嗯?"

友人一笑道:"我们算哪一个人? 两尺半嘛!"

众人闻言皆苦笑，卫立煌叹道:"人家把当兵的叫做两尺半，说的是咱们的制服，但这几天我有新的发现，拿做人来说，我们不但不到两尺半，简直是个没用的侏儒!"

众友人知道卫立煌心境不好，想劝他，一时无从开口;旋见他举杯痛饮，却又把杯子使劲一摔，"嘭"一声玻璃屑四溅，他欠着身子问道:"我这几天发现了什么呢?"

众皆惊诧。

"我们简直不是人!"卫立煌敲击着脑袋道，"大家该记得，我们最近俘虏对方的人，是越来越少了，最近俘虏到一个兵，"卫立煌提高声音，"大家注意，他只是个兵! 但他什么也不肯讲。我们的人把他逼急了，他就想自杀，死不投降! 问他为什么甘心替共产党卖命? 是不是吃了共产党的迷魂药? 你道他怎么说? 他只是摇头苦笑，说我们太可怜了。他可怜我们什么呢? 他说:'你们枉为一个军人，军人的任务是捍卫国家，保障人民，保卫建设，可是你们做到了哪一点呢? 你们只是替美国人卖命，与中国人为敌,你们为了一个变相皇帝的苟延残喘……'这小子嘴巴好凶!有位团长就冷冷地问他:'你们不是在替苏联卖命吗?'那小子大笑道:'我说你们真可怜,这种看法也是其中之一。'这小子几乎说了三个小时的道理,老张捆他嘴巴,捆到手都软了,他就是不肯停止。"

有人问卫立煌:"后来呢?"

"那我就不知道了,"卫立煌道,"他们要活口搜集材料,因此到后来只好由他说,希望他漏出一两句来。"卫立煌苦笑:"可是除了马列主义,就是什么新民主主义和社会主义,那是连我都没有听到过的名词。"卫立煌长叹:"我发现了什么呢? 我发现在他们中间,一个兵——仅仅是一个兵,他都能够代表整体,当家做主;而我们呢? 我这东北剿匪总司令,可是打仗时没权,他可以一道命令直达连排,跳过十几道主管人员,这种仗怎么打? 怎么能打不垮呢?"卫立煌惨笑:"喏! 我就是替罪羊!"

众友人生怕卫立煌酒后肇事,劝他休息,而"华北剿总"参谋长也来凑热闹,说局势更趋严重,华北决定放弃,物资开始转移;长江一带局势也不容乐观,"徐州剿匪"总指挥部即将迁往蚌埠,南京人心慌乱,眼看……正说着蒋总统急电到达,要"华北剿总"把卫立煌明天押送南京,以便审查。

全场哗然。

阴郁代替了欢笑。

卫立煌久久说不出话来。

蒋介石和卫立煌的关系颇为特殊。卫立煌是蒋介石的"五虎将"之一,最能打仗的一员战将,曾为蒋家王朝多次冲锋陷阵,出生入死,但又久被怀疑;曾几次罢官降级或闲置云鹤,却又屡获重用。蒋介石说:"卫立煌能打仗,但没有政治头脑。"有人说卫立煌是蒋氏嫡系中的杂牌,也有人说卫是杂牌中的嫡系。

打了败仗的卫立煌,刚刚回到南京。饭还没吃,桌上的电话铃急促地响了!

面对铃声,他不敢去接,自知凶多吉少。

停了一会儿,铃声再次响起,他不情愿地拿起了听筒:

"总参谋长,是我。"

"刚才怎么不接电话?"顾祝同发火了。

"刚才,我在厕所。"

"委座让你晚上9点去一趟!"

"知道了。"

9点短一刻,卫立煌迈着沉重的脚步,走进蒋介石的官邸。夫人宋美龄迎了出来,告诉他:"委座还没散会呢,你先坐下等一会儿。"

"夫人,打败仗我无脸见人啊!"卫立煌在求夫人,并知道蒋介石的家底:夫人主政。倒不是老蒋怕老婆,而是夫人出身名门望族,才多识广,看事高人一筹。

"战场的情况我全了解。你身为司令,当然有责任,但主要责任不在于你。我说得对吗?"宋美龄嫣然一笑。

"夫人说了实情话!谢夫人。"卫立煌端着夫人送来的茶水像个小学生似的感激涕零,"我真怕委座不宽容!"

"委座就那个脾气,你要慢慢讲。等他发完脾气,火也就自消自灭了。"宋美龄解释道。

"他实在给我过不去呢?"卫立煌面有难色。

"有我呢。"

"谢夫人!"

这时,一阵脚步声传来,宋美龄看看表道:"他回来了。"

"报告委座,立煌报到!"卫立煌整理一下军容双脚一并敬了个标准军礼。

"我看见你就来气!仗是怎么打的?身为司令,万人之上,该怎么向党国交待?"蒋介石上来就鼻子不是鼻子、脸不是脸地训开了。

"我有责任,愿依军法处置!"

"杀你的头还不容易!关键是杀头也不足抵其过!"说到这里,蒋介石冷笑一声,"你身为将军,穿着军装,立在那儿还像个人模人样!如果我扒掉你的衣服,你还不是一个光屁股猴子!连光屁股猴子也不如!"

自尊心极强的卫立煌终于忍不住了,也不顾夫人当初的劝说了:"请委座不要侮辱我的人格!愿怎么处置就怎么处置!"

"人格！多好听。我要格人呢！"蒋介石立时火冒三丈。

"格人好说！你越级指挥我的部队，还要我这个司令干什么？你没有错？"卫立煌愤愤不休。

"事到如今，你还嘴硬！"蒋介石喊了起来，"来人！给我立时枪决！"

"达令，你要息怒！药还没吃哩。"宋美龄走上前来劝说，"眼下，残局难收，每天都要枪决人，那是共军枪决我们。你身为总裁，也要为兄弟们着想啊！他们愿意失败吗？要枪毙，我们都应该枪毙！可是现在还不是时候！"宋美龄说到这里，示意卫兵："你们还不给我撤下去！"

"夫人，委座，请再给我一次立功赎罪的机会吧！我会拿人头担保！"卫立煌声泪俱下。

雨过天晴，天空出现彩虹。就这样宋美龄以其自身的见识和胆略保下了卫立煌。

东北解放后，中国共产党的华北野战军以八个纵队大踏步向中原徐州挺进，实施穿插包围。中原野战军以五个纵队紧紧咬住了黄维兵团，把它压缩于弹丸之地！

第二十四章　南北受敌

| 蒋氏"文胆"——陈布雷之死

蒋介石正在官邸开会。

侍卫官进入报道："顾总长从徐州来电话。"

"接这儿来!"蒋介石一把抓起话机,顾祝同的声音紧张地报告道:"鲁南、豫东共军,有进攻徐州企图,共军对京徐走廊的大攻势已经开始!"

蒋介石耳朵一震,几乎把电话机扔了。

"共军正向蚌埠进犯,其前锋部队已到达凤阳的临淮关,距蚌埠东边仅 15 里!"

听说共军先头部队已经到达凤阳的临淮关,蒋介石后悔把这个电话挂到会议室中来了。他说了声:"好,我们增加兵力!"便另行召集军事会议,以谋对策。

蒋介石调兵遣将忙了一阵,天色入晚,正想休息一会儿,却报上海市长吴国桢到京求见。

上海的形势变化很大,人心散了,人心思走。上海刮起了一股不大不小的出国旋风。很多人在想点子托门路,请客送礼。有的为出国行贿受贿,有的为出国,甚而把其女儿供给洋老板享用。什么"一等难民去美国,二等难民去香港,三等难民去台湾"之说闹得个满城风雨,蒋介石欲哭无泪,十分泄气。

蒋介石把吴国桢送出门口,只见陈布雷瘦削的影子出现在门旁。便问:"陈主任,身体见好了吧?"

陈布雷弓着背进门道:"是是,不要紧,时好时坏。"

蒋介石见他嘴唇颤动着,面色有异,诧问道:"你不舒服,就该休息,找医生看看。"

"是的,找医生看看。"

蒋介石见他精神不振,欲言又止,再问:"你有话同我说吗?"

"嗯,咳,是的。"

蒋介石有点不耐烦,再问:"我听说,你为了拥护金圆券,把多年来积蓄的 3000 美金让你太太拿去换了——现在吃了亏,是吗?"

陈布雷眼泪直流:"是,是有这回事。"

"那不必难过,"蒋介石道,"3000 美金,将来你拿得回来的。"他把手一摆,"坐!"

陈布雷谢过座,说:"我并不是为了 3000 美金才难过。"

"那,为了什么?"蒋介石道,"使你忧愁成这般样子?——哦,我想起来了,你是为了余心清案,你的女儿女婿也牵了进去,你要我想办法吗?"

陈布雷泪下如雨,泣不可抑。但见他使劲忍住悲伤,对蒋介石说:"也不是为这个。现在我想通了,我是我,儿女是儿女,他们的事情我管不了这么多,他们同我走两条路,是他们的事,我不必为这个问题操心了。"

蒋介石诧问道:"为什么这样消极?布雷。"

陈布雷叹道:"因为今天又有一个儿子上他们那边去了。"蒋介石忽地感到,对面坐着的那个"文胆"是否可靠?如果答案是肯定的,那么为什么他的子女一个个要同他分道扬镳,不赞成他的政治主张?如果答案是否定的,那么这么多年来,陈的家务事,也真的是与他无干的了?陈布雷的生命与灵魂分明已全部交给了蒋介石。由于他处理过不少极端机密的事情,陈布雷几乎断绝六亲,停止了一切私人的交往,连妻子也很少接近。他从不写一封私信交出去,也不找一个半个朋友,陈布雷知道蒋介石多疑善忌的个性,他的生活犹如一个和尚,一个太监。

陈布雷见蒋介石沉吟不语,浑身泛汗。按照平时,他早已倒退出门,避之则吉,但今晚的情形不同,陈布雷已经有所决定,不在乎蒋介石如何威风凛凛,或者其状可悯了。

"今天晚上,"陈布雷道,"我有好几件事情想向先生报告。"

"好几件事?"

"是的,好几件事。"陈布雷透口气,使自己心头宁静一些,说,"第一件事报告先生的,是关于军事方面的问题。"

蒋介石心头一沉,说:"啊!"

"我们面对面,不必兜圈子。"陈布雷凄然道,"今天的军事情况,实在不好。"

蒋介石不悦道:"这个我知道!"

"不,不,"陈布雷几乎拍桌子道,"有些事先生未必知道,他们不敢报告。"

"那么你倒说说看。"

"先生看清了敌我形势,"陈布雷侃侃而谈,"知道敌人空前强大,于是下决心实行撤退战略,以便保存力量,集中力量。我们是放弃一些地区,同时巩固另外一些地区,以空间换时间。这个局面只要顶得住,犹如先生所言,国际方面不久便会有大变化,到那时我们就可以改观了。"

蒋介石频频点头。

"但事实上,我们错了!"陈布雷边说边抹眼泪。

蒋介石面色骤变。

"我们这个新战略是以撤退东北、稳定华北作起点的。"陈布雷道,"但锦州、长春、沈西、沈阳一连串仗打下来,我们不见了三十几万军队,不见了最精锐的美式装备部队。曾泽生、郑洞国过去了,更多的将领没有一个肯牺牲的。另一方面美国人在打我们的主意,下野、迁都之说甚嚣尘上,甚至有人建议先生休息。我实在太伤心了啊!"说罢痛哭。

蒋介石见陈布雷态度大变,断定他是受刺激过深,以致失常,心头不无怜悯,安慰他道:"不要紧的,局势挽回有望,你对我当要信任,八年抗战,不是说明一切了吗?"

陈布雷幽幽地说:"八年抗战,我们胜利来之不易,但到底是胜利了,可是共产党不同于日本兵,我所以难过就是为了这个。"

"布雷!"蒋介石说这两个字,是从牙缝里挤出来的。

"拿今天的情形来说,"陈布雷忽地落泪道,"南京戒严已经第三天了,秩序很糟。首都同上海一样,每天杀死抢米的人,总有好几个。但这个还比不上军事方面叫人着急。五十九军、七十七军阵地倒戈,投奔对方去了,这两个军是张自忠、冯治安做过军人的,对以后的士气影响,恐怕不小。同时也就因为这两个军的变化,徐州东北地方已全部暴露在对方面前,使徐东的黄伯韬等七兵团和徐西的邱清泉兵团包括第五军在内,情况危急极了!"陈布雷泪如雨下,"我们可以用'大捷'来安定人心,但那不能持久!"正在这时秘书送大红卷宗来,蒋介石不动声色,但不得不打开看看,只见密电上写道:"匪方广播:在徐州以东被包围的黄伯韬第七兵团的一方面军第四十四师及第九军第八团已在10日被歼灭,第九军骑兵团也在包围之中。徐州东北的枣庄、贾汪、峄县、葵庄、利国驿、柳泉等重要据点已告解放,并收复徐州以北20余里津浦路上的茅村镇,直迫徐州……"

陈布雷见蒋介石面色苍白,额角泛汗,心如刀割,涕泣陈辞道:"局势如此,先生不必烦恼。这几天来,徐州保卫战中我军已丧失两万兵力,失县城10座,这些我都知道;白健生、杜聿明同纬国一起去徐州,我也知道——"

蒋介石急了:"你知道怎样?"

"我知道军事上也不可为了,"陈布雷大恸。抽咽一阵,抹泪道,"今天摆在面前的,军事上有三个大难题,先生必须予以克服,否则不得了。第一个难题是要撤不能撤,例子是太原。阎长官终于支撑不住,编用日本兵也没办法。我们只是空投,援助成就不大,心焦极了。第二个难题是要撤不肯撤,例子是华北。傅作义的部队按兵不动,先生对他也肯迁就,美国对他倚望更殷,但于大局无补。第三个难题是要撤不得撤,例子是徐州之战,这一仗当然能决定京沪命运,先生也看到了,因为撤郑汴之兵以强化徐州防卫,可是……"陈布雷突然心头作痛,张口结舌,竟无一言。

蒋介石正想叫侍卫送陈布雷回家,但他已经透过气来,苦笑道:"不要紧,只是小毛病罢了。"他接下去道,"可是,今天徐州处境不佳,对方的攻势是越陇海路而南,把徐州抛在后头,如果蚌埠有变,两淮易手,徐州就告孤立,那南京屏障会失,京沪阵脚势必动摇,徐州之兵要撤也来不及了……"

"布雷,"蒋介石也悲从中来道,"不会有这样严重吧!"

"但愿如此,先生!"陈布雷涕泣而言道,"天可怜这几天我是怎么过日子的,胡宗南将军西安撤兵,空运能运多少?他只剩20万左右了,如果撤出一半牺牲一半,我们怎么办? 如果丢了西安,甘肃、四川又该如何? 如果没有胡将军把守西北大门,新疆、西康、四川、云南各省会稳定吗?"

蒋介石突地厉声喝道:"陈主任,请你不要说下去了!"

"先生!"

"你看得太远!"

"先生!"

"你没有以前有精神了!"

"是的,先生,"陈布雷起立道,"这句话,早在几个月前,已经有好几位朋友对我说过了。"陈布雷揉揉红肿的眼睛:"他们说,先生在批评你,说你精神颓唐,已无当年那股奋进气度。"陈布雷苦笑叹道:"先生说得对,布雷感到惭愧痛苦。但布雷斗胆,今天晚上也必须报告先生,先生这些年来,也没有当年北伐时期的气度了!"

蒋介石闻言一震:"嗯?"

"这些年来,"陈布雷浩叹道,"布雷或东奔西跑,或阅览报告,耳闻目睹,不利党国的事情太多了,乃至一发不可收拾。如果说我们是给共产党弄倒的,不如说是给自己人弄倒的……"

"我们还没有倒!"蒋介石轻轻拍桌道,"布雷,你太悲观了,你太悲观了!"

"先生,"陈布雷道,"满朝文武都对不起你,刚才我报告过对军事的看法,现在时间已不早了,先生该休息了,有关政治方面的意见,我就不谈了。"说罢长叹。

蒋介石感到陈布雷今夜不平常,一肚子火气变作怜悯,按住他的肩膀,说:"坐坐,既然来了,多谈谈,多谈谈。"

陈布雷抹抹眼泪,再说:"先生,北伐时期,共产党是出过不少力的,我们对外不提,在你房里可以无话不谈。当年是这样,今天局势发展到这步田地了,可不可以开怀谈谈?"

蒋介石闻言直蹦起来。

陈布雷连忙抢着说:"先生别以为我在替共产党做说客,我的孩子们几乎全跑到他们那边去了,但我到死都在先生身边,我对你的一腔忠诚不应该有什么怀疑,我的意思很简单,叫他们别再打过来,三分天下也罢,平分秋色也罢,总而言之,目前的情形是顶不住的。面子问题是个问题,生存问题何尝不是问题……"

蒋介石注意的倒不是他的意见,而是他的态度有异。多少年来,这位文字侍从之臣唯唯诺诺,战战兢兢,从来对蒋没有用过像今晚上那种神态、言语。蒋介石瞅一眼案头日历上面写着"中华民国三十七年十一月十二日"。并无任何事情可以解释陈布雷的哭谏,于是和颜悦色地问道:"布雷,你到底怎么啦?"

"先生,"陈布雷涕泪而言道,"我不行了,这几天精神更差,我有预感,我熬不过今年了。"

"布雷!"

"真的,先生,我的身体实在太糟了,我怕一旦有事,藏在我心头的话就跟我一起进棺材,不如找个机会,同先生说说。"

"你太过敏,你太过敏!"蒋介石十分不快,但也不能正言厉色,劝道,"我们都是上了年纪的人了,对身体固然要重视,对精神也该多注意,切勿过度忧虑。"他弦外之音:"像你今晚做的、说的,对身体太不利。"蒋介石大摇其头:"对身体太不利。"

"先生!"陈布雷心头雪亮,原来蒋介石直到如今,还是不爱听苦口良言,乃抚桌长叹,悲不自胜。这个畏首畏尾,做了半辈子侍臣的第一号"文胆",鼓勇气而来,泄气而去,他不再是"文胆",而是"有胆"了。陈布雷咬咬牙,把心一横,已到嘴边的许许多多意见,又随着一口唾沫、两行酸泪咽回去了。

"布雷,"蒋介石见他沉思,说,"你该休息了。"

"是的!"陈布雷苦笑道,"是该休息了。"但又多少再说几句道:"先生,外面对先生和孔宋陈诸君,飞短流长,传说太多,先生一定要请他们自重。"

"你该休息了!"

"还有纬国,他年纪小,先生不妨请他出国留学,将来……"

蒋介石拍拍他的肩膀道:"布雷,你太操心了。"

"先生!"陈布雷走到门口,却扭过头来,拉着他的手道,"刚才布雷斗胆,有说错的地方,请勿见罪。"

"你该休息了！"

"我该休息了。"陈布雷踉踉跄跄回到房里，锁门亮灯，喃喃低语，"我该休息了，我该休息了。"

侍卫官们见陈布雷双目红肿，脸色大变，皆感诧异。但既不能问他为何如此，又不敢向蒋介石有所报告。见他房里的灯熄而复亮，听他偶或咳嗽，瞧模样是奉命赶写公文，那是他习以为常的事，也就算了。殊不知陈布雷在房内心如刀割，泪如雨下，他拿起那个安眠药瓶子，把瓶塞启而复盖再三。安眠药片是他的必需之物，每晚非服不可，但今晚上他吞服的不是一片两片，而是逾百片。陈布雷已感到前途绝望，蒋介石政权回天乏术，他忍不住个人所受的痛苦，他决心自杀了。

陈布雷环顾周围，凝视一桌一椅，一书一画，久久不能阖目。这是他最熟悉的，忽而又变成最生疏的。他的积蓄完了，他的家庭也告分裂。孩子们从诞生到长大如在眼前，但大都离他而去了；蒋介石从极盛到没落更为他所目睹，他也要离蒋而去了。孩子们劝过他别为个人效忠，置国家民族于绝境，他不听。陈布雷继续效忠于蒋，纯属私人的报恩观念，是那个时代某些读书人从个人出发的"忠臣"思想，明知不可为而为之。明知蒋的错误太多而不敢说，陈布雷完全为老一套的思想所俘虏。

陈布雷心乱如麻，绕室彷徨。他听见蒋介石在庭院咳嗽，本能地藏起了那瓶安眠药，他感到活在蒋介石官邸里很痛苦，死在蒋介石的官邸里也不自由。陈布雷浩然有归志，想回家去死，同老妻见最后一面。

但这种想法立刻消失。陈布雷明白，如果他要告假外出，蒋介石肯定会对他产生疑虑。他沉思再三，感到还是以官邸为死所，给蒋介石以某种程度的警告，也多少表达他的一些"抗议"。陈布雷忽然笑了，那是他最后一次笑容，虚弱、苍老、绝望，那味道苦过黄连。

陈布雷不断地抽烟，待烟蒂灼痛了他的手指，掷掉再吸，然后拿着香烟发怔。官邸如此肃静，但隐约的电话声，狼犬的轻吠声，却为平静的官邸增添了莫大的紧张和不安。陈布雷实在想看一眼他的子女、他的妻子，他辛酸地啜泣着，低呼着孩子们的名字，妻子的名字。他原谅孩子们的出走，同情孩子们的出走。"时代是前进的，我们是落伍了，我们在老百姓面前有罪！"陈布雷悲不自胜，"孩子啊，你们来看看我吧！我是这样的痛苦，这样的想念你们！你们在向新的世纪跃进，我却在找寻坟墓之门！孩子们啊！我的头痛欲裂，心如刀割，我……"

但陈布雷又立刻醒悟到：孩子们是不可能再回来找他了。别提多年来"官邸一入深似海，从此父子陌路人"，即使儿女来了，等待他们的也是监狱，这样会面到底是为了爱孩子，还是害孩子？陈布雷的心里越来越乱了。

陈布雷开始镇静下来，他感到今晚是非死不可！他躺在床上，想起明天他太太获得噩耗，该如何悲伤！蒋介石得知此事，他心头的真正感情是什么？陈布雷深深地向他的妻子忏悔，因为他名义上的妻子早已疏远了，事实上他已变成蒋介石的婢仆。

想着妻子，陈布雷又联想到著名四川诗人乔大壮在苏州投河的悲剧。乔曾工作于监察院，后为台湾大学教授，妻子逝世而终身不娶，但房中陈设，床上双枕，一如妻子在世时。他长子参加空军，在抗战时有战功，次子参加人民解放军且已攻下开封，如今他长子奉命轰炸开封。风闻次子已牺牲在南京的炸弹下，乔大壮痛苦极了。他对新的力量没有新的认识，对旧的一切深恶痛绝，就在这彷徨无计、不可自拔的情况下，乔大壮在暑假中离台去沪，转赴苏州，纵酒吟诗，痛哭流涕，纵身护城河中，以毁灭自己的方法来解决一切。

"这是悲剧，"陈布雷深深叹息，"今晚上我所走的，就是乔大壮的老路了。"他开始摊开信纸，拿起毛笔，在砚台上蘸了蘸墨，却又写不下去，鼻子一酸，泪下如雨。

就在泪水已干的信纸上，陈布雷开始给他妻子写遗书。夫妻一场，到头来却如此永别，陈布雷大恸，却又不敢哭出声来，怕遭人怀疑。他以极大的气力忍住哭泣，写完给妻子的遗书又写给儿女们的遗书，这几封信写得更为吃力，因为陈布雷已经原谅，并且同情他的孩子"叛变"行为了，但此意在信上又怎能说得？

已经深夜 3 点钟了，万籁俱寂，夜风劲厉，忽地有脚步声传来，陈布雷倾耳细听，三几个人的脚步声停留在他的窗前，他一怔，接着蒋介石低沉的声音在问："陈主任还没睡吗？"陈布雷忙把大叠遗书往卷宗内一塞，藏起安眠药片，仓促启门道："先生怎么还没休息？"

蒋介石入室往太师椅上一坐，苦笑反问道："你说我怎么睡得着？你为什么不睡？"

陈布雷支吾以对："我睡在床上同坐在椅子上一样，也睡不着，已经好久好久了。"

"好久好久了。"蒋介石怜悯地问，"刚才你到我那儿来，好像意犹未尽，是吗？"

陈布雷强笑道："如果有得罪的地方，请原谅。"说罢落泪。

蒋介石叹道："你要说就说吧。"他推卸责任道，"我不是不能容人的人，只是大家瞒着我，又怕我太辛苦，好多事情不向我报告……"

陈布雷凭着最后一点勇气插嘴道："先生，满朝文武都对不起你，其中经过如何？谁负的责任要多些？今天不必谈了，今天布雷斗胆上言，立老果老同辞修之间的摩擦，已经达到无法调和的地步，再发展下去，更不能想象。"蒋介石其实知道，却把脸一沉道："你们为什么不告诉我！"陈布雷明知又是那一套，说："我一定把整个事情经过、现况及其发展写下来，报告先生。"

"那很好。"

"还有，"陈布雷嗫嚅开言道，"白天布雷曾报告先生，希望纬国能到国外留学，现在我想做补充，"陈布雷把心一横，说："希望先生也出国休息一阵。"

蒋介石恨不得把他一口吞了，强自镇静，声音颤抖："哦，你也这样想呐！"

"先生，"陈布雷感到此言一出，轻松多了，"人家这样想，同我的出发点不一样。人家的动机何在，先生明察，布雷的建议，则纯粹为了先生。先生犯不着再为这个局面……"蒋介石蓦地起立，强笑道："多谢你的建议，不必再说下去了，你把关于立夫果夫与辞修之间的摩擦，详详细细写给我看，我们再商定。"说罢怏怏而去。

陈布雷目送到门口，望着蒋介石的背影叹息。摇摇摆摆回房、锁门、抽烟、喝茶、摊纸、执笔，他苦笑一声，伏案疾书……

听远郊鸡啼，抽香烟半罐，陈布雷不知涕泪之何从，两眼模糊。稍停，极度疲乏的陈布雷从文件中，抽出早已写好的《三陈摩擦情况》重读一遍，略加增删,签了个名,抬头一望,见东方已显鱼肚白。

　　蒋介石官邸中侍卫换班,脚步清晰,陈布雷知道天快亮了,他勉强下得床来,颤巍巍抓住那个安眠药瓶,倒茶、润喉、启盖、吞药、喝水、再吞、喝水……

　　"完了,"陈布雷喃喃地说,"完了!"他摸索到椅子上,将几封遗书分别封好,再在致蒋介石第一封遗书文尾加了行"夫人前并致敬意",眼睛却停滞于"部属布雷负罪谨上"那行字上,微微摇头,不断苦笑。再按照老习惯将文稿再读一遍,做了极小的改动,然后将文房四宝,几椅什物一一放妥,往床上一躺,静候死神光临。

　　窗外的人语,树影,风声,室内的灯光,书画,挂钟,都模糊不可辨了。陈布雷已陷入天旋地转、神志昏迷的景况之中。他痛苦地、喃喃地呼唤着他妻子儿女的名字,在朝阳初升时停止了最后一口呼吸。

　　陈布雷的心脏停摆了,挂钟仍然"滴答滴答"地摇摆着。

　　蒋介石闻讯愕然。

　　他感到连陈布雷都自杀死去,证明局势不但不可为,而且危在旦夕,无法自拔了。蒋介石失神地以手支颐,沉默良久,汗涔涔下,不发一言。

　　宋美龄在看了陈布雷那封"夫人前并致敬意"的遗书后,连呼"国失栋梁!"并吟出如下八句诗来,便是:

> 文星陨落天欲摧,
> 四海悲歌动地哀。
> 不合此时撒手去,
> 神州尚有未消灾。
>
> 而今直失先生面,
> 终古难忘后死心。
> 风雨鸡鸣增百感,
> 潸潸泪下满衣襟。

　　陈布雷自杀的消息在报纸以外风传，人们并不是因为陈布雷的身份重要才奔走相告，而是因为象征局势的重大变化即将来到，陈布雷作为那根温度表上的水银柱，已经给热火朝天的高温爆裂了。

　　陈布雷之死，给徐州之战笼罩上了一层阴影。

┃　伯韬阵亡，淮海惨败

　　陈布雷死后不几天，蒋介石即使灌肚子两杯白兰地也无法入梦了：

　　黄伯韬阵亡的消息传来，淮海大战第一阶段自 11 月 6 日至 22 日 16 天中，蒋介石 18 个整师 178 万余人遭歼灭，17 座县城失去，铁路 500 余公里落入解放军掌握之中。而更甚者，蒋介石还有 48 个师遭对方分割为南北两半！

　　这一仗是够惨的。

　　蒋介石见人不言语，动辄发脾气。他几乎连自己的影子都得戒备，都要责骂，平白无故，坐在沙发里也会蓦地蹦起，有些神经质，连侍卫也人人自危，担心大祸临头。

　　下午，蒋介石照例举行官邸会议，文武大臣一旁侍候，只能报告当前危机，对明天的事情应该怎样对付，个个束手无策。倒是有几个立委发牢骚触怒了他，蒋介石拍桌打凳，破口大骂：

　　"直到今日你们还要不满政府，简直毫无人性！这天下是我们打下来的，马上得之，马上失之，你们不想待下去，可以远走高飞，没有人强迫你留在这里！"

　　众人无声。

　　半晌，蒋介石再骂道："娘希匹！大家不好好地干，我会变成战犯，你们要变成白俄！你们以为共产党会让你们活下去吗？共产共妻你们受得了才怪！"他把脸一沉，"还不好好地反共！"

　　……

　　三句话离不开骂娘，整个会在骂娘声中结束。

以酒解愁。会后,蒋介石关门饮酒。

他眼睛血红,抓起白兰地瓶子便倒,仰着脖子干了半杯。

宋美龄在门外见状折回,不拟入室。

蒋介石又喝了半杯。

后来,他就索性不再用杯了,抓起了白兰地瓶子朝天吹起了"喇叭",咕噜噜一阵,像老牛饮水似的。继而,他走到收音机前,也不关机,只往地下一推,一阵乒乒乓乓、乓乓乒乒之后,他自己也倒在沙发上了。

侍卫官们仍不敢入内,宋美龄闻声赶至,见蒋无恙,才放下心来抱怨道:"委座,这又何必呢!"边说边把手一招,要侍卫"打扫战场",蒋介石刚才"战胜"了对方的广播。

蒋介石声色俱厉道:"你不要管……"

宋美龄按住一肚子火,佯笑道:"你喝醉啦!"接着要他回房去,低声劝道,"别让他们看笑话。"

蒋介石火儿更大,嗓门又哑又尖:"什么笑话! 什么笑话! 娘希匹,这是什么局势,还说风凉话!"宋美龄一听有气,扭头就走道:"人家有要紧事,华盛顿有电报来,你还装疯卖傻撒赖!"

蒋介石一听酒醒了一大半。

宋美龄示意侍卫退出,把门关好,狠狠地说:"电报说形势不好。"

"怎么不好法?"

"说美国进步党全国委员会在芝加哥举行第二次会议,通过决议要求停止援助南京政府。"

"不会的!"蒋介石摆了摆手,"我知道不会的。"

"你听我说完!"宋美龄蹬脚道,"影响太大,别以为不会的不会的! 电报说他们指出两党政策以美国纳税人的金钱支持南京,美国人民不能赞成……"

"我烦得很!"蒋介石道,"对于美国,我断定他非援助我们不可! 布立特看过我两次,司徒雷登决定不回美国,在任何情况下都要留在这里,巴大维飞东京同麦克阿瑟商量,共和党参议员马伦昨天见我以后又飞回上海,这些事情都说明了……"

宋美龄泼他一头冷水道："你上午还在生气，说美国人要你下野休息，出国躲避，现在你又满不在乎，你根据什么又乐观起来？"

"乐观？"蒋介石指指收音机那个空位置，"我还能乐观？娘希匹，我根据美国人非要我下台不可！我明白他们在东找西找，希望找个人来顶我，李德邻这家伙这几天又抖起来啦！可是我不怕，由他们搞去吧！我就是不下台！我就是不走开！我绝不把兵权交出来！美国人能咬掉我……"

宋美龄道："好好，你有办法，你有办法，可是眼看南京危急，大局严重，你为什么不到美国走一趟？"

"我，我到美国？"蒋介石惨笑道，"夫人，你怎么也来一套妇人之言！我这个时候去美国，脸上还有光彩吗？万一我到美国，他们却想尽方法，软硬齐下，不准我回来，我又怎么办？你这种说法，——嘿！"

"嘿什么！我还不是为你好！"

"为我好？"蒋介石厉声说，"当初陈布雷也同我这样说过，我一听就有气！如果这个主意是旁人出的，"蒋介石大喊："我就对他不客气！"

宋美龄蹬脚道："你对我不客气？好！来吧！看你怎样对我不客气！"说罢双手往腰间一叉，杏眼圆睁，柳眉倒竖。

蒋介石一怔、一瞧、一退，一句话也没说，抓住酒瓶斟酒再喝，酒没有了。他把瓶子像摔手榴弹似的往窗口扔去，玻璃碎了一地，侍卫破门而入。

紧随侍卫官之后，秘书捧着大红卷宗在那里欲进又止。宋美龄忙叫："拿来！"秘书连忙呈上紧急公文，蒋介石也跟着紧张。原来驻美大使馆来电，说美国民主党议员布鲁姆曾向杜鲁门建议邀请蒋介石访美，会商南京善后问题。杜鲁门断定蒋不会赴美，于是希望派一个人，无论如何要去谈谈，俾使美方对中国局势有比较鲜明的理解。美国并不打算取消反共政策，但目前既欲在华反共，却又苦于不得其法。

宋美龄说："看来我是去定了！上个月我曾去过信，希望他们同美国当局谈谈，看样子他们已经谈过了。"

蒋介石沉思久之，由于疲乏至极，酒性发作，竟在沙发上呼呼入睡。待他醒来，只见宋美龄正在指挥女秘书忙作一团，七七八八地收拾衣服、鞋子、化妆品，弄了一屋子。

"你几时走！"

"明天。"

"都准备好了？"

"飞机是他们的，可能赶不及就坐空中霸王去。"宋美龄道，"而且我已经同马歇尔通过一次电话。"

"他怎么说？"

"我告诉他，你的处境不大合适。我用什么名义到美国？美国怎样招待我？我没办法。他说这样好了，一到美国就住他家，算是他的客人。"

"他还说什么？"

"他说我应该利用这一次出国，多走几个地方作演讲旅行，呼吁美国立即在军事上和经济上援助蒋某人，制止共产主义事态。"

蒋介石道："那很好，美国人人像他那样热心反共，就好了。我这几天脑子很乱，想不出什么新玩意来，不过有人给我建议，说应该把戡乱'剿匪'说成'反侵略战争'，这样对国际的呼吁效力大些，美援也会滚滚而来，你以为怎样？"

宋美龄一心一意飞美国，无心作答，漫应道："关于我们的事情……"

"我们什么事情？"蒋介石一怔。

"财产转移问题，"宋美龄低声道，"就按照以前的办法，不再改变啦。"

蒋介石闻言凄然道："这种局面，还谈这个干什么？"但他立刻改口道，"也好也好，我们的还是在一起，也不必分了，你可以在香港同子文先面谈。"

宋美龄见一只只箱子相继装好，洗了个脸道："你还有什么要同马歇尔他们说的？"

"我没什么说的。"蒋介石颓然道，"你前几天对美国广播作的紧急呼吁，说局势危急，希望他们积极援助，我要说的也不过这几句。"

宋美龄凄然道："上帝保佑！你说实话，南京守住守不住？能守多久？我们的问题同他们不一样，"她失声而泣，"我们是既失国，又失家啊！"

蒋介石默不作声。

宋美龄抽咽一阵，擤擤鼻涕道："以我们名下的财产来说，别说供给我们在美国大吃大喝一辈子，连下辈子也不在乎。可是我们怎么好意思在那边住下去？当初我们结婚，他们就是希望你能在中国……"蒋介石截断她的话道："你别说了，我比你更急，我恨不得一死了之！他们对我的期望，我怎么不记得？无奈部下都是脓包，眼看共产党就打过来了，我恨啊！恨啊！……"边说边捶胸顿足道："你告诉马歇尔，告诉所有支持我们的朋友，说中国问题还不至于绝望，可是已面临最后关头，要他们拿出办法来！投入战斗！要快要快要快……"

"我们的事，"蒋介石继续说，"由老孔和子文去处理好了，还用那些化名，反正财物存在美国银行，利息长在美国银行，将来怎么用法将来再说。"

"令俊又回上海去了，"宋美龄提到她心爱的孔二小姐，"她这次从香港来，买飞机票用了个假名，叫做陈振，她很快又得回香港。"

"这个，"蒋介石叹道，"你得跟他们说一声，千万不要过分招摇，飞来飞去给我惹麻烦。"

"她已经用了假名！"宋美龄显得不悦。

"不管真名假名。"蒋介石愤然道，"孔二小姐谁不认识？英文《大陆报》说她在上海深更半夜敲敲打打拆机器，难道人家不晓得？我是说就因为他们是你我亲戚，在这个时候跑得快，走得急，在一般人印象里，会有什么影响？"

宋美龄默然良久，抹泪道："这个时候，我们的亲戚也倒霉了啊！"

这回轮到蒋介石没话说，叹口气道："好了好了，我们不能再吵了。你再想想，这一次去美国，怎样打动美国人，我看要比哭秦廷沔还多，还有什么东西没准备的，快叫侍从准备周到！"

第二天，宋美龄匆匆上道，却碰上恶劣天气，飞机停开，鼓着一包气回到官邸，事先她知道机场封闭的消息，但心急如焚，希望能飞，可是终于快快而归。

蒋介石从长窗里望见她。"出师不利"，心头老大一个疙瘩。因此坐在一旁的孙科，也感到坐立不安起来。半晌，只见蒋介石踱到窗前，望了望阴暗的天空，喃喃地说了几句什么，突地立在孙科面前道：

"咏霓卸任，业已决定，你替他组阁也成定局。老孔、子文、立夫、果夫、岳军他们，都赞成你出任行政院长。"

孙科绷着脸道:"是是。"

"你是中山先生的后裔,"蒋介石道,"希望你好自为之。中华民国是中山先生创立的,希望在哲生兄手里,把中华民族的命运稳定下来。"

孙科哭笑不得。

"外面,"蒋介石道,"有人认为我管的事情太多了,因此有人主张成立减少受我干涉的责任内阁。我想哲生兄的出任,甚为符合这种要求。"

"这这,"孙科毛骨悚然,嗫嚅而言道,"萧规曹随,我没有什么。新内阁内外政策不可能有什么变动,政策的拟订,当然要看美国援助的范围而定。"

"很好,"蒋介石点头道,"很好,所以今天立法院以 228 票绝对多数,压倒了 44 票反对票,哲生兄真是众望所归呢。"

"不敢不敢。"

"我要岳军出任中政会秘书长,以补布雷之缺,希望你能组织一个拥有广泛紧急权力的战时内阁。"

孙科已忍不住,他得说说他的抱负了:"非常感谢总统对我的期望。"他说,"我希望战时内阁中有几个新人,能包罗本党各部门要员。根据宪法,行政院长不得兼任立法院长,我明天就辞去立法院长职,请本党秘书长吴铁城出任立法院长,总统以为合适吗?"

"合适合适,"蒋介石道,"不过我听说傅斯年也有兴趣,他将出面竞选,我看还是慢一点决定才好,以免有失和气。"

"是是,"孙科道,"我想邀请张群、翁文灏、吴铁城、陈立夫四位先生参加内阁,还希望张群先生出任外交,总统以为如何?"

蒋介石不做声,凝视久之,说:"这个我倒没有把握,他们四个肯不肯参加你的内阁,我也难说。"

孙科讪讪地说:"是啊,他们都是德高望重的前辈,恐怕这一次……"蒋介石却另有所思,突地问:"这一次夫人飞美国,哲生兄以为会顺利归来吗?"

"当然当然!"孙科没有考虑余地,但作为一个新任行政院长,又不能不在口头上为蒋创造有利条件,信口答道,"美国是反共的,只要政策不变,我们就有恃无恐。"

蒋介石脸色有如黄梅天,一会儿咧嘴一笑,一会儿又沉下面孔,使劲搓手道:"唉! 今天的天气如果放晴,或者说没有风雨,就好了。"

"好什么!"宋美龄直闯进来说:"都是些脓包,能见度差,飞机减少,"她跺脚,"他们说本来可以试一试,无奈太原空投,徐州空投的飞机已不够用了,我只好白跑一趟!"她当着孙科叫道:"什么空军,丢炸弹连人都丢了下去,不是太丢人现眼了吗? 唔!"

孙科诧问道:"怎么丢炸弹人也丢了下去? 那不是千古奇闻吗?"

宋美龄因为当天不能飞往美国,一肚子气道:"我也不相信,问他们,他们说确有其事。运输机当轰炸机用,一到目的地上空,投弹手便得打开舱门,双手推炸弹落地。有几次投弹手接近舱门,给风一刮,失去重心,自己也变成了肉弹。"

"脓包脓包!"蒋介石生气了,"给我丢脸!"

"后来有了改善。"宋美龄道,"空军部在机舱里增加绳索,到达目的地上空时,把人绑起,然后背对舱门,用双脚往后蹬着,直到炸弹落下为止,人就不至于一起下去了。"

……

孙科起身告辞。

"你看,"宋美龄指指孙科的背影道,"他出来组织内阁,成吗?"

蒋介石反问道:"谁也找不到,不请他出马,你看谁合适,你介绍吧!"

宋美龄撞了一鼻子灰,恨恨道:"我像你那样有办法,这一次也不必到美国去了! 你以为我去玩儿吗?"

蒋介石这鼻子灰撞得更痛,正要发作,一想不可,三思以后,只得向侍卫要酒,准备睡觉,看看明天的局势有何发展。

"我送不了你啦,"蒋介石第二天一早颓然说,"上午有个紧急军事会议,你知道。"

"万一,"宋美龄穿戴完毕,大小婢仆全部退出,关上房门道,"万一美国还要观望,徐州也有问题的话……"

蒋介石勃然变色,捶胸道:"告诉美国朋友,我姓蒋的还有好多地方。只要美国的国策反共,就少不了支持我蒋介石! 你如果还要建议同共匪谈判,"他顿道,"你不想想,要我把这张老脸往哪儿搁!"

宋美龄默然。以复杂的感情瞅了他一眼,一低头便启门外出,直赴机场。

宋美龄秘密访美,安排后事,有生以来还是第一次。当她秘密归来,徐蚌会战(即淮海战役)已以共产党胜利、国民党失败而彻底告终了。

| 胜者为王,败者为寇

在蒋介石的"指点"下,孙科内阁终于在 1948 年 12 月 23 日宣布就职。

这个内阁一般人称之"四不像"内阁:这是临时拼凑的"炒杂烩",既无政策,又无方针,实在不成个名堂。说它是战时内阁吧,它抛开了何应钦,拉出一个无兵无权的徐永昌担任国防部长,使人感到好笑;说它是求和内阁吧,主战派首领陈立夫还高踞着有决定政策权力的部长职务;兵临城下,分明已经处于非降即遁的地位,却偏要高喊"光荣的和平"。想战不可能,想和又不敢说。有人认为孙科是在师承叶名琛"不战不和不降不走"的八字诀,等着做俘虏。事实上孙科同叶名琛虽有相似之处,但时代不同,形势各异,在孙科怪异姿态的背后,绝非如叶名琛那样单纯。

孙科上台之初,和谣四起。人们看得清楚,对于这次和谣最感兴趣的,不是旁人,乃是美国。首先是霍夫曼发表耸人听闻的谈话,然后由美国通讯社放出什么三国调停、四国调停的空气。

就在孙科走马上任、层出不穷的和谣四起时,延安方面公布了一份"头等战争罪犯"名单,给上台三天的孙科内阁,迎头一盆冷水。名单内开有四十余人,计有蒋介石、宋美龄、李宗仁、陈诚、白崇禧、何应钦、顾祝同、陈果夫、陈立夫、孔祥熙、宋子文、张群、翁文灏、孙科、吴铁城、王云五、戴传贤、吴鼎昌、熊式辉、张厉生、朱家骅、王世杰、顾维钧、吴国桢、刘峙、程潜、薛岳、卫立煌、余汉谋、胡宗南、傅作义、阎锡山、周至柔、杜聿明、桂永清、王叔铭、汤恩伯、孙立人、马鸿逵、马步芳、左舜生、曾琦、张君劢等。孙科听到广播,心神不宁,匆匆忙忙去见蒋介石,看他做何打算。

不料,蒋介石却高兴地说:"我希望延安公布的战犯越多越好,这样可以增加大家对共产党的绝望和仇恨。我希望他们把每个士兵都列为战犯。"接着说,"哲生兄,共产党对这份名单是十分慎重的,刚才秘书告诉我,说共产党的电告有个更正,说昨天发表的战犯名单之中,陶希圣三字误为左舜生,发出郑重更正。"

孙科忧戚地说:"总统所见甚是,不过传闻平津局势不佳,傅作义有和平解决可能,而他的名字也是榜上有名的。如果共产党对他真的不念旧恶,我看他们公布这份名单的意思,倒不能低估了。"

"你们不懂,"蒋介石心头一沉,安慰他说,"这一套,我见得太多,傅作义会不会像传言所说那样,现在尚未证明。不过他还在艰难抵抗,这是事实,你不信可以看看他今天早上的电报。"蒋介石咬牙切齿道:"现在平津地方士绅、工厂老板,娘希匹,他们接二连三打电话给傅作义,要他把平津交给共产党,"蒋介石越想越气,"他们不帮我戡乱剿匪,却在扯我的后腿,将来我非要同他们算账不可!"接着浩叹:"难道他们看见共匪把我当做战犯,真的相信我会垮在今朝吗? 我就不信!"接着把张群、吴铁城、张治中找来,说:"我想同你们谈谈。"蒋介石声调突降:"是关于金圆券的问题。金圆券暴跌,目前闹得比前方失利还凶,我实在恨极了! 你们有没有办法? 这个问题不解决,那是不得了的。"

"昨天我还同财政部长徐堪和新任南京市长滕杰商量过,"孙科道,"我们探讨物价飞涨的因素,认为同停兑黄金有关……"蒋介石忙不迭接嘴道,"那么把自由兑换黄金的办法恢复,如何?"

孙科道:"徐部长也提议过,他说金圆券跌得太快,来势太急,如果恢复黄金兑换,这对拉一把金圆券的威信确有好处,不过得让行政院举行一个全体会议,大会讨论一下再说。"

蒋介石急问:"什么时候开?"

孙科说:"马上发通知,马上发通知。"正说着上海电话到,报告老蒋金圆券在一个早上又下跌了三成,上海人不肯用金圆券了。

面对这种场面,各人皆无话可说。稍停,孙科企图打开僵局,说:"金圆券是该想办法,这是摆在我们面前的另一场重要的战斗。昨天立法院开会,为总统定薪水,也谈了很久。"

张群苦笑道:"定妥了没有?"

"差不多了。"孙科道,"他们决定:大总统每月月薪及办公费规定为12万金圆。"

吴铁城一惊:"怎么只有12万金圆?"

蒋介石不悦道:"12万金圆已经值不了几个钱啦!"

张治中道:"是太少了,如果这样定法,那问题太多。"

蒋介石问孙科道:"12万金圆到底是高了还是低了?"

孙科道:"当然是太低了,照昨天港币的黑市来算,12万金圆只折合港币366元。"

"合美金呢?"

"大概是73元有零。"

"合黄金呢?"蒋介石刚开口却又勃然大怒,击桌道,"立法院真该死!兵荒马乱,还有闲情逸致给我定薪水!我不要!"

"报告总统,"孙科道,"那是立法院的规矩,也难怪他们这样做。如果总统不要,会影响全国公务员的薪金问题,我一定告诉他们,让总统的薪水提高点。"

没料到蒋介石又发火道:"别!12万就是12万吧!反正吧,"他连忙咽下"不靠它派用场"半句话,改口道,"我这样做是为了维护金圆券的威信,支持政府的尊严,我只要12万,你们公布出来就是,要大家节约剿匪。"

1949年1月10日,大风雪。

风雪旋卷着,搅得满天白粉。狂风呼啸着,在平展展的大地上荡来荡去,无止无休,像百万巨大的妖魔,疯狂肆虐,横冲直撞,蹂躏着大地上的一切生灵。大地阴森恐怖,完全被冰雪淹没。

就在这天,杜聿明全军覆没。

淮海战役大败,震惊南京。

消息传到蒋介石耳中,气得他浑身发抖。完了,他的主力王牌军完全覆没。他的将领,杜聿明被俘,黄维被俘,黄伯韬被打死,邱清泉被打死,李弥只身逃脱,下落不明,孙文良化装逃到了武汉。损兵折将达60万人。

官邸会议上,所有的军政大员都鸦雀无声。

"你这个该死的杜聿明！"蒋介石咬牙切齿。一恨他打不过人家，二恨他不以身殉国，真的做了俘虏。

"平津怎么样啊？"蒋介石对傅作义还渺茫地寄予一线希望，而这种希望又给接二连三的电报打得粉碎：

"报告总统：毛泽东的声明发表以后，平津地区出现可疑动向，傅作义的几个副官和中共地下党接触频繁……"

"报告总统，毛泽东的声明反响很大。京沪地区出现骚动，学生罢课，工人罢工……"

……

蒋介石气得一佛出世，二佛涅槃；司徒雷登却在大使馆叹道："瞧！白宫对这个不中用的东西，充满了厌恶之情，整个美国政界对这个人毫无好感。"

其中特别值得注意的，是一位隐名的"接近行政院的人士"的发言。他说："行政院方面认为蒋一旦下野，将更容易施展对华政策，行政院早已不相信蒋介石有能力采取行政院所认为聪明的步骤了。"另一个知名人士说："蒋的引退多多少少符合了行政院的愿望。"这几句话颇堪玩味。

"聪明的步骤"是什么？美国虽未明说，蒋介石其实也知道，这不过是尽量保存中美反共实力，以渗入新的联合政府，组织一个"反对派"来破坏中国的民主事业，破坏有中共参加的或由中共领导的中国而已。在这方面，美国众议员周以德却说得比较露骨，他说："如果有任何可能在中国找到一个反共力量的小集团，那么我们仍然要尽力给他们以一切援助……"

蒋介石痛苦极了。

陶希圣、谷正纲等人无论"反共"反得怎么热闹，但实在无法为老蒋解忧。CC的气焰在蒋介石临走前忽地嚣张起来，死硬反共者也赞成老蒋不走，可是美国的态度已使老蒋不容再拖，而决定美国态度的主要因素是中共在各方面的成就，特别是南京已在解放军掌握之中，朝不保夕。蒋介石五内如焚，渴望北平的傅作义能给他一针兴奋剂，明知渺茫而又热切盼之，明知不可拖而拖之。蒋介石不独无法入睡，且饮食都可有可无了。

傅作义的"兴奋剂"终于在几天以后从北平传来了。

"报告总统！"侍卫长报告道，"据军统局北平站秘密报告：'平津局势不稳。经查实,傅已两次派人去共区洽谈。据内线密报,傅已打算交出北平……'"

"娘希匹!"蒋介石气得跳脚,"把徐永昌叫来! 把郑介民叫来! 他们两次飞平,都是吃白米干饭的?"

"报告总统!"徐永昌看了看郑介民道,"我和宜生深谈了好几个小时,他答应说不会中途撤火……"

"你上当了!"

"报告总统!"郑介民看了看徐永昌道,"我的口气很硬,无奈这老家伙……"

"都是饭桶!"

蒋介石指着两人的鼻子骂了半天。但骂又有何用? 徐、郑走后,蒋介石只好把夫人宋美龄叫了进来。宋美龄刚从美国扫兴回来还在倒时间差。

"你立刻去北平!"蒋介石吩咐道,"带着我的亲笔信找一次傅宜生。话要说得婉转好听一点,要动之以情,晓之以理。最好把老家伙说动了心……"

"不看僧面看佛面。看在丈夫的面子上,我愿走一趟,成不成,试试再说吧。"显然宋美龄对局势也不像以前那样有信心了。不过作为国民党战犯的她,哪怕有一丝希望她也不会放过的。

淮海战役打得最激烈的时候,林彪率领的东北野战军不下百万,挥师南下,对平津做了大包围,不久天津陷落,傅作义将军的几十万部队紧缩在北平城内,已成瓮中之鳖!

傅作义将军深深地陷在烦恼之中。

他很清楚自己的实力,平津地区 60 万人马中,属于蒋的嫡系部队占了 40 多万,而自己的嫡系部队才 20 多万。北平城里的兵力部署他自然了解。最近蒋介石也派了不少特务对他进行监视,稍有不慎,即会前功尽弃。原来天津解放后的第三天,双方就草拟了关于和平解放北平问题的 14 条协议。

就在这时,宋美龄带着蒋介石的亲笔信来见傅作义:"宜生吾兄勋鉴:去岁迭奉惠书,弟因故未复,实实抱歉……西安双十二事变,上了共产党的当,第二次国共合作乃平生一大教训。今闻吾兄处境维艰,欲与共产党再次合作。特派夫人前来面陈。请亲自检查面陈之事项。专此敬候,勋安,弟蒋中正。"

但局势到了这步田地,傅作义还能说什么呢？他向夫人问了安,然后向夫人笑了笑说:"请向总统致意,时至今日,一切全晚了……"

"不晚不晚。"宋美龄道,"千军易得,一将难求。总统的意思是,希望总司令能顾全大局。我对华北局势还不像别人所说的那么悲观,危局还是可以扭转的,坚守华北是全局,退守东南是偏安。"

"请向总统致意,"傅作义道,"我半生戎马,生死早已置之度外,至于个人的荣辱,更不在意。国家大局高于一切。我是炎黄华胄,只要对国家民族有利,对人民有利,个人得失又何足道哉！请向总统致歉……"

话已至此,宋美龄能有什么办法？动之以情也好,晓之以理也罢,生米做成了熟饭,往往无济于事。当天下午,宋美龄只好扫兴地在天坛临时机场飞回南京去了。

宋美龄满脸戚色地对蒋介石说:"华北形势不好。我怀疑宜生想扭转华北局势是假,暗度陈仓是真。"

"你跟他捅明了没有？"蒋介石急问。

"没有十分确切的证据,仅靠怀疑。捅出来,让他抓住话柄,冲你两句,反倒自己难看。"宋美龄回答道。

身穿长衫的蒋介石,背着双手踱了一会儿方步。又慢慢走近沙发坐下来道:"我已派国防部次长去北平,凡师以上军官我都写了一封亲笔信,要他们秘密监视傅作义的行动。"

"好主意。"宋美龄赞扬一句又道,"傅作义对我们非常提防,我们能否把美太平洋舰队司令白吉尔将军请出来,白与傅个人关系很好,让他去劝傅作义南撤！"

"有心计！"蒋介石憔悴的脸上露出难看的笑容,"夫人,时间不等人。今晚你就去见白吉尔将军！"

就在他们说话的当儿,侍卫官送来了一份报告,关于和平解决北平问题的 14 点协议传到了南京。

夫妻二人相视良久,谁也没有说话。

完了，一切都完了。

蒋介石哭了。

宋美龄也哭了。

失去的永远也回不来了。

正在这时，美国驻华大使司徒雷登驱车来到蒋介石的官邸，要求见蒋。

蒋介石由于心烦，连连挥手向侍卫官道："不见！不见！"

"慢着！"宋美龄对转身要走的侍卫官道。

接着又以一个外交家的见识向丈夫进谏："你是总统，拒绝一国大使求见，我怕是传出来，让人笑话的。"

"我恨透了这个美国佬！战争的失败，外交的失利，他也有一定责任！"蒋介石愤愤不休。

"这些我都知道。他在杜鲁门总统面前，没有说过你的一句好话，把中国战场的情况说成一团漆黑，把责任全推给你。这都是事实。"说到这里，宋美龄又把话锋一转道，"但是，你是总统，怎能和他一个大使一般见识。再说中国战场的接连失利，军内腐败之风的盛行，纪律松弛，人心不和，作为总座，难道你没一点责任和内疚？！"

宋美龄一番话像连珠炮似的说得老蒋哑口无言。

"人要有理智，越是困难的时候，越要清醒。古人言，三人行，必有吾师。多听听上下、内外意见，好的不好的，甚至是刺耳的或者是敌意的，有什么不好？"

"那你是说要见了？"蒋介石一脸苦相。

"是，一定要见！"宋美龄话止，向侍卫官示意，"让他进来吧！"

宋美龄整理了一下衣服和发式，平静了一下自己的心房，在侍卫官走后片刻，也迎了过去。

"哈，我的大使先生，多日不见，你还是这样风度翩翩。"宋美龄上前打招呼道。

"夫人，你还是这么年轻、有风度！"司徒雷登道。

"仗越打越糟糕，委座心里很烦，这些日子吃饭不香，请你多加原谅。"宋美龄敲着边鼓。

"是啊,我不会多打扰他!"司徒雷登说到这里,又道,"我有话捎给他,可惜我来的不是时候!"

双方宾主落座后,侍卫送来了咖啡。

蒋介石虽然客气一番,但他的脸仍像猪肝一样,并没松弛下来。宋美龄竭力在中间调和着气氛,并没多少效果。

"大使先生,请问这次来有何见教?"蒋介石在沙发上欠了欠身子。

司徒雷登道:"战场的局势,我不多说了,委座心里比我清楚。作为我们美利坚合众国,也尽了最大的责任,飞机、大炮,还有飞虎队。至少你们军内,恕我直言,兵不像兵,官不像官,腐化堕落,纪律松弛,有令不行,各自为政,委座还缺少些魄力!"

"照你这样说,我得下台喽!"蒋介石脸色大变。

"没错! 这不是一个人的看法,包括你们的部属。"司徒雷登语气肯定,"仗已经打到这个样子,你还有什么话可说?"

宋美龄见丈夫火起,急忙插语道:"我说大使先生,依你们美国政府之见,谁能担当此任?"

"恕我直言,李宗仁将军。非他莫属!"司徒雷登毫不掩饰。

"李宗仁?"蒋介石吼道,"他算什么东西! 他想夺权非一日之事。你们美国人也不是不清楚。仗没打好,我有责任,难道他没责任吗? 在这个时候,你们撤帅,我倒有意见!"

"你有意见也好,没意见也好,我作为美国大使,总不能把官方意见给贪污了吧!"司徒说到这里,站起身,整理一下自己的金丝领带,又道,"另告,今年4月,美国将终止对华援助!"说罢扬长而去。宋美龄将司徒雷登送出屋。

"夫人,留步!"司徒雷登挥挥手。

司徒雷登走了,司徒雷登愤慨地走了。

他发誓再也不登他的门。

宋美龄返回屋内,蒋介石已倒在沙发上。精神上的胜利并没有遏止他心中的痛苦。

"达令,你不该发这么大的火!"

"真是欺人太甚!"

"有话慢慢说嘛!"

"事到如今,他们不是逼我吗?"

"我看,出于个人利益,事情未必是坏事。"宋美龄把一杯水送到丈夫手里,坐到了丈夫身边。如果说丈夫的脾气是滚滚奔腾的江水,那么宋美龄的温柔和理智则是拦挡这江水的闸门。经过闸门,即便是山洪也会慢慢变成潺潺的山间小溪。

"怎么又成了好事啦?"蒋介石睁大了眼睛。

"你听我说,国内成了这个烂摊子,硬撑着,你能撑出什么结局来?这不是秃子头上趴虱子,明摆着的事嘛!李宗仁出山,能挽救战局,我们也欢迎嘛,要么让共产党逞强,你就心甘了?再说下野有什么不好!你的第一次下野和第二次下野,并没有给你带来什么不好。相反是'鹬蚌相争,渔翁得利'!这些你比我更清楚。"

宋美龄的一席话,说得丈夫连连点头:"我说也是这个理。"

一缕明丽的阳光驱散了蒋介石眼中的云雾。

"那好!就按夫人说的办!"

"我们也该休息一下啦!"宋美龄也由衷地笑了。

但绝望的蒋介石还不肯离开南京,又安排了余汉谋、方天、朱绍良等人的新职,以图做到"停、谈、走"。但这一点也不可能。1月19日,蒋介石要行政院发表声明:"愿与中共无条件停战,并派代表开始和平商谈",以"安定"人心。

眼看蒋介石迟迟不肯离开总统宝座,白崇禧、李宗仁心里火冒三丈。他们认为,非蒋下野不足以争取时间,缓和局势,于是他们采取了最后一"招",将原拟南撤的嫡系部队改道东下,宣传首都空虚,调兵保卫。

蒋介石接报浑身筛糠似的抖个不停,他气疯了。除了解放军,蒋介石对桂系等部队根本没摆在心里,但此时此地桂系来这一手,倒也不能小看。

"走吧。"蒋介石一嘴假牙咬得格格作响,"你们好啊,有美国人撑腰,眼睛里就没有我了!"蒋介石还想观望一下,但坏消息接二连三,蒋介石感到非走不可了。

1月20日,这是个风雪交加的日子,蒋介石处于内外交困的情况下,正式决定下台。

1月21日,蒋介石强自振作,定于中午在官邸邀请军政巨头午餐,实际是告别会。

这顿饭吃得众人食而不知其味。与会大员各以不同的心情注意蒋介石,看他做何表情。只见他双目浮肿,两颧凸出,脸色铁青,嘴角颤抖。先是读了段文告,苟非事先印发,没有一个人听得懂他在最后的午餐上说了些什么。

这最后一次午餐,就这样凄凄凉凉地散了。李宗仁、顾祝同、张治中、孙科、陈立夫、洪兰友等人一齐上前,人人似乎同蒋介石都有所商谈,但人人开不出口来,蒋介石脚下虚弱,踉踉跄跄直往大门走去,连头也不回,以免睹物伤情,触景伤心。代总统李宗仁偏不知趣,问还有什么事情要交代的? 蒋介石厌恶地罔顾左右而言他地答道:"我这次到奉化扫墓,你多费心了。"说罢上车,绝尘而去,连手也不握、头也不点。

"美龄号"专机在明故宫机场待命,定于下午4时把蒋介石载离南京。但左右报告:"总统这番在明故宫上机,传言有所不便,如何是好,敬请示知。"蒋介石一听面色变了又变,惊问又有什么消息?

左右答说目前南京不宁,可能有人对蒋不敬,而幕后指挥者是谁,却又不便猜测,为谨防万一,不如改在大校场起飞算了。蒋介石闻报只有点头的份儿,五内如焚,却无话可说。到得官邸,更加凄怆。浙江省主席陈仪奉召前来迎候,劝道:"人,总得看开点,事情既然如此,也不必难过,徒然影响健康。"宋美龄是个心细的女人,嘀咕着临行时有人"为难"的问题,一个劲儿吵着快点走,快点离开这个危险的地方。

"改大校场起飞,不通知李宗仁他们吗?"陈仪问道。

蒋介石摇摇头。

"会不会……"

"不必了。"蒋介石厌恶地说,"如果一通知,那些新闻记者又要追踪,讨厌至极! 那些文武大员,看了也叫我心烦! 他们会怪模怪样,在这个时候挽留我,要我别下野。"蒋介石气极:"谁想下野? 要不是桂系有美国撑腰,撵我下台,我才不走哩!"

宋美龄劝道:"今日之下,只有看开点儿。提得起,放得下。大丈夫能屈能伸,方是英雄胸怀。我看有陈主席前来迎接,我们还是在杭州多玩几日,然后再去溪口吧。"

"夫人言之有理。"

蒋介石眼睛瞧着侍卫们搬出最后一批行李,心头似有烈火燃起,嘴上恨恨地说:"我告诉你们,我的暂时引退,并不是说我已放弃总统地位,中国宪法并无关于总统辞职的规定。我把职权交给那个姓李的,是根据宪法第四十九条中'总统因故不能视事时,由副总统代行其职权'一段的规定!我根据这一条颁发文告,要那个姓李的代行职权!我的引退既不是辞职,也不是长久的退职,我仍继续担任国民党的总裁!"说罢喘气。

陈仪心头叹气,不便再说什么。默默地随他出门、上车,再向大校场而去。宋美龄的坐车尾随其后。

那边李宗仁、张治中、顾祝同、孙科、陈立夫、洪兰友等人到了明故宫机场,还不知道蒋介石中途变卦。不料有机降落,下来的乃是程思远和邱昌渭,二人见李在场,知道是怎么回事了,忙把白崇禧等人的信件当面递交,李宗仁匆匆拆读道:"目前危机严重,千钧一发,势非确定名位,集中权力,不足以厉行改革,挽回军事预势,故李副总统此次主持中枢大政,应适用宪法第四十九条上半节之规定,继任总统职位。"

李宗仁大喜,念下去道:"扩大政府代表基础,组织举国一致的内阁。"至此忽闻人声喧嚷,李宗仁暗吃一惊。

左右报告蒋介石临时易地起飞,李宗仁立刻由吃惊而紧张起来,他为了赶不上送行而着急,又气又恼,快马加鞭,飞车向大校场驶去。

当李宗仁一行驱车赶到大校场时,只见"美龄号"专机已滑到了跑道尽头,昂头升起,掠过上空,一闪而过,蒋介石已经走了。

李宗仁等人有的气恼,有的伤感,有的冷笑,有的痛苦,国民党政府的领袖以事实证明:垮了!

机中蒋介石故作镇静,靠在他身边的宋美龄早已是泪人一般。

胜者为王,败者为寇。

第二十五章　兵败大陆

｜ 李宗仁逼宫蒋介石下野

山不在高，有仙则名。

水不在深，有龙则灵。

苔痕上阶绿，草色入帘青。

2月的溪口，当北方还是冰天雪地的时候，这里已是大地返青，小草抽芽，挟着春的气息的南风；报春的燕子往来逡巡，空中充满了它们呢喃的繁音；新生的芳草，笑眯眯地软瘫在地上，像是正和低着头的蒲公英的小黄花在绵绵情话；杨柳的柔枝很苦闷地左右摇摆，它显然是因为看见身边的桃树还只有小嫩芽，觉得太寂寞了。

溪口郊外的田埂上走来了两位陌生人。他们不是别人，正是这里的主人。他们的身影倒映在稻田的水面里，相依相偎，情绵意长。一只黄鹂从他们脚下惊飞，落入前方不远的油菜花中，鸣叫不止。

"真美的诗意，待我把它画入我的写生本中。"宋美龄嫣然一笑，立刻取下身后的画夹，半蹲下来，目视前方，手在不停地画。

"我相信你画得一定比这大自然的风光更美。"蒋介石站在宋美龄身后，欣赏着她的写生道。

溪口镇山清水秀，正是作画的好地方。早在 1912 年，宋美龄在美国威斯理安学院求学的时候，她就喜欢作画。那时宋美龄主修英国文学，副修哲学。此外，其余的科目还有法文、音乐、绘画、天文学、历史、植物学和圣经。在她临毕业的那一年，学校为表彰她的良好操守和成绩，将学院内最高荣誉"杜兰学者"这一头衔颁给了她。每年暑假，她都要外出作画。

她的画融进了中西画的传统特色，颇受行家的好评。后来作为名人字画，她的画《巡猎》《小桥流水》还被美国博物馆收藏。宋美龄还在美国举办过一次个人画展，这是以后的事了。

宋美龄随蒋入溪以来，她和丈夫的心态都不好，为转移这种心态，去掉烦恼，她便埋头绘画。一天少至三幅，多至十幅八幅，她的卧室已经挂满了她的字画。南京的官员们来看她，作为礼品，她还要赠送给他们。

人们赞扬她说，她用均匀的笔触绘优雅的花卉，她画的淡墨山水，细致得像布鲁塞尔的花边。

"画得不好，请提意见。"宋美龄听到人们赞扬后总是这样一句话。

宋美龄的每幅画中，都有蒋介石的诗意题词。看得出来，蒋介石也进入了宋美龄的诗情画意中。

他们心态平衡了，生活也变得有节奏、有规律了。每天清晨天亮即起，在这个风景秀丽、面溪背山，既有古香古色、封建味十足的庄院，又有枕溪卧流、洋里洋气号称"小洋楼"的故居镇子里大口大口地呼吸新鲜空气。并按基督教义的要求，吟谈圣经，做弥撒、祈祷。上午视天气情况，或去郊外散步、绘画，或留在家里处理事务、接待客人。下午他们打打麻将或扑克，再是弹琴作乐。晚上他们则练练书法，或打打太极拳。

一日三餐的饭菜也极为简单，以素为主，以中餐为主。宋美龄高兴了，偶尔也下厨炒上几个好菜，供大家品尝。

每过礼拜，他们皆驱车驶往溪口外的雪窦寺和妙高台观光凭吊，并漫步千丈岩、乳奶洞。举目凝望，呈现在眼前的像一幅规模惊人的山水画，那景一层比一层深，一叠比一叠奇，层层叠叠，不知有多深多奇。正如明吏部尚书乔宇描绘的那样："丹峰翠壁相辉映，纵有王维画不如。"

无官一身轻。然而作为权欲熏心的蒋氏夫妇，他们能轻吗？再说这次下野，并非出自他们本愿。他们无时无刻不在活动，搞小动作。他们知道南京李代总统的内阁有他的内线，各地政府也有他的心腹。他虽不在其位，然而他的话语却是圣旨。蒋介石发誓，五年不问政治，全是假话。宋美龄也不甘心丈夫坐冷板凳，隔三差五，出个馊点子，也够代总统收拾十天半个月的啦。

这天,宋美龄本想到郊外兜兜风、散散心,听到兰妮要见她,况且宋美龄也觉得兰妮身上有文章可做,便自动放弃这次郊外活动。关上门窗,拉上窗帘,二人便谈起了心。她们谈了很久很久,且很投机。午餐时,宋美龄又陪她吃了饭,喝点进口女士香槟。兰妮临走时,宋美龄又把自己从美国购来的化妆品送给了她,以示关心。对宋美龄提出的要求,兰妮当然百依百应。兰妮又像小孩子似的为表示自己的诚意,与宋美龄拉了勾儿。当两个像香肠般的手指拉在一起的时候,一笔肮脏的交易算是达成了。

说起兰妮,她是上海有名的交际花。在一次舞会上,她有幸结识了立法院长孙科,从此便投入了他的怀抱。后来,她还叫两个女儿称孙哲生为父亲。抗战时期,兰妮一直留住上海,并且得到一笔相当可观的、不明来历的财产。日本投降后,这笔财产便被政府没收归公。当兰妮得知老情人又回南京时,便拼命向他求救。孙科不忘旧情,便给上海负责官员修书一封。在函中,他把兰妮称为"敝眷",这完全是正式夫人的称呼,成了轰动一时的笑谈。1948 年 4 月,孙科作为蒋先生的一匹黑马参加竞选,对手李宗仁的竞选顾问黄绍竑很有些文学天才,将孙科与兰妮的风流艳事添枝加叶写成所谓纪实文学,在报刊上发表,使两人丢丑,好不尴尬。

因此宋美龄一提起此事,兰妮总憋不住地想骂娘:

"李宗仁也不是个正经人,这样的人怎么能当总统呢!"

"代总统!"宋美龄更正道,接着又附在她耳边说:"孙科现在当行政院长,也是一方势力,李宗仁却处处与他为难,你何不劝孙院长把官邸搬到广州去呢?把他吊起来,看他的戏唱!"

兰妮是个心细的人,说道:"这样合适吗?"

宋美龄见兰妮上钩,马上又道:"这还不容易,行政院是政务繁杂的地方,就说,在敌炮火轰鸣之下,我们怎能处理政务呢?"

果然,兰妮去南京见了孙科,一阵枕头风把行政院从南京吹到了广州,李代总统第二天早晨起床视事,发现自己的最高行政机关不知去向。在孙科带领下,接着不几日,立法院长童冠贤接到国防部长徐永昌的通知,说南京在三五天内将闻炮声,于是立法院自 2 月 1 日起的例会就无法在南京召开;粮食部的人马也撤到了华南一带;交通部只剩下三分之一的人在东撞西碰；外交部情况更乱，人员与文件齐告他去，部里只剩下一架电话机；财政部人员全部离京，不知去向；新闻局人去楼空……南京总统府只剩下李宗仁和他的少量机关。

正在代总统李宗仁跳脚叫骂的时候，隐在溪口的老蒋正在通过高频电台与离京的立法院、粮食部、交通部、外交部、财政部联系，祝贺他们干得好。

蒋介石也得意洋洋地道："李宗仁扬言不做假皇帝，要做真皇帝，我要他连假皇帝也做不成！上不着天，下不着地！"

夫妇俩发出一阵哈哈大笑……

这一边蒋介石夫妇狂笑，那一边李宗仁在发愁。

更使李宗仁苦恼的是，他上台才两个多星期，南京的国民政府就土崩瓦解了。除了李宗仁还留在南京，所有的政府大员、院部首脑、和谈代表全部没了踪影。大批国民党部队从江北撤到了江南布防。宁沪路、沪杭路、浙赣路沿线，塞满了南撤的残兵败将。上海、浦东、宝山、青浦挤满了汤恩伯的"精兵"，他们强占民房、构筑工事、修建碉堡群，准备为"保卫大上海"而决一死战。李宗仁指定的和谈代表张治中，在汉口、兰州、迪化满天飞，至今没有回来，而另一个和谈代表彭照贤遭中共拒绝后已经提出辞职，却又遭到行政院的扣留。李宗仁想稳定局面，希望和谈迅速开始，却始终不能如愿。最可恼的是孙科的行政院，竟然不和他打招呼，不辞而别，全体撤到广州，行政院正副院长孙科、吴铁城也告"失踪"，据说前几天一个外国记者在南京寻找孙科，找了 30 个小时也没找到，原来孙科到奉化看老蒋去了。陈立夫、谷正纲、何应钦、张群等人比孙科、吴铁城"开溜"得还早。

正在李宗仁长吁短叹、一筹莫展的重要时刻，汉口的小诸葛白崇禧给李送来了"锦囊妙计"。白崇禧说，如今是和战未决，前途难测，吉凶难料，如果再拖下去，对外的影响恶劣不说，对以后的"领导权"也没有什么好处。因此，白崇禧提出了一个缓和溪口、拉拢广州的办法。这个办法的要点是：起用蒋的亲信将领何应钦。在起用何的过程中，再用点心计，使何能离蒋帮李。李宗仁心头一动，佩服小诸葛的神机妙算。于是在 2 月 14

日派专机飞沪,把何应钦接到南京。

李宗仁也知道他们不会一说便合,就针对何的心理,说了很多好话。何应钦苦着脸说:"双十二事变,我在南京派兵攻打西安,给人误会借刀杀人,老头子一直记恨到今天。如果今天再帮你的忙,那不是同他一刀两断了吗?"

李宗仁弦外有音道:"敬之老兄,今天你还顾虑同他该不该一刀两断呵?"

何应钦闻言默然,沉思良久,强笑道:"这个问题我得想一想再答复。现在我想问你:你要他们释放政治犯,释放张学良、杨虎城,他们照办了吗?"

李宗仁恨恨地说:"哼!能照办倒好了。各地集中营一切照旧,有些还来个回信,说没有接到党的总裁命令,未便擅自放人;有的根本没消息,你说这叫我怎么见人?释放张学良的命令到达台北,你说陈辞修怎么答复我?"

何应钦摇摇头。

"他妈的!他说不知道!他说这个人归中央管,他是地方政权,他既不知道,又管不了!"李宗仁气得直揉胸脯,"我他妈的代总统难道是私生子、是小老婆生的不成?"

何应钦劝道:"这又何必同他一般见识?张学良出不来,杨虎城总可以吧!"

李宗仁一个劲儿摇头:"一样一样,这个命令是20号到达重庆市政府的,杨森派市府秘书李寰找绥署秘书长廖楷陶商谈了一小时,还是没有下文,你说要我多难堪!多痛心!"

何应钦叹道:"所以我说,这个人实在难搞,我一听到他的名字就头痛。"他接支烟,点火,长长地吸了一口,问道:"这一次,他在溪口除了挂出党部招牌,你知道他还在干什么?"

"愿闻其详。"

何应钦长叹道:"他在溪口备战,你在南京求和,而我们都要替你做求和的使者,请问人家会把我们当成什么!我们的奔走会有收获吗?"

这回轮到李宗仁哑口无言了。他绕室徘徊,欲言又止,终于下了决心说:"敬之兄,假如我全部接受他们的条件呢?你以为走一趟值得吗?"

何应钦一怔,起立,问道:"真的?"

"真的!"

"按照他们的条件谈判?"

"是的!"

"溪口呢?"

李宗仁一愣,挥挥手说:"不管了!"

何应钦严肃地问:"那么大使馆方面呢? 你同他们商谈过? 他们会同意你这么做? 如果他们反对,你会坚持这样做?"

李宗仁一个劲儿抓后脑勺,绕室彷徨,对何应钦道:"你休息一天吧,明天中午我请兄吃便饭,届时我们再交换意见。"

"那好,那好。"何应钦转而把话锋一转,扯到另一个话题上道,"一国三公的事乃当务之急,想办法把行政院从广州整过来,不然空城计难唱。"

"我正为此事发愁,实在不行,我再到广州走一趟。"李宗仁显然一筹莫展。

第二天中午李宗仁宴请何应钦,面商国事。偏偏在这个时候,何应钦找不到了! 作为代总统,根据何应钦的讲话态度——倾李反蒋,他无论如何也没想到,此时何应钦已到了溪口,正与蒋介石密谈呢!

李宗仁又等了一会儿。

酒菜全凉了。

前往何应钦下榻处寻找的侍卫官,这时匆匆跑了回来报告:"何将军不在下榻处,大概是没有这个诚意吧?"

说话间,另一个外出寻找的侍卫官,也空手而归,向李宗仁报告:"不要等了,娘的,他已乘机到了溪口!"

不听还好,一听气得李宗仁如雷轰顶,好半天他才喃喃地道:"这叫敬酒不吃吃罚酒,他不来,我们吃!"

吃就吃吧,侍卫官们纷纷上了桌,李宗仁最后一个坐了下来。尽管是山珍海味,谁也没有吃出个味道。甭提这顿饭吃得多别扭了。

李宗仁席间一句话没说,与其说是吃饭,不如说在侍卫官面前做做样子,各自平定一下心火。

李宗仁很生气,一气何应钦,这个老奸巨猾的狐狸,不该这样认贼作父,好心当成驴肝肺;二气白崇禧,人称小诸葛,不该出这个馊点子,拉何反蒋,不够兄弟情面;三气自己,身为总统,耳根太软,偏听偏信,落得这般下场;更气的还是蒋介石,这个该死的老家伙,幕后遥控指挥,到处拆台。李宗仁越想越生气。眼下自己的事只有自己的人去办,别无指望。主意已定,于是席后,他便叫来了张治中,因张和毛润之、周恩来先生较熟,命他去和谈。关于广州孙科那里,只有自己去请了。

行前,他又决定给蒋介石通了电话。

溪口,蒋介石乡下的这个家,在建筑设计和家具摆设方面是中西合璧、半洋半土的。主楼后面是一些较小的房舍,有仆人的住处、贮藏室和厨房,再后面是一个大菜园。靠近菜园是宋美龄居住的文昌阁。此时,蒋介石夫妇正与南京来的何应钦在阁里密谈。

何应钦乃是蒋介石的亲信将领。虽然在西安事变中因他有野心,在轰炸不轰炸西安的问题上,与宋美龄有些分歧,时过烟消,蒋介石也就理解了他,没给穿小鞋。因此何应钦更是百倍地感谢蒋介石的宽怀大度。此次,何应钦不吃代总统的山珍海味,却来这里聆听蒋介石的教诲,更令蒋氏夫妇感慨万分。

"房檐滴水,点点入旧窝,虽然我今天落难下野,敬之兄还没有忘记我们夫妇哩!"蒋介石叹道。

"旧情旧交,李宗仁想搞离间计。打我的牌,去反您,这不是天下笑谈嘛!"何应钦吸了口宋美龄给他点燃的骆驼牌香烟道。

"识时务者为俊杰。敬之兄够朋友!"宋美龄也自叹道。

接着,何应钦把他在南京时李宗仁的句句言辞一五一十地说给蒋氏夫妇听了,蒋氏夫妇感激万分,把何应钦请为座上客,好饭好菜、名烟名茶,款待一番。

席间正热闹处,南京那边来了电话。总机室报告李宗仁有所请示。蒋介石闻讯色变,摆手表示不接,宋美龄以为不可,于是她起身,代表蒋介石接了电话:"是代总统吗?很对不起,老蒋有点不舒服,还没起床哩。"

"听出来了,你是夫人。真对不起了。"李宗仁道,"我本来不想打电话讨扰他,无奈事情太大,非请示尊大人不可……"

"代总统有何见教,等老蒋起床之后,一定转告。"

"那谢谢了。"李宗仁道,"我本来准备去溪口,因为忙……我想请示的,乃是行政院的搬迁问题。夫人知道,国民政府在南京不在广州。现在孙院长忽然自作主张把行政院搬向广州,实在叫人太难堪了。我们目前同中共和谈,争分夺秒,中共电台广播,说我李某人在南京,孙科去了广州,他们要谈,也不知道对手是谁?夫人啊,你看这种身首异处的情形能继续下去吗?"

蒋夫人忍住笑,一本正经道:"是是,我一定转告老蒋,一定转告老蒋。"

"现在,"李宗仁道,"我只请示一点:行政院非迁回南京不可!孙院长之走,事前根本没有得到我的同意。"李宗仁愤愤地说:"孙院长是当朝一品,是中山先生的后人,我实在不便说什么,但望蒋先生从大局着想,请他回首都来,共维时艰,我就感激不尽了。"

"代总统好说,代总统好说,"宋美龄说到这里又问,"还有什么事吗?"

"听说敬之到溪口了,在不在你们那里?"

何应钦连向宋美龄摆手,示意他不在。宋美龄心领神会道:

"敬之没来,你是听谁说的?"

"没去那就算了。"

宋美龄刚放下电话,铃声又响。

"你是谁?"

"我是孙科,找总统接电话,我现在广州。"

"好好,正等着你的电话哩!"蒋介石也不推让走上前去,拿起了听筒。

"李先生下令要行政院搬回南京。"

"你怎么回答?"蒋介石有点迫不及待。

"给我拒绝了,我顶了他,看他奈我何!"

"顶得好,顶得好!"蒋介石连声赞叹,"你还要按照原定的计划去做。我做后台!"

"更可笑的，"孙科道，"他说行政院搬到广州，事先未得到他的同意，真是活见鬼！"

蒋介石提醒他道："不过是不是他真的不同意你们搬家呢？"

孙科电话里笑出声来道："不不，迁都是有决议案的，的的确确经过本党中常中政联合会通过的，有据可查的。"

"他也在场吗？"

"那还用说。"孙科道，"不但有人看见，而且还有人作证，他还签了名哩！"

于是两人皆笑。蒋介石问道："哲生兄，立法院快开会了，地点大概决定了吧？"

"没有没有，"孙科道，"开会地点正是争论的焦点，大家哇啦哇啦吵个没完，很头痛。"

"不必头痛，"蒋介石安慰他道，"你可以先入为主，就说立法院开会决定在广州举行，每人可发车马费300港币，那些立法委员们，当然不到南京去了。"

孙科大喜，再三致谢，谢他出了个好主意。但第二天电话又到，说李宗仁也不含糊，言明立法院在南京开会，立法委员车马费每人金圆券40万元，问蒋介石有没有什么招数，可以把李宗仁这一招压一压。

蒋介石沉吟道："你放心吧，我自有办法。现在广州的中央大员多不多啊？"

孙科回答道："我是同吴铁城、钟天心、郑彦、陈剑如等几位一起来的，人数不多。于右任还在这里劝我回南京呢！"

"别理那个老糊涂！"蒋介石道，"他想回南京，由他去好了！你特别要注意这些人的情形，千万别让姓李的拉回南京才好。"

"是是是，"孙科道，"那么看一看风声再说吧。他们最终会叫饶的。"

但事实发展并非像孙科想象得那么顺利。李宗仁的活动能力比他强，特别是在人心思和的情形下，立法委员慢慢地倾向南京。南京反而没有先前那么紧张，人们对中共过江这件大事有着不同的看法，但全都缓和下来了。李宗仁的私人代表甘介候风尘仆仆，一忽儿与章士钊、颜惠庆、江庸、陈光甫、冷御秋等人茶叙，一忽儿又出现在黄埔系的大员之前，诸如此类,差不多法定人数即将够数。孙科等人大急,赶紧派人到京沪一带活动;李宗仁也不含糊,忙派代表南下劝孙回去,孙科的答复天真极了,他说:"我姆妈要我到澳门去呢!你们却要我回南京。"于右任在穗本想劝孙科回去,他老先生也认为这局势如朝"备战"方向发展,国民党非完不可;李宗仁"虽非同类",但他至少表面上在做"和"的工作,于右任于是决定劝孙顾全大局,不如归"宁"(南京简称),不料反给孙科挽留了好几天,这位老先生在广州一哭再哭,在黄花岗前黯然流泪时,却被新闻记者们发现,跟上一问,老先生立刻放声大哭,老泪如雨,记者们个个无法收场,为他干着急,生怕他年老体衰,支持不住。于是向他多方劝慰,找个地方喝茶休息。于右任叹道:"没料到我这把老骨头会碰到这种日子。前些时听说陈立夫在广州大哭,我不表同情,他哭活该!又听说谷正纲也在这里大哭,我也不能同情,他哭活该!又听说戴季陶在吞声饮泣,我也不能同情,他哭活该!可是今天我也哭了,不过我的眼泪是干净的。"说罢长叹。半晌,索纸要墨,当着记者们龙飞凤舞,写下一首诗,题目是《登黄花岗七十二烈士墓台远望有感》:

> 黄花岗前草连绵,
> 白首于某拜墓前。
> 四十年来如一梦,
> 凭栏独立更凄然。
> 至此方知稼穑艰,
> 每思开国一惭颜。
> 人豪寂寂余荒冢,
> 挽得英灵往活还。

写毕掷笔大哭,第二天独个儿回南京去了。

蒋介石综合各方消息,认为此事不妙,连忙给陈立夫一个电话,要他有所安排。

原来陈立夫在那当儿奔波宁、沪、穗等地专为蒋介石担任"特种工作",如今宁、粤之争惨烈,眼见孙科既动摇不定,又恋栈政院,情形危殆,该由他出马了。于是蒋介石电话中如此这般"附耳过来",陈立夫马上自沪飞穗。下得飞机,开门见山对孙科道:"奉总裁之命到广州来,希望有助于政院。现在只有一句话:'留在广州好了,总裁支持到底!'"孙科大喜。于是胆子更壮,宁穗分裂之局也将形成。李宗仁派决定在南京召开立法院会议,立法院秘书长陈克文正式宣布了开会日期。李宗仁派俨然胜利在握,准备推翻孙科内阁。而孙科也有恃无恐,嘻嘻哈哈决定硬顶,反正推翻孙科就是推翻蒋介石,而默察形势,李能把蒋推翻才怪。张群见状"不雅",出马去穗调解,吴铁城也伤脑筋,出马去宁商量。这样走马灯似的转来转去,问题果然转缓几分。蒋介石对孙科这张牌透了口气,李宗仁对他的内阁也稍感放心,可还在僵持状态,而立法院会期眼看就到。南京方面大为焦急。桂系群臣筹策通宵,到底想出了一记杀手锏:李宗仁率领甘介候、程思远、邱昌渭等人,在 2 月 20 日那天一早,乘坐军用运输机,去了广州。

那边孙科等人倒大吃一惊,不知此番凶吉如何,也只得硬着头皮去接。李宗仁双脚落地,使劲握手,接着发表声明。这个声明也确乎难以措辞,说什么"斥责企图不理会人民和平愿望的一切党派"。新闻记者一拥而上,东问西问。李宗仁光是摇头,对一切提问概不回答。他匆匆忙忙进了办公室,召开了一连串紧急会议。

蒋介石闻讯大急,忙叫在穗人员详细报告李宗仁所为何来?所做何事?广州、溪口之间电波忙碌,彻夜不断。

有的来电说:"如果李劝孙回京之举失败,则李将于短期内返京后改组内阁,驱除孙科。立法院既已决定在京开会,李之改组内阁已有宪法上的根据和政治上的借口。京、穗之间的问题已使李宗仁在毛泽东面前感到万分尴尬。而下星期,邵力子将在平晤见中共方面大员进行初步和平谈判,因此李之行动显然在于摆脱其狼狈地位……"

蒋介石特急。

蒋介石催报中共看法。

来自北平的报告说:

李宗仁这种奔跑表示了国民党反动政府里,死硬派的主战叫嚣实际上已经没有市场,连薛岳之类都在干吼,要反对蒋介石的独裁……

北平的评论说,党棍和特工已经失去控制,如因循时日,再不"团结党内力量"和"消除误会",那么一旦解放军渡过长江,政府就会立即土崩瓦解。李宗仁敢于飞到广州,表示了宁粤暗斗的第一阶段已经被李宗仁看穿了广东"主战派"的底牌,所以他一方面大放"和平前途乐观"和"与中共方面已有接洽"的空气来提高他自己的地位,另一方面纡尊降贵,亲自到广州来"感格"和说服他的群臣,使他们懂得只有"党内团结一致",让他出面和谈,还可以保全一部分实力,否则,再没有别的前途可以指望了。

蒋介石至此透了口气,李宗仁不可能真的代替他,至少他得不到对方的"谅解";但蒋又不能放心的是,李宗仁有手段,孙科是不是他的对手呢?

"快把李宗仁在党政军联合纪念周上说的话调过来!"蒋介石焦急地对侍卫官道。

一会儿侍卫官把文件找到报告道:"文件这样说:李宗仁在中山纪念堂对立委、政府官员、军事人员等2500人训话,再度呼吁团结,历时25分钟,掌声稀疏。据一般观察,李的呼吁并非无人同情,乃是与会者最多只有一成听得懂他的广西话。李所强调的是党的团结,并警告'凡是反对和平的人将为人民所痛恨'……"

宋美龄也急得团团转,并向蒋介石道:"我估计这次李宗仁广东之行,凶多吉少,孙科不像他的老子有主意,他是做官的命,重乌纱不重情义,怕是抵不住对方的攻势!"

"那你说怎么办?"蒋介石把眼睛盯到妻子身上。在他的眼里,宋美龄并非弱女,而是高他一着。

"一子失败,再来一子。兵书上讲,三十六计,走为上计。我们不是有退居台湾的打算吗?走前,我们来个釜底抽薪,把国库中的金条、银条全部转移,让他外患内乱,一天也维持不下来。那时我们再坐山观虎斗,瞧好戏看吧!"宋美龄说得有理有据,一字一板,令蒋介石五体投地。

"有心计!"蒋介石赞叹道,"一棋不行,再下一棋,我修书几封,你快去办。"

"那好。"宋美龄应允,连夜带着蒋介石的密信,悄悄离开溪口,先到了厦门,去找原空军总司令周至柔。

就在宋美龄飞往厦门之际,广州那边,李宗仁已展开了攻势,找孙科密谈。

李宗仁开门见山道:"哲生兄,这次我来得太快,实在是事情紧迫,不得不如此,请你原谅!"

孙科忙道:"不敢当,不敢当!代总统日理万机,却因行政院小事亲自来穗,实在使我惭愧!"

"哲生兄,"李宗仁道,"过去的事就过去了,本党如不团结,则大难临头! 而本党如要团结,行政院非回南京不可。原则正如人家所说的,我们这个政府一国三公,身首异处,你说如何能和谈? 而目前形势又告诉我们非和谈不可! 非和谈没有出路! 如果谈不好,拖不住,那么新兵训练未成而共军先渡江,请问到那时南京固守不住,广州又有什么好处!"

"是啊!"

"再说,即使我对哲生兄有礼貌欠周的地方,但兄弟已亲临广州来向你谢罪,向你迎驾,你老兄也该消消这口气了吧?"

"不敢当,不敢当!"孙科听后心头暗喜。

"哲生兄肯答应我回去吗?"

孙科一怔,忙说:"代总统纡尊降贵,使我惭愧。回去当无不可,无奈问题复杂,如果回去,我,我,我也有我的困难。"

"没关系!"李宗仁道,"哲生兄的困难我明白。不过蒋先生如果知道哲生兄回去,也不会见怪的! 临来时我已给他亲口打了招呼。"李宗仁郑重地说:"华盛顿支持的是南京,不是溪口!"

孙科无言,思潮起伏。

"再说,如果哲生兄不回去,立法院诸公对行政院的误会恐怕越来越深,不易消除了。如果长了,行政院不改组才怪呢!"李宗仁话里有话。

孙科试探道:"现在又何尝不如此?"

李宗仁会意,拍拍胸脯道:"如果现在回去,我可以保你无事!时间过了,我就吃不准了。"

孙科再试探道:"唉!这点我也明白,我如果回京,立法院在南京已有法定人数,一定会同我过不去;如果不回去呢?那么我的政治生命,也就完了!"

李宗仁大笑:"哲生兄,你以为我同蒋先生一样,会对人轻诺寡信,出尔反尔吗?不,不,一百个不!我可以写张字条留给你,只要你老兄回去,我李宗仁保证你继续出任行政院长,这还不行吗?"

一阵周旋,果不出宋美龄所言,孙科被李宗仁招降了。

消息传到了溪口,蒋介石祖宗奶奶八辈的破口大骂;消息传到厦门宋美龄耳中,宋美龄没有反响,只是加倍地做工作,她把原计划又向前作了调整。

空军俱乐部位于鹭岛海边椰林深处,高大挺拔的椰林,挂着累累果实,伸展着那宽大的叶片,把空军俱乐部遮挡得严严实实。

正好周至柔没出门,宋美龄驱车一到,便见到了老朋友。两人自然是叙旧、寒暄一番。宋美龄是在吃喝玩乐中谈工作。按照她自己的话来说:"吃就是工作,玩就是工作。"因此她的工作方法格外灵活多样,格外有情有义。因此她的工作总像她那热情奔放的性格一样———一帆风顺。

如果说宋美龄与众不同,其特殊点就在这里。

"至柔,"宋美龄反客为主,夹起一块辣鱼,道,"吃辣当家。蒋先生这次交给你的可不是一般任务,整个国家与身家性命都托付给将军你了呀!"

周至柔把辣鱼块放在口里,大口嚼着,品味着,然后道:"吃了夫人夹的鱼,又喝了夫人敬的酒,此事岂有不尽力之由。来,再干一杯!"

又一次碰杯声。

周至柔把这杯香槟酒喝下肚去,心里却掂得出这次行动的分量。蒋介石密令他将国库所存的全部银元、黄金、美钞运往台湾。自民国三十七年八月金圆券发行之后,民间所藏的金银美钞全被政府一网打尽。根据当时监察院财政委员会的秘密会议报告,全部库存为黄金 390 万盎司,外汇 7000 万美元和价值 7000 万元的白银,各项总计价值 5 亿美元左右。

"夫人,放心吧,交给我万无一失!"周至柔说完,端起酒杯一仰脖又是一饮而尽,他的眼睛微微发红,他要拼出去了。

"一言为定!"宋美龄也喝了下去,"干好了,老蒋还有一笔存款交给你!"

可谁知这事后来引起了一场风波。

蒋介石也是个急性人。大陆局势已是木已成舟,扭转已是不可能了。没地盘有钱财也行,可钱财转移不出去,到头来还不是共产党的?他虽然通知夫人宋美龄去办,可他恨不得一口吃个胖子,立竿见影。就在宋美龄与周至柔碰杯达成协议的时候,他与毛邦初不期而遇,灵机一动,将 1000 万美元交给毛邦初,以私人名字存入美国银行。

他对毛邦初是信任的。毛邦初是他原配夫人毛福美的亲侄。这层血缘关系使蒋介石最终下定了决心。

再说毛邦初和周至柔两人同在空军工作,一个是正手,一个是副手。早先他们二人都在宋美龄手下工作,宋美龄退出空军工作后,提拔周当总司令,毛还有些意见,状告到蒋介石那里,因是夫人安排,蒋也不便再说什么。平心而论,宋美龄对周至柔颇有几分好感,而蒋却对毛又有几分欣赏。所以,"戏"就唱不到一起去了。毛邦初和周至柔由于长期在一起工作,生活上疙疙瘩瘩,工作上推推诿诿,两人积怨甚深。再加上为一个女人争风吃醋,两个打得不可开交,更激化加深了他们间的矛盾。

这个女人名叫戴星娇,论身份,只不过是金陵戏院的一名"戏子"。戏唱得不好,长相却是没说的,百里挑一。当初,她看中了毛邦初口袋里的钱财,却忽视了毛邦初的长相,一头扎在了毛的怀里。毛手里有钱,出手大方,竭力满足她。闲逛舞厅,请客吃饭,选买衣服等一掷千金。女人是水,男人是缸。日子久了,戴星娇无意中又接触到总司令周至柔。论职务,毛不如周;论长相,周是一表人才,高高大大,白白胖胖。毛倒像一个瘪三。此后戴星娇又投入了周的怀抱。于是两人的矛盾白热化起来,双方向老蒋告状。毛告周夺人之爱,周告毛贪污舞弊。闹得蒋介石夫妇不好出来讲话。这边是夫人的心腹,那边是皇亲国戚,各有所附。

后来，事情越闹越大，周又状告到白宫，惊动了美国总统杜鲁门阁下，声言立即停止对华援助。

"娘希匹，周至柔太目中无人了，告到了白宫，老子要军统局解决他！"蒋介石跳起脚来。

"嘘！"宋美龄把指头放在唇边吹了一下，提醒他说，"委座，要砍姓周的脑袋还不容易？不过这 5 亿美元的金银就白白送给共产党了，就连美国援华集团新近拨来的 7000 多万美元我们也休想得到一个子儿！"

蒋介石无语，气得在屋里反剪双手，步越踱越快。

"事情闹得满城风雨，再不公正处置，连我们夫妇都得陷进去。我这不是耸人听闻！不能再留什么情面了！也不能认亲了！"宋美龄道。

"事到如今，也只好如此。"蒋介石咬咬牙，于是一道手令在他笔下签发了：

"兹撤去毛邦初空军购物科委员会主任职务，勒令其将巨款限期交出。蒋中正。"

闹剧便这样收了场。此后，蒋家王朝的黄金、白银、美元像暗流一样汩汩流向台北。将近 2500 件价值连城的绘画、瓷器、玉器和青铜器从各地运到了上海，尔后转运台湾。这种事下野的蒋介石是不好出面的，于是蒋又委托夫人办理。夫人临上飞机前，蒋千叮咛万嘱咐说："到了上海，事要机密，人要可靠，越快越好，万无一失！"

杜月笙也真够"哥们"，半个月后，金银珠宝全部运出了上海港。

王朝倾覆，痛失大陆

南京，总统府官邸一片繁忙。那些手拿公文包、身穿笔挺的礼服、脚蹬黑皮鞋的军政要员们进进出出，不时地在小跑着；机房里，不时传来电报机的鸣叫声，大频率 150 千瓦电台在不停地工作着，传递着来自全国各地的信息；小姐们在分门别类地整理着电报，及时送交代总统审阅。

今天的电报内容和往日不同，大都是来自市场的消息：

"上海，金圆券贬值七成。"

"广州，金圆券已暴跌到 11 万兑 1 元美金，市民无法承受。"

"南京，暴跌六成。"

"杭州，物价飞涨，街头出现市民游行。"

"武汉，军费拮据，需要政府立即拨款拨粮，否则战争一天也支持不下去。"

……

李宗仁哭丧着脸审视着这一份份电报："娘的，蒋介石这一招太绝了！釜底抽薪。皇帝不差饿兵，何况我不是皇帝！我也不是摇钱树！前方薪饷发不出怎能打胜仗？后方物价飞涨，让老百姓喝西北风去？这台戏咋唱？"

李宗仁发疯了！

他中止了一次重要的军事会议，前往美国大使馆司徒雷登处哭丧。

司徒雷登把灰绿色的眼珠骨碌碌一转："这个，这个不是我不帮忙，美国实在也伤透了脑筋。据报告，台湾码头上武器弹药堆积如山，黄金美钞堆满仓库，坦克车到处堆放，履带上都结了蜘蛛网！请问总统先生，你们有这么多东西搁着，还有必要向美国伸手吗？台湾这么多东西，难道不是美国援助的吗？"

李宗仁倒抽一口凉气，心想这厮可恶，便说："不过大使比我更清楚，这些东西运去台湾，绝非是我的意思！中国有句话说得好：巧妇难为无米之炊。如今承蒙贵国瞧得起，要敝人出面收拾这个烂摊子，我不知利害，挑上肩了，可是我拿什么开销？拿什么去喂饱'剿共'将士的肚子？贵国的一番好意如此，而蒋先生又存心捣蛋如彼，我姓李的并无金矿可掘，贵国又不肯援手，请问大使，请教大使，我如何善其后？"

司徒雷登笑道："总统先生有什么高见？"

李宗仁哭丧着脸道："大使，我还有什么高见低见？目前里里外外，上上下下，前前后后都伸手向我要钱、钱、钱！我真是寸步难行啊！农历年初一，我想出去看看部队，振振士气，巩固首都防卫！可是我的身份，不能空着两只手去看他们，总得带点慰劳金，是吧？"

司徒雷登点头。

"可是我哪儿找慰劳金去？他们只肯把黄金美钞往台湾运,对我的命令一点不买账,您说我能对他们怎么样,派兵去抢吗？"

司徒雷登笑了。

"岁尾年末样样急,造币厂的机器日夜没停,他老蒋把钞票空运前方喂他的部队去了,把我当成阿木林,大使请设身处地地想想,我这台戏还能不能再唱？"

司徒雷登不笑了,紧皱着灰白的眉毛,叹道:"总统先生,我很同情你的处境。"司徒雷登一顿,"以我之见,你不妨跟他明说,请他以'剿共'的大局为重,拨给库存金银！"

李宗仁心头一动。回去以后,立即给远在溪口的蒋介石拨了个电话。不想,李宗仁又碰了个大钉子。

宋美龄把李宗仁来电话的事告诉了蒋介石。

"别理他！别理他！"蒋介石狞笑道,"金圆券已暴跌到 11 万合 1 美金,军政费用均告枯竭,要我拨给库存金银,发给军饷,以期提高士气,巩固军心。他说得又可怜又好听——别理他！"

"是是。"

"运台的金钞 3 亿多美元,照海外比值如何？"

"那当然高得多。全部库存黄金是 390 万盎司,各种白银值 7000 万美元,总值不止 3 亿多美元,那是依据公开市场的行情计算。"

"好好好,"蒋介石有了笑容,"你多辛苦吧,这件事要办妥当。"

"不好的,"宋美龄道,"不过中行保管的战时没收的大量珠宝,恐怕运不走了。"

"为什么？"

"李宗仁已派人看守,这些珠宝在另一个仓库。"

"值多少钱？"蒋介石急问,"我知道大约值 100 多万美元。"

"最多也不过 200 万美元。"宋美龄道,"万一运不走,也算了。"

"尽人事吧！"蒋介石恨恨地说,"最好让他一个铜板也摸不着！"

"是是。我还得再叮咛一下。"宋美龄道。

夫妇二人为他们共同的心计成功,不约而同地笑了。

就在这时,收音机传来了"和谈"广播,蒋介石向宋美龄打声口哨,示意她注意听。

请国民党政府注意！本台奉命为你们广播一件重要通知。

关于和南京国民党政府举行和平谈判事宜,中共中央本日决定:

一、谈判开始日期:4月1日。

二、谈判地点:北平。

三、派周恩来、林伯渠、林彪、叶剑英、李维汉为代表,周恩来为首席代表,与南京方面的代表团举行谈判。按照1月14日毛泽东主席对时局的声明及其所提八项条件,以为双方谈判之基础。

四、将上列各项从广播电台即日通知南京国民党政府,按上述时间、地点,派遣其代表团,携带为八项条件所需的必要材料,以便举行谈判。

宋美龄"咔嚓"一声关掉了收音机,她和丈夫似乎觉得有一片阴云袭来,转而由喜变悲……

历时20天的和谈,终于宣告完全破裂。

北平通过广播转达了毛泽东、朱德关于向全国进军的命令。

南京紧张,溪口也紧张。

溪口电台和长途电话在彻夜不停地工作。人影幢幢,紧张忙乱。1949年4月20日的最后几个小时,这个小镇之夜是如此的不平静。凄凉的、漆黑的夜幕,给蒋介石的心灵涂上了一道浓浓的暗影。他几乎连吃饭的时间和心情全部忘记和消失了。在和谈协定的最后时刻,他表现出超乎寻常的"镇静"和"从容",他忽然不骂人、不打人,不踢人,对侍卫也"亲热"起来了,他忘记了喝白兰地,忘记了睡觉,忘记了在庭院里"散心"。他正在为安排后事而忙碌着。

"告诉汤恩伯,让他给我好好打！"

"告诉白崇禧,和谈破裂,华中地区全靠他了。"

"告诉宋希濂,西南半壁河山就靠他支持了。"

"重庆关押的杨虎城不能落入共产党的手中。"

"南京的撤退工作由荆有麟负责。"

……

蒋介石交代完了后事,心里反而平静了。一个不祥的念头,突地涌了出来:党国难道真的就此完了吗? 我蒋介石也真的完了吗? 他忽然感到浑身发冷、脚手发麻……

天黑了下来。

夜幕笼罩了大地,四周是那样的漆黑、寂静。远处,不时传来几声隐隐约约地吆喝:"站住! 干什么的?""换岗的!"给这寂静的夜空,增添了紧张的气氛。

"委座休息吧。留有青山在,不愁没柴烧。"宋美龄走过来劝道。

"不,我不能休息。"蒋介石像一个输红了眼的赌棍,道,"李宗仁说我是一介平民,好呀,我要让他瞧瞧这个平民的厉害。侍卫官,准备飞机!"

"你要飞哪儿去?"

"广州!"蒋介石两眼喷火。

宋美龄拦住他:"这太危险了,你不能去!"她冷静地分析说,"你的嫡系部队都在东南和西南两侧,华南又在桂系的股掌之中,粤军将领几次起兵反对你,尤其是那个倒戈将军张发奎,我很不放心……"

蒋介石换上全副戎装,强打精神说:"不入虎穴,焉得虎子!"

"那我和你一起去,要死也死在一块吧!"

此时,蒋介石的心情很沉重。他在盘算:那些几十年来一点一滴修造起来的"蒋母王太夫人墓",那些设备、那些名胜,恐怕共产党一进溪口,便会点滴不留了……如果说南京的得失是蒋介石政权的象征,那么溪口的"兴衰"可说是蒋介石个人"命运"的象征,作为孝子的蒋介石对溪口的依恋之情远胜南京……

宋美龄心细,此时她最能理解丈夫的心情,便道:"溪口是个好地方,这里有我们开的菜园,有我们修造的别墅,有我们修造的道路,即使我们走了,这里的乡亲是不会忘记我们的!"

蒋介石叹了口气,道:"关于我们走的消息,不要告诉乡亲们。他们知道了,会要流泪的。"

"是的。"宋美龄道,"这由我安排吧,如果老百姓问起此事,就说我们到杭州开会去了,会后还要回来的。"

"别时容易逢时难。夫人,给我一支烟吧。"一生从不抽烟的人这时也抽起了第一支烟。烟雾在他消瘦的脸庞上缭绕,他的眼睛有点潮湿,他的心在流泪。

"夫人,我到溪口也不知多少次了,这一次的情形却大大不同。我总感到,这是我最后一次离开溪口,这辈子恐怕再没有机会回来了。也许是我老了的缘故,我更留恋它。"蒋介石说罢掩面,不断啜泣。

"委座,我也有同感。"宋美龄用手帕揩了揩眼眶中的泪水,又说,"这样吧,既然是最后一次,叫上经国,我们一起给太夫人祭扫一次墓吧。"

"也好,也好。"蒋介石挥泪道。

天空满是乌云,半圆的月亮时隐时现。周围非常寂静,只有青蛙偶尔呱哇呱哇地叫几声。在溪口郊外的山谷里,一只鸟在怪声地叫着,很像是一个孩子在哭。此时,早睡的人家已沉浸在酣睡的梦中,一辆美式吉普载着三位神秘的人物,悄悄地驶出了溪口的南门,向郊外的一个荒丘驶去。

荒丘位于大架山的一旁,林密草肥,丘旁有一条山涧溪流。头枕青山,脚有溪流,乃是龙凤呈祥之地。在荒丘顶端、密林深处有一宛如馒头状的土丘,墓前竖一石碑。墓中躺着一位被日本飞机炸死的逝者……

美式吉普车停在林边道旁,三个人三个黑影,他们像幽灵一样,沿着长着密草的林中小道,来到了这座竖有石碑的墓前。他们不是别人,正是共产党通报的名列前榜的三位中国著名战犯——蒋介石、宋美龄、蒋经国。

他们在墓前脱帽默哀了五分钟,然后回到车中,驱车而去。

当夜,在杭州机场,三人乘坐"美龄号"专机,在四架美制战斗机的护航下,直抵广州白云机场。

羊城的雾,雾的羊城。

由于白云机场地面有一层淡淡的白雾,给飞机降落带来困难。飞机两次盘旋落地时,弹了两下,又很快拉了起来,最后有惊无险,安全落地。机上的蒋介石夫妇惊出了一身冷汗。特别是夫人宋美龄敏感地觉察到,此时来羊城凶多吉少。

广州是革命的发祥地,黄埔军校又是蒋的荣光。

在羊城,蒋介石稍作休息,便准时参加了中央常务委员会会议。

会上,他侃侃而谈国父孙中山在广州起义的经过,又讲黄埔军校他当校长时的逸闻,掰手指数谁是军校的学生。言下之意,他是孙中山先生的当然继承人,偌大的中国除他莫属。最后才扯到国难当头,喊几句冠冕堂皇的大话:

"中正虽然下野,但壮心不已。为戡乱救国,为继承国父遗志,中正愿与诸位共赴国难,共迎光明!为此,我提议成立中央非常委员会,以应付紧急事务!请诸位讨论通过。"

"我说几句。"李宗仁坐不住了,见他指手画脚,俨然以国民党总裁自居,不把代总统放在眼里,很令李宗仁反感。

"战场上,我们屡战屡败,关键是政出多门、一国三公!谁都说话,但谁也说了不算!比如我这个代总统吧!我手里有多少实权?天知道。"

蒋介石扑哧一声笑了:"德公,你理解错了。你的代总统还是代总统嘛!成立中央非常委员会,主要是处理应急事务,免得你再费精力,也是解脱你的事务,这有什么不好!实际是一码事的,全从民族利益和大局出发。不这样,就不足以戡乱救国!大家说是吗?"

会上有人应和。

李宗仁闹个满脸通红,不再说什么。而蒋介石又是一大套理论发出,名曰解释,实则把矛头对准李宗仁。早在1948年11月间,蒋介石曾召见毛人凤和沈醉,亲自部署暗杀李宗仁的事。由沈醉、秦景川、王汉文三名军统特务组成"特别行动组",这三人都是神枪手。弹匣内注入烈性的毒药,只要射中身上任何部位,见血必亡。只是由于国民党的局势恶化太快,蒋介石不得不让李宗仁出来支撑局面,才取消了暗杀计划,算李宗仁命大。他听了吴忠信的话不再闹了,说"以党国为重",代总统就代吧。

散会时,蒋介石问李宗仁还有什么意见要说?李宗仁摇摇头。

这一夜李宗仁失眠了，自言自语道："再这样下去，不亡国才怪呢！"

夫人郭德洁问："是不是又和老蒋闹翻了？"

李宗仁心情不好，没说话。

"常言说，和为贵。蒋介石夫妇远道来，明天我做几个菜，请请他们，把话说到明处，不就好了。值得这样吃不香、睡不安的？"

第二天一早，李宗仁的部下张发奎，也来诉昨天会上的苦：

"蒋介石也太霸道了！他不仁我们也不义，不行，我来收拾他！"

"不和他一般见识！"李宗仁劝后，又道，"今天中午，我请客！你来作陪吧！"

蒋介石接到李宗仁请客的电话后，便与夫人宋美龄商量。

"达令，可能是鸿门宴啊！"宋美龄道，"我有预感，从下飞机我们就不顺利，再者这两天羊城雾又大。我真担心……"

"有请不去非礼也，夫人不必担心！再说我已经答应人家了。"

蒋介石哈哈一笑，"你要担心，就事先留个心眼吧！"

蒋介石夫妇准时到场，李宗仁夫妇热情地迎接了他们。

"听说大姐手艺好，我要向大姐你学两手哩！"宋美龄道。

"哪里哪里！你是客人，你得入席！"郭德洁女士道。

"那是他们男人的事，我们女人不掺和！"宋美龄笑着，推着郭德洁女士进了厨房，"拜个师傅，收个徒弟，你还不干？"

宋美龄细心地询问每道菜，都放什么作料？怎么炒制？有些她还要亲口尝一尝，她不像是在学厨师，倒像是个监工。

客厅里传来了碰杯声。宋美龄循声向窗外望去，机警地发现院子里有人影在走动。仔细审视，一队全副武装的士兵蹑脚蹑手地包围了客厅。宋美龄顿时惊出了一身冷汗。

"郭大姐，"宋美龄镇静自若地说，"这不是李总统的卫队吧？怎么一个个都是陌生面孔呢？"

正在灶上的郭德洁循声望去，顿时大惊失色："这不是老头子的卫队，好像是张发奎的。他们怎么进来的？"

"快叫李总统出来一下。"宋美龄道。

不一会儿,李宗仁走出客厅,问是怎么回事?

"张发奎的卫队开进了院子!"

"这个张发奎,怎么搞的?"李宗仁说完又进了屋,叫出张发奎。

"快让你的卫队撤出院子!"李宗仁命令道。

"总统,你不能这样! 有蒋介石在,我们还有好吗?!"张发奎带哭腔道。

"你懂吗? 这是我的家! 你真是聪明一时,糊涂一世! 快给我撤!"

"是! 总统!"张发奎也是个兵油子。几次反蒋几次失败。在蒋介石软硬兼施、又拉又打策略下,抗战时期提升为陆军总司令。可老蒋却不把他看做自己人,常扔小鞋给他穿。

眼见张发奎的兵撤了,宋美龄才松了口气。她感到自己预言准确,暗暗向主祈祷……

羊城脱险,蒋介石再次感谢夫人道:"如果西安事变是夫人救我一命的话,那么这次羊城脱险是第二次了。愿仁慈的主保佑我们夫妇一生平安!"

随着共产党军队的猛烈进攻,南京、上海、武汉等大中城市先后失守,在蒋氏夫妇的眼里,广州至重庆一带便是他们隐身的最后绿洲了。

为部署西南防务,召见主要将领询问情况,面授机宜,蒋氏夫妇没敢在广州多停留,又乘机向山城重庆飞去。

坐镇西南,最后一搏

银白色的"美龄号"专机穿云破雾在蓝天之中。

坐在前排的侍卫长正在聚精会神看一张新版的《纽约时报》。该报是宋美龄特意订阅的,每半月从大洋彼岸寄来一捆。这些日子,宋美龄太忙了,连看报的习惯也没了,只留在侍卫官中传阅,并要求侍卫官发现好的新闻要立刻报告她。她要亲阅,一睹为快。

"啊,夫人的新闻!"侍卫长惊叫道。他像发现了新大陆一样。

"什么新闻?"有人问。

顿时,机舱里的沉闷被打破。宋美龄也款款站起了身,蒋介石也把目光投向那位惊叫的侍卫官。报纸传到了宋美龄手里，宋美龄看了一下标题，止不住心跳。又把报纸传到蒋介石手中，让他分享她此时的高兴。

原来这是一则来自美国艺术家协会的新闻。美国艺术家协会 16 日公布：蒋夫人美龄当选为"全世界十大美人"之一，并名列榜首。"蒋夫人之鼻列为世界最美"。据美国艺术家协会秘书长柯纳宣称："此项选举系由会员投票，内有美国著名艺术家多人。鼻以愈不凹愈美。蒋夫人之鼻内部与面部其他各点完全协调，故能入选。其他入选的是：杜鲁门总统的女儿玛格丽特的耳朵最美；英国玛格丽特公主的眼睛最美；温莎公爵夫人的额头最美；影星列达·布赫芙的嘴唇最美；影星伊素丽丝的大腿和影星莲达丹妮的小腿最美……"

蒋介石看后笑了。作为自己的妻子，以自己的美被评为"世界十大美人"，当初的慧眼识玉，怎不令他高兴。试问，哪一位丈夫不喜欢自己的妻子更美？他有天下最美的女人作为自己的妻子，他也有信心征服这个天下。半个月来，他那阴沉的瘦脸，终于露出了难得的笑容。

"夫人的鼻子最美，我还没有发现呢，让我仔细观赏一下！"蒋介石放下手中的报纸，把脸转向了夫人。

"别逗了，他们都在羞我！"宋美龄竟掩饰不住内心的喜悦。

侍卫官们纷纷大笑了起来。

整个机舱活跃起来，并带有喜庆味。

"到了重庆，夫人请客！"有人提议。

"我赞成！"蒋介石首先赞成，其他人一呼百应。

"好！好！届时我请你们吃牛排！"宋美龄欣然允诺。

蒋介石来渝一周，召集多人交谈后，于 8 月 30 日上午在重庆城内储奇门的西南军政长官公署召开了高级军事会议。出席这次会议的，除蒋介石、宋美龄、张群外，有刘文辉、邓锡侯、孙震、王陵基、谷正纲、钱大钧、胡宗南、宋希濂、罗广文、何绍周、蒋经国、俞济时、邱渊、程开春、刘宗宽、沈策等人。

西南军政长官公署的会议厅是一间长方形的大房间，金丝绒的窗帘隔去了尘暑，打蜡的嵌木地板能映出人影。天花板上的八台大吊扇激起的阵阵凉风，吹拂着会议桌上熨烫过的白色台布，镀金的壁灯开了一半，散发着乳白色的柔光。

佩戴着一排排勋标和上将、中将、少将军衔的军人，以及身着深色中山装的高级文官们，或坐或立，或吸烟品茶，议论着前方的战局，大都忧心忡忡。但他们对蒋介石的到来仍然寄予着一线的希望，期待在他身上出现一个奇迹，起码可以让他们偏安一隅，维持旧有的生活秩序。

随着一声"蒋总裁到！"蒋介石、宋美龄和张群来到会议厅内。与会者立即各就各位，并全体起立，刚才还闹哄哄的会议厅顿时肃静下来。

"坐，大家请坐！"蒋介石有礼有节地招呼说，"非常时期，就不必讲这么多礼节了。"

63岁的蒋介石经过几天的休息，气色比刚下飞机那天好得多了，肤色红润，腰板笔挺。室外已是摄氏三十七度的高温，他却照样穿一件黄呢中山服，连领口的风纪扣也扣得严严实实的。

"各位，"张群开口说道，"在此国事艰难时刻，总裁不顾年事已高，再次肩起党国重任，亲临重庆运筹帷幄，以实现戡乱救国大业，实在可钦可佩。我们相信，在总裁的英明指挥下，历史还会重演。共军将遭到与当年日军同样的命运。大西南必将成为坚强的、牢不可破的反共堡垒！"

张群定过调子以后，西南军政长官公署第二处处长徐远举、第三处副处长孙伯先、胡宗南部的副参谋长沈策先后在会上发了言。徐远举报告了解放军在西北、华南各地的进展情况，同时强调西南地区的安定。

沈策则十分浮夸地说明胡宗南部守备秦岭地区有充分把握，并说必要时还可向关中进击，收复西安。他同时还提出，国防部应同意胡宗南部策应西北的回族马家军部队，确保甘、青两省作为反共根据地。

与过去一样，会议置于蒋介石的绝对控制之下进行。在蒋介石看来，统帅部就是由他这个统帅来部署一切，就像一个乐团，只有他这位天才指挥才是拍板的定音者。此刻，他不动声色地倾听着部下纷纭的议论，心里早就拨开了算盘。

其时，西南地区残存的国民党军队，包括地方团队在内，一共还有近百万人。但是,能够拿出来打一打的,只不过胡宗南集团的三十多万中央军、宋希濂指挥的第十四兵团和罗广文指挥的第十五兵团。

如何协调这些部队的作战,使他们听令于他这个统帅,这才是蒋介石眼下举棋难定的最大问题。特别使他头痛的是,西南部队的指挥官不仅互不通气、拥兵自重,还时常互相攻讦。

过去为了便于控制数百万部队,蒋介石一贯采取多种手段,制造矛盾和利用矛盾,以此实行双线以至多线的方式进行分化、笼络,从而驾驭各路人马。他时而利用嫡系监视地方军阀,时而利用地方军阀对嫡系施加压力,就是在中央军内部,他也人为地制造了很多派系。蒋介石通过这种手段,曾经十分成功地在海陆空三军中确立了自己不可动摇的权威。殊不知到了解放战争的末期,蒋介石这才发现内部的倾轧成为他难以诊治的一个致命伤。现在他苦心思虑的,是如何扭转这已成的僵局。

年初蒋介石辞去总统职务,让李宗仁上台,其动机也是为了调动非嫡系部队的积极性。阎锡山在解放军打到太原,在城破前夕才起飞,前不久还当上了国防部长。数月前桂系白崇禧多次拉宋希濂倒蒋,宋希濂暗中报告了蒋介石,蒋介石也只是"嗯"了几声没有深究。时至今日,他蒋介石手里的牌太少了啊!他怎能不焦虑!

听沈策讲完,蒋介石不慌不忙地开了腔:"各位,我是很乐观的,目前局势从整体来看已经稳定,情况即将好转。"至于是怎样的稳定和好转,他没有举出具体的事例,他只是说,"过去有些人投降共军,现在这些人都知道上了当,我相信今后不会再有变节投降的事了。"

"适才徐、孙两位处长和沈参谋长的讲话,使我感到我们已接触到实质性的话题。"蒋介石说,"我们的确应该再一次明确一下职权范围。我已经强调过,在通常情况下各绥靖公署该管些什么事,但是你们为什么不能在重要问题上协调一致呢?我放手让你们来干,你们应该互相体谅才是嘛。"

张群插嘴说:"我们都希望总裁长期驻跸四川。"

蒋介石似乎没有听见张群的话,接着说:"今春以来,国军迭遭失利,政局动荡不安,究其原因,主要是我党众多负责干部没能继承国父遗教,以实行三民主义为己任。为此,我已决定在台湾创办一所革命实践学院,由我亲自主持校政。让我们主管军政的人员，包括在座的各位在内，轮流前往受训。这个学院能否办好，关系我党的生死存亡，因此我要经常住在台湾，而不能长期留在四川。至于西南方面，只要大家同心团结，艰苦卓绝地撑持一个时期，我想不会有很长的时间，国际形势就一定会有变化，到那时，我们就可以与台湾方面的力量配合起来进行反攻。"

蒋介石越说越有精神，声音也提高了八度，接着他又如数家珍地向大家说道："西南的部队，甘青的部队，白崇禧的部队加在一起，我们还有一百多万雄师，还有相当强大的海空军，绝对没有任何悲观失望的理由。"

"诸位，精华这个名词，今天已不常用了。但是我想在此指出，防守川东的宋希濂兵团、防守川南川北的罗广文兵团就是精华！任何来犯之敌，都将在国军的这两只铁拳打击下，被击得粉碎！"最后，他以斩钉截铁的声调宣称，"有陆海空军的国家，是绝对不会灭亡的。"

上午 11 点半，会议闭幕，既没有议案也未讨论。军事方面的部署，蒋介石是一向不同任何人商量的。这个高级军事会议，也就如此这般地收场。人们从会场出来，内心十分失望。

蒋介石这次到重庆住了 28 天，大小会议开了不下 15 个。但好些人都对蒋介石感到失望。宋希濂说："蒋介石又重复了那套空洞无物的话。老实说，我当时口虽唯唯诺诺，心目中已开始觉得蒋介石这座偶像不过如此而已"。罗广文说："这次总裁来，我们以为一定有些新消息，新的办法，但结果仍然是老一套，这样能长期支持下去吗？"

很多人都对形势担心。

山城的夜色由于山高而来得特别早。歌乐山林园官邸由于树高林密更显得黯淡、阴森。由于蒋介石怕风怕暗，每个窗户都拉上了窗帘。屋内，蒋介石在习惯性地踱步，宋美龄伏在台灯下正苦读丈夫给她推荐的《曾文正公全集》……

蒋介石突然止住脚步，对宋美龄道："夫人，人心已散，陪都难保。你说说，关押的杨虎城该怎么处理？"

宋美龄作一个抹脖子的手势："干掉他！"

蒋介石当即拨通了保密局的密码电话。

不一刻，保密局局长、军统特务头子毛人凤应召来到林园官邸。

蒋介石铁青着脸，也不招呼他坐下。毛人凤只好捧着自己的军帽垂手侍立。蒋介石对一般下属比较宽容，而对军统人员却一向十分严厉。

"毛局长，"蒋介石把手头的战报往桌上一扔说，"为了保存反共实力，我们可能要忍痛做出放弃重庆的打算。"

"是不是前方又有些吃紧？总裁！"矮壮结实、保养得白白胖胖的毛人凤，好像一只嗅觉灵敏的猎犬，明知故问。

"唔，你们这些军统人员都具有敏感、怀疑的天性，"蒋介石装作满不在乎又有些嘲讽的口气说，"不，不是那么回事，你不要杞人忧天，只不过凡事都应做到防患于未然。"

接着，蒋介石脸色一沉，问道："杨虎城将军还好吗？"

"很健康。"毛人凤一怔，两眼滴溜溜地在揣测着总裁的真意。

蒋介石顺手抓起桌上的铜镇纸捶了一下："八年抗战，三年内战，我是心力交瘁，你们倒把姓杨的养得心宽体胖啊！"

毛人凤心领神会地说道："总裁，猪养得再胖也终究逃不脱一个杀呀！"

"去吧，要斩草除根！这一切都要绝对保密。"蒋介石颓然地倒在沙发上，"共产党而今酿成大患，就是因为当初没有斩草除根啊！"

前方的惨败，更增添了蒋介石的仇恨心理。杨虎城及其子女、宋绮云夫妇及一男孩，均于9月上旬被蒋介石下令枪杀。江竹筠、陈然等42名共产党人，也于10月底被公开或秘密处决。

"总裁放心，"毛人凤说，"这些人都在我的手掌心里，一个也跑不了。只是朱家骅来找我，要保周均时，您看……"

周均时其人，是现任行政院副院长朱家骅的留德同学，曾任同济大学校长，因公开抨击蒋介石的独裁统治，于1944年春被捕囚禁于重庆。朱家骅出于同窗之情，曾亲自出面找毛人凤担保周均时。

"不行！"蒋介石一拍桌子说，"早就该把这个周某人杀掉的，谁来担保也不行！"

"是，总裁！"毛人凤脚后跟一碰来一个立正，扶着后腰带上挂的一支大号自动手枪的枪柄,应声答道,"马上执行!"

蒋介石望着毛人凤发出了几声刺耳的冷笑。

已是早上 8 点,天还不甚亮。从昨天半夜起,缥缈的雾气便从嘉陵江和长江的江面缓缓升起,犹如一团团细软的白纱,铺满了山城。高高的歌乐山之峰,此刻犹如置身在茫茫雾海中的孤岛,隐隐约约地露出一个头。

在歌乐山茂密的杂树林间,早起的鸟儿开始啾鸣。一只云雀,高一声低一声圆润悦耳的叫声,引来了喜鹊、画眉和黄胆雀,它们一唱一和,使这座山林的早晨,显得格外幽静、深邃。

"哒哒哒!"

"哒哒哒哒哒!"

一阵爆豆般的枪声,猛烈打破了山林的宁静,惊得鸟群扑棱棱地飞上高空。盘山公路的卡车满载着行刑队,分赴各个集中营,震惊中外的重庆中美合作所"一一·二七"大屠杀,在保密局长毛人凤的一手导演下开始了。

全副武装的军统特务行刑队,先后集中到渣滓洞看守所、白公馆看守所,有机枪、卡宾枪乃至火焰喷射器,一天之内共屠杀手无寸铁的中共党员、进步民主人士三百余人,连老人和孩子亦不能幸免于难。行凶之后,特务们还用汽油纵火焚烧了监狱,妄图毁尸灭迹。

烈士们就义时呼出的雄壮口号声直冲云霄,回响在歌乐山头,与不尽的松涛声合为一体,长留人间。

这时蒋介石在重庆风闻云南省主席卢汉动摇,与中共时有暗中来往,在反共和起义间举棋不定。川、滇毗邻,唇齿相依,云南局势欠安,妄谈防守西南。于是,蒋介石电邀卢汉到重庆会晤。卢汉托病,不敢成行,蒋再派专人促驾。卢汉这时对共产党半信半疑,又感到自己实力不足,勉为其难,冒险到重庆见蒋。蒋对卢"申之以道义,动之以利害",卢始接受回滇执行蒋介石的反共整肃方案。

全国的形势危急,西安的形势也不妙。蒋介石决定 9 月 22 日从山城重庆退往台湾。计划在昆明稍停,再给卢汉打气,坚其反共意志。

计划已定,他们在积极地做撤退准备工作。宋美龄对计划提出异议说:"我有预感,昆明万万不能停留。如果总裁不顾一切地去了,可能有不可收拾的局面。"

"昆明有危险,我也有同感,去是已经定了的,况且又通知了对方。具体我们怎么避开危险,夫人有何意见?"蒋介石道。

宋美龄略一沉思道:"不如我先去,找到卢汉,放一烟幕弹,然后再来真的,你说如何?"

"好主意!"蒋介石一拍大腿道。

9月21日,也即是蒋介石启程到昆明前一天,宋美龄先行到了昆明,见了卢汉道:"总裁另有要事,恐怕来不了了!"

"不来了?"卢汉一怔,转而信以为真。

9月22日,宋美龄又对卢汉说:"重庆方面来了电报,总裁已经起飞,10点就到昆明。"

"夫人,你不是说不来了吗?"

"嗯,也许是临时决定的。"

"那么,我派兵到机场,为总裁的安全警戒。"

"不必了!"宋美龄立即予以阻止,"最安全的方法,就是除你我二人之外,再不让别人知道这个消息。"

说着,宋美龄就把卢汉拉上汽车,同去机场。宋美龄略施小计,出其不意,不让对方有调兵遣将、对蒋介石下手的机会。

二人赶到机场,蒋介石的座机已准时着陆。蒋介石走下飞机,劈头即问:"卢主席,闹得你好紧张,怕是连午饭也没准备!"

"太紧张,还没预备。"

"好! 好! 我们一同到你家吃顿便饭吧,顺便也看看孩子和夫人。"

卢汉只好点头答应。

蒋介石在卢宅用了饭,约见"滇省重要将领,会商保护西南大局"。会议刚完,一直担任警卫的宋美龄就指使经国到会场告诉蒋介石说:"刚才接到广州的消息,那边天气可能发生变化,请父亲立即启程。"

蒋介石当然会意儿子的用心,站起身向窗外仰视天空,将计就计地说:"好了,我们去吧!"逐一和大家挥手告别。

从卢汉于 12 月 9 日宣布云南起义这一消息看,蒋介石的昆明之行,危险成分是极大的,如卢汉早觉悟两个月,"西安事变"的故事,即会在昆明重演,蒋氏夫妇的后半生历史,将因此而改写。

9 月 22 日晚,蒋介石夫妇飞抵广州,即闻绥远省主席董其武率部八万余人起义。三天后,新疆省警备司令陶峙岳和省政府主席鲍尔汉通电宣布脱离国民党反动阵营。蒋介石夫妇"至为痛心"。

翌日下午 2 时,蒋介石夫妇又在广州白云机场匆匆登机升空,向台湾飞去。"俯视眼底大陆河山,心中怆然。"一个小时之后,蒋介石再从飞机上往下望去,眼底已是茫茫东海,大陆已经看不见了。

就在他们起飞后的半个小时,广州白云机场已被解放军攻占。在蒋介石夫妇回台湾一周后的 10 月 1 日,北京 30 万人在天安门广场隆重举行庄严典礼,正式宣告中华人民共和国成立,定都北平,并改北平为北京。新国家的国旗——五星红旗,由共和国的亲手缔造者毛泽东主席,在天安门亲手升起……

这一天,蒋介石和宋美龄无不潸然泪下。他们痛心,他们疾首,然而这都无济于事。

历史是无情的,然而又是有情的。

从 1927 年蒋介石在南京成立国民党政府,自任中央政治会议主席、军事委员会委员长以来的 22 年间,虽说蒋介石从未完全统一过中国,但他始终是左右政治局势的风云人物,是中国实际上的最高统治者。

他们失去的不光是一个国家,也是一个时代的人民。

泪水在眼眶里打旋。失败的教训,会使聪明者悟出真谛,走出深渊,同时也会使愚蠢者在深渊中越陷越深,反而不可自拔。

第二十六章　孤岛残梦

┃　杜鲁门"弃蒋"内幕

春节,是中国传统的民间喜庆节日。

1950 年的春节,这是蒋氏夫妇背井离乡、不情愿来到台湾岛后的第一个春节。

按照旧风俗,年三十要张灯结彩,贴对联放鞭炮,年三十午餐宴吃团圆饺子,除夕之夜要阖家守岁。新年之晨要早起,辞旧迎新,拜年祝福,恭喜发财。

这一年的春节,由于形势所限,蒋氏夫妇心情不好,蒋家既没有吃团圆饭,也没有贴对联放鞭炮,除夕之夜也没有守岁,早早关门休息了。

翌日凌晨,整个台北居民辞旧迎春的鞭炮声像炒豆子一样,"噼噼啪啪"响起时,宋美龄怎么也睡不着了。她心想:节日不光是大人的节日,更重要的是孩子的节日。大人的心情不好,不能有愧于孩子。未来是孩子的,孩子应该幸福,应该欢乐,我们过去的奋斗难道不正是为了孩子吗?于是她决定做丈夫的工作,应该把泪水咽在心里,强作笑脸,和孩子共度佳节,不能把压抑传染给孩子。孩子是无辜的。

弥漫的鞭炮声使蒋介石也似睡非睡,况且也睡不着啊。回想和宋美龄在上海大华饭店结婚这么多年,还从来没有这么糟心过。他不但没有成为中国的华盛顿,反而成为了偏安一隅的南唐后主,甚至比南唐后主还不如,因为他毕竟还有半个中国,而他却只有一个小岛、一个仅有三万平方公里的小岛! 他思绪万千,不能自已。

"醒醒,醒醒,今天是年节。"宋美龄推了推丈夫的肩头。然后,她把自己的想法,化成一阵温柔动听的枕头风,吹进了蒋介石的耳中。蒋介石也是人,也有人的情感。夫人心细情浓,这一点他是知道的,他理解了夫人的用意,答应夫人早起床,以补偿除夕夜做得过分之不足。

宋美龄先于丈夫起了床,然后她满面春风地叫醒了蔡妈、侍卫人员。继而又来到了官邸后院经国、纬国居室,殊不知她的几个孙子和孙女更早地起来了。他们中的两人手中正拿着昨天买来的鞭炮,不敢点燃,怕惊动了爷爷、奶奶。此时,他们见奶奶来了,便慌乱地把鞭炮藏了起来。小黑眼珠滴溜溜地转着,显得惊慌不安。因为爸爸妈妈昨夜已向他们进行了严厉的训话,今年过年是不能燃炮的,爷爷奶奶的心情不好。

女人,毕竟是女人。宋美龄见了,眼泪差点流出来。

"孩子们,你们有炮为什么不放?爷爷奶奶是愿意听响的!快放吧!让咱家的炮声变成台北市最响的炮声。"宋美龄笑容满面地道。

"爷爷奶奶叫点炮喽!"孩子们大吼起来,接着那"噼噼啪啪"的炮声,不时地夹着几个冲天雷、二踢脚在官邸空中爆响,把蒋家的沉闷空气打破。

宋美龄又见了纬国,告诉他:"亚伯已经起床了,今天早晨我们要吃团圆饭,一切都安排了,你们起床后,快给亚伯拜年去吧!""好!"纬国先是一怔,然后顺口答应了。

宋美龄回到前院,后院的炮声也蔓延到前院,侍卫人员也燃起了炮。整个官邸大院笼罩在喜气洋洋的炮声中。

5点1刻,蒋介石正式起了床,穿戴洗漱完毕。今天的穿戴,他一改往日戎装束身。只见他穿了件青灰色长衫,脚穿素净的丝织白袜,一双合脚的黑色宽口布鞋。这是溪口地区太爷子一种盛行的打扮,少了点严肃,多了点慈祥。他的胡须新刮了一遍,头顶是秃的,可那脑壳和脸都很红润,油光光地发亮。显得干净利索、慈眉善目,俨然一位好老头,毕竟他也是63岁的人了。

穿衣打扮,各有所爱。宋美龄却是另一种装束,她不像蒋介石那样有点土,而是有点洋。她的洋洋在中式旗袍裙的花形上。这种深浅不一、花型不成规律的细布料,只有在美国的得州达拉斯城女人的身上才能看到。她是喝过洋墨水的,因此她的穿戴,正如她那开阔的视野,不受空间、时代约束一样,自己认为怎样美就怎样打扮。

应该说，她的打扮很入时漂亮，比她现有 53 岁的年龄要年轻十岁。

5 点半，天还是灰的。宋美龄和蒋介石做完祈祷，已在正屋方桌两旁，按照男左女右的太师椅上就位了，等候儿媳和孙孙来拜年添寿。

院中起初先传来经国的那位黄头发的俄罗斯妻子的咯咯笑声，后来还夹杂着众人说话声和孩子们的放炮声……儿子儿媳、孙子孙女一大帮全来了。经国和纬国带领夫人和孩子走在前面，向正屋走去。

像溪口的风俗一样，下辈给长辈拜年添寿，欢欢乐乐，喜气洋洋。全家人分别给爷爷奶奶磕了头。爷爷、奶奶又分别给了他们压岁钱，哄得孩子们高兴得直蹦高。

喜庆笼罩着蒋家官邸。

蒋家的子孙们，又在喜庆的气氛中吃了团圆饭。

为了使爷爷、奶奶更高兴，懂事的儿媳们，这个夹菜、那个敬酒，就连最小的孙孙也敢和爷爷、奶奶碰杯哩！

被蒋介石认为最惨痛的这一年春节，经宋美龄一安排，他们竟过得比大陆的二十几年的还要痛快！

蒋介石不再强作笑脸了，他的笑容从心底中流出。最高的享受，莫过于人间的天伦之乐。尤其是上了年纪的老人。

"爷爷奶奶何不领我们到日月潭去玩！"孙子孙女们提出，爷爷奶奶岂能让他们扫兴。

"好！"宋美龄道，"爷爷奶奶今天什么也不干啦，陪你们去玩，去荡舟！"

新春之日，蒋氏夫妇陪同儿孙荡舟在日月潭，借垂钓聊以解愁。老人孤舟，随波逐流。儿孙们望着两须斑白（蒋虽不蓄发，但也能辨出黑白）的老人，不禁悲从中来。

这时，蒋介石握着的鱼竿猛一颤，鱼线紧绷，蒋连忙收竿，一条约五斤重的大鱼，无可奈何地跃出水面。

儿孙们大喜！

划船的人献媚地说："总统（下层的侍从一直称蒋为总统，这些人不大考究党国要人官称上的经常变化，并认准了一条，往大称呼没毛病），这样的大鱼，几十年来我第一次见到。"

"好！好！"蒋介石微微露出笑容。蒋氏夫妇一生迷信,新春之日得大鱼,岂不正应"年年有余"好兆头,1950年会是否极泰来、时来运转的。

他们盼望着……可是命运之神好像在捉弄他们。

新年伊始,台湾便笼罩着很浓的失败空气。

实事求是地说,老蒋兵败大陆龟缩台岛后,给该岛人口增加了巨大压力。1947年前,台湾省的人口仅有628万,可到1950年后急增为846万,多出了222万。应该说这两百多万是国民党的"残兵败将"。由于人口的增加,使本来就稠密的台岛雪上加霜,物资奇缺,物价飞涨,经济濒临绝境,人民生活苦不堪言。就连过年过节人们也买不到像样的水果。

过年后,更使蒋介石不愉快的心病是美国发表的白皮书。想一想,他真想骂娘。原来他最"忠实"的外交盟国——美利坚合众国,在他最困难的时候,竟落井下石,完全采取了"弃蒋"政策。谁都知晓,蒋介石是中国亲美派的首领。蒋当年为什么娶宋美龄为妻,就是因为宋家是亲美派。得美国得天下,这是蒋介石的想法。抗战期间,美、蒋合作,共同抗击世界法西斯势力。第二次世界大战结束之际,美国公开宣称在中国实行"扶蒋反共"政策,帮助蒋介石建立一个有效的政治统治,使中国成为能够为美国利益服务的亚洲大国。正是在美国人出钱出枪的全力支持下,蒋介石悍然发动了规模空前的内战,使蒋介石成为了美国的一条咬人的狗。然而由于蒋的内战政策违反了民意,招致了全国民众的反对,加之政治腐败,经济无方与战略指导上的错误,他的反共内战遭到了可耻的失败。当国共双方强弱局势愈趋明朗的情况下,美国对蒋已失去了耐心,开始实施"弃蒋政策",施加压力迫蒋下野,由李宗仁取而代之。在南京失守、国民党在大陆败局已定的形势下,美国国务院公然发表了《中美关系白皮书》。

且说这白皮书用了相当的篇幅直指蒋介石的软肋——国民党堕落、腐败与无能。宣称美国即使采取新的对华政策或额外的援助也无法挽回蒋介石行动所造成的损失。同时白皮书中也充满了颠倒是非、隐瞒和捏造事实之处,恶毒攻击中国共产党和毛泽东所领导的中国人民解放军。

美国国务卿艾奇逊在发表上述文件时称:"从日本投降到1948年底,美国共向中国提供了10亿美元军事援助和相同数目的经济援助。""不幸的但也无法逃避的事实,是中国内战不幸结果,为美国政府控制所不及。美国在它能力的合理限度以内,所曾经做的或能够做到的种种措施,都不改变这种结果。"

一枪打两鸟。

白皮书一发表,立即遭到蒋介石和毛泽东两人反对和谴责。

先说蒋介石看到白皮书,如遭五雷轰顶。

他叹说:"马歇尔、艾奇逊因欲掩饰其对华政策之错误与失败,不惜彻底毁灭中美两国传统友谊,以随其心,而亦不知其国家之信义与外交上应守之规范,其领导世界之美国总统杜鲁门竟准其发表此失信于世之《中美关系白皮书》,为美国历史上,留下莫大污点。此不仅为美国悲,而更为世界前途悲矣。"

蒋介石的愤愤之情跃然纸上,可以理解。当时有人劝蒋对美国此举发一抗议声明,蒋介石沉默许久,考虑到国民党兵败大陆退台后还要仰仗美国,故未敢发表个人抗议电。只是令"外交部长"叶公超发一声明,不痛不痒地抗议美国政府对国民党的诬陷。

而毛泽东呢,可不像"闷葫芦"的蒋介石,哑巴吃黄连有苦无处诉,他欣然命笔,接连为新华社撰写了五篇抨击白皮书与美国对华政策的文章,言辞激烈,诙谐幽默,句句点在美国总统杜鲁门的软肋上。

对于蒋、毛二人的抗议,杜鲁门并没有放在心里,相反,在蒋氏父子退守台湾后,数度集会,密谋对华政策。时传白宫议会有三种密案:

一为以塔夫托、诺兰为代表的共和党,力主出兵武力保台助蒋。密案联合日军,挽救即将陷落的台湾。

二为以美国决策机构参谋长联席会议为核心的反对派则反对武力保台助蒋。他们认为,台湾战略地位重要,但美国防守的重点在欧洲,如果将台湾与冰岛相比,显然后者更重要。加之战后美国总兵力不足120万人,且分散在世界各地。在没有战争的情况下,出兵保台实属力不从心,也不必要。用什么样的方法"拯救"台湾?他们建议派几艘军舰游弋、停泊在台湾港口,以示声威,或给蒋介石少量的军事援助,以保台湾地位。

三是以国务卿艾奇逊为代表的密案,他个人认为国民党已不可救药,主张援助就此停止。艾奇逊告诫军方,应当承认"中共"事实上已经控制了中国,国民党政权的崩溃完全是由于蒋介石自身腐败无能。他还认为:蒋介石政权消失是早晚之事。"中共"才是中国的代表。援助蒋介石丝毫不能挽救它的灭亡,反而会促使中国仇美亲苏的心理。艾奇逊还进一步说:在防务上,台湾对美国来说已显得不那么真正需要。他主张在中国问题上,美国眼光要放远一点,要汲取苏联 1927 年被逐出中国,过了 22 年才恢复对中国的影响的教训。

上述三种密案意见争论不休,互不让步,最后交总统杜鲁门裁决。杜鲁门毫不犹豫地支持国务卿艾奇逊的意见。

对此,私下有人议论说:杜鲁门支持艾奇逊是因他记恨当年美国两党竞选时,蒋介石曾暗派陈立夫去美以金钱支持杜威竞选,现在他仍是私愤不已。此话不无道理,但也不尽然。杜鲁门之所以不敢出兵保台是慑于美国及世界人民的反对,因为此时找不到任何出兵保台的借口。

于是,1949 年岁末年初,美国国务院发出对台湾政策的内部指示,这便是:

一是台湾历来是中国的一部分,其责任应由中国政府承担。

二是台湾的国民党统治和在大陆时期一样,很容易被攻破。

三是美国对台湾并没有承担责任和义务,因此,美国不应该在台取得基地或派兵前往,也不应供给武器等,否则,美国可能卷入公开的战争,并且遭到中国及其他国家的反对。

此指示,一周之后,美国国务院方正式通知台湾国民党当局驻美"大使"顾维钧。

1950 年 1 月 5 日,杜鲁门在白宫举行记者招待会,将美国对台政策公之于众,大白天下。他宣称:

美国此时不想在台湾获取特别权力或建立军事基地。美国也不利用其武力以干涉台湾现在的局势。美国并不采取足以涉及中国内战的途径。同样地，美国政府也不供给军援与军事顾问于台湾的中国军队。

与杜鲁门发表上述讲话的同时，美国政府还宣布自台撤走侨胞。难怪蒋介石流眼泪了。就在美国"弃蒋"政策公布后，美国主要盟国之一的英国，率先承认中华人民共和国。其后是瑞典、丹麦、瑞士、荷兰、印度、缅甸、印度尼西亚、巴基斯坦等国，与新中国建交。而以苏联为首的东欧社会主义国家——保加利亚、罗马尼亚、匈牙利、捷克和斯洛伐克、波兰、民主德国、阿尔巴尼亚，以及蒙古、越南、朝鲜也于美国白皮书之前，相继与新中国建交。

应该说，台湾外交，四面楚歌。美国外交人员蓝钦幽默地说："随着对岸炮火轰隆，美国官员自大陆抵台后，总是坐在他们的旅行箱子上，等候随时奉命回国。"

蒋史专家吴一舟哀叹道：在台湾"所有外国使馆人员及侨民均已离开台湾，认为台湾沦陷的命运，已无可挽救"。也如《蒋经国传》的作者江南先生所说：那时"很多过来人，甚至 30 年后，回首前瞻，生不寒而栗的感觉。台湾前途，一片黑暗"。

此时台湾出路向何去？众叛亲离、四面楚歌的蒋氏父子将如何对策，成了人们关注的重点。

┃　重登"大宝"的秘闻

1950 年的春天来得特别早。

涵碧楼前的垂柳枝条上的毛毛狗隐露鹅黄，孩子们还在湖旁用手撩水，春风里多少还有些寒峭。应该说，这一年春天前的寒冬对于蒋介石个人来说，是度日如年的。因为兵败大陆的霉气像阴云一样，在台岛，在心头驱之不散。面对现实，承认失败，又不是蒋的性格。因此，东山再起，"光复大陆"，几度在他心头起誓。然而这一切，抓紧眼前的复职则是当务之急。因为你要干事，名正言才顺。这是蒋的想法。

说起蒋介石的复职，主要是总统复职。

说起总统复职，不能不提起蒋介石的第三次下野。究其原因，旁观者清，原因有三：一是美国人换马；二是桂系逼宫；三是共产党又推了一把。

话为什么这样说呢？

1947年蒋介石在战场上的失败，使美国人失去信心，杜鲁门总统想在中国换主，以李宗仁取代蒋介石。1948年10月，美国驻华大使司徒雷登向国务卿马歇尔建议："劝告蒋委员长退休，让位给李宗仁。"蒋介石要求美国增加军事援助，被杜鲁门总统婉言拒绝。宋美龄赴美求援，亦一无所获。这年底，淮海战役胜负已成定局，蒋介石嫡系军队几乎丧失殆尽。白崇禧统领40万大军于武汉与两广相呼应，大有操纵整个中南之势。桂系以武力逼蒋下野。河南省主席张珍和湖南省主席程潜也随声附和。在内外夹攻下，蒋介石在1949年元旦发出求和声明，企图做缓兵之计。毛泽东发表对时局的声明，揭穿其"假和平"的阴谋。在走投无路的情况下，1949年元月21日蒋介石被迫以"因故不能视事"的名义宣告引退，由副总统李宗仁代理总统。4月23日解放军占领南京，国民政府覆灭了，代总统李宗仁逃到美国。台湾也就没有了总统，国一日不能没主，所以他决定复职总统。

为了复职总统，蒋介石从下台那天起就没有停止过与李宗仁的斗争。有人做过统计，说是他们斗过六回法，有的说他们斗过三回法。笔者翻阅尘封，查明资料，应该说是四回法为佳。

哪四回法呢？

其第一个回合是，关于与中共和谈之争。

应该说蒋、李二人都主张和谈，但在和谈的目的上，二人却有着质的区别。蒋介石在1949年元旦发表的和谈文告，是被中共的过江炮火逼迫所致。在蒋氏字典中，从来就没有"和谈"二字，他是想利用和谈争取时间，最终与中共决一死战。在他引退之后，仍对和谈进行幕后操纵，千方百计拆李宗仁的台,拖李宗仁的和谈后腿。他当时为李宗仁定下的和谈基调是:"确保长江以南若干省份的完整,由国民党领导";"使双方在未来政府中保持同等发言地位"。

李宗仁与蒋介石不同。他的上台与美国的支持分不开,因此他能按着美国的意图办事,"并不一定要同中共血战到底"。李宗仁之所以主和,主要意图是避免大的伤亡,乘机同中共讨价还价,以达到"划江而治"的格局,保住国民党的半壁江山。

由此可以看出,蒋的和谈是真事假做,而李宗仁则不然,而是假事真做。

为了假事真做,李宗仁上台之初,就表现出对和谈的积极性。上台当日,在他就任代总统的文告中宣称:"决定和平建国之方针,为民主自由而努力。"表示愿与中共进行和平谈判,并电邀李济深、章伯钧、张东荪等人共同协助,亲自草拟电稿。1 月 27 日,李宗仁致电毛泽东称:"南京政府业已承认,以贵方所提'八项条件'作为和谈基础,急望中共决定谈判地点为盼。"

李宗仁这一举动并未提交国民党中央委员和政治委员联席会议讨论,他之所以绕过蒋总裁的国民党中央委员会,是试图以自己的"法统"地位来对抗蒋介石幕后操纵以口实。然而就在李宗仁致电发出不久,溪口就有长途电话与行政院长孙科通报。几天后,孙科借故南京已在解放军大炮射程之内、办公不安全为由,将行政院迁往广州。至此国民党政府形成一国三公的局面:幕后操纵的蒋介石、受蒋介石指挥的孙科、有名无权的代总统李宗仁。与此同时,蒋还攻击李宗仁"以毛之八条件为和谈基础,直等于投降"。致使李宗仁在此关键时刻,棋错一步,拒绝在中共和平协定上签字,终于导致了国共和谈的最后破裂。对蒋介石而言,他有台湾做退路,可以不要和平。但对李宗仁而言,他如果不与中共和平相处,共同建国,就必然在蒋介石的种种掣肘中宣告失败,而无立足之地。后来的事实说明了这一点。

第二个回合是围绕蒋介石出国之争。应该说李宗仁在上次与中共和谈的失败中,得出了一条教训:只要"克星"蒋介石一日不走,他李氏就不能有所作为。为了摆脱困境,并从蒋手中夺回应属于他的权力,李氏决定要不惜一切办法逼蒋出国。于是李宗仁求到了上次力主和谈的张治中先生，且说李氏的这一想法正好与张治中不谋而合，二人一拍即合。

再说张治中先生是桂系首领白崇禧的同学，两人关系非同一般，又是蒋介石的左膀右臂。他虽在和谈问题上得罪了主子蒋介石，但他毕竟是蒋的嫡系，与蒋介石有着很深的关系。起初，李宗仁上台后，张治中深感李的力量虚弱，和谈前途诸多险阻，对李的处境有同情之感。同时也对蒋介石身在溪口，遥控南京，实为和谈的一大障碍。于是，张治中找到司徒雷登，建议他作为美国人对蒋施加影响，劝蒋出国。司徒雷登以不干涉中国内政为由，反劝张以其个人同蒋的特殊关系，何不当面劝蒋出国？张只是笑笑说："和谈第一吗，你不是也主张和谈是唯一出路吗？"

恰在此时，适逢国民党元老吴铁城抵京，李宗仁代总统宴请，张治中作陪，席间三人交换看法，又是君见略同。第二日，红日出山，李宗仁便委托张治中、吴铁城前去溪口，劝蒋出国。

在张、吴二将出发之后，李宗仁也加紧了活动：一面请求美国人助他阻蒋"干政"，一面亲自写信给蒋介石，声称如蒋不停止干预，他将"决心引退，以谢国人"。同时，他也求助了新闻媒介。

当时南京《救国日报》率先刊出"蒋不出国，救国无望"的新闻，从而挑起了逼蒋出国的争端。

且说蒋介石看到报纸后，气得他顿脚直骂娘："娘希匹，用心险恶，上次逼我下野，这次逼我出国，我才不上当呢！"当张治中、吴铁城于3月3日抵溪口后，蒋一见张、吴的面就说：

"我知道你们这次来是干什么的。"

张、吴二人显得多少尴尬地笑问："既然知道，你就说给我俩听听。"

蒋介石一脸严肃，拿出报纸，让二人看："你俩来的目的，这报纸上说得明白，劝我出国是不是？"

"也不尽然。"二人苦笑了一下说，"眼下国难当头，大局为重。李总统也不容易。"

蒋介石听到这里，脸色大变，声音提高了八度："他们逼我下野是可以的，要逼我'亡命'就不行！下野后我就是个普通国民，哪里都可以自由居住,何况是在我的家乡!不干政是可以的,要我出国,万万不成!"

……

此话传到李宗仁耳朵里,李氏无奈摇头。

后来,当李宗仁从南京飞穗主政后,蒋介石又自食其言,仍以国民党总裁名义在马公岛遥控广州政府。

7月14日,蒋也抵穗。

7月16日,蒋出任国民党非常委员会主席,李宗仁任副主席。随后,蒋以主席名义在厦门召开军事会议,对军队发号施令。刚从蒋介石口中得到"五年不干政诺言"的李宗仁,一气之下于7月26日飞离广州,至此蒋、李矛盾无法调和。

第三个回合是围绕守卫广东之争。

南京失守,国民政府南迁广州,如何集中兵力守卫广州便成问题。因为有了南京失守的惨痛教训,再一不能再二,广州不能再失。这是国民党粤籍要员和两广地方实力派的意见。他们都认为,保卫广东远较据守沿海地带重要得多,纷纷要求蒋介石将嫡系部队与白崇禧的地方部队并肩作战。

在这一问题上,国防部出面解释:汤部守卫福建,胡宗南、宋希濂转进四川。各有所职,保卫广东只能靠白崇禧的部队。吴铁城听后大为不满,再加上次去溪口遭到蒋的白眼,更是气上加气,指责国防部没有全局观念,预言广州必丢无疑!

当对方回击他时,他竟以老底相揭:当初汤恩伯部队从沪撤出时,为什么不到广州而去了福建?刘安祺部队从青岛撤出时,为什么去了海南岛而不到粤北?这又是为什么?

吴铁城的一席追问,说得对方哑口无言。吴又接说:"你们只强调沿海地带的守卫,说破了是你们另有想法!你们这种做法是本末倒置。这究竟是谁的主意?"

在吴的追问下,对方不得不摊牌说是蒋总裁的创意。

于是,当蒋介石从台北赴粤后,李宗仁就广州防卫问题便与蒋摊牌。李说南京失守,广州不能再失!蒋说:"部队就这些,各有所用。我还想从广州调兵呢。"话不投机,两人便吵了起来。一个拍桌子,一个扔帽子。火气不小,问题解决不了。

时间到了 8 月,蒋介石又到广州督战,宣称广州保卫战是"生死大战",他口头上虽是这么说,但他兵权指挥棒仍未向广州调一兵一卒,相反粤东的胡琏兵团又向闽南、台湾靠拢,致使粤北大门洞开。10 月 14 日,人民解放军又攻占广州城。蒋、李矛盾更加剧烈。

第四个回合是围绕蒋介石复职之争。

广州失守后,"国民政府"不得不从广州西迁重庆,这时蒋介石"总统"复职亦在积极进行之中。首先,他令其部下制造复职舆论,放出风来。11 月 1 日,随着张群从蒋介石密室出来,国民党《中央日报》头版头条发表了"川康渝人民竭诚效忠,电迎总裁莅渝领导"的新闻,刊载了 10 月 31 日川康渝的所谓民意代表二百余人请蒋早日莅渝共谋国是电。

很显然,蒋介石为了逼李宗仁退位,已经抛出了"民意"要求蒋复"总统"职的杀手锏。此后,李宗仁官邸门前蒋介石的说客们盈门。他们中有吴忠信、张群、朱家骅等蒋的亲信。据李宗仁后来回忆:

"原先在广州时,黄埔系将领及蒋先生夹袋中的政客已有请蒋先生复职的企图。然那时尚无人敢公开说出。抵渝之后,情势便迥然不同。他们认为广州既失,我已堕入蒋的瓮中,可以任其摆布。CC 系和政学系控制下的报纸此时已不再以'总裁'称呼蒋氏,而是呼'总统'。我深知蒋先生已呼之欲出,不久便要复职了。"

"他们不敢明言要我劝蒋复职,只是含糊其辞地说,当前局势紧张,希望我拍一电报请蒋先生来渝坐镇。其实蒋先生飞来飞去,向来不需要我敦表,现在何以忽然要我拍电促驾呢?他们辞穷,便隐约说出希望我声明'隐退',并参加他们'劝进'。"

"当吴忠信仍向我叨叨不休时,我勃然大怒说:'礼卿兄,当初蒋先生引退要我出来,我誓死不愿,你一再劝我勉为其难;后来蒋先生处处在幕后掣肘,把局面弄垮了,你们又要我来劝进。蒋先生如果要复辟,就自行复辟好了。我没有这个脸来劝进'。"

说客多了,时间长了,李宗仁反感害怕起来,凭他的经验,蒋这个人什么事都会干出来的，遂在一个飞沙走石的傍晚，乘机抵达香港，然后赴美"就医"。至此，蒋、李关系彻底决裂。

李宗仁走后，国内舆论大哗，众说纷纭。正如李松林分析所说："李宗仁之所以出走美国，一是躲避蒋介石逼他劝进。二是赴美求援，仍作最后五分钟的努力。三是李深感'国事至此，我无力回天'。四是出于安全考虑。一方面李确患有胃溃疡，需及时诊治；另一方面蒋曾派人追杀过李宗仁，此时李如不按蒋意志办事，随时有被暗杀的可能。综合以上的四点，李宗仁只有以'代总统'身份出国，既可保全性命，又使蒋的复职企图不能得逞。"

李宗仁赴港之前，白崇禧曾询问李在政治上有什么部署？李答："依照宪法规定，我缺席时可由行政院长代行职权，不需要做什么布置。"20日临上飞机前，李宗仁发表书面谈话：我"在治疗期间之中枢军政事宜，已电阎锡山院长负责，照常进行；总统府日常公务，则令由邱昌渭秘书长、刘士毅参军长分别代行处理"。

随后，李宗仁于当日上午10时飞抵香港。蒋介石万没有料到李宗仁在此时决定出国。当他闻此讯息后，表示"不胜骇异"。

蒋介石为了加快复职的步伐，返转过来又动员曾逼他下野的头号敌人白崇禧劝进李宗仁。且说"小诸葛"白崇禧对蒋介石许诺他出任"行政院长"极感兴趣，结果不分青白误入阵图，竭尽全力，可是李宗仁就是不上当，无功而返。

李在美国的所作所为，确使蒋介石感到如芒刺在背，必欲除之而后快。就在蒋介石黔驴技穷之际，有人列出了李的"三大罪状"，要求罢免李的代总统一职。蒋介石闻之大喜，亲自出马操作，形成事实。

清除了李宗仁这块绊脚石，他就可以名正言顺地复职了。

1950年3月1日，这是个阳光明媚的日子。

春风送暖，柳絮飘飞。

台北蒋氏官邸，蒋介石一扫多日脸上的阴森，露出笑容，庄严宣告"总统复职"，同时"罢免"代总统李宗仁。

明眼人一看便知，此时蒋介石的笑，丝毫没有前两次复出的喜悦，他形影相吊，讲起大陆丢失，老泪纵横，泣不成声。

｜　重用陈诚与吴国桢之谜

1950 年 3 月 1 日。

蒋介石搬掉绊脚石李宗仁，荣登总统宝座。

接着他就大喊"光复大陆，以雪血仇"，从组织入手，大开杀戒，首先要更换时任的行政院长阎锡山。

按理说，这个山西土皇帝也是蒋一手提升的。

阎锡山之前是何应钦当院长，何丢职后，由谁出面组阁当行政院长，则成了蒋和李宗仁斗争的焦点。说白了都想点自己的将。李宗仁点了居正的名，蒋介石则点了阎锡山的名。差额选举，因蒋的一票之差，居正落选阎锡山当选。因此阎锡山格外感激蒋介石，他在组阁中，多是蒋口袋里的心腹之人。这样哄得蒋介石也非常高兴。

那么阎锡山既然是蒋认可的一员骁将，为何一上台还要走马换将呢？据蒋氏家族人员内部传出小话说："土皇帝竟敢在总裁头上动土，怕是活腻歪了吧！"

这话怎讲？原来是指阎敢于公开批评蒋的战略思想。阎在 1949 年秋广州一次会议上，喝了点酒，鼻子不是鼻子，脸不是脸地说，国民党军队在大陆上的土崩瓦解，"则蒋介石的战略思想不能不负最大责任。""蒋的战略决策多是守势，致使共军钻了空子。"应该说阎的这一指责不能说毫无道理，然而蒋介石岂能听进。阎当时说这话的时候，他的部下曾推推他，不让他再说下去，担心受整。果不出他的部下所料，蒋复出后，第一个撤换之人便是阎锡山。1950 年 3 月 6 日，国民党中常委临时会议通过了阎的辞呈，同时也通过了蒋介石提名陈诚出任阁揆的决定；3 月 8 日，国民党"立法院"投票同意陈诚为行政院长。

朝里无人难做官。要说蒋起用陈诚，这里有一段只能意会不能言传的秘密。大家知道,蒋介石提拔人时有三条不成文的规定。哪三条？其一是重用黄埔系。靠黄埔系起家的蒋介石对黄埔系出身的军人总有点特殊的感情。其二是重用同乡。这一点表现出蒋介石的地方草根意识。其三是用"忠诚"二字衡量人。且说在大陆时,那些飞黄腾达的国民党人,不是蒋介石的得意门生,就是他的同乡知己,至少是对蒋个人效忠的人,不然休想进入决策圈。再说陈诚深得蒋介石信任,不仅是他属黄埔系的门生,而且又还是他的同乡,对蒋又绝对忠诚。三个条件他全占了,所以行政院长非他莫属。

陈诚给蒋介石留下深刻印象的是,那时陈诚 20 壮岁,血气方刚,是黄埔军校校长办公厅中尉官佐。蒋先生一次访友归来,夜已至深,但见营房还有光亮,遂上前查看,结果是年轻的军官陈诚,正在挑灯夜读国父的《三民主义》,蒋看看表,天已拂晓,令他格外感动。后在北伐诸役中,陈作战多谋骁勇,屡建战功,1928 年被蒋一手提拔为中将警卫司令。抗战胜利后,又被提升为一级上将,在黄埔系中地位仅次于蒋介石。与别人相比,陈诚还有一过人之优,他能代蒋受过,凡是蒋搞坏了的事情,陈总是揽到自己身上。这事只有蒋个人心里知道。蒋为了表示对陈诚的信任,曾对人称:"中正不可一日无辞修。"1947 年,蒋派陈诚担任东北行营长官,企图夺取整个东北。但时局变化多端,陈诚在东北打了败仗,当时许多国民党将领谏言"杀陈诚以谢天下"。又是蒋介石保陈过关,并委任他为台湾省主席兼东南军政长官。

蒋介石选中陈诚还有另外的原因,那就是陈诚在台主政以来,兢兢业业,任劳任怨,按照蒋的指示,实施币制改革,实行三七五减租,破获中共地下组织,限制出入境等。蒋对陈诚主台一年的工作评价颇高,他在提名陈诚继任"行政院长"送"立法院"的咨文中称:

"陈诚去岁受任东南军政长官兼台湾省政府主席,对于整军御敌、政治经济诸项措施,尤多建树,深为台湾人民所爱戴。现值巩固台湾、策划反攻大陆之际,陈君扬历中外,文武兼资,对于剿匪戡乱,深具坚定信心,出任行政院长,必能胜任愉快。"

再一点也是不为人知,陈诚个人与蒋夫人宋美龄关系较为密切,甚至于超过同蒋的关系。据说在上一届行政院长提名时,宋美龄就点了陈诚的大名,只是李宗仁格外反对,没有入围候选人的圈子,以至于蒋夫人对李耿耿于怀。且说宋美龄为何对陈诚格外青睐?这也有一段鲜为人知的故事……

原来是她曾热心出面,将她的干女儿谭祥(谭延闿的三女儿)介绍给年轻的陈诚。陈、谭结合,使陈、蒋之间不仅有同乡、黄埔关系,还多了一层翁婿关系。据说,陈诚和谭祥到了蒋家,皆以"阿妈"称呼宋美龄,宋美龄皆以笑言相答。

于是陈诚在蒋氏夫妇的青睐下,一跃披上了行政院长的外衣,坐上了行政院长的交椅,乐得陈诚心里喊爹妈。

再说1950年3月,陈诚走马上任,虚位台湾省主席一职。

宋美龄早是心里有数,老蒋心里更是有数。他是想把此位留给自己的宝贝公子蒋经国。在老蒋的眼里,行政院长一职经国略显嫩一点,台湾省主席位置正好。而蒋夫人并没有考虑到蒋经国(或许说是因为母子关系不和),而是一个令她最欣赏的人,此人正是吴国桢。

吴国桢湖北人,生于1903年,从天津南开中学毕业考入清华大学,清华毕业负笈北美求学。北美五年,获美国普林斯顿大学政治系哲学博士。归国后投身政治,加入国民党。曾任蒋介石侍从室秘书,后任汉口市市长。抗战爆发时,任陪都重庆市长。光复后接连任国民党中央宣传部部长、上海市市长,是蒋家王朝中红得发紫的人物。后来(1953年)吴国桢和一手提拔他的蒋介石也割袍断义,离台赴美,在北美痛揭蒋氏父子的党国体制,但他一直认为大陆时期没有比蒋先生待他更好的人了。

宋美龄之所以器重吴国桢,因为包括宋美龄在内,都有西学的经历,与美国政坛有着密切的关系,再者吴先生风度翩翩,一表人才,又同她的哥哥宋子文关系较好,人以类聚,物以群分,自然就亲了几分。同时,他又不结党营私,非常崇尚资产阶级作风,办事讲求效率,令行禁止。由于他强调法治,在上海市长任内就有"民主先生"之称。再一层秘密关系是,吴的夫人据说也是宋美龄月老牵线的一桩美满姻缘。

　　同样,蒋介石也十分欣赏吴国桢,最重要一点他是亲美派,手中握有外交资源,对蒋又绝对忠诚。所以宋美龄一说出吴国桢名字时,蒋也不得不承认吴是最佳人选。

　　宋美龄趁机向蒋敲定说:"如果你也没有意见的话,就让国桢任省主席吧?"

　　蒋因他心中另有人选,支吾了半天,没说可以也没说不可以。要是选吴,经国往哪里放? 这话他虽然没有说出口,但蒋夫人已经猜到了,便问:"你心中还有经国是不是?"

　　蒋说是啊,经国放到这一岗位也比较合适。

　　宋美龄持不同意见,说:"台湾时局还不稳定,撇开人们的风言风语,我与经国的关系如何如何,要让我看这个岗位太显眼,让天下服君,你还真不能急!"

　　蒋问以夫人的意见呢? 宋美龄说:"我的意见吗,大丈夫治国最好往远里看,经国还年轻,最好放在暗处干,既不显山也不露水,又能得到实际锻炼,显得你这个总统公允公正,这样何乐不为呢?"

　　"那让我再考虑考虑吧。"蒋介石话虽是这样说,心里也被夫人说动了几分。后来蒋再三审度夫人意见,颇有几分道理,最后向夫人摊牌说:"就按夫人意见办,国桢是唯一人选。"

　　就这样吴国桢走马上任了。

　　福兮祸所伏,祸兮福所倚。应该说,陈诚和吴国桢二人都是国民党在台湾的最困难时期,临危受命的,究竟是福是祸,那取决于蒋介石能否打破父业子继的传统观念。蒋介石不是神,后来事实证明,陈诚和吴国桢都是蒋氏家族的牺牲品。

| 蒋介石"传位于子"的既定方针

　　在中国的千年封建社会中,子继父业,已成传统。

　　蒋介石是一个封建主义意识极浓的人,又是一个猜疑心极强的人。

这样的一种理念与这样的一种心态结合,表现在权力传承问题上,必然是父传子接,且无特殊情况,非嫡子不可,这是蒋复任总统后的第一想法。

且说在蒋介石的眼中,真正能继承他权位的还是蒋经国。大家还知道,蒋还有次子蒋纬国,虽然对他的身世外界有种种传闻,但即使那些传闻都是假的,那蒋纬国出身偏房,蒋介石必然会抬嫡抑庶。蒋虽对小儿子寄予愿望,但是一直是要他在军界发展,基本上也不让他涉足政界。在嫡庶之争中,蒋介石是支持蒋经国的。蒋纬国曾在德国军校留学,到美国进修,满脑子是西方治军的理念。与其兄的"政治工作领先"的理念格格不入,对蒋经国在部队的一套做法表示不满。尽管蒋纬国很有军事才华,蒋介石把他掌握的军权拿掉,让他办军校,不直接掌握军权。后来岛内发生"湖口兵变",主谋者是蒋纬国过去的亲信赵志华。虽然蒋介石没有处理蒋纬国,但以后就更不会重用了,蒋纬国自 1961 年升为中将后,历时 14年,蒋介石没有给他晋级。

蒋介石的权力传承给长子——蒋经国,从准备到最终成为事实是一个漫长的过程,如果把潜意识的超前准备算在一起,大体经历了育苗、洗脑、磨砺、清障、部分权力让渡、亲政六步曲。因此,他对经国的培养也是付出代价的。早年送他到苏联莫斯科中山大学求学,后来又到赣南当专员,推行新政,公子还真干得不错,没给他丢脸。1943 年赴重庆,任三青团中央干部学校教育长、青年军政治部主任。抗日战争胜利后,任外交部驻东北特派员、三青团第二处处长、国防部预备干部局局长。1948 年任上海经济区督导办事处助理督导,同年底任国民党台湾省党部主任委员。应该说公子蒋经国得到了充分的锻炼,是一棵好苗苗。

蒋对公子的培养,一是放到工作岗位上锻炼,二是言传身教,时常训示,一次在日月潭居住时,曾把公子带在身边,他亲口告诫曰:"以后你特别注意这么几种人:第一种专门给你讲好话,喜欢捧场的人;第二种,挑拨离间的人;第三种,捏造事实攻击他人的人,或捏造事实表现自己的人;第四种,揣摩你的心意,而迎合你的心意的人。这四种人,你要特别留心。"

同时,蒋介石还对蒋经国讲到了相面的问题,他说:"我不会看相,但以我几次经验来看,如果鼻梁不正,钩钩像猫头鹰一样的人,其心术未必能正,你不要用他。"

应该说蒋介石在把蒋经国推举到领导岗位的每一步都不轻松,阻力重重。有时成功了,有时退却了。退对于蒋介石来说并非败退,他不把蒋经国培养成可靠的接班人是绝不会罢休的。

1950年蒋介石复职总统后,他急于安排经国的职务,夫人宋美龄一段肺腑之言,打消了他的念头。他表面上像是退却了,实际上他一刻也没有放弃努力。因为他的既定方针是传位于子。但因公子羽毛未丰,尚不具备人事支配力量,仍需磨砺。在这种指导思想下,1950年4月1日,蒋经国正式出任"国防部总政治部"主任委员,官阶二级上将。命令一宣布,很多元老就"炸"了锅,空军总司令周至柔就很不服气。当有人向他祝贺荣升一级上将时,周当着公子的面不屑地说:"现在将军贬值了,连老百姓都可以当上将。我在沙场打搏了几十年才升了这么一个一级上将,你们说有什么可庆贺的?!"说得在场的蒋公子满脸通红。他除了对周不满外,而他在"总政治部主任"任期内,始终不敢穿将军服出入公共场所。

蒋家王朝退守台湾后,什么工作最重要? 蒋介石左思右想,感到台湾安全最重要。现在一切的核心问题,就是再也不能丢失台湾,不然就死无葬身之地。故此,蒋经国又奉父命独揽了整个台湾岛的安全,情报与特务系统大权,负责监督筹划情报业务和对大陆游击活动的指挥派遣。蒋经国具体负责"总统府机要室资料组"。该机构下设保安处,实际等于夺了毛人凤掌管的保密局的业务。此时的蒋经国,尽管官职不高,但其权力,可与当年戴笠相媲美。他可以在总统府内发号施令。只要戴上红袖标,想抓谁就抓谁,想杀谁就杀谁。躲在幕后行使法律以外的特权,指挥喽啰狠狠打击异己,一直是蒋家第二代、第三代在"蛰伏"阶段的特色。遇到人事安排,父亲开始先征求儿子的意见。对此,江南评论说:"这是一个极重要的转折点,由此时开始,蒋经国真正掌握到威灵显赫的权力之柄。"

再说吴国桢后来下台之事,就是得罪了蒋公子。

且说吴在任职台湾省主席期间,最不能容忍的就是蒋经国所豢养的特务打手的横行、猖狂。当时吴出于对老蒋的尊重和忠诚,向主子说出了自己的肺腑之言:"如钧座厚爱经国兄,则不应使其主持特务,盖无论其是否仗势越权,必将成为人民仇恨的焦点。"吴国桢还向蒋介石进言说:"国民党费应不用国家经费而向党员筹募,且应鼓励反对党之成立,俾能奠定西方两党制度。"

人或许到了老年的时候就变得固执了,蒋介石对别人的好言一点也听不进去。他不但听不进去,反而把此事告诉了经国。

蒋经国在与父亲多年的相处中悟出一个道理:父亲杀人的手段总是藏而不露,父亲说话的意图总是让人多方揣测。作为父之子的蒋经国,不用揣测,他已清楚父亲的用意。

既然是一块"绊脚石",蒋经国决定搬掉它。怎样巧妙地又是滴水不漏地搬掉它?倒需费一番心计。于是蒋经国和他的狐朋狗党们,整整一个来月,关门闭户,策划于密室,他们把这次搬石头计划,定为"十三一工程"。

世界上没有不漏风的墙。作为台湾高级领导层的宋美龄,在此以前,曾听到吴国桢和太子之间的激烈冲突。后来,吴国桢也亲自找宋美龄上书。她感到矛盾越来越激化,并凭她以往的经验,预感到一场暴风雨要到来了。

宋美龄终于睡不着觉了。有时睡着了,还常做恶梦,醒来后满身汗淋淋的。

她要保护吴国桢,她要警告蒋介石,制止这场事态的发展。

这是一个风雨之夜,狂风吹打着屋外的树梢,吱吱作响。宋美龄循着唐诗里的"夜来风雨声,花落知多少"的著名佳句渐渐入梦了,梦中她看到被狂风暴雨袭落的片片花瓣,有的飘落在池塘,有的飘落在地面……渐渐地那花瓣变成了一个模糊的东西,她大胆地走近一看,啊!原来是吴国桢的人头……她吓呆了,她惊叫了起来……

"夫人,你这是怎么啦?又做恶梦啦?"被叫声惊醒的蒋介石这时推了推她。宋美龄醒了过来。

"你们不能加害吴主席,他是个好人啊!"宋美龄直抒胸臆。

"此话怎讲?夫人。"蒋介石为之一愣,心想,"她怎么知道了?"

"我在梦中看到。"确确实实,宋美龄在抓不到对方确切证据的时候,以梦作据是如何的巧妙。

"不会的！不会的！"蒋介石哭笑不得。

"我要警告你那个'大义灭亲'的宝贝儿子，如果吴主席有个好歹，我要拿他是问！"宋美龄要是火起来，锋芒也是咄咄逼人。

蒋介石知道夫人的厉害，说了声："快睡觉吧，不要疑神疑鬼的。"便蒙头入睡了。

作为夫人，宋美龄还能起到什么作用呢？她在冷静地思考着。她要阻止那项可怕"工程"的进行……

宋美龄这个"敲山震虎"的警告，果然使那项可怕的"工程"推延了。一年多来，事态发展平缓，使宋美龄悬吊上来的心也放了下来。她也自以为胜利了。可是事情恰恰与善良人的愿望相反，在人们不警惕的情况下，事情又突发了，连宋美龄也为之惊讶。

1952 年 10 月 30 日，是蒋介石 65 岁的诞辰。生日祝寿，这是往年的习惯，今年蒋介石却打破了这个习惯。这天，蒋介石与宋美龄离开了台北，到郊外草山别墅过寿，但特邀请台湾省主席吴国桢夫妇上山吃晚宴，以叙旧谊，并殷切地挽留他们在山上过夜看焰火。

总统再三挽留，吴国桢夫妇岂能再次婉言谢绝。住就住吧，他们夫妇便答应下来。第二天吴氏夫妇离开别墅时，一个意外的事发生了——司机小刘不在了。派人去找也没有找到，只得由蒋宅另派了一名司机开车下山。那天正巧吴的妻子大闹腹泻，开车不久就停车到路旁一老百姓家中如厕方便。等吴氏夫妇回到汽车旁，发现司机小杨的脸色都吓白了。

"怎么了？小杨？"吴国桢急问。

"你看，多险呀！"司机小杨指着三个车轮的固定螺丝钉早已被人拧掉的孔孔，道，"要不是在这里停车，我们怕是下山没命了！"

"娘的，蒋家想要我的命了！"吴国桢甩掉烟蒂，狠狠地骂道。

正在这时，蒋经国的巡逻车队来了，发现吴国桢的车停在这里，便下了车，春风满面地道："吴主席怎么不走了？"

"车坏了！"身在郊外荒野，吴国桢不便发火。此时，他知道发火会意味着什么！吴国桢不愧是美国普林斯顿大学训练出来的政治能手，十分成熟，尽管对此事心中有恨，却不露一点声色。

"上我们的车吧!"蒋经国摆了摆手。

"不啦,我已另派车了!"吴国桢说到这里又道,"谢谢,你们先走吧!"

就在蒋经国巡逻车队走后不多时,吴氏夫妇随便找一辆他认为比较安全的大卡车回到了自己的官邸。

吴国桢夫妇越想越后怕,半个月后向蒋介石交了坚辞省主席的申请。接着,他又暗中活动美国两个学术团体,弄到邀请吴到美讲学的签证,可是蒋介石坚持不让吴离开台湾。

在这个家族独裁统治面前,吴国桢一筹莫展,在这时,他又想到蒋夫人。于是吴国桢连夜给宋美龄疾书了一封长信。信的内容是从蒋介石生日那天写起,反映他们夫妇回官邸途中发生的意外,以及他现在手执护照不能出国的急迫心情。

"真是的,简直是法西斯专制!"宋美龄看完这封信愤愤不平。她连夜找到蒋介石,把信往他办公桌上一摔道:"瞧一瞧,这是你们办的好事! 如果一年前我是做梦说胡话,这总是事实吧!"

蒋介石戴上花镜,一口气把这封信阅完,他秃脑门上汗涔涔的,连忙矢口否认:"这是栽赃!"

"栽赃不栽赃且不说了! 你让不让他出国?"宋美龄直言相告,"如果你不愿批的话,我批!"

"此事不清,恐出国风波更大!"蒋介石已预感到事情败露可能给他引起更大的麻烦。

"什么不清! 只是不敢承认罢了! 况且人家有美国的支持,起码的外交脸面你也不顾吗? 你说话,到底批不批?"

"夫人,你容我想想不好吗!"蒋介石口气显然比先前软了下来。

"你说,什么时间答复?"

"三天行吗?"

"不,明天 12 点前,我等你的电话。"

蒋介石出于夫人的当面干涉,第二天 12 点终于答复了:批准吴国桢夫妇离台出国,却留下吴的父亲和儿子做人质。

吴国桢 1953 年 5 月抵美后,有相当的克制程度,没有半句对蒋氏父子的不满之词。但蒋经国的嫌疑，亦未因吴出国而平息，江南先生在《蒋经国传》中写道："恐怕，太子也有几分'与人斗其乐无穷'的歇斯底里。"

1954年1月，台湾报纸披露吴国桢在台从政期间苟取巨额外汇、中饱私囊的内容，有的报纸还刊出《劝吴国桢从速回台湾》的长篇社论。吴先生只是要求台湾报纸登启事辟谣，但吴的父亲跑遍各报，不得要领，吴忍无可忍，于是在美发表对台三点"政见"，主要内容是：一、台湾如不实行民主，将无法争取美国和侨胞的支持；二、目前的台湾政府过于专权，是一党统治，应该结束；三、政治部全部照搬苏联的方法。这三条分明专指蒋经国但尚未指名道姓。

台湾自有许多忠于蒋介石的要员已"义愤填膺，揭竿而起"，始与吴国桢隔海骂战，指责吴"反动"，"狂妄"，"包庇贪污，营私舞弊"等，罪名达13条之多。

吴国桢在台湾的一片谩骂声中，复刊出《上总统书》一文，才正式点出蒋氏父子的名字，说："太子是台湾政治进步之一大障碍，主张送入美国大学或研究生院读书……在大陆未恢复以前，不必重返台湾。"同时批评蒋介石"自私之心较爱国之心为重，且又固步自封，不予任何人以批评建议之机会"。

吴国桢的一纸上书，等于在蒋氏父子的后院丢了一颗原子弹，发出惊人的震动。美国各大报纸无不争相报道。蒋介石赶紧发表"总统命令"，开除了吴国桢的党籍，官方策动"上书"、"签名"、"声讨"运动，以维护领袖和领袖儿子的形象免遭吴国桢糟蹋，结果却于事无补。通过吴国桢事件，已给中外人士留下深刻的印象，蒋介石仍然是大陆期间的蒋介石。大陆惨败的教训，并未能使蒋介石洗心革面。

这时，蒋介石出来埋怨宋美龄，当初不该放吴国桢出走，造成吴借外国政治保护，肆意攻击"国府"，蒋经国更恨蒋夫人帮助释吴。由于吴案更使蒋经国与宋美龄间的斗争白热化了。

后来，吴国桢才真正深悟出蒋老先生"爱权之心，胜于爱国；爱子之心，胜于爱民"。应该说这是吴的刻骨名言。

第二十七章　改造政党

┃　改造国民党

1950年7月26日，这是一个坐着都出汗的日子。

惊魂初定的蒋介石在他复出总统的三个月后，人事稍作安排，就急急忙忙地向全党宣布他的国民党改造方案。

应该说，蒋介石的政党改造方案，是从国父孙中山那里继承过来的。

民国十三年，总理在广州一隅，北有吴孙的强兵如林，东有陈逆的胁迫制约，内有杨刘作恶掣肘，困难可以想象。然而总理却发愤图强，毅然决然着手党的改造，为党的新生开辟了光明坦荡的前程。

总理改造国民党25年后，兵败大陆的蒋介石，远比当年的孙总理还要困难。偏隅台岛的他，面对着全党性精神瘫痪，组织散漫，政治落后，纪律松弛，很多老兵如丧家犬一样，惶惶不可终日。蒋介石仍不服输，服输也不是他的性格。他决心励精图治，有所作为，有朝一日反攻大陆，夺回失地，重上宝座。

有了这个想法，蒋介石下决心改造国民党。这个设想起初发轫于1949年7月8日，蒋介石主持召开整理党务会议，讨论国民党改造方案。会上对国民党自身的性质发生争论。鉴于失败的教训，有人提出国民党应为民主政党。蒋对此说持相反意见，他认为，国民党不应成为纯粹的"民主"政党，而应为"革命民主政党"，"革命"应为先。会议争论的结果，采纳了蒋介石的意见，很显然，蒋介石此时开始吸取在大陆失败的教训。同月16日，国民党中央非常委员会宣告成立。同月28日，在国民党的中常务会上，蒋提出改造此案，并获通过。9月20日，蒋介石又在重庆发表《为本党改造告全党同志书》。

上述改造案和蒋的《告全党同志书》，表明蒋的决心：

一是为了挽救国民党在大陆的最后失败，做最后五分钟的努力；

二是振兴国民党，为"反攻复国"做准备；

三是清除妨碍其独裁统治的各个派系。

且说由于人民解放军的凌厉攻势，国民党的节节败退和中华人民共和国开国大典的礼炮声，迫使国民党中央也于 1949 年 12 月 7 日迁台办公。客观形势飞速变化，不仅使国民党改造工作搁浅，而且许多提法也需再次审视。

1949 年 12 月 30 日，日月潭幽静的涵碧楼，灯火通明。

那又是一个难眠的夜晚。

蒋介石接连在涵碧楼召集他的幕僚陈立夫、叶正纲、黄少谷、陶希圣等人，讨论国民党改造问题，蒋介石满口生泡，他宣称"国民党如不立即进行改造，则现在中央委员四百余人之多，不仅见解分歧，无法统一意志，集中力量，以对共产国际进行革命。且无疑自葬火坑，徒劳无功"。他还认为，"改造要旨，在涧雪全党过去之错误，彻底改正作风与领导方式，以改造革命风气；凡不能在行动生活与思想精神方面与共党斗争者，皆应自动退党。"

其后，蒋介石加快了改造国民党的步伐。

转年阳春三月，总统府礼堂。

这是在一次总理纪念周会议上，国民党两千多名高中级干部列坐礼堂。

这次演讲，应该说是他个人对国民党在大陆失败做了一次充满感情色彩的检讨。他讲话要点是：要不惜牺牲感情与情面，虚心接受在大陆失败的教训，进行彻底改造，他本人将为"反攻复国"大业鞠躬尽瘁，争取最后胜利。讲到动情时，他泪流满面。听他这次检讨的许多国民党干部纷纷潸然落泪。关于此点比较容易理解。20 多年来，蒋介石一直是国民党的大独裁者，一贯以完人自居。如今能不顾脸面，当众认错，实属不易，况且大家都亡命海外，同病相怜，蒋说的一番令人动感情的真话，的确能起到笼络人心与鼓动士气作用。

这是一场成功的讲演。

讲演之后,蒋介石的挚友吴稚晖联合在台国民党中央执行委员 110 人、候补中央执行委员 252 人、中央监察委员 65 人、候补监察委员 14 人,共计 441 人,联名上书蒋介石,请蒋介石根据一年来的研究结果,彻底实施国民党改造。有了吴稚晖等人的全力支持,加之朝鲜战争爆发,美国放弃"袖手"政策,出兵朝鲜,协防台湾,使蒋介石意外地从美国总统杜鲁门手中获得一张人身安全保险单。蒋介石于 7 月 22 日国民党中常会临时会议中,重提 1949 年 7 月 18 日国民党中常会通过的《中国国民党之改造案》。经会议修正,蒋又对修正案做了说明,然后公布实施。

8 月 5 日国民党成立"中央改造委员会",会后提出中国国民党改造纲要,称为《本党改造纲要》。

9 月 1 日,"改造委员会"发表中国国民党政治动员:革新政党,革新党的组织,整肃党的纪律,改变党的作风,把中国国民党改造成为实施三民主义的一个坚强战斗体。实践三民主义,决心以三民主义来消灭共产主义。同时提出四大主张:一是坚持反共抗俄,恢复"中华民国领土、主权完整"。二是实行民生主义的社会经济措施,整顿国营事业;扶植民营事业,发展对外贸易,平均社会财富。三是完成三民主义民主政体:保障人民基本自由;推行地方自治;择拔青年人才;淘汰腐化动摇分子;建立廉洁政府。四是"反攻收复"时期的主张:对中共主要领导人和重要干部等,决不宽赦;对一般共产党员许"戴罪立功";对胁从民众"概予宽宥"。

1950 年 10 月 6 日,中国国民党改造委员会于第四期政治通报指出:"目前最重要之工作,必须使脱离组织之党员,一律纳入组织,纳入组织之后……按照规定,加以整肃。登记的时间,规定为 20 日,过期不等,以示其忠心。但对信仰坚定的同志,可以给予便利,只要有确证者,即可以补办登记手续。登记 15 日后,主办单位即将报到的党员纳入组织。党员接通知后,10 日内仍未参加组织者,应受党纪处分。因而一时党员作风大变。"据台湾当局说:"当时国民党员精神面貌呈现一片欣欣向荣气象。"

同时又对下一步党员整肃工作进行布置:整肃对象见前面《改造纲要》第四项。整肃办法,初步由小组办理,先查明事实,再与被检军人谈话,被检军人也可以申辩,并将检举书和答辩书上呈"中央"核定;干部的整肃,由本单位改造委员会,或由区党部和党小组办理。其他办法如上。同时,干部整肃时,亦可由上而下进行。对整肃对象,由"中央改造委员会"和"纪律委员会"会同处理,包括处理党内财物等……以上国民党改造运动,自1950年8月5日成立"中央改造委员会"起计时,至1952年双十节中国国民党第七次全国代表大会台北阳明山开幕之日止,经两年三个月而完成。

这次国民党改造运动,使台湾省经济建设驶上了快速发展的轨道,于上世纪70年代末成为亚洲"四小龙"之一。但同时,台湾又推行神化蒋的运动,使他具有超越法律和一切法令的裁决权,这就与民主运动绝对不相容。

还应该看到,这次运动的后期,就党员登记,偏离了运动的初衷,蒋掺杂了个人私念,为了传位于子,打击面过大,为公子的以后升迁扫除了障碍,铺平了道路。

至此,蒋介石开始在台湾初步建立起以蒋氏家族为核心的、以大陆亲信官僚为主体的、掺和台湾地方政治势力参政的独裁专制体制。

果断清障,"二陈"成了替罪羊

1950年8月5日,中国国民党中央改造委员会正式成立。

这是一场庄严的就职典礼,上午10点钟,在台北中央党部举行。

参加典礼的16名中央改造委员,一个个西装革履,精神抖擞。

宣誓典礼由蒋介石主持,16名中央改造委员神情庄重,面对蒋介石,高举右手,声音洪亮:

"遵从总裁领导","竭智尽忠","完成改造任务"。如果背誓,甘愿"受党纪之严厉制裁"。接着蒋介石致训辞,要求中央改造委员,要下"本党改组决心",担负起"改造党政、改造'国家'的责任","从头做起"。

　　且说这16人的大名单是:陈诚、蒋经国、张其昀、张道藩、谷正纲、郑彦芬、陈雪屏、胡健中、袁守谦、崔书琴、谷凤翔、曾虚白、萧自诚、沈昌焕、郭澄、连震东。

　　纵观国民党中央改造委员会的大名单,基本上反映了蒋介石权威的分配模式是以党政军为核心,任命自己嫡系出身的人。如陈诚、袁守谦是黄埔系统,代表军方及情治力量;张其昀、谷正纲等系党团出身,代表党务系统;胡健中、曾虚白、崔书琴是代表党的文宣系统;为了体现地方色彩,吸收了台籍的连震东。

　　明眼人细观察,这些改造委员中不少人担任过蒋介石身边的秘书。换言之,基本上都是蒋介石的心腹。而大陆时期党政军界的显赫人物阎锡山、何应钦、孙科、翁文灏、朱家骅、白崇禧等一个也没有进入党务决策圈内,只是成了有名无实的"中央评议委员"。这些显赫一时的"党国中坚"、元老重臣、将军司令都被逼下马来,解除印绶、打入冷宫。此情真可谓"新桃换旧符",一代新人超前人。

　　在这些人中有少数新面孔,最突出的当数年仅40岁、只有12年党龄的蒋经国。此一安排彰显了蒋介石想传位于子。随着年龄的增长,蒋的这种愿望越发迫切。如果说在败退台湾前,蒋介石对蒋经国的政治安排,是引路(即引进政坛并争到一席之地)的话,那么在退台后,尤其是台湾政局基本稳定后,他就把权力向蒋经国让渡的问题提上了议事日程。这一方面也是因为重振国民党需要依靠新生代,另一方面,在大陆彻底失败后,国民党的各大派系都基本上被战争所淘汰,而嫡系中能挑战蒋家天下的势力已是落日的黄花。但是他心里十分清楚,把权力交给嫡子还有不少阻力,这种阻力来自老嫡系中的元老,更会来自新生代中崛起的势力。正是在这样的背景下,蒋介石采取一系列非常举措,消除党内、军内的威胁和隐患,为向蒋经国让渡权力清障开道。

　　再从16人名单观起,还可以发觉从事20多年党务工作的"党魁"、蒋最得力的助手、CC系首领陈果夫、陈立夫兄弟竟未在大名单中出现。众人皆知,蒋的政治发迹得益于陈氏兄弟的叔叔陈其美。这一次蒋竟不念知遇之恩了,原来有一层看不见的秘密:营造高压态势,逼"老臣"退出政坛。

蒋介石心里明白,过去在国民党政治圈内,能与蒋介石抗衡或者敢于挑战蒋介石领袖地位的派系的势力基本在战争中瓦解,宋子文、孔祥熙利用掌握财政大权之便,截流美援,卷走了大量美钞存入美国银行,这是路人皆知的事,他们既没有与蒋介石"同甘苦共患难"的打算,更不会自投罗网,而是一门心思在国外发财。李宗仁以治病为由,长期在美国;退到台湾的阎锡山、白崇禧成为光杆司令,昔日威风荡然无存,任凭蒋介石摆布;而何应钦之辈,过去大权在握时也只不过是有野心,没有胆量,依附其他势力凑点热闹,现在更无力作为,唯蒋介石命是从更加突出。当然,要这些人自觉地退出政坛,那是不可能的。

思来虑去令蒋介石最担心的还是"四大家族"中的"二陈",亦即陈果夫、陈立夫兄弟。以蒋宋联姻为基础,逐步形成的"蒋、宋、孔、陈"四大家族,是蒋介石在大陆独裁统治的支柱,而在建立新的政治架构中尤其是让蒋经国接班问题上,他们是最大的障碍。宋子文、孔祥熙已远走高飞。陈果夫、陈立夫则不一样,他们还在台湾,长期掌控国民党的组织、人事大权,CC系曾经多次暗地里搞些小动作,挑战他的权威,阻挠蒋经国在政坛发展。陈立夫在"政大"的表演,使他对其更加保持戒心。消除这个障碍那只是迟早的事情了。在南京政权覆灭前夕,蒋介石被迫"下野",召见有关人士时,蒋愤怒地说:"共产党没有打败我,都是自己人打败的。"然后,手指着陈立夫说:"就是你们这班人。"

蒋介石这次决心首先拿"二陈"开刀,大刀阔斧地"改造"国民党。他说要把台湾建成"反共复国的基地","唯一可循的途径,就是摆脱派系倾轧的漩涡,涤除人事纠纷的积习,从头做起,改造本党。"他还放风说,为了完成"改造"党的任务,他将毫不留情。熟知他的秉性的人心里十分清楚这句话的含义。不仅如此,他进一步向"二陈"施压,在一次中常会上,他问陈立夫:"你们弟兄俩跟着我这么多年,没有想到会被共产党赶到这海岛上来吧?"

陈立夫对蒋还抱有希望,顺着话说:"确实没有想到今天这个局面,惭愧!"蒋介石接着问道:"不知道你对我的改造现在有什么认识?"

陈立夫愈来愈感到事情不妙,他只好检讨说:"我是认为,大陆失败,党、政、军三方面都应出面承担责任。党的方面,当然由我和果夫承担。我俩就适宜参加党的改造了。"陈打算以大包大揽地承认错误,换取蒋介石的原谅。其实,蒋介石早有安排了,他指定的中央改造委员会中已把陈立夫排除在外,而陈果夫也只是在安慰性的中央评议会中挂了一个名而已。

应该说蒋介石这样安排非常巧妙,也是一个毒招。

因为,此时的陈果夫已病入膏肓,活不了多久。而陈立夫能干事,却什么职务也不给他安排。陈立夫十分清楚蒋的用意,于是顺着蒋的心思提出去美国,蒋则顺水推舟。临走前,蒋介石亲自送了他 5 万美元,然后说有事离开了,让夫人接待他。在一旁的宋美龄送了一本《圣经》给陈立夫,说:"你过去担负这么大的责任,现在一下子冷落下来,会感到很难适应。这里有一本《圣经》,你带到美国念念,你会在心灵上得到不少安慰。"陈立夫听了这话啼笑皆非,瞟了蒋介石的肖像一眼说:"夫人,那活着的上帝都不信任我,我还想得到上帝的信任吗?"

同年 8 月,陈立夫离开台湾到美国定居,在新泽西州以养鸡为业,陈果夫第二年就死了,赫赫有名的"二陈"就这样销声匿迹。

"二陈"问题解决,其他的人就不在话下了。

山西王阎锡山在大陆期间接替孙科担任"行政院长"一职,蒋介石在复职后的第五天,就免去了这一职务,他没有反抗的能力了,到一个清闲的地方隐居,埋头著述,想以文字传天下。

白崇禧被委以"战略顾问委员会"副主任的职务,后来为了用白崇禧对付李宗仁,送给白一个中央执行委员会委员,即使这样,白崇禧也感激不尽,成为批判李宗仁的先锋。

权倾一时的何应钦,到台湾后,自称要"闭门思过",蒋介石过意不去,给了他一顶"总统府战略顾问委员会"主任的帽子,何应钦既不"顾"也不"问",关起门来"著书立说"。蒋介石对其他嫡系亲信,也一个个地扫地出门。

严格整肃，从"娘家侄"头上动土

"二陈"刚刚被打入另册，尚未了结，蒋氏父子又编织罪名，制造了"毛邦初案"。

且说当国民党改造运动进行整肃阶段时，"毛邦初案"不早不晚浮出水面，轰动了台湾海岛，并引起海内外的极大关注。应该说此案并不是一般的违纪整肃，令人扑朔迷离，众说纷纭。

众所周知，毛邦初是蒋介石原配夫人毛福梅的亲侄。

一日夫妻百日恩。尽管蒋与毛福梅婚变，同宋美龄结合，但蒋对毛邦初、毛民初、毛瀛初三兄弟仍一如从前，极力栽培。在毛氏三兄弟中，精干聪明当数毛邦初，因此也最受蒋介石青睐。北伐战争后期，为加强空军建设，曾被蒋送到苏联学习飞行。返国后追随蒋介石鞍前马后，官职步步升高，人们也风言风语。抗战中，他与周至柔协手，立过赫赫战功。从1943年起改任国民党"驻美空军购料处"主任，常驻美国，从事采购工作，1946年晋级为空军副司令。内战开始后，蒋介石曾多次汇巨款给毛邦初，授权其在美国购置空军装备和后勤补给品。蒋介石下野后，一面令俞鸿钧将黄金、白银、美元运往台湾，一面又给毛汇去1000万美元。后来蒋又令"空军总司令"周至柔电致毛邦初，将1000万美元提出，以他私人名义分存华盛顿、纽约及瑞士银行，以免为李宗仁政府冻结。此事充分表明，当时蒋对毛还是十分信任的。

事过境迁。

到了1950年11月，美国参议员诺兰夫妇抵台访问时，蒋介石热情接待。其宴会间，诺兰除了向蒋介石说了许多"将在美国国会支持中华民国"的好话后，同时又提出今后台湾空军购买器材的差事由他代办为好。诺兰还称：美国国会议员在若干航空制造公司颇具影响力，如由他采办器材，可以少花钱多办事，他还可以动员国会议员加入支持台湾当局的行列，以解除台湾目前的外交燃眉之急。

蒋介石没加思索就愉快地答应了诺兰的要求。

其后，蒋介石便指示"空军总司令"周至柔通知毛邦初，将采购器材的工作移交给诺兰办理。毛邦初接此命令，大为气愤，认为蒋介石对他不信任了。此时诺兰又登门催毛移交购买器材款项。话不投机半句多，二人吵将起来。后来诺兰又找到台湾驻美"大使"，"大使"出面调停无效。毛邦初就是不交，诺兰又找到隔洋的蒋介石。蒋电话致毛，毛不仅不接蒋的电话，还将此事告知在美做寓公的前"代总统"李宗仁。李宗仁听后说："此款既在代总统任内之事，本人应有审查大权。"

接着，蒋介石又催促毛邦初，毛说此款项系李宗仁代总统任内汇出，蒋无权支配这笔外汇。

至此两人脸面撕破。

毛在美国，与蒋的死对头李宗仁结合一起，揭发蒋的 1000 万美元来路不正，声明要追查到底。毛还扬言说他手中保存有蒋在美国进行"游说活动资金凭据"。游说活动是蒋介石退台后，采纳"总统府"秘书长王世杰建议，到美国游说，收买陆军外援蒋集团，对民主党政府施加压力，以修改对华政策。此项"游说活动"的电文通过毛邦初主持的"驻美空军购料处"专用电台时，被毛截获。李特嘱毛邦初："不得移交，并责其保全档案，藉资审察。"

再说，毛与蒋抗命的这段时间内，美国有人站出来，怀疑台湾当局是否利用"美援"进行"游说"活动，立案调查。蒋介石闻之大为不悦，认为都是毛邦初提供有关"游说"材料，加之毛与李搞在一起，愤怒异常，故借当时肃整时机，1951 年 8 月 21 日宣布毛邦初停职查办，并令其迅速返台，听候处理。

毛邦初一不做二不休，被撤职后，拒不返台，不交"赃款"。

蒋介石眼见指挥失灵，亲自指令"司法行政院"政务次长查良监前往美国向法院起诉。当查抵美后，毛邦初闻风携巨款潜逃墨西哥。蒋又令查前往墨西哥。后来墨西哥当局以毛邦初伪造入境证非法入境将其拘留，准备提起公诉。

当时台湾报纸上连篇累牍地报道此事，蒋介石与国民党中央也声言要严办查处，闹得风风雨雨，但最后也是不了了之。

排除异己，"孙立人案"始末

从国民党改造以及改造以后的日子，蒋介石念念不忘内部清洗，继续为公子经国升迁鸣锣开道。这时，陆军总司令孙立人，在蒋对"吴国桢案"处理上打抱不平，颇有微词，同时本人性格桀骜不驯，才华过人，学识、能力和资历，皆在蒋经国之上。蒋的"既定方针"将受到挑战，于是寻找机会挤掉孙立人，只需时间安排了。

不久，"孙立人兵变"事件就发生了。

1955 年 8 月，蒋介石以"孙立人兵变"的罪名立案，将孙立人拘禁起来，孙大喊冤枉。当然这也不是空穴来风，台湾特务机关抓到一名叫郭廷亮的"匪谍"，郭是孙立人部队的少校营长。经过调查，孙立人与郭案并没有直接责任。

因为孙时任陆军总司令，三军反响极为强烈。同时，大洋彼岸的美国也引起轰动。蒋介石要干什么？人们不约而同地睁大了眼睛。

孙立人，安徽省舒城县人，1901 年生。清华大学毕业后，曾留学美国印第安纳州的普度大学，后转入西点军校，与乔治·马歇尔元帅是同学。回国后，在党务党校任军训队长，1940 年任师长，随后率部参加远征军赴缅甸作战。曾在仁安羌解救被围英军，反攻缅北时又立战功，被誉为"东方的隆美尔"，获英国皇家勋章。在蒋介石与史迪威的争斗中，他坚决站在蒋的一边，支持蒋。因此，虽然非黄埔嫡系，仍深得老蒋的信任。抗战胜利后，特别是在蒋介石发动全面内战后，孙被委任重要的军事职务。退台后，老蒋任命孙为"陆军总司令兼台湾防卫司令"。应该说这是蒋于困难中为取悦美国好感而精心安排的。

在台湾，军权在握的孙立人自恃有功，又是"美军的宠儿"，"委员长的爱将"，除了蒋介石外不把任何人放在眼里，公子蒋经国也不例外。孙立人一直对国民党官员的腐败，对蒋的家天下不满，很想改革弊政。蒋经国在部队中建立"政工制度"时，加强特务统治，以控制军队，孙立人对这种做法极为反感，曾联合美国军事顾问团团长蔡斯进行抵制。这样，就给了蒋介石以新的口实。

在查办吴国桢之后的三个月,蒋介石下令免去了孙立人"陆军总司令"的职务,而改任为"总统府参军长",这是一个虚职。接着,蒋氏父子编织罪名,把孙立人置于死地。

因被打入冷宫,孙更加痛恨蒋家王朝。尤其是对兵变之事,认为言而无据。孙不服,蒋于1955年8月20日下令成立"孙立人兵变案"调查委员会。孙案调查委员会主张对孙立人不予以处刑。最后的治罪理由,则为"于军中成立小组织"。欲加之罪,何患无辞?作为陆军总司令,下属一个小组织还需上批,真是无稽之谈。

最后,蒋介石以"准予自新,毋庸另行议处,由国防部随时考察,以观后效"为托辞,将孙终身软禁。

蒋经国死后,于1988年3月20日开释。这年孙立人已九十余岁了,胡须、头发皆白,共软禁了三十余年。比张学良还惨,因为他没有张的自由多。

"孙立人案"发生后,"总政"发动"效忠总统运动"。使台湾偏离民主之道更远,把蒋的个人独裁和神化又推向一个新的高峰。这是完全的愚民政策和推行帝制的运动,是倒退和复辟的运动。

应该说,这时台湾的民主,多停留在蒋介石口头上、党纲上、文件上,但对他本人却不适用。因杜鲁门弃蒋,蒋也更恨杜鲁门。在蒋的眼中,美国人既不肯帮蒋反攻大陆,又反对他的独裁.甚是"可恶"。而孤居台岛的蒋介石,虽然把亲美派吴国桢、孙立人等已经搞掉,清除了民主主义的代表人物,而强大的民主主义思潮,美国竞选的民主方式,使蒋介石统治的台岛难以抵制。

曾几何时,蒋介石苦思良策,而最好的办法,莫如既信赖美国,又在民族精神上形成反美的情绪。此既可从中获得人民的拥护或好感,又出了他对美国人反复无常的这口恶气。

第二十八章　固守台湾

｜　"朝鲜战争"救了蒋介石

　　正当美国公开抛弃蒋介石与台湾的宣言生效时，一声炮响，朝鲜战争打响了。

　　外电认为：朝鲜战争救了四面楚歌的蒋介石，四面楚歌的蒋介石应该感谢朝鲜战争。

　　第二次世界大战结束时，美军和苏军在朝鲜半岛以北纬 38 度线为界，在南北两边分别接受日军投降，朝鲜挣脱了日本的殖民统治，却被划分为两个部分，在如何建立一个统一的朝鲜临时政府的问题上，美苏意见对立。美苏双方于是将朝鲜问题提交联合国，联合国决定在美苏管辖区同时举行选举，然后美苏军队撤出朝鲜半岛，由朝鲜人民自己管理自己的国家。由于金日成作为抗日英雄而获得绝大多数选民的支持，该决议被美国否决。1948 年 5 月南朝鲜举行了总统大选，亲美的李承晚当选总统，但是苏联却拒绝了联合国临时委员会进入苏控区。苏方指责美国违反了波茨坦会议上的共识，当时的计划是由苏联、美国、中国、英国四国共同托管朝鲜，五年后实现朝鲜的完全独立。美方在南朝鲜单方面举行大选，针对这种情况，9 月 9 日北朝鲜建立了"朝鲜民主主义人民共和国"，金日成为领导人。美苏两国军队分别撤出朝鲜后，朝鲜半岛就实际被划分为两个独立的国家。

　　1950 年 5 月 25 日拂晓，南朝鲜李承晚军队越过三八线向北进攻，朝鲜内战爆发。

　　这次战争是美帝国主义蓄意发动的。

　　6 月 27 日，美国总统杜鲁门发表了干涉朝鲜及侵略中国台湾的声明。随后,又利用苏联和中国不在场的机会,强制联合国安理会作出朝鲜民主主义人民共和国为侵略者的决议。7月3日,美国陆军开进朝鲜公开参战,同时,命令第七舰队侵占中国领土台湾。美军在朝仁川登陆,无视中国政府和人民的和平建议和警告,竟把战火烧到中朝国界鸭绿江畔。10月25日,中国人民响应毛泽东主席"抗美援朝,保家卫国"的号召,入朝参战,协同朝鲜人民军,五战五捷,歼敌23万余人,把美军从鸭绿江赶回三八线以南。

1951年7月10日,朝鲜停战谈判在开城举行。

朝鲜战争的突发,使美国在一夜之间改变了对台的"弃蒋"和"观望"政策,使四面楚歌的蒋介石看到了希望。

1950年6月27日,杜鲁门紧急召开国家安全会议,讨论战争对策。同日,杜鲁门发表了武装干涉朝鲜与台湾事务的声明,即"六二七"声明,声明宣称:

"对韩国的攻击显然表示共产主义已不复沿用颠覆手段,以征服独立国家,而进一步使用武装侵略及战争来达到目的。此等行动违背安全理事会为维护国际和平的安全而发布之命令。鉴于共产党军队之占领台湾,将直接威胁到太平洋区域的安全,并威胁到该区域履行合法而必要之活动的美国部队,因之,本人已命令美国第七舰队防止对台湾的任何攻击,并且本人已请求台湾的中国政府停止对大陆的一切海空活动。"

从杜鲁门的声明看,美国已经断然改变对台湾的"袖手"政策,从弃蒋走向再度扶蒋。杜鲁门之所以在朝鲜战争爆发的同时改变对台政策,主要是美国的决策者们担心:此次朝鲜战争爆发,不仅是南北朝鲜之间的冲突,而且也是苏联用突然袭击的方式公然向美国势力范围挑战的行动,是苏联发动第三次世界大战的第一步。

同时,他们还认为,苏联已从朝鲜向美国动武,如果中国大陆乘机攻占台湾,日本就很难保住。其结果,美国在西太平洋的防御圈就有崩溃的危险。虽然美国战略重心在欧洲,但失去亚洲后便会破坏美国全球战略的平衡。因此,必须尽快控制台湾,稳住亚洲阵脚。正是基于上述考虑,杜鲁门政府才决定出兵台湾,干涉中国事务。正因为美国对台政策的骤变,给台湾当局带来一线生机。外电称朝鲜战争救了国民党,当时身为台湾当局驻韩国"大使"邵毓麟在向蒋介石进言时也不得不承认:

"如果共产党在大陆沦陷后先攻台湾,那后果就不堪设想。"

"韩战对于台湾,更是只有百利而无一弊。我们面临的中国军事威胁,以及友邦美国遗弃我国,与承认匪伪的外交危机,已因韩战爆发而局势大变,露出一线转机"。"如果韩战演变成美苏世界大战,不仅南北韩必然统一,我们还可能会由鸭绿江而进东北,而重返中国大陆。"

自美国政府宣布"扶持"台湾之后,立即派太平洋第七舰队的八艘船舰进入台湾海面,并开始了巡弋。7月28日,美国政府派蓝钦为驻台"公使"衔代办,贾纳德海军少将为驻台武官。8月4日,美国空军第十三航空司令滕达抵台访问,并成立了台湾前进指挥所,其后,第一批美国制造的F20型飞机进驻台湾,保卫台湾。

1950年1月30日,美国驻台"公使"蓝钦代表美国政府照会台湾当局宣称,美国政府准备以某些军事物资供给台湾以供防卫台湾安全。

同年5月18日,美国主管远东事务的助理国务卿赖斯克宣布包括11点要项的远东政策,明确指出:

"我们对于台湾,除继续予以经济援助外,并给予选择性军事援助,以加强台湾的防卫实力。"

同月,美国驻台军事顾问团宣布成立。此后,大量的美国"军援"、"经援"不断运抵台湾。正因为有了美国撑腰,蒋介石的胆子又壮起来了:不但要反攻大陆,还要建立"三民主义模范省"给大陆看。

1953年11月,美国副总统尼克松访问台湾时,蒋介石向尼克松正式提出缔结共同防御条约的建议,尼克松表示可以带回去研究。1954年12月2日,美、蒋正式签署了美台《共同防御条约》。直到此刻,蒋介石才将一颗高悬的心放回肚子里。

海峡对岸的中华人民共和国,对美台《共同防御条约》极力谴责,并严正发表声明:"美蒋'共同防御条约'根本是非法的、无效的。美国政府企图利用这个条约来使它武装侵占中国领土台湾的行为合法化,并以台湾为基础,扩大对中国的侵略和准备新战争,这是对于中华人民共和国和中国人民的一个严重的战争挑衅。"

同时声明还严正指出:"中国人民一定要解放台湾。"为了挑战美台的《共同防御条约》,解放中国领土,中国人民解放军陆海空三军联合作战,于 1955 年 1 月 18 日一举解放了大陈岛的外围据点———一江山岛,炮轰金门就是在这种背景下进行的。由此,海峡两岸展开了一场长达二十多年的对立和激烈炮战。

蒋介石反攻大陆的"真枪实弹"

蒋介石为挽回在大陆失败的悲惨局面,从 1949 年 12 月退台,至1975 年魂断孤岛,其间整整 26 年,始终念念不忘反攻大陆。每年四次发布文告(新年、青年节、双十节、台湾光复节),喋喋不休地重申:今年是"反攻大陆"的"决定年"、"关键年",明年是反攻大陆的"胜利年"的陈词滥调。

特别是,美国第七舰队侵入台湾海峡,使国民党绝处逢生。蒋介石出于对新中国的极端仇视与夺回失去的"天堂"的考虑,在整顿党务、军事、政治的同时,每年都加紧了对大陆沿海的骚扰活动。开始是小批,后来是大批。

1950 年 2 月 6 日至 13 日,蒋介石在恢复"总统"职务前夕为表明自己在台的军事实力还存在,曾数次派飞机轰炸大陆沿海一线城市。此间,上海、宁波、福州,曾连续遭到 31 次空袭。上海电厂被炸,全市漆黑一团,无辜市民死伤千余人,尸横南京路。

同年 2 月 19 日,蒋介石又派三架轰炸机袭击了南京古都,就连中山陵也遭遇袭击。

同年 3 月间,蒋介石再派飞机轰炸广州、厦门、南昌、青岛及蚌埠等,死伤无数。

同年 5 月 9 日,美制蒋机三架再次飞抵海峡对岸轰炸福州市,投弹 16

枚,炸死伤市民 500 多人。

与此同时,为了配合空中袭击,蒋介石还令前线国民党军依托金门、马祖为基地,向福建和广东进行小股登陆渗透;同时依托浙东的大陈岛为基地,向江浙及山东沿海进行偷袭、骚扰。在进行渗透、骚扰之前,蒋介石命令对偷袭大陆"游击队"展开特训,企图从堡垒内部攻破。

1950 年 6 月,蒋介石研究反攻战略,决定首先在大陈岛成立"大陈游击指挥所",作为主攻方向。"海军"巡防处长温台充任首任指挥官。转年 9 月,大陆败军上将、西北王胡宗南被派往大陈岛。临行时,蒋氏亲自谈话,意嘱戴罪立功。他被堂而皇之地委任为"浙江省政府主席"和"江浙人民反共游击总指挥",秘密任务是"秘密策划向大陆东南、沿海发展敌后武力准备配合国际间局势的演变,由大陈岛发起反攻大陆的军事作战"。

且说胡宗南接蒋介石命令后,先在台北筹划准备事项与工作计划方案。9 月 11 日乘 209 号军舰抵达大陈岛。胡到大陈岛后立即召开会议,策定在大陈岛建立军政基地。

应该说胡宗南志向"宏大",信心十足,但"英雄末路",因与美军顾问发生防务歧见,被美军打压。蒋氏因迁就美军,遂于 1953 年 8 月将胡调离,胡悄然返台,读他的高级军事研究班,"闭门思过"去了。

蒋在这期间,还多次到大陈岛、大小金门、马祖前沿阵地视察、督战。一次,他和夫人宋美龄来到金门视察,那天正赶上飞沙走石的坏天气,夫人不让他到前沿阵地,可是他执意要去。当他和随从来到 4 号高地,正拿望远镜眺望前方时,一发不长眼的炮弹飞了过来,在他前方不足十米的地方爆炸,蒋却安然无恙。虚惊一场的蒋介石却幽默地说:"这炮弹还长眼,我这是命不该死,看来反攻复国还有希望。"

另外,蒋介石还与美国军事顾问团合作,组建"别动队",由蒋介石出人,顾问团出资,提供特务活动的装备器材,培训"游击武装"一万多人(这些成员多是大陆的土改中受过共产党打压的逃台人员和台湾当局收编的"海匪")。经过训练后,不断派到对岸,小股武装偷袭大陆沿海,与人民解放军斗"法",展开"游击战"。为策应蒋的反攻政策,然后又写成新闻稿,发回台岛,鼓励国军反攻大陆的士气。

蒋介石反攻大路动作多多

对于"反攻复国",蒋介石还有很多动作,许多档案记载如下:

——1951 年 6 月至 9 月间,蒋军 800 人分六股分别向广东、福建两省沿海隐蔽登陆,企图偷袭,但结果上岸后被高度警戒的中国人民解放军全歼,无一漏网。

——同年 9 月 4 日,国民党"福建反共救国军"的"泉州纵队"、"永安纵队"共 370 人在福建晋江地区,利用夜暗登陆,化装成人民解放军企图内窜。人民解放军及时封山搜索,不出三天,全被击毙。

——1952 年后,蒋介石总结了失利的教训,扩大了偷袭大陆的规模,采取"以大吃小,速进速退"的新战术,有所斩获。

——1952 年 3 月 28 日,大陈岛千余名蒋军突袭浙东临海县白沙山岛成功,双方各有伤亡,后及时撤退。

——同年 6 月 10 日,胡宗南亲率蒋军 1200 余人袭击浙江温岭县的黄焦岛,在损失 310 人之后溃逃。

——同年 10 月 11 日,金门岛国民党军 9000 余众,在"海军"舰艇和飞机的掩护之下偷袭福建省南日岛。因守军不明敌情,使得此次偷袭成功。当人民解放军大部准备反击时,偷袭的国民党军已经全部撤离。

——1953 年 7 月 15 日黎明,国民党金门守军 1 万多人在海、空军的配合下,由金门防卫司令胡琏亲自指挥,发动了对福建东山岛的大规模武装进犯。因国民党军有海、空军支援,战斗相当激烈,解放军守岛部队在打退数十次国民党军的进攻之后,坚守住了核心阵地。此次战斗国民党军空投了 480 名伞兵,企图切断东山岛与大陆的联系。但伞兵未着陆,就遭到守军的猛烈射击,空降兵死伤惨重。待人民解放军增援部队赶到后,胡琏匆忙率兵撤退,因人民解放军没有海、空力量,无法对撤退金门的国民党守军实施拦截,致使大部国民党军退至金门。此次战斗共歼灭进犯东山岛的国民党军 3379 人,取得了反击偷袭作战中的重大胜利。

以上事例,还可以再列一些。总之,从 1949 年底至 1954 年 8 月,据不完全统计:蒋介石指使国民党军对大陆沿海地区与沿海岛屿偷袭 42 次,动用兵力近 13 万人。1950 年至 1953 年,仅浙江、福建两省,遭国民党军上千人乃至上万人规模的偷袭就达 5 次之多。从朝鲜战争爆发到 1955 年 9 月,台湾空军共出动飞机 3500 多批,6200 多架次,袭击和骚扰大陆地区。台湾海军在海峡共劫夺各种船只 470 艘。从 1951 年至 1954 年,台湾军事情报机关向大陆空投特工人员 230 多人,电台 96 部,各类枪支近千支,弹药近 18 万发,散发传单 12 万份。

蒋介石的上述活动,完全应验了毛泽东的话:"捣乱,失败,再捣乱,再失败,直至灭亡,这就是帝国主义和世界上一切反动派对待人民事业的逻辑,它们决不会违背这个逻辑的。"

另外,他们的捣乱和失败是以经济为基础的。

据中评社报道,1949 年上海外滩发生中国史上最大的黄金跨海抢运事件,当时蒋介石下令将 450 万两黄金(约 3250 亿新台币)分装在木箱内,在半年内秘密运抵台湾,这段攸关两岸发展及影响台湾经济的历史秘笈被拍成纪录片,正式揭秘。

前"副总统"陈诚,当时以东南公署长官与台湾省主席的身份负责迁台计划,他的儿子、前"监察院长"陈履安 27 日下午出席在台北市信义诚品书店举行的"黄金密档"纪录片首映记者会。前"副总统"严家淦四子严隽泰夫妇也低调出席。

450 万两黄金从 1948 年 12 月 1 日至 1949 年 5 月底,共分七次,从上海"中央银行"金库运到台湾;当时协助蒋介石密运黄金的核心人物共有 4 人,全是蒋的亲人、亲信,分别是宋美龄、蒋经国、蒋的大舅子宋子文,以及时任"中央银行"总裁的俞鸿钧。

第一批黄金运送时,为了避人耳目,还是透过海关缉私舰"海星号"装载运送,后来陆续有商船、海军、空军运输机加入运送任务;这些黄金在台湾分别存放,包括台湾银行金库、现今的台北中正纪念堂以及"央行"在新店的金库"文园"山洞里;有了这 450 万两黄金,台湾重新奠定财政基础,对台影响颇大。

第二十九章　传子部署

｜　敢于挑战"独裁"的人

1960 年阳春三月,杨柳吐絮,鸟语花香。

作为年过古稀的蒋介石,可在他的血管里却流淌着春天的血液。他决定再度出山,迎接六年一届的"总统"竞选。

此时蒋氏已完成两任"总统"的任职。按照早已灭亡的《中华民国宪法》规定:"总统副总统之任期为 6 年,连选连任一次"。如果再度连任,即属于"违宪"。蒋氏既要再当"总统",又要避开"违宪"之嫌。怎么办呢?有人提出修改"宪法"。蒋介石连忙摆手说:万万不成。然则不修改"宪法",蒋氏又怎么连任呢? 这可忙坏了蒋介石的智囊团。后来不知是哪位心腹想了一个高招,即通过大法官会议做成解释决议,以台湾现有"国大代表"人数为计算标准,修订《动员戡乱时期临时条款》,规定:"动员戡乱时期总统副总统可连选连任,不受宪法第 47 条连任一次之限制。"这样一改,既坚持不修"宪",又使蒋氏连任不"违宪",而且还可做"终身总统",何乐不为呢!

说干就干。蒋介石让他班底连夜通知,召集"国大代表"会议,修订《动员戡乱时期临时条款》。大家做了个举手之劳,3 月 11 日修订完毕。

应该说蒋氏的这一举动实属荒谬可笑,因为当时台岛完全处在蒋氏的独裁专政之下,又在军事戒严期,谁敢说话就会被扣上"共匪同路人"的红帽子,但仍有人对蒋的荒谬之举进行发难、对独裁进行挑战。此人不是别人,正是《自由中国》杂志的负责人雷震和主要撰稿人殷海光教授。

雷震,字儆寰,浙江长兴人,1897 年生。1916 年中学毕业后赴日本留学,此间由戴季陶和张继介绍加入孙中山领导的中华革命党。1923 年毕业于京都帝国大学法学院政治学系,研究宪法学与政治学,接受现代民主理论的训练。在政治方面,他经验老到。回国后担任国民政府法制局编审、中央大学教授等职。1931 年后从学界进入政界,上世纪 40 年代,雷震深受蒋介石信任,从抗战末期到行宪之初,历任参政会、政协及制宪国大的正副秘书长职务,负责各党派的沟通协调,并参与制宪工作。国民党败退台湾之后,他先后任"总统府国策顾问"、"中央银行监事"、"大陆灾胞救济总会监事",以及《自由中国》半月刊杂志负责人。同时,他也多次去香港,与香港的"第三势力"进行沟通和斡旋。

殷海光没有雷震那样的复杂背景,他是一个学者、一个斗士,有很强烈的信念,很独立的人格,在《自由中国》里扮演理论家的角色。殷海光毕业于西南联大,师从金岳霖学习逻辑学。其后曾任《中央日报》主笔、金陵大学主笔。1949 年赴台,8 月离开报界,被台湾大学校长傅斯年聘为讲师(1958 年升为正教授),11 月担任《自由中国》编委。除了为《自由中国》撰写过多篇逻辑严密、观点犀利的社论、书评和论文,他还翻译了海耶克(大陆译为哈耶克)的著作《到奴役之路》(即《通往奴役之路》),1953 年开始在《自由中国》连载。

殷海光以科学方法、个人主义、民主启蒙精神为准绳,批判党化教育、反攻大陆问题等时政,为台湾第一代自由主义代表。在 1960 年中国民主党组党运动中曾提供理论分析,认为组党乃时势所趋。当时殷海光与经济学家夏道平同为《自由中国》半月刊的两支健笔,也因为常激越地批评时政而与执政当局发生冲突。其中社论《大江东流挡不住》是最为有名的。但是在雷震入狱与《自由中国》被查禁后,殷海光的大部分作品也成为禁书。

从《自由中国》的刊名上可以看到雷震和殷海光身上闪光的东西。在《自由中国》时代,雷震和殷海光是奠基者和启蒙者。从胡适到雷震、殷海光及李敖,这条思想脉络也许可以折射自由主义在台湾的起承转合。

"从一九四九年国民党来台湾,一直到国民党政权落到李登辉手上,这是一个由国民党统治的漫长时期。如果说台湾有过一股自由主义力量的话,这个力量的身份是非常明确的,就是因为国民党而生存,也因为国民党的失势而消失。"钱永祥说,"如果说台湾有所谓自由主义的论述、自由主义的思潮、自由主义的言论的话,那么,那是从《自由中国》半月刊开始的。"

1949 年 1 月,国民党军队在战场上节节败退。雷震与胡适、王世杰、杭立武等开始筹备《自由中国》的杂志。11 月 20 日,《自由中国》半月刊在台北创刊,胡适挂名发行人,雷震为实际负责人。

从创刊始,《自由中国》半月刊一直受到胡适的很大影响。胡适是 20 世纪中国学术思想史上的一位中心人物。从哲学、史学、文学到政治、宗教、道德、教育,无论是誉是谤,没有人可以完全忽视他的存在。

关于自由主义,他的阐述非常精到:"总结起来,自由主义的第一个意义是自由,第二个意义是民主,第三个意义是容忍——容忍反对党,第四个意义是和平的渐进改革。"这些理念无不体现在他的行为选择中。

1958 年 4 月,经蒋介石力邀,胡适同意来台定居并出任"中央研究院"院长,以推动学术研究。在台北的最后五年,胡适主张自由、理性的思想在台湾发挥影响,并鼓舞出新的实践力量。他支持民主派人士雷震办《自由中国》半月刊,并肯定雷震联合李万居、高玉树等本省人士组织新政党的计划。

雷震等自由派知识分子创办《自由中国》的初衷,是宣扬自由和民主,对抗共产主义。一开始,蒋介石、陈诚均同意这种做法,甚至提供物质支持。但雷震对共产党的态度更多是出于思想和理论层次,而非权力之争。他衷心相信,多党制、代议制度、反对党监督等民主政治的基本因素是社会长治久安的基石。而蒋介石与国民党右派人士却认为,这套体制不仅无法应对共产党的挑战,反而提供他们进行分化渗透、遂行颠覆阴谋的空间。

随着客观环境的变迁,双方思想和见解差距巨大,彼此冲突在所难免。

从 1957 年 7 月起,《自由中国》以"今日问题"为总标题,连续发表 15 篇社论,提出反攻无望论,指出国民党借反攻大陆神话而一党独大,为所欲为,残害人权,浪费民族时光精力。1959 年 3 月,胡适撰写《自由与容忍》一文,表达"容忍比自由更重要",他甚至鼓励台湾能够出现一个反对党。1959 年 6 月起,《自由中国》亦连续发表多篇文章,反对蒋介石寻求

"总统"三连任动作。蒋介石当过两任"总统"了,按照当时的"中华民国宪法",不能再当第三任。

　　而蒋经国则发动多次言论的批评,包括用军方刊物批评《自由中国》。50年代末,雷震开始跟本土的政治精英接触,组建新政党。

　　面对雷震与殷海光的发难,开始蒋介石并不理茬,表现得宽宏大度,如期举行"总统"大选,3月22日,蒋介石与陈诚分别如意当选第三任正、副"总统"。且说蒋介石对他的违宪行为不仅不感到内疚,反而大言不惭地标榜这是"民主的典范"。是民主还是独裁,台湾人民心里都是有数的。

　　1960年9月4日,就在蒋介石宣誓就任第三任"总统"不满四个月,便撕下宽宏大度的面纱,下令逮捕《自由中国》负责人雷震,同时逮捕主编傅正、经理马之肃、会计刘子英三人,罪名是"煽动叛乱"、"包庇匪谍",四人分别被判处徒刑10年、12年、7年和5年。《自由中国》亦遭到停刊的命运。

　　9月13日,美国西海岸记者访问蒋介石时问及雷震被捕原因,蒋说:雷震发行的《自由中国》"刊登文章,对共匪是有利的"。他说:"已有匪谍在该刊幕后作活动,逮捕雷震当然是有法律依据的"。蒋介石还表示:"这件事与雷震等组建反对党的事无关,任何人可以自由地在台湾从事政治活动,但是绝对不可参加颠覆的活动。"

　　蒋介石这种栽赃于人与欲盖弥彰的说法,不仅不能为广大公正史学家所接受,就连台湾"监察院"也对此案提出不同意见和看法。

　　在美中国著名学人、民社党主席张君劢于"雷案"发生后,即自美国接连电告蒋介石。第一封电报对雷震被捕表示抗议。第二封电报长达2000字,要求释放雷震,并抄给台北李万居的《公论报》发表,经《公论报》一再研究,觉其措辞严厉,不敢全文发表,只发表了部分内容。据外电报道,这第二封电报主要内容是:一是抨击台湾当局独裁挑战民主,拘捕雷震;二是反对蒋介石传位于子,让蒋经国担任重要职务;三是要求蒋介石辞职,将其责任交"副总统"陈诚,"以达到民族复兴"。

　　应该说,国民党对"雷案"的判决,不仅在台湾岛内引起舆论哗然,而且在国际上掀起轩然大波,制造了轰动中外的"雷震事件",引起正义舆论的强烈谴责。

为子开道，逼陈下台

雷震事件后，蒋介石照当他的"总统"不误。

应该说这是他的第三任"总统"。

时间到了1960年的5月，这天蒋介石6点起床，起床后静坐片刻，再到健身房做健身运动约数分钟，即开始工作。这时，蒋经国过来，向父亲请了安，顺便谈一下当天的工作安排，正要转身离开时，老蒋叫住了小蒋说："你给我推荐的那个宪兵团长，让我过目一下。"因为蒋介石为政多年，他相信面相，相信个人第一感觉。国民党退台后，对于重要人选都需蒋介石亲自过目核定。当他深思熟虑后，并不事先告知当事人，就在报纸上刊登，致使一些调动者颇为被动。有一次，一个宪兵团长虚位出缺，蒋经国推荐他的二处处长陈其东出任。在经国的安排下，陈其东当天下午到了"总统府"，拜见了"总统"。当时蒋看到他仪表堂堂，五官端正，颇有好感。当即和颜悦色按所写的资料询问各项情况，仍觉满意。最后问到陈的家眷在何处？陈答在湖南湘潭。蒋听后告陈先回去，最后任命书迟迟未能发表。蒋之所以不同意陈调任宪兵团长，最大的原因就是因为陈是湖南湘潭人，与毛泽东是同乡，同时家眷又留在故乡引起蒋的疑虑。由此说明蒋介石与毛泽东势不两立，不共戴天。这也是他选人的一条不成文的原则，排挤毛泽东的同乡。

身为"总统"，蒋介石相信面相，相信风水。他认为之所以能当"总统"，是他浙江奉化老家的风水好，祖宗的坟地埋得是个地方。另外，他之所以一个劲地反攻大陆，还有一层说不出口的秘密，那就是家乡的坟墓不要被共产党扒了，风水破了。

越到老年，越是想家，叶落归根，是他的最大愿望，除了"反攻大陆"之外，还有望子成龙，传位于子。想来想去，这种迫切感竟超过了"反攻大陆"。想想亲美的吴国桢、孙立人、雷震等势力虽然被清除了，但阻碍蒋经国接班的障碍依然存在。这一障碍在哪里呢？他清楚地看到了陈诚势力——这也是一个难以逾越的大山。

且说陈诚之所以深得蒋介石信任，是因为蒋介石用人严守传统亲谊观念，所用的不是他的黄埔系就是同乡。而陈诚不仅具有这双重身份，还对主子绝对忠诚，且他不贪污、家教严谨。正因为如此，陈诚官运亨通，先是出任台湾省主席，后由他"组阁"，出掌"行政院"。1954年3月"国大"一届二次会议上，由蒋介石提名当上了"副总统"。1957年国民党八大召开时，陈诚又出任国民党副总裁，同时仍兼"副总统"、"行政院长"等要职。1960年陈诚再度当选"副总统"。陈诚在台湾的地位，真可谓一人之下万人之上，红透半边天。港台舆论盛传陈诚将接蒋介石的班。

对于陈诚是蒋接班人的说法，一开始就有争议，特别是在蒋经国身边工作的人，他们不以为然，说："这都是不了解内情的人说的话。真正的接班人是我们的经国部长。"据蒋经国心腹孙家麒回忆说：

> 早自1954年5月20日，陈诚先生就任副总统之日起，继承权便已开始转移了。这话一定有很多人不同意，然而事实确是如此，因为一：副总统的地位，虽然是一人之下，千万人之上，但并无实际力量，纵使再兼一个行政院长，在我们这个事实上等于总统制的国家里，行政院长又能发挥什么作用？俞鸿钧先生虽任行政院长，还不是等于一名"高级传达"？第二：陈诚先生虽然飞黄腾达甚早，然而他是一位不折不扣的军人，在玩弄"政治权术"方面，确是瞠乎人后；同时他对老先生忠心耿耿，很少培植私人势力结党营私，所以他缺乏一个有力的政治性集团，充当他的政治资本。第三：他的年龄虽比老先生年轻十几岁，但他的健康情形，反而较老先生更差，也可能衰老得更快。太子先生则和他恰恰相反，在这三方面都比他优越得多。在此之前，两人明争暗斗相当尖锐。有时他还当面故意给太子以难堪，但自登上"副总统"宝座之后，态度忽而大为改变，待人接物和蔼可亲，一派礼贤下士的样子，即对太子先生也委曲求全，遇事隐忍。大概他以为自己业已坐上第二把交椅，老先生百年之后，继任者舍我求谁？因而

放心大胆,笃定泰山了。这位先生真是名副其实的军人头脑,对于波谲云诡的政治斗争经验,还太缺乏。他不晓得太子先生几年之间,在上下其手的搬运魔术下,所有的力量,都已无形中先后入了太子掌握,早非吴下阿蒙,而已后来居上。

上述说法颇有一定道理,后来陈诚在蒋介石努力寻求第三次连任的问题上,看出了问题的实质,蒋并不想把身后的"总统"之位让给他,原来他太天真了。后来,陈诚又被蒋的打手反咬一口:说是陈诚与反对蒋氏连任的雷震先生,狼狈为奸,遥相呼应,阻止蒋连任。这一点使陈诚身受其害,顿开茅塞。

时间到了1960年3月,蒋介石再度连任"总统"后,虽然再度授命陈诚"组阁"行政院,此时的陈诚已心灰意冷。顿开茅塞、聪明绝顶的陈诚,以重病在身为由,主动向蒋介石提出辞呈"行政院长"的请求。蒋介石既想传位于子,但又冠冕堂皇,故不准辞职,给假休养一个月,其职由"副院长"王云五暂代。一月假期届满之后,蒋又准假两月。后因9月中旬台北发生风灾,陈诚结束休假,勉强视事,但未打消辞意。同年11月国民党"九大"召开之际,蒋介石在会上提出"提拔新进",实则在逼陈诚交权。陈诚听出其意,他再度提出辞职问题,蒋答应了他的要求。

在陈诚辞职后,蒋介石提议由严家淦任"行政院院长"。对此举,在台湾政坛不少人不以为然,也有的瞠目结舌。严家淦是江苏人,早年就读于上海圣约翰大学,比蒋经国大五岁,长期从事技术工作,是一个典型的技术性官僚,他显然到台湾时间很早,但长期在岛内默默无闻。提议这样的人担任如此重要职务,似乎不太符合蒋介石用人的标准。

其实,蒋介石用严家淦来填补陈诚留下的空缺,显现出他在政治权术上的老到。经过陈诚的铺垫,蒋经国在组织上、特务政治上的经营,有比较好的基础了。在陈诚之后,他不能再起用"老臣",也不能任用本事太大、野心太大的人,否则,可能出现影响权力交接新的障碍。所以,他必须物色一个本事既不高,也没有野心,没有自己的势力,不会与蒋经国争权夺利的人,而严家淦正符合这样的条件。

　　再说为国民党效尽犬马之劳的陈诚,到头来仍被爱子胜于爱"国"的蒋介石踢出了权力场,心情不畅,旧病复发。1965 年 3 月 2 日,台湾中央社播发了陈诚病危的公文:

　　"陈诚副总统曾因十二指肠溃疡,而于民国三十七年于上海施行手术,在手术时发现肝脏有中等度硬化现象,经施行肝脏穿刺术,获得小片肝组织做显微镜检查,其结果仍支持肝癌之诊断。"

　　3 月 5 日下午 7 时零 5 分,陈诚病逝台北,他的夫人谭祥、长子陈履安、次子陈履洁、长女陈幸、次女陈平均服侍在侧。陈诚病逝,对蒋氏父子而言既悲且喜。悲的是从此蒋家又少了一位"忠臣",在上个世纪 50 年代末 60 年代初,美国曾想用陈诚替代蒋介石,以便推行其"划峡而治",分裂中国的计划,遭到陈诚的拒绝,在陈诚病危弥留期间,他对蒋介石说,美国人不可信。提醒"主子"予以提防,其对蒋家的忠心可见一斑。他在台湾的政绩也是人们公认的。故此,蒋氏父子为陈诚大办丧事,其规模当是台湾最大的一次。

｜　教育经国,研究阳明

　　忠臣陈诚逝世后,蒋经国接班的格局已定,但马上继任"副总统",一是威严不足,二是又怕耻于天下人笑话,于是蒋介石在 1966 年 3 月第四届荣任"总统"之后,把陈诚留下来的这个"副总统"之位交给了严家淦,对经国严加培养,提示经国要读点哲学,看问题就会更加全面。

　　理论是行动的先导。蒋介石不信"马列",独信王阳明哲学。这是鲜为人知的。他一生著述颇丰,但是理论著作只有王阳明哲学研究。他很崇拜明代哲学家王阳明,是因为王阳明也是浙江余姚人。王阳明故居位于余姚城区龙泉山北麓、阳明西路以北的武胜门西侧。在大陆时,他曾登过龙泉山北麓,到过武胜门王阳明的故居,对王阳明的身世有一定的了解。

　　王阳明,又名守仁(公元 1472—1528 年),字伯安,因筑室读书于故乡阳明洞,世称阳明先生。王阳明系浙江人,是我国古代有名的哲学家、教

育家、政治家和军事家,曾任提督军务都御史。明正德十四年(公元 1519
年)6 月 14 日,明王朝宗室宁王朱宸濠在南昌起兵谋反,叛军十万,势如
破竹,陷南康,下九江,顺流而下。一路克安庆,逼南京,大有挥戈北上直
取京城之势,明朝廷上下震动,惊慌失措。这时,驻守在丰城的赣南巡抚
王阳明迅速赶到吉安,果断决策,调集军队,直捣叛军老巢南昌。朱宸濠
闻讯,急忙回师救援,王阳明与叛军大战鄱阳湖,仅用了 35 天时间,王阳
明就大败叛军,在南昌附近的生米街生擒朱宸濠。一场危及江山社稷的
大叛乱几乎是在谈笑间平定了。可是,王阳明立了如此大功,不但没有得
到朝廷的奖赏,反而遭到一系列的毁谤与陷害。明武宗甚至觉得王阳明
这么快就轻而易举平定了叛乱丢了自己的面子,认为像这样的战斗应由
他亲自带兵南征才能显示"皇威"。宦官张忠之流又诬陷他与朱宸濠串
通,武宗竟要王阳明放了朱宸濠让他率军与朱宸濠再战……在这种情况
下,王阳明连夜赶到钱塘,将朱宸濠交给太监,同时遵照武宗的旨意,重新
报捷,将平叛的胜利归功于武宗。这样顾全了皇帝的面子,才保证了王阳
明的身家性命。

　　蒋介石所提倡的"力行"哲学,后来在王阳明的"知行合一"找到了理
论支持。因此,他便与王阳明哲学研究结下了不解之缘。蒋介石 1949 年
12 月 10 日退到台湾后,也把王阳明的论著带到了台湾。又将他所居草
山改为"阳明山",以示对王阳明的尊崇。与此同时,他又在草山创立了反
攻大陆的"革命实践研究院",提倡"实践"运动。

　　蒋介石不仅自己研究,还让蒋经国深入了解王阳明哲学。1968 年 4
月 15 日是蒋经国 59 岁生日。14 日,蒋介石从日月潭给他寄来了一封情
感交融的信:

　　经儿:

　　　　明日为你 50 晋 9 诞辰,明年即为花甲之年,因你公忙,未能同在
　　一处相祝,时用怀念。近日在潭上研究陆象山(九渊)与朱晦庵(熹)
　　二先生学术同异之点,尤其对"无极而太极"之说不同之意见,尚未能
　　获得结论,故不敢下断语,然以现在太空探测所得之经验解之,则太

空乃无极之说近似也……今观正中书局印行之本首,有重编宋元学案导言,共为 15 则,约 25 页,如能先将此阅读研考,则宋代以来之儒学系统,可得其大概。此乃为研究中国文化来源之不可缺者也……余所重者,王阳明知行合一之说,即出于陆象山简易之法,教人以发明基本心为始事,此心有立,然后可以应天地万物之变也。所谓"先玄乎其大者"也。吾国王道之行,自不致有今日人类之悲运,而大陆同胞,更无此空前浩劫之遭遇矣。吾人自当急起直追,以补先哲之缺憾,则几矣。特书此以为尔寿也。

纵观其信,不难看出蒋介石写信的目的,或情或理,情理交融,就是要教会蒋经国用什么哲学思想去"齐家治国平天下",完成他"反共复国"的历史使命。据说蒋经国在生日这天向亲朋宣读了这封信,听者无不涕感和落泪。经国不愧是蒋介石的儿子,在查阅圣贤著作后,然后给父亲回应了一封读有收获的长信,现摘如下:

　　父亲对王学的研究,进而发为事功,重要的是贯彻了行的道理。特别是将阳明的致良知学说,和国父知难行易学说发明贯通,说明"知行合一"的良知学说,是与国父知难行易的学说不惟不相反,而且是相辅而行的,亦惟有致"知难行易"的良知,才能实现知难行易的学说。

从中可以看出,小蒋接受了老蒋的意见和王阳明的观点。蒋经国在运用王阳明哲学中,与他父亲明显不同的是,他不是把"反共复国"放在第一位,而是重点汲取国民党在大陆失败的惨痛教训,强调"实践"、"面向未来"、"向下扎根",因而被称为"民粹派"的平民领袖。

| 子承父位,顺理成章

晚年的蒋介石,知道自己的生命不会很长了,传子接班已加快了步子。为了蒋经国顺利继位,采取了一切不可告人的手段,包括内亲也要严加防范。这里所说的内亲,主要是指夫人宋美龄。她能力特强,在国民党内外,甚至海内外都有很高的声望,比蒋介石都高。但在蒋介石在世时,小蒋与这个小妈的关系不太融洽。为此蒋介石对夫人宋美龄有严格的限制,除外交活动外,不让她直接插手政事。况且,他们俩在结婚时,宋美龄自己提出的条件中,也包括对自己的政治约束。因此,长期以来,宋美龄在国民党内、政府内没有担任实职。

再说蒋介石当上"总统"后,提名严家淦为其"副总统",实际这是一个巧妙的过渡,已为小蒋登基总统宝位铺平了道路。因为蒋介石看透了严家淦。此人性情温和,生活简朴,从政不太张扬,他奉行八个字的人际关系哲学,即"退一步想,易地而处"。从这朴实无华的信条可以看出,严家淦是一个与世无争的人。他在担任台湾省副主席期间,舆论对他的评价比较低调,称他是"好人,不是好官,是好国民,不是好公仆"。江南先生说得更刻薄,说:"严的才具、建树,连勉强及格都困难。充其量只是一个循规蹈矩的政客,无条件服从的 men。"说归说,批评家可以坐而论道,可政治家要的是政治实惠,当然,既好看又有用,那当然很好,如果不能两全其美,那肯定是选择"有用"的了。

说不定蒋介石所看中的,正是批评家所抨击的。当然,严家淦也并不一无是处,他到台湾很早,在台湾任地方官,跟台湾本土的人士有较好的人际关系,在权力构成的有关方面,其奉行的八个字的处世哲学,有弹性,全求权力平衡;在政治上,没有很强的权欲,可以说在政治利益上是个"中富即安"的人。尽管他政治才能不是一流,只要不争功,不争权,无为而治也行。

严家淦在没当"副总统"之前,便秉承蒋介石的旨意,推荐蒋经国为"国防部副部长"。做这样的安排,明眼人不问即可知其用意了。"国防部部长"俞大维与严家淦人际关系哲学大体相似,不过问内部人事,与同僚的关系比较融洽,江南先生说,他能"和任何一位参谋总长和睦相处"。而且,他又与蒋经国是儿女亲家。做这样的安排,意在把军权让给小蒋。俞大维是个聪明人,与其让人挤下台,倒不如自己主动把位置让出来。

1964 年 1 月,俞大维提出辞呈,请求辞去"国防部部长"职务,并向严家淦保荐蒋经国任此职务。他在辞呈中历数了蒋经国在军内任职的简历,说明他与三军的历史渊源及其卓越贡献,"实是最理想的人选"。剔除其中的溢美之词,看看所列蒋经国在军内任职,就可以看出,蒋介石为儿子掌握军权,做了长期的铺垫。现在已经坐上"国防部部长"的位置,就已经彻底地掌握台湾的军权。按照所谓的"国防组织法"的规定,军令、军政系统的管辖权,是由"参谋总长"与"国防部长"分享。可是到了蒋经国当"部长",这一法定就自然地失效了,"参谋总长"等于"部长"的幕僚。俞大维作为过渡性人物,其历史使命已经完成,主动让位,自己也落得了一个好名声。这大概叫做各得其所吧!

蒋经国在"国防部长"任内,与其父亲不同之处:巡视时不让你有任何准备,这种作风使蒋经国可以看到事情的真相,也使各级首脑不敢懈怠。港报对此评论说:蒋经国做"国防部长"时期,是三军风纪最好的时期。60年代末,蒋介石还不断派蒋经国出访美国、韩国、日本、泰国等国家。蒋介石此举是对其长子的栽培与磨炼。后老蒋又让小蒋主持行政工作,先是让他出任"行政院"副院长、兼任"财经会报"主持人、"国际经济合作发展委员会"主任。此一事实标志着蒋介石传子部署和实现其权力和平转移、延续蒋家香火的安排已基本完成。

1966 年严家淦当上"副总统",仍兼任"行政院院长"。1969 年,提名蒋经国出任"行政院副院长"。就正常的正副职关系而言,无疑应该说是蒋经国"辅佐"严家淦,其实不然,这是蒋介石的再一次权力让渡的政治安排,"内阁"实际上已由蒋经国所主持,严家淦是在"辅佐"蒋经国从政。这意味着蒋经国的时代悄悄地来临。难怪有人戏称此时的严院长,不过是庙堂里的神像。

1972 年,在第五届"国大"召开前,蒋介石接到严家淦请求辞去"行政院长"的辞呈,当时,有人称这是老戏法重演,蒋介石提名由蒋经国担任行政院长,他在给"立法院"的咨文中说,蒋经国历任军政要职,于政治、军事、财经各项设施,多有建树,其于"行政副院长"任内,襄助"院长"处理院务,贡献良多,以之任为"行政院院长",必能胜任愉快云云,真是十足的

"举贤不避亲"。随后,立法院以高票同意蒋经国出任"行政院长"。

蒋经国执掌"行政院"大权后,牢固地掌握军队,加强特务的控制,在政治层面推行了一些革新举措,比如为了缓和台湾省人民对国民党专制统治的不满情绪,提出"台人治台"的口号,增选和补选台湾省籍的"中央民意代表"和"立法委员"、"监察委员",起用台籍新人入阁;整肃政纪,倡导"平凡、平淡、平实"的三"平"政风;修正或废止不合时宜的法令、规章,精简机构,这些举措的实施,给台湾政坛带来一种新的气象。在经济建设上,发布第六期四年经济建设计划,以及一些相关的经济措施,在减缓国际石油危机的冲击、抑制通货膨胀、安定社会生活方面起到了较好的作用。

1975 年 4 月,蒋介石病死在台湾阳明山士林官邸。同月,召开国民党中执委会,会议修改党章,规定国民党党魁的称呼改为主席。总裁的名义,永远保留给蒋介石,在国民党内他人不得再用此头衔。会议推举蒋经国担任国民党主席。1978 年 5 月,在"国大"上被选为"总统"。就实际的权力运作而言,自蒋经国出任"行政院长"之日起,他已承继了蒋介石的权位。而就形式而言,到了 1978 年蒋经国出任"总统",蒋氏父子的权力交接已画上了一个比较圆满的句号。

第三十章　孤岛遗魂

｜ 蒋介石的"病危"和宋美龄的奔丧

1972 年 3 月。

蒋介石做过前列腺手术,后转为慢性前列腺炎的宿疾,健康从此一蹶不振,也有说是国际关系上所出现的一系列颓势,如当头一棒,将这个 86 岁的老人一下子打倒了。这也不全是牵强附会,谁能说没有这个因素?

1972 年 7 月,蒋介石因染感冒而转为肺炎,住进医院长达一年四个月之久。

生、死、病、老,实乃人生的规律。无论多么煊赫的人,都逃不脱这个自然规律。历史进入 20 世纪 70 年代,蒋氏夫妇都进入了人生的最后一站——冬天。

冬天是寒冷的。

冬天是无情的。

1970 年底,74 岁高龄的蒋夫人因乳腺癌做完第二次手术,身体恢复后,便搬进了曼哈顿以东 35 英里的长岛拉丁敦别墅中。这里环境优美,漫长、迷人的峡谷,装饰着四时各异的色彩,谷地里贯穿着一条淡幽蓝色的小溪,在浑身洞窟的岩石中潜行。几个侄儿轮流来陪姨妈散步……

天有不测风云,人有旦夕祸福。

转年,宋美龄又接到来自台北的加急电报:"蒋中正病重速回。"望着满天飘落的雪花,宋美龄潸然泪下。虽然晚年她和丈夫分居,但夫妻一场的感情却使她牵肠挂肚。虽然电报上没说"病危",但这"病重"与"病危"在她的眼中并没有两样。时间不容她犹豫,当天她便草草收拾一下,登上了回台北的中美号班机。

蒋介石弥留之际,宋美龄随侍在侧。她详细地向大夫询问了丈夫的全部病情。

1972 年 7 月,蒋介石因染感冒而转为肺炎,住进医院;不久,台湾地区发生流行性感冒,再度病发。并且由于治疗慢性前列腺炎而长时期使用抗生素药剂,以致细菌抵抗药物性能增强,治疗颇为费事;接着,蒋介石在睡眠中发生心肌缺氧症,经急救转危为安,但肺炎未愈,不时发烧……

"大夫,你认为他的病情怎么样?"宋美龄着急地问。

"夫人,请您不要着急。总统的自身抵抗力起码坚持半年无问题。"大夫宽慰宋美龄道。

"真的?如果是这样,我太谢谢你了。"宋美龄的神经稍微有点松弛。

年老事多。然而就在这个节骨眼上,美国纽约长老会医院又传来大姐宋霭龄病危的消息。宋美龄简直自顾不暇了。在台北她匆匆做了些安排,星夜乘专机往美国赶。

85 岁高龄的大姐正在弥留阶段,四个儿女都聚集在她身边,她仍不愿合眼,双眼失神地望着白色的天花板,嘴巴一张一翕,却发不出声来。

全家人心里都知道:妈妈这最后一口气不能咽,是在等待小姨的到来。

宋美龄终于赶来了:"大姐,我来了,我是小妹!"

"妈妈,小姨真的来了!你快瞧瞧!"儿女们也尽力帮助小姨呼喊。

"大姐,你有什么话要说就说吧!"宋美龄紧紧握住大姐的手,生怕离去。

宋霭龄扩散的瞳孔里终于映出了小妹的面容,她也抓住了宋美龄的手,感觉到了亲人的温暖。她有了一种超脱尘世的感觉,也产生了一种奇特的轻松感。

宋美龄看到大姐手在空中一阵抓挠,嘴角出现一丝微笑,安详地闭上了眼睛。

一盏长明灯熄灭了。宋美龄没有哭,她没有过分地悲伤。大姐似乎不是永别了,而是和自己相约到一个地方去,先走了一步,她不久也会去的,到那时又可见面了。

宋美龄参加完大姐的追悼会后,又从美国乘机匆匆返回了台北,那里还有一位和她要分手的丈夫。

| 天有不测风云，蒋介石遭遇车祸

宋美龄回到台北，尽夫人之道，侍候了蒋介石两年多。

蒋氏身体渐有好转，他也非常感激宋美龄，曾当着蒋经国的面说："若不是夫人的照料，我怕也是早见中山了。"说到这宋美龄甜甜地一笑，话锋一转又道："这几天你不是吵吵这里很闷，要出去解解闷，依我看就到阳明山避暑吧。"蒋介石点点头道也好。

侍卫长孔令晟接到夫人的通知后，出于安全考量，立马通知有关部门在沿途布置周密的警戒。这已成了台湾兴师动众的惯例。

从士林宫邸到阳明山有一条著名的仰德大道。这条仰德大道是专为蒋介石修建的。据说，仰德大道除了山势陡峭这一自然因素是无法改变的之外，堪称是当时台湾岛上最高级的一条公路。事实上，蒋介石每年在这条路上穿行不了几趟。

这天清晨，由几辆豪华轿车组成的车队缓缓地驶出了士林宫邸，拐弯上了仰德大道。一看车号就知道，这是送蒋介石夫妇前去避暑的车队。警车开道，蒋氏夫妇乘坐的高级防弹轿车紧跟其后，再后面是两辆警卫车。由于路上车少人稀，车队风驰电掣。

十次车祸九次快。当车队快速经过仰德大道岭头附近的一处弯道时，警车司机发现前面有一部要下山的公路局的班车，停靠在前面的站牌下让乘客下车。警车因为刚转弯，没有来得及观察到这辆公路班车后面的情况，就在这时，从这辆班车的后面猛然冲出一辆快速行驶的军用吉普车，以发疯般的速度直向车队冲来。警车司机发现情况紧急，唯恐这辆吉普车会冲撞蒋介石的座车，也来不及通知后面的车队，当即紧急刹车，准备拦截这辆吉普车。就在这关键的一刹那间，紧跟在警车后面的蒋介石专车司机猝不及防，根本来不及刹车，猛力撞在了警车的车尾。后面两辆警卫车的司机反应还算敏捷，紧急刹车才没有发生追尾和连撞事故。

在撞车的一瞬间，冲击力剧烈，山摇地动。毫无防备的蒋介石，当时手拄拐杖端坐在轿车的后排，他只听到一声金属撞击声，还没有明白是怎么回事，身体已飞了起来，狠狠地撞到了前排的防弹玻璃隔板上。强大的冲撞力把蒋介石的阴囊都撞肿了，两排假牙也从嘴里飞了出去。但蒋介石受伤最严重的地方还是胸部，由于胸部受到重创，使他本来不好的心脏又受到严重伤害。宋美龄坐在蒋的左侧，她受伤相对较轻，双腿撞到了玻璃板上，痛入骨髓，她也厉声惨叫。

车祸发生后，现场一片混乱狼藉。大部分侍卫人员手忙脚乱地把蒋介石和宋美龄从座车上抬下来，小心翼翼地抬到后面的警卫车上，飞速送往台北医疗条件最好的荣民总医院；另有几个侍卫人员则去追击那辆肇事的军用吉普。但那辆车压根儿就没减速，早已逃之夭夭。

待把蒋介石夫妇送到医院后，孔令晟急忙向蒋经国报告了情况。蒋经国立刻赶到医院去看望父亲伤情，在得知蒋介石和宋美龄没有生命危险后，才放下心来。随后，他又向孔令晟和侍卫人员详细了解当时车祸的经过。孔说主要是那辆肇事的吉普车。蒋经国问知道车牌号吗？车速很快没看清，只知道像辆军车。蒋经国立即怀疑这是一起蓄意制造的车祸。于是，他马上给台湾岛情报单位的警察和特务下达紧急命令：搜捕肇事的吉普车，抓获驾车的人，查明事情真相！

国民党联勤指挥部、宪兵司令部和警察局成立了一个专案小组，出动大批警察和特务进行紧急搜查。尽管他们费时多日对全岛的军用和民用吉普车进行了一次拉网式排查，还是未能找到那辆肇事车。正当他们苦于无法向蒋经国交差时，一位老探员出了个主意：既然是军用吉普车，在出车时军方一定会有相应的记录，只要把那天外出的军用吉普车逐一登记，进行摸排，也许能够找到线索，事故大白。

果然这个办法有效，专案小组很快就找到了那辆肇事的吉普车和车主，原来那是一名陆军师长的专用吉普车。那天，这位师长参加完军事会议后，急急忙忙叫司机开车送他回家。活该这位师长倒霉，当他的吉普车在仰德大道上狂奔飞驰时，恰巧与蒋介石的车队相撞。事情发生后，这位师长虽然不知道被撞车内坐的是何许人，但从轿车的豪华程度和气派上判断，车内坐的绝不是一般人，所以他们根本就没敢停车，急急地逃逸了。后来，当他们听说被撞的是蒋介石时，更是吓得魂不附体，想尽一切办法隐瞒,但最后还是被查了出来。蒋经国在反复核实这仅仅是一起意外车祸,而不是针对蒋介石的谋杀案后,才放下心来,下令以"伤害最高领袖罪",给予那位少将师长以撤职查办了事。

蒋介石自从出了车祸后便开始疾病缠身,老太太过年一年不如一年。蒋有一次十分恼恨地对前来探望他的一位老将军说:"自从阳明山车祸事件之后,我的身体受到了很大的影响。原来是心脏不行了,现在腿不行了,身体全面下降了,怕是日子不长了。"

蒋介石"崩殂"89 岁

1975 年 4 月 5 日晚 11 时 50 分,经过几天昼夜抢救,蒋介石终因车祸受伤引发的心脏病,导致心脏功能衰竭而停止跳动。享年 89 岁。

据蒋经国当晚的日记记载:

> 忆晨向父亲请安之时,父亲已起身坐于轮椅,见儿至,父亲面带笑容,儿心甚安。因儿已久未见父亲笑容矣。父亲并问及清明节以及张伯苓先生百岁诞辰之事。当儿辞退时,父嘱曰:"你应好好多休息"。儿聆此言心中忽然有说不出的感触。谁知这就是对儿之最后叮咛。余竟日有不安之感。傍晚再探父病情形,似无变化,惟觉得烦躁。6 时许,稍事休息,8 时半三探父病,时已开始恶化,在睡眠中心脏微弱,开始停止呼吸,经数小时之急救无效。

另据荣民总院蒋介石病情医疗小组报告说:4 月 5 日,蒋介石突感腹部不适,泌尿系统失灵。医生认为蒋的心脏功能欠佳。傍晚 8 时 15 分,蒋的病情极度恶化。医生发现蒋的脉搏突然转慢,于是急用电话通知蒋经国。当蒋经国赶到时,蒋的心跳已不规则,血压下降,情形甚危。当即医生施行人工呼吸,乃至运用药物和电极直接刺入心肌,刺激心脏跳动,心脏与呼吸恢复正常。但 4—5 分钟后,心脏再度停止跳动。11 时 50

分,蒋介石双目瞳孔放大,经抢救无效,这位统治中国大陆 22 年之久、又在台湾偏安 26 年的大独裁者终于撒手西归,享年 89 岁。

在蒋介石弥留之际,宋美龄与长子蒋经国、次子蒋纬国、孙子蒋孝武、蒋孝勇均服侍在侧。

蒋介石在第一时间被抢救过来时,已有预感的宋美龄知道丈夫难留人世了,在征求大夫意见后,忙与经国商量,紧急通知总统府党政军要员,来此听取总统遗言,以做后事准备。宋美龄痛苦不堪说:"你看,大家都来了,你有什么要说的话就说吧。"

蒋介石一个一个地望了望大家,翕动着干裂的嘴唇,口授了如下遗嘱:

> 余自束发以来,即追随总理革命,无时不以耶稣基督与总理信徒自居。无日不为扫除三民主义之障碍,建设民主宪政之国家,艰苦奋斗。近 20 年来,自由基地日益精实壮大,并不断对大陆共产邪恶,展开政治作战;反共复国大业,方期日新月盛;全国军民、全党同志,绝不可因余之不起,而怀忧丧志!务望一致精诚团结,服膺本党与政府领导,奉主义为无形之总理,以复国为共同之目标,而中正之精神自必与我同志、同胞长相左右。实践三民主义,光复大陆国土,复兴民族文化,坚守民主阵容,为余毕生之志事,亦即海内外军民同胞一致之革命职责与战斗决心。惟愿愈益坚此百忍,奋勉自强,非达成国民革命之责任,绝不中止矢勤矢勇,毋怠毋忽。

他从三民主义的实践,讲到光复大陆国土,甚为激动,一口气讲了三百余字,心不如口,脸色越来越白,呼吸越来越急,最后闭目而去。

"天啊——"宋美龄哀痛欲绝。

"父亲!父亲!"蒋经国呼喊不止。

……

在宋美龄主持下,国民党军政要员当即举行了在蒋介石遗嘱上的签字仪式。在遗嘱上签名的要员有:宋美龄、严家淦、蒋经国、倪文亚、杨亮功、余俊贤等。

当晚,蒋经国以长子身份同宋美龄商量治丧有关事宜。经商定:暂厝蒋介石灵柩于台北市南 60 公里处的慈湖湖畔。这里背依草苓山,湖水终年碧绿清澈,风景秀美,宛如江南蒋介石的故乡浙江奉化县的溪口镇。60年代初,蒋介石途经此地时,便看中了这块风水宝地,他在这里修建了一座中国四合院式的"行宫",起名"慈湖"。蒋生前常来此小住,并嘱咐在他死后灵柩暂厝此地,"以待来日光复大陆,再奉安于南京紫金山"。

蒋介石病逝后 2 小时零 10 分,"行政院"于 4 月 6 日晨 2 时发布经主治医师签字的医疗报告及蒋介石遗嘱。对于蒋的这个遗嘱,同当年在西安事变中的遗嘱如出一辙,各方褒贬不一:

> 《中央日报》刊载社论文章《领袖精神万古常新》,高唱赞歌。而《新泽西通讯》与《石溪通讯》合刊载文称:"以'总统'身份向国民党发表遗嘱,竟然把耶稣基督放在第一位,不明了台湾情况的人,还以为基督教是国民党的'国教'呢。"该刊还称:蒋介石与宋美龄结婚时已40 多岁,直至那时蒋才成为耶稣"信徒"的。蒋、宋结合是"为了金钱而结婚,为结婚而信教"的典型例子;难道蒋介石是 40 多岁才来发的吗?至于"总理信徒",如果我们把蒋介石所领导的国民党的所作所为,拿来和孙中山先生所讲的三民主义对照一下,就会发现蒋介石不但不是三民主义的信徒,而是一个三民主义的叛徒;"复兴民族文化",这句话的中心是要说"父业子承";"坚守民主阵容"的另一说法是紧抱美国人的大腿不放……

上述评论虽然尖刻,但也切中要害。也有舆论称:台湾当局则对蒋介石遗嘱采取了同上述看法截然不同的立场。中国国民党十一大召开时,又通过了《全党奉行总裁遗嘱决议文》,宣称:

> 我们誓言,坚决奉行总裁遗嘱——实践三民主义,光复大陆国土,复兴民族文化,坚守民主阵容,以此为全党党员革命的职志与战

斗的决心。承担并完成艰苦的革命任务,以上慰总裁在天之灵。

在十一大重新修订的《中国国民党党章》中,蒋介石遗书纳入党章,以使国民党员"遵行":

> 总裁遗嘱所示:"实践三民主义,光复大陆国土,复兴民族文化,坚守民主阵容"四大革命任务,为总裁毕生的志事,全党同志自应奉为共同的革命职志与战斗决心,努力贯彻实现,故本草案拟予纳入总纲第一条,期以相互勉行,并使革命民主政党之涵义更为具体而明显。

4月6日的国民党中常会除了对蒋介石遗嘱作出决议外,还作出两项特殊决定:

第一项决定:"副总统"严家淦根据《中华民国宪法》第49条规定:"总统"缺位时由"副总统"继位,宣誓就任"总统"职。

第二项规定:对蒋经国辞职决议"恳予慰留"。

对于国民党中常会两项决议,著名作家江南发表评论称:"两项决议十分荒唐,严家淦宣誓就任,法有明文,无须常会多此一举"。"经国因父丧辞职应向新任总统提出,因行政院长非党内职务,如辞国民党中常委,那又当别论。"

蒋介石病逝的消息传到海峡对岸的北京,毛泽东虽然还在病中,然而他欣慰地笑了,两个中国伟人,他是笑到了最后。他的高明之处是他没有像蒋公一样,把位子自私地传给儿子。

空前"国葬"

严家淦在蒋介石病逝7个小时后便发表就职演讲,宣布就任"总统"。人说有抢班夺权之嫌。

新官上任三把火。

严"总统"第一套旨令,以他牵头,有倪文亚、杨亮功、余俊贤等 21 位要员组成"陆海空"庞大的治丧委员会。称蒋介石的死亡为"崩殂",这是不折不扣地把蒋介石当做了封建帝王。帝王要有帝王的葬礼。规格为台湾历史上的新高。

同时,治丧会向全岛宣布五件大事:一是全岛从 4 月 6 日起历时一个月为"中华民国"的"国葬期"。二是"国葬"期间,全岛下半旗志哀。三是停止一切娱乐、宴会及各项庆祝集会。四是蒋介石的遗体停放在国父(孙中山)纪念馆五天,供人瞻吊。五是军公教人员一律着素色服饰,并佩戴2.5 寸宽的黑纱。

4 月 6 日,蒋介石的灵堂设在了"荣民总医院"。

整个灵堂庄严肃穆。灵前有五个用素菊花组成的十字花架,代表着蒋介石基督教徒的身份。灵堂四周插了 89 根蜡烛,象征着蒋介石的 89岁。正中供奉着他的遗体和巨幅遗像,还有他的遗言。两个大花圈立于遗像两旁,右边花圈是蒋夫人宋美龄敬献。左边花圈是蒋经国敬献。灵堂四周,包括墙壁旁,都有花圈挽联,分别是各位大员敬献。哀乐是一遍又一遍地重放,人们踏着哀乐走进灵堂,脱帽、凝视、三鞠躬,履行着仪式。

4 月 9 日,是蒋介石灵柩移至国父纪念馆的日子。

按照风俗习惯,移灵前,蒋经国要亲自为其父洗脸、穿衣。洗脸时要一手拿镜子,一手拿棉球蘸水擦洗,其间还应口念其辞。另外是穿衣。穿衣也是有讲究的。要穿 7 条裤子、7 件内衣,包括长袍马褂。另外还要胸佩大红采玉勋章,左右两旁佩戴国光勋章、青天白日勋章。蒋介石最喜读的《三民主义》、《圣经》和《唐诗》也被宋美龄放在灵柩之中。另有毡帽、小帽各一顶,手套一副,手帕一块,手杖一支。这些都是蒋介石晚年平日常用之物。一切准备就绪后,才能由"荣民总院"移灵至国父纪念馆。

移灵时,当灵柩离地时,孝子贤孙要先摔破老盆。当然这个老盆要由长子蒋经国摔破,摔破老盆后,蒋经国随着灵柩的向前移动,要一步一跪地臻哀。于是,他手下的一批要员官僚也就纷纷上行下效,一步一跪地臻哀。《中央日报》刊登了这些官僚一步一跪地臻哀的照片。在 20 世纪 70

年代号称民主社会的台湾,竟然出现了穿西服官员匍匐跪地"吊祭先王"的复古场面,实在是可悲又可笑。

话说移灵之后,接下来便是守灵。守灵也是有讲究的。因是"国葬"也讲"国格"。官员也讲本位,从大至小。严家淦和全体治丧大员轮流为蒋介石守灵。其间,台湾当局不知出于何种心态,还庄严地发表了《告大陆同胞书》一文,号召台湾民众,化悲痛为力量,完成蒋介石遗愿,推翻中共政权,实现中国一统。

4月16日是蒋介石的大殓日。

此仪式8时5分正式开始。

8时8分45秒,四个彪形大汉出现在现场,将灵柩的棺盖缓缓地放在7尺铜棺之上。之后,由张群、何应钦、陈立夫、薛岳、谷正纲、黄杰、谢东闵等8位中国国民党中央评议委员、中央常务委员将一面青天白日旗覆盖在灵柩之上。继而严家淦与"五院"院长、"行政院"副院长徐庆钟、"总统府资政"王云五、"光复大陆设计委员会"副主任于斌等在灵柩上覆盖了青天白日满地红"国旗"。然后,严家淦恭读祭文。

因蒋介石是基督教徒,所有礼毕后,他们还要行基督葬礼仪式,唱赞美诗,超度死者的灵魂升入"天堂"。主持追思礼拜与安灵礼的牧师是周联华先生。周联华领导读经文、诗篇第23篇,读启应文。追断礼拜结束,响起圣乐,纪念馆外鸣礼炮21响。接着随着一声起灵的长喊,蒋介石的灵柩由八位壮汉抬起,慢慢地停放在灵车之上。

灵车本身犹如装饰的花车:前身用20万朵深黄色的菊花装饰,两边各有几条白绋,车前挂一青天白日"国徽"及鲜花十字架。灵车队由99辆宪兵队开道车领前,包括"国旗"车、党旗车、统帅旗军、奉行蒋介石遗嘱令车、捧勋车、遗像车。车队后面是宋美龄挽蒋介石的大型黄菊十字架,亲戚家属随其后。再往后排是2000多执绋人员。目标是蒋介石灵柩的暂厝地——慈湖。送葬队伍长达五公里,浩浩荡荡。

据台湾报载:在蒋介石灵柩驶往慈湖的路上,当局发动了成千上万的学生在灵车所经途中跪地"迎灵";要求沿途商户停业"迎灵";十字路口搭牌楼,各家挂挽额;平常失修的马路和未铺柏油的路面一律要整修,害得沿途各商家和修路工人日夜赶工,满肚子的怨水无处申诉。当日,治丧委员会的大员们还想出了"路祭"这个名堂,沿路分配各机构行号另设供桌,同时规定灵车经过时不许迎灵的人们抬头正视。此外还要求民众在大典鸣炮之时,在原地默哀 3 分钟。

下午 1 时 10 分,安灵礼在慈湖宾馆完成。蒋介石的灵柩停放在正厅中央的灵堂上。灵堂是以漆黑光亮的花岗石建造的,长 3.2 米,宽 1.8 米,高 1.43 米。上镶着青天白日徽,灵台四周缀满白色雏菊。正厅东侧是蒋介石原卧室,房内一切布置保持主人生活原状。靠窗子的地方有一张深咖啡色的书桌,桌上有一架蒋介石生前使用的电话,大理石笔筒。书桌南侧有一台黑白电视机,还有蒋介石的鸭舌帽与眼镜,并排放在电视机上。北面靠墙地方有一个书架,放着蒋介石生前读过的各种书籍,墙上挂着一幅宋美龄画。在卧室的茶几上,放着一张主人生前用红铅笔写的一张便条:"能敢同能伸。"

安灵礼完成后,蒋经国对参加大殓的人员致答谢词:"先君崩逝,野祭苍哭,敬礼致哀,悲恸之深刻,与虔诚之厚意,令人万分感动。经国遽遭大故,哀恸逾恒,无法踵谢,唯有奉行遗命,鞠躬尽瘁,以报答我国同胞之至诚与厚望。"

至此,蒋介石丧礼才算完结。此次蒋介石丧事排场之大,实为台湾所空前绝后。

丧事处理已毕,国民党中央于 1975 年 4 月 28 日举行会议,商讨党权归属要事。会议作出三项规定:一是接受蒋介石遗嘱,并即具体规划,坚决执行;二是保留党章"总裁"一章,以表示对蒋介石"哀敬"与"永恒之纪念";三是中央委员会设主席一人,推选蒋经国担任。

台湾当局为了"永恒之纪念",并把蒋介石奉为反共的精神领袖,继"国父纪念馆"后,筹建"中正纪念堂"。在蒋介石病逝两个月后成立了"中正纪念堂"筹建小组,成员有俞国华、林金生、王永庆等 16 人。同年 10 月又成立了"中正纪念堂"筹建指导委员会。主要成员有何应钦、张群、陈立夫等 25 人。择定台北市杭州南路以西、中山南路以东、爱国东路以北、信义路以南之间地段为建堂基地。

新修建的中正纪念堂，坐东朝西，遥望大陆；平面用方形，以寓"中正"之意；堂顶八角，造成多数之"人"字形，聚于宝顶，上与天接，以寓"天人合一"之思想；屋顶用天坛宝蓝玻璃瓦顶，蓝中带紫；顶上有青天白日"国徽"。古雅端庄，气势磅礴。

另外，台湾当局还在台北其他地区建造了一些纪念馆，铸造了一些铜像、石像之类。此举说明台湾当局在蒋介石病逝后在寻找精神支柱。然则，无论台湾当局建造多少座纪念堂和纪念馆，竖立多少个铜像、石像，也无法改变全体中国人民心中对其的公正评价。

纵观"四大家族"的发展史，他们以蒋氏家族为生而兴，以蒋氏家族为衰而衰。在中国近代史上，他们犹如一个机器身上的零部件，各自起着不同的作用，用人们形象的话说，蒋家王朝陈家党，宋家姐妹孔家财。应该说很深刻很形象。

第三十一章　迟暮岁月

| 宋美龄的晚年生活

宋美龄晚年居住在美国纽约长岛一幢别墅中。

这幢古老的住宅占地 15 顷,距纽约大约一小时半的车程,房子原是孔祥熙的,现为孔令侃所有,作为蒋夫人的客邸。

宋美龄返美后,生活极其恬淡。平常她侍弄花草、运动,每周固定地做礼拜,并接见岛内客人或约陪美国政界人士。由于蒋夫人沉疴未愈,加上皮肤病症依然缠身,因此,仍然有专科医生经常前往长岛为她做定期诊疗。

宋美龄有多位侍从秘书,大部分由台湾方面派出,其中有不少是蒋纬国的亲信。这些侍从除了为她安排生活、衣着、车乘之外,就是替她整理文牍之类,像宋美龄每年在辅仁大学毕业典礼中发表的致词,全由秘书做主送回台湾。另外一些往来函件,也均由秘书处理。

宋美龄多年来在美活动都不是公开性质,但不少与她熟识的人,在美国仍经常可以见到"夫人"。像台湾的妇女领袖、遗族子女,每年在她过生日时,全美的国民党军遗族子女都会从世界各处赶到长岛为她祝寿。每次要折腾两三小时的时间,但宋美龄还是欢迎他们尽兴,这是难得的天伦之乐。

根据访问宋美龄的来客说,蒋夫人对蒋公的思念,多年未减,愈久弥坚,家中到处是蒋公的照片,且宋美龄奉祭蒋公的香花长年保持清鲜。又称,宋美龄对衣着色泽的选择,多年来未变,从衣着中可以得见她依旧有当年高贵典雅的气质。

1986 年 10 月,蒋经国在台湾去世。作为母亲(虽非生母),宋美龄不顾 90 岁高龄,又回到了台岛。她坐着轮椅从侧门进入灵堂,如在台湾电视上所见,这位备受国民党元老尊崇,仍有一定影响力的前"第一夫人",

看来哀戚满脸。母亲送儿子，也确是情何以堪！

　　老夫人虽坐轮椅，仍然关切世事。宋美龄回到台湾后，官邸有关运作自然格外忙碌，但蒋夫人毕竟年事已高，她说过"我将再起"！但行动已不能与过去同日而语，因而一般事务少有过问。宋美龄是一个虔诚的基督徒，据说一星期中在官邸小型教堂祈祷或阅读圣经占了两小时，周联华牧师每天不间断地主持教堂圣事，并分别以中、英文讲解教义，而每遇周三和周日，蒋纬国以及"孝"字辈的家人们，都会齐集在官邸教堂做礼拜并聆听讲道，而每周两次与家人聚会，也是宋美龄最开心的时刻。

　　蒋经国死后的 1 月 27 日，国民党中常会经过事前的激烈斗争，通过由李登辉代理国民党主席。蒋夫人年届 90 但对于此次急于推举代理国民党主席之举有不同意见。她虽年迈，却也不糊涂，她充分看出李焕的动机，看出省内外和台前幕后各种复杂的因素。急促的手段说明了背后的目的。急急推出李登辉当国民党主席，是借李登辉阻挡俞国华、沈昌焕、王惕吾，是要夺保守派、夫人派的权。李登辉在台前，李焕在幕后，因此头脑仍然清醒的蒋老夫人，立即在 1 月 26 日晚上，急急致送一封信给李焕，表达出对于此时选举国民党代主席时机不当，理当压后，应该在国民党"十三大"时决定才比较合适。

　　但是李焕等人经过紧急会商，决定依计进行。1 月 27 日的国民党中常会，由与李焕关系密切的余纪忠（国民党中常委兼《中国时报》老板）主持，由于事先布置周密，俞国华在会上被人奚落，大势已去。李登辉于是顺利荣登党主席宝座。

　　蒋夫人返台这段期间，曾由医药学院一位中医针灸教授进行治疗，成效甚佳。宋美龄原本说要再度返回美国，直到 1989 年 4 月，将近三年，她的心愿才得以实现。

　　1993 年，蒋夫人已经 95 岁高龄了，这次去美国，还能不能回来？自然是一个引人注目的谜。

　　此后不久，蒋孝勇举家迁往加拿大。蒋孝勇和夫人方智怡事前曾赴士林官邸向宋美龄请安并禀明移居加拿大的意愿，这位蒋家最有权威的长者向他们说了一句耐人寻味的话："这样也好，回家比较方便。"

宋美龄的"回家"二字指的是什么意思？台湾一些敏感的政治家表示："这不禁令人想起，蒋家的老家原来是在浙江奉化。"

大陆要拍卖庐山美龄宫的传言

1993 年这一年。

中国的改革开放在总设计师邓小平的统领下，正向纵深迈进。

以江泽民为核心的新的党中央作为中共第三代领导人，继往开来。这年初，庐山人大胆提出拍卖当年国民党在庐山的别墅群，其中包括美庐等七处。

消息一上报，令国人大哗。

一石激起千层浪。

一传十，十传百。消息传到美利坚合众国，传到宋氏家族的耳中，进而传到蒋夫人的耳中。95 岁高龄的宋美龄，却睡不好觉了。两眼缝像有个小松针支着，眼望着天花板，怎么也难以成眠。

人生如梦。

爱回忆往事，已成了宋美龄晚年的一大毛病。

一生与政治联姻的宋美龄，本来晚年她曾发誓不再过问政治。可是政治像个幽灵，驱而不散。丈夫在世时，曾不时鼓吹要光复大陆，直到 1975 年 4 月 5 日晚 11 时，丈夫因心脏病复发，在台北士林官邸逝世。

1978 年 5 月 20 日，蒋经国成为台湾的"总统"。他没负父志，几年下来使台湾经济上了个台阶，与欧洲同步。形势喜人。可是好景不长，经国又撒手黄泉路。白发人哭黑发人。这怎不令老夫人无限伤感呢？接着搞台独的李登辉上台，标志着蒋家王朝的覆灭。老夫人心头暗暗流泪，更多的泪是流给丈夫生前"反攻大陆"没能实现的遗言。

宋美龄参加完经国儿的葬礼回到美国长岛，曾消沉很长一段时间。宋仲虎，这位宋子安的长子和妻子曹氏断不了到姑姑的卧室劝说老夫人：要心宽体胖。过去的就过去了。我们的戏唱完了。无病是福……这才使宋美龄度过一个又一个的困难期。

此间，宋美龄再不会关注台湾的命运了。而台湾的高层人物，虽也多次访美看望老夫人，仅是礼仪之道了。

作为大政治家，宋美龄不仅反思历史，也反思自己。经历的事情太多了，亲情、政治已使她淡化，她不但活下来，而且奇迹般的好。95岁高龄的她，在外表上像50岁的阔老太，风姿不减当年。

她精通老子"清静无为"的圣言。在"有为"和"无为"中保持自己的心态平静。

晚年作画，是她的一种追求。

曾几何时，老夫人的画是被人称道一时的。并不因她是第一夫人而称道，而是那画是极有造诣的。丈夫在世时，也常常伫立在她的身边，忘情地看她作画。按丈夫的话说，那是一种享受。她笔下的花鸟极有神韵，呵一声，像能飞走似的。

宋美龄作画的营养是从母亲倪氏的艺术细胞里汲取的。当年三姊妹各有特色：大姐唱歌，二姐弹琴，宋美龄作画在孩提时都是独树一帜的。后来，由于种种政治活动和交际，宋美龄终止了作画，直到52岁时才捡起来。由临摹、写生到写意，很快那种儿童时代的艺术细胞飞速扩张起来，似乎得了某种仙风道骨，传神入画。如同打麻将一样，画画对宋美龄来说是一种消遣。不久，她的那套系列山水画，在她看来还不成功时，竟被台湾"邮政总局"偷偷印上邮票发行海外。虽是扬名，可是她并不高兴。她认为那还不是她最成功的作品。

若干年后，殊不知那套邮票成了珍品。其中一张在台湾叫价竟达5万美元。这连宋美龄都感到吃惊。

说起那张邮票，极为普通。大概是借了名人光吧！那张邮票上的山水，画面是台湾秋韵。阳明山的远影几乎没有用墨。云彩，远林，近树花果，都是工笔勾绘，细腻生动，疏密有致，活灵活现。这幅台湾秋韵的原作就挂在老夫人的卧室里，她很欣赏那块圣土。自从丈夫下世后，这幅画，还有她的新作，比如南京紫金山的秋韵，也常常进入她的梦乡。今天，她又做了个梦，那不是紫金山秋韵，而是庐山秋韵。那里更有她可回忆的乐趣……直到天亮,隔窗看到黄叶纷纷从树上落下,她才进入现实——哦,这是美国之秋。她索性又挥起笔来……

当姑娘时,宋美龄就留学美国十年。这里有她两处居所。

长岛又名欢乐岛,是她住得最久最为喜欢的地方。这里风景秀丽,四季如春。她喜欢这里的梅花,像这里冬天的雪;她喜欢这里的雨,像教堂中的圣水;她喜欢这里的雷,像教堂中沉闷的钟声。这里安静、空旷、浩渺,容易使人生出遐想,引起画兴。

她的另一处居所在曼哈顿中央公园附近。这里她不常住,但有人给她看着家。如果一年分成四季,只有冬天,这个空间才属于她。在宋美龄眼里,似乎曼哈顿的冬天比长岛的柔和。

现在是秋天,老夫人仍在长岛居住,一大早便开始作她的秋色赋……望着隔窗的秋色,她在着墨运筹钩沉着那笔下的真正的秋天。触景生情。那飘落的树叶,似乎有了灵性,更使她哀叹起人生的短暂来。

门被推开了。

侍从轻手轻脚地端来西式早点。

"夫人,用餐吧。"

老夫人转过身来,望了望桌上的早点,没有答话,仍在作她的画。画来画去,美国的秋又像是庐山的秋。她不是用艺术作画,而是用她的感觉,用她的阅历。像与不像,似像非像,正如过去的历史,给人朦胧美。

老夫人用过早点,宋仲虎夫妇便来看望姑姑来了。

"姑姑,您好。"

"哦,是虎儿。"

殊不知宋仲虎,也是儿孙满堂的人了。

"怎么,没带孩子来?"

"他们都出去了。"宋仲虎之妻曹氏回答。

"姑姑,我带来一张华文报纸,是纬国昨天寄来的。"

"有什么消息?"老夫人望着仲虎。

"大陆要拍卖庐山美龄宫等。"

"哦，有此事？"

"这报纸上写得很清楚。"

"你快读读。"

"好。"宋仲虎一字一句地读了下来，老夫人听得认真，像小学生听课一样。

宋仲虎读毕，老夫人沉默良久才说：

"我昨天失眠做梦，老是庐山的景。今早作画，美国的秋，也画成庐山秋了。你说怪不怪？"

"那是主给您老托梦了。"宋仲虎嘿嘿一笑。

"我一生信主敬主，主会保佑的。"

但是主会保佑什么，宋美龄没说出来，只能留给宋仲虎夫妇品味、沉思。

宋仲虎停了停，又道：

"姑姑，这是个机会啊！姑父当年失去的，我们何不买过来？"

"买过来，我何不想啊！"宋美龄躺在安乐椅上闭眼，沉吟良久，又道："买过来就是我们的吗？"

是啊，买过来就是我们的吗？

屋内又是一阵沉默。

"不扯这些啦。"老夫人收起话头又问，"纬国来信没说别的？"

"他很想来这里看您，这需要下周定。说起来纬国大哥也老大不小了。如果我没记错，大概77岁了吧？"

宋美龄点点头："再大也是孩子嘛！你告诉他，让他下周来，我等他。"

"好，姑姑。"

李登辉给了他个"总统府资政"的头衔

深秋的美利坚合众国，不同于台北的是树叶没有变得深红。

宋美龄作画是极其认真的，视为生命的一部分。当她真正完成这幅"美国秋韵"时，蒋纬国先生奉命已从台北飞到了她的身边。

应该说蒋纬国是宋美龄在台湾的一条眼线。自从蒋经国下世后,李登辉堂而皇之地给了他个"总统府资政"的头衔。在封建社会称"太上皇",实际手里没有多少实权。

这些年来,纬国忙上忙下,也深感蒋家王朝日薄西山了。他不想干,李登辉又不让,只好混下去。听到老夫人的召唤时,他正躺在医院输液,哎,还不是那老毛病?血液黏度高,中风先兆。每年秋季,都敲一次警钟。圣母有话,何能不去?在他和经国之间,夫人还是对他有特殊感情的,这是人人皆知的。纬国也从来不忌讳。

纬国是今早8点下的飞机。下了班机,坐着宋仲虎的接车直驶长岛——宋美龄居所。

宋美龄刚做完祈祷,坐在安乐椅上闭目养神,蒋纬国就风尘仆仆地走进来。

"亚母,你好。"蒋纬国这样称道。蒋经国是从来不这样称谓的,也许母子的关系就这样微妙。

"纬儿,你可来了?我以为你不会来了!"宋美龄抬头就问,竟问得这般奇怪。纬国知道亚母的脾气,也随和地说道:"本来,我早就想来,你不招呼我就来。可是……"

"可是什么?"

"总统要开会,我的身体还不大好。"

"总统要开会我不管。你有什么病?"

"心脑供血不足。"

"和我一样,你们年轻人要注意保养啊!"

说到这里,蒋纬国摸摸头上的白发和宋仲虎相视一下都笑了。

这时,侍从送来了茶水,纬国呷了一口,是地道的西湖龙井,大陆货,很合口味。

"我想听听台湾方面的情况,还有些事和你商量商量。"宋美龄开门见山。

"唉——"蒋纬国叹了口气,"我找你也是为这事。现在民进党那几个刺儿头越闹越不像话了,一言难尽啊!"

"是不是闹台独的事?"

"没错。"蒋纬国理了理思绪道，"最近，他们又游行又演说，把先父在台湾各处的铜像集中起来，砸烂熔化，论斤出卖。这还不算，他们还有一条宣传，排挤他族，遣返非台湾籍老兵和其他外省民众。"

"能行得通吗？"

"当然有反对者。"

"李登辉最近有何表演？"

"他说：民之愿，我之望；民之声，我之求。"

"嘿，说得好听！"此时，宋美龄也显得无奈。"我想再过若干年，他们不把你父亲暴尸街头才怪呢！"

"照这样下去，肯定会有这一天。"蒋纬国道。

"照这样说，慈湖就可以卖门票当观赏园了。"

"我也害怕。说真的，自从先兄经国下世后，李登辉上台，我就感到日子不好过。去年台北举行双十庆典时，李口喊继承先父和先兄之志，实际已经大打折扣了。他是讲给人听的，实际做的并不是那么回事！"

"凡事预则立，不预则废。你父亲的事，你考虑没有？"

"当然考虑了，但还不成熟。"

"这西湖龙井的味道怎么样？"

"还好。"蒋纬国答道。

"和它一样，我们的根在大陆。"宋美龄又道，"你父亲在世时，反复嘱咐我们，叶落归根是他的本意，葬回大陆是他的愿望。如今我们活人不能实现其志，显得无能啊！"宋美龄眼睛潮湿起来。

"亚母，这点我懂。不是母亲的无能，而是儿子的无能！"蒋纬国说到这里也激动起来，"先父一生深谋远虑，自从他踏上台湾这个小岛起，就预料到此岛只是暂且栖身之舟。事到如今，我们不得不认真考虑此事了。不光先父，还有你，再往下说，还有我们蒋家后辈。我们都是老大不小的人了。"

话到此，除了直率，只有苍凉。

宋仲虎这时站起身要走。老夫人发话了："你也不是外人，也可发表个意见嘛！"

"我看,历史的旧账已翻过去了。还是《三国演义》中那句话说得好:天下大势,分久必合,合久必分。人何必吊死在一棵树上呢?!"

"你的话倒有意思!"纬国首先赞同。

"你那边大陆上还有一条线。那里情况怎么样?"

宋美龄问的那条线实际是指仲虎夫人的妹妹——大陆曹素荣女士。这是他们在大陆唯一的一家亲属。

宋仲虎答道:"去年,我夫人暗回大陆,由她妹妹陪同,玩得很开心,并且还到了溪口。"

"去庐山了吗?"

"去了。"

"纬儿,听说庐山别墅要拍卖,你是怎么看?"

"是啊。广告词上说:蒋介石失去的,毛泽东得到的,全都卖给你!"蒋纬国说,"我就是敢要也没这个胆!"

"你没那个胆,我可有那个胆!"宋美龄笑了。

"那共产党是看中了你的钱袋?"

"钱算什么? 说破了还不是纸。要是共产党真有雅量,让我在大陆购一处土地,海南老家也可,溪口也行,南京更好。不论大小,我要让每一位国民党将领死后有归宿,不做流浪鬼,我有这个信心!"

其实,老夫人说的全是心里话。

此时,老夫人理智异常清醒,她不仅为丈夫寻后路,叶落归根,也为蒋家、宋家的后辈,包括她和纬国。正如她自己说的,人不能叶落归根,魂也要飘回去的。外面的风景再好也不比家。那是他们离开大陆前的一幕,他们多么留恋大陆啊! 她和丈夫一起漫游雪窦山,陪他们去的还有风水先生。在风水先生的指点下,夫妇携手伫立在朝阳的山坡上,选中了一处风水宝地,前有修竹,后有山泉,准备作为未来的蒋氏墓地。人赤条条地来到世上,又赤条条地回去,还不是为了一块好地方。

蒋纬国望着亚母,似乎更明白老夫人的本意。他眼睛一亮,觉得亚母年轻起来:亚母很会保养,如今,虽是 95 岁高龄,依旧是一头乌黑的秀发,遮住了她没有皱纹的白皙的清瘦的脸庞,显得异常仁慈、端庄。纬国欲说什么,亚母忽然将深深埋在美式安乐椅上的身子动了动,说道:"真是人生如梦,转眼就是百年。当年,我和你父亲在雪窦山峰寻找墓地时,他那天可笑的形象至今还在我的眼前闪动。临走时,有一枝松枝挂住了他的衣服,他一笑道,连这里松树都喜欢我啊!那说话的神情我还能想象得出来。后来事情传出来,笑话我们五十出头就看坟墓,未必太早、太苍凉了。"

"临时救急,现掘井现挖坑不就晚了?"纬国颇有同感道,"我有一个艺术家的朋友,说来也怪,他家的墙壁上,挂满了骷髅什么的,每当他高兴了,生气了,爱了,恨了,回到家里,看看那满墙的骷髅,心立时静如秋水,往沙发上一躺,扳着手指头平静地告诉自己:又少了一天。"

"挺有意思!"老夫人眨眨眼,摇晃了一下脑袋,"超脱好啊!即便像我这样的高寿,活一辈子还不是三万多天而已。难怪我们还来不及反思,就要匆匆忙忙为死做准备。"

"人活七十古来稀。我们的日子都数得着了,您老95,仲虎71,我77,还能不能再活十年,我看都是个未知数。即便再活十年,又该如何呢?"

"纬国兄,别说这些了,说些高兴的事吧。"宋仲虎插言道。

"见了亚母,一高兴什么话都说出来了。"

"纬儿,今天是我们谈话最长的一次,我有些疲倦。我问你,什么时候返回台北?"

"如果没别的事,我顺便在这里看看病,老担心自己会得脑血栓,一夜之间身体不能动弹了,那种活比死都害怕……时间还定不下来。"

"纬儿,你怎么也有这种奇怪的想法?"

"我也有预感啊!"

"好。咱们休息吧。想病有病,不想病病无啊。"

老夫人在侍从的帮助下,上床休息去了。

蒋纬国和宋仲虎又攀谈了一会儿,也各自休息了。

这次会谈,实际上达成了某种默契。在前也有这种默契。

在宋老夫人的默许下,海外的蒋家已开始向大陆放一些试探性的气球。先是蒋经国的庶出二公子章孝慈到桂林祭扫生母章亚若的墓地,受到大陆方面的热情接待。章孝慈那篇祭母的祷文,堪称一篇精制的散文,使人听后无不落泪。后来孝慈由于激动,犯急病在北京住院,两岸红十字会携手合作,将孝慈送往台湾荣民总院治疗,大陆方面还派员前往探视,同胞之情可圈可点。1994 年,大陆还拍下了《蒋经国和章亚若》电视连续剧。但孝慈被送到台北,已成植物人了。

后是蒋经国的大儿媳徐乃锦女士,通过秘密渠道回大陆观光,主要是安排蒋家子孙回浙江奉化祭扫蒋介石生母王太夫人陵墓之事,更重要的任务,乃是探询蒋氏父子的灵柩迁葬故里之事。

再是蒋纬国回台北后,接到大陆亲属曹素荣、李劲祥"计利应计天下利,求名当求万世名"的亲笔信,欣然命笔,写下了"和平统一,振兴中华"八个大字,赠给其亲属。他一再向其亲属透风:"只要有机会,我一定回大陆。"直到 1995 年元旦,江泽民总书记又提出了台湾问题的"八项主张",人称"江八条",给海峡两岸的和平统一带来了光明。

宋老夫人密切关注着这种局势。作为大政治家,她要拥有一生的辉煌,更感到时间的紧迫。不久,孔二小姐不幸早逝,作为"养母",白发人哭黑发人,又一次使她陷入痛境。从台北奔丧后,她隐隐约约地感到上帝留给自己的时间不多了。可她要驾驭形势也难啊!

老夫人正在着急期间,又有一个人从台北心急火燎地飞到了美国。

此人叫郝柏村,是国民党非主流派领袖人物。

郝柏村也是日子不好过,特来美国找夫人诉苦的。

说来也窝火。这些年,郝柏村在台湾权力屠宰场上连连挨宰,先是军职被革,继而"行政院长"一职又被李登辉巧妙地弄掉,现在的处境,还不如蒋纬国。

为打赢这场最后的"圣战",郝柏村左思右想,决定飞往美国,向蒋家树上最后一枝老干宋美龄求救,希望这位精神领袖发出行动与精神结合的最后召唤,给予援助。

宋美龄听了后,摇摇头说:"韩非子有这样的话:上古竞于道德,中世逐于智谋,当今争于气力。他讲的这个气力,就是我们今天所说的权力。不在其位,难谋其政啊!然而,你我现在所没有的,恰恰是权力!懂吗?"

郝柏村恍然大悟，叹道："现在李登辉正在权力的顶峰上，我们看来是鸡蛋碰石头，必败无疑了。"

"只能如此。"宋美龄忽然仰起脸，直视着郝柏村，"你就准备这样，退却?"

"退却，我倒不甘心!"郝柏村在松软的苏绣地毯上踱了几步，老太太低沉而执著的声音，虽带有未卜先知的意味，却也在鞭打着他坐以待毙的无援情绪。是啊，自蒋公去世之后，老太太既不为政治而活，也不为信仰而活，似乎她活下去的唯一目的，就是为了求证：一个越来越老的老太太，仍具有作为一个人而不是一个偶像的价值。

郝柏村也是聪明之人，经过一番思索，他的心似乎与老夫人的心获得了某种默契，很有信心地说道："夫人放心，我不会等待，也不会退却。我会按照自己的意愿去做，不成功便成仁!"

人毕竟老了。宋美龄疲倦地做了个表示同意的手势，那种似乎过时的优雅，使"中华民国"的前行政院长有些伤感。他向老夫人行了个生硬得几乎疏远的军礼，便急忙告辞了。他一边往外走一边后悔，老太太并非人们精神层次上的最后神祇，她仍然是她自己。

郝柏村回到台北之后，亲自披挂上阵，大有日本武士道精神，把国民党十四届全会作为最后的生存保卫战，一反老辈非主流派采用的宫廷阴柔权术，深入校园，走访侨界，以唤起特定族群的危机感、使命感，做最后的拼搏。可是终以势单力薄、实力不足而失败。宋美龄听到这个消息，连连叹息不止。

| 面对美国国会的邀请函，作为当年反法西斯战争的见证人，老夫人着实一阵激动

花开花落，1995 年春季的一天。

宋美龄收到了大陆亲属曹素荣打来的长途电话：大陆中华民族影视中心要拍摄老夫人的 20 集电视连续剧《美龄春秋》（编剧为本书作者），外孙女李坚小姐要饰演夫人形象。问夫人有何见解? 宋美龄忙说："感谢，

容我考虑考虑。"大陆要拍她的电视剧,说明大陆人民还没有忘记她。这是她感谢的理由之一。另外,她又担心大陆能公正地评价她吗?于是变成了容我考虑考虑的口气。

宋仲虎懂得姑妈的心理,等老夫人放下电话后,便走上前去,直言快语地说道:"人家拍你的片子是抬举你。你担心不公正,人家还没拍,你咋知道不公正?再说不公正外孙女能出演吗?我看真正不公正的还是台湾方面。"

"外孙女李坚要饰演我,你认识她吗?"

"她在美国攻读医学博士,前天还到家里来,长得很俊,很像你的样子。"

"再来,一定要引我见见这个外孙女。"宋美龄动心了。

不久,老夫人又接到美国国会邀请函,在纪念世界反法西斯战争胜利50周年之际,特邀她到国会演讲。

面对这封邀请函,作为当年反法西斯战争的见证人,老夫人着实一阵激动。

历史没有忘记她。

人民没有忘记她。

这是一种荣耀,她欣然接受了邀请。

1995年7月26日,那是个阳光灿烂的日子。

国会山庄以它特有的豪华,迎接了她。

多尔参议员,西蒙参议员,还有上百名记者,早早地汇到了这里,聆听历史的回声。他们一个个西装革履,风度翩翩。

宋美龄,这位当年反法西斯的英雄,经过刻意一番打扮,风度翩翩,倒像五十多岁的样子。她身穿黑色旗袍,勾画着她匀称丰腴的体型和线条美;一条肉色的丝筒袜,体现着她的肤色美;脚下的一双精制的美式黑色放着亮色的高跟鞋,又显出她的贵夫人的优雅;一头黑色的波浪卷发,衬托着她那清瘦白皙的脸庞;尤其她那黑色缀着宝石的大披肩,给人以风度的点缀。有谁相信,她竟是位近百岁的老人呢?

上午9点,宋美龄在其侍从和宋家亲属的陪同下来到国会山庄。当她一出现在大厅门前的时候,似乎提醒人们一个历史时刻到来了。肩扛手提摄影器材的记者们蜂拥上去,争相拍摄。

宋美龄目扫一周,挥挥手,甩下侍从的搀扶,自己一人走向主席台的座位。

也许是高兴,她脚步轻盈。随着人们一阵掌声,她记起当年她也是这样走向国会演讲坛的。

宋美龄来到自己的座位,在掌声中再次向众议员挥挥手,做了一个抛吻的动作,然后落座。

她把黑色的缀着宝石的披肩,从肩上取下来,顺手折叠了一下,移动一个位置,盖在自己双腿膝盖处。这一切动作完后,她面对观众微笑,风姿绰约,不减当年。

掌声中,人们再次对这位历史老人的到来表示由衷的敬意。

当年,在这里,她通过自己的精彩演讲,赢得了国会的支持;今天,她又在这里,再叙昨天的友谊。

主持人开场白过后,宋美龄开始她的演讲了……她没有站起来,而是坐着,人们充分理解她。此时会场还有几个百岁老人呢?

她用流利的英文演讲。

她的演讲,不像当年战火中带有激情,倒像一位仁慈的老太太在讲述一个久远的故事。

她的演讲,精彩动人,像一篇优美流畅的散文。

多尔参议员,西蒙参议员,女士们,先生们:

首先,我感到幸福的是,你们还记得我这位来自你们战时盟国的一位中国老朋友。

1943年2月18日,应美国国会邀请,我曾在美国参众两院发表演讲。那时我说过,我在儿童时代便来到美国,在这里读完大学,度过了我的青年时代,所以我把美国当做第二故乡。今天再来到这里感到非常高兴。(掌声)

让我们来共同回顾从1937年到1945年的岁月。1937年7月7

日,日本发动了对中国的全面侵略战争。在日本侵略的头四年半的时间里,中国是在没有外援的情况下独自抗战的。直到日本军队在1941年12月7日偷袭珍珠港之后,美国第七十七届国会才向日本宣战,从此中美两国才结为同盟国。由于我们两国的共同努力,为在1945年赢得第二次世界大战的最后胜利奠定了坚固的基础。(掌声)

今天,在我们共同纪念第二次世界大战胜利五十周年的伟大历史时刻,我不能不回忆那次战争的悲剧以及那充满血与泪的年代;同时,我也没有忘记中美两国人民并肩战斗所表现出来的英勇气概。我愿借此机会,衷心感谢美国人民对中国在精神和物质上的支持。(掌声)

最后,让我祝愿各位健康、快乐和幸福!

上帝保佑你们!

宋美龄的演讲足足持续了十分钟,这对一位97岁高龄的老人是多么不易啊!十分钟的演讲,有三次被掌声打断。最长的掌声达三分钟之久。

当来自大陆的亲属——李坚小姐,把鲜花献给姥姥时,她再次拥抱了李坚小姐。

"听说,你要出演我的形象,谢谢你。"

李坚小姐也为姥姥的认同而高兴:"姥姥,我要让你美的形象永留人间。"

"好,宋家的姑娘有志气。"

……

历史不会忘记。

请记住,1995年7月26日,这是迟暮岁月中的宋美龄最为快乐的日子!历史与辉煌同存。百岁美龄尾章1997年3月20日,宋美龄,一位世纪老人迎来了她的百岁华诞。

弹指一挥间,岁月白了头。百年光阴在宇宙间犹如白驹过隙,但对于人生来讲,她有几多感怀,几多彻悟,几多欣喜……

历史注定这个20世纪的初期不平常。

地处中国近代产业繁荣中心的上海港,忽然热闹起来。港口挂着星条旗的美国远洋邮轮不甘寂寞地拉响沉闷的汽笛,似在催促远行者踏上旅途。

汽笛再次拉响,它以激荡的长啸宣告一段历史的艰难启程。邮轮迎着霞光,乘风破浪,很快驶入公海区。10 岁的宋美龄和姐姐宋庆龄倚窗而坐,望着远逝的故土,心有依依之情。

她们清楚父辈的希冀——远涉重洋,接受西方文明教育,以图拯救衰落的中国。

宋美龄在美国一待就是十年,按她的话讲:"除了我的脸蛋属于东方,其他的都西方化了。"

后来历史出现了戏剧性的变化和嘲弄,她做了国民党右翼势力代表蒋介石的夫人,而二姐宋庆龄成了孙中山的夫人、共产党毛泽东的追随者。于是,中国现代史变成了两位世纪强人的争斗史。政治把她们姊妹分开,政治又永远割不断这种亲情。苦恼和煎熬相伴了她的一生。

宋美龄自 1970 年以看病为名客居美国后,这中间她曾遭受到一次次丧亲的打击:

——1971 年 4 月,大哥宋子文在一次友人宴会上一块鱼骨梗喉,突然晕倒,命归黄泉。

——1972 年 7 月,大姐宋霭龄又闭上了双眼。

——1981 年 5 月,当二姐宋庆龄逝世的唁电,越过大洋,发往宋美龄寓所时,84 岁高龄的宋美龄已痛不欲生——政治是无情的,但作为一个人孰能无情?

遗憾的是,6 月 1 日,台北电报局对北京长途电信局发来的"加急业务公电",表示"拒绝接受"。

更令宋美龄不可置信的是,步入九旬高寿之后的她,不得不面对着对于一个老人来说最为残忍的"白发人送黑发人"的噩梦。

——1988 年 1 月,继长子蒋经国逝世,终年 79 岁。接到噩耗,宋美龄悲痛得说不出话来,立刻驱车前往官邸探视,此后四天不思饮食。举行追悼仪式时,她坐着轮椅从侧门进入灵堂,哀戚满面。母亲送儿子,怎能不令人心碎!

祸不单行。蒋经国逝世后仅一年,1989 年 4 月,长孙蒋孝文病殁于台北,终年 55 岁。对于刚经历丧子之痛的宋美龄无异是雪上加霜。

接着,次孙蒋孝武于 1991 年 7 月因急性心脏衰竭而英年早逝,年仅46 岁。

——1996 年 2 月,多年未能认祖归宗的蒋经国之子章孝慈中风卧床。一年后因肺部感染逝于台北"荣总"医院,终年 55 岁。

——1992 年夏,宋美龄的外甥孔令侃亦辞世。

——1996 年底,蒋经国最后一个儿子蒋孝勇病故于台北。白发人送黑发人,宋美龄的悲痛更是无以复加了。

这一切,为独居美国的宋美龄的晚年笼罩了一层层阴影,也罩上了一层层惆怅。

百岁华诞前,蒋、宋、孔氏家族的儿孙们,还有当年宋美龄精心培育的"遗族学校"的子弟们,借祝寿团圆之机,同夫人商议,一定要好好庆贺庆贺,办得体面、热闹。

谈到祝寿规模时,宋仲虎道:"人生难得百岁。要搞,就要热闹点,亲朋政要齐聚纽约,我算了算,少说也有千人。"

宋美龄说:"搞祝寿我不反对,规模不能太大,太大了,你们吃不消,我更吃不消了。台湾那方面就不要多请了。规模控制在 60 人左右为好。"

"按老夫人的意见办,只要夫人满意,我们也一百个满意。"宋仲虎立时改了口。

殊不知,老夫人控制规模还有另一层意思,1997 年香港回归中国,1999 年澳门也要回归中国,台湾问题不能不使她心烦。作为台湾国民党第三代领导人的李登辉也靠不住。

晚年的宋美龄,她把自己的一切交给主了。平时除了读报、看电视外,空闲的时间多半选择自己爱好的书籍阅读,她主要喜欢历史、传记之类的作品。此外,多半是练习书法和绘画。一切顺从自然。1985 年,《海外侨报》载文报道她在美生活时称,据宋美龄的一位"随从秘书"说,宋"生活有规律,饮食和睡眠以及运动都适当节制,但因患乳腺癌,两乳皆已实施切除术"。她经常阅读、写字,且勤于画画,身体很好。

除了身边的十余个侍从人员和护士,宋美龄在长岛的寓所显得宁静。访客除了偶尔一来的台湾客人,主要是宋美龄旧时的美国友人,经常相处的是她在威斯理安女子学院的同学艾玛·米尔丝女士,她是宋的常客,经常陪老同学聊天,回忆旧时的学校生活以疏解老友的寂寥。每年,最热闹的时候就是她的生日。这一天,生活在全美各地的国民党军队遗族子女都赶到长岛,每次祝寿起码要折腾两三个小时。人老了爱热闹,宋美龄总是让他们尽情欢乐,尽兴而归。这对于没生过孩子的宋美龄来说是一种莫大的安慰。

亲属中经常来看她的是外甥孔令俊、孔令杰和居于旧金山的蒋孝章一家,有几个曾孙辈有时也偶尔和她住在一起。此外,蒋纬国也曾若干次代表蒋经国捎信问安。

以九旬高龄寄寓他乡,浓郁的乡思乡愁之情更是宋美龄难以抑制的。因此,她对于台岛局势甚为关心,除时常以电话形式与岛内保持联系外,每有台湾访客赴美,她必请求接见,既求了解岛内状况,也为消减乡愁。

一向深居简出的宋美龄,99岁大寿后,还欣然接受了纽约大都会艺术馆的邀请,出席从台湾送来的450件中华文物珍宝的预展仪式。当宋美龄由护理人员搀扶着出现在大都会艺术馆大厅时,聚集在那里的记者和人群发出了快乐的惊呼声。老夫人虽然行动已不太灵便,但精神依然饱满,全然不失往日的风采。她兴致盎然地参观了从台湾运来的参展文物,有时还从轮椅中站起来,走近些看。

周围聚集了很多记者和人群,但都十分礼貌地给她让路。宋美龄的神态自若。大都会艺术馆馆长菲力普·蒙特贝罗邀请她共进午餐,她也愉悦地接受了。蒙特贝罗对宋美龄99岁高龄所表现出来的风度惊叹不已,说:"她是个贵夫人,一个镇定自若、宁静祥和的人。"

3月20日,宋美龄在期待和祈祷中终于在纽约长岛寓所中迎来了她的百岁华诞。

早在半个月前,侍从们已把周围的环境打扫得干干净净;宋美龄的新作诗画已悬挂在迎客厅;岛内花园,修饰一新,常青树已被花工修剪;高高的喷泉流光溢彩,迎春花争奇斗艳;和平鸽在草坪上安然起落;听鹏亭百鸟朝凤……步履不便的宋美龄老人,在侍从的护理下,坐着轮椅,到外指点一遍,直到她满意为止。

百岁大寿,一切都是按照老人的"控制规模,不搞声张,外松内紧"的原则进行的。为了不影响老人的休息,仪式放在上午9~10点两个小时内结束。

3月20日,这一天一大早,老人在侍从护理下早早起了床。她破例穿戴一新。一身着装,均为黑色,包括她那戴有披巾的旗袍裙。虽说百岁,还是贵夫人打扮,使人感到庄重、高贵、威严。

做祈祷是宋美龄老人一生的习惯,说来是从父亲宋查理那里继承下来的。宋查理作为西方基督教东方传人、中国民族工业创始人、中国民主革命先驱、孙中山的财政部长,把自己的一切也传给了自己的子女,包括他的处世和人生哲学。

宋美龄带着她的仆人祈祷着,这在仆人眼中已司空见惯。

世纪的风霜无法掩盖她的美丽;岁月的沧桑无法消去她的辉煌和神秘。

9点钟,各路来宾陆续而至。站在门口迎宾的小姐一个个彬彬有礼。被收下礼物的客人一个个登堂入室,向老夫人祝寿贺喜。此时的宋美龄,先是坐在轮椅上一个个地握手,表示长辈对后辈的关怀;等客人来多了,来不及握手,老人随时打一个飞吻,报一个微笑,表示心领神会。在客人眼中,老人乌发依旧明亮,丝毫不乱地梳向脑后,盘成东方女性特有的发髻;她的面庞清秀白皙,在柳眉朱唇的衬托中,俏鼻高耸,流露出贵夫人的高雅和慈祥。特别是面对来客中的小客人,更透出她这位隔辈人的爱怜。与他们合影,分给他们糖块或小礼物。于是蒋、宋、孔氏家族的36位曾孙们,便反客为主,成了这场祝寿仪式中的主角。

宋美龄热爱孩子,孩子敬爱奶奶。让欢乐留给孩子,让希望留给未来。宋美龄高兴了,高兴中的宋美龄还与孩子一起唱起了歌。

镁光灯在闪烁,客厅热闹非凡。直到厨师们跑来,向夫人汇报饭菜已备齐妥,在孩子们簇拥下,宋美龄才进了家宴厅。

家宴以中国风味为主,也有少量西餐。在喜庆的气氛中,客人们依次入座。

"大家安静,请老夫人讲话。"主持寿宴的宋仲虎道。

全场静了下来,宋美龄举起酒杯道:"我没啥可讲的,薄酒一杯,千言尽在酒中,望亲人吃好喝好,心宽体胖。"

老太太的讲话把家宴推向了高潮。频频的碰杯声、祝寿声、欢笑声交织在一起。这一天——1997年3月20日,作为宋氏王朝的代言人的宋美龄,度过了她的百岁寿诞。

尾章　跨越三个世纪的传奇人生

公元 2003 年 10 月 23 日。

美国东部时间的深夜。

这天傍晚时,天下了一场蒙蒙细雨;当夜幕拉下的时候,天穹格外的高,星星格外的亮。人们在地面一颗一颗地数着星星,冥冥夜空,曾给人多少神秘和遐想;蓦然间,一颗流星从天王星座间滑落,拖出一条长长的发光的红尾巴,在天穹中划了个美丽的弧形休止符,消失在远远的天边。恰在这时分,宋美龄——这位被中、美两国人民公认的著名女士,在纽约长岛家中,在睡眠中的深夜,静静地无痛苦感地停止了呼吸,享年 106 岁,终于走完了她叱咤风云、跨越三个世纪的传奇人生路和人生美丽。

翌日,宋美龄的追思大会在她生前选择的豪华的费尔大教堂中举行。豪华的教堂进行了一番新的布置。宋美龄的遗体停放在万花丛中。被整容的红红面颊,风采依旧。在众基督教徒的赞美诗的朗诵中,在人们的声声祈祷中,她的灵魂升天化夷,还有她那遗体,全都交给她一生信仰的"基督主"。

宋美龄走了,走得悄悄,生怕打扰她周围的人。

宋美龄走了,走得匆匆,连自己的后事都没有时间交代一下。

一周前,宋美龄还在她的案前挥毫作画,那是一幅丹青牡丹画,栩栩如生。她画的不是红牡丹,倒是一幅白牡丹,白得纯真,白得透亮,白得质感,白得可爱。知情人士曾说,蒋夫人宋美龄从不画白牡丹的,可是她在临终时的人生丹青交卷却是幅地地道道的白色牡丹,这也许是天意的安排,或是她对人生的所悟。

有人回忆说,蒋夫人在作白牡丹画时,娘家侄宋仲虎(三弟宋子安的儿子），带着当年遗族学校的三个子弟给老人家问安时，她说身体很好，没有什么不适。宋仲虎问她有什么事没有？有没有要交代的？也许老人还沉浸于她的爱画中，答非所问地说，人生万事皆为空，画画是我的第一要务。这画我要送一位远方的朋友，你看好不好？仲虎说，姑姑的画像姑姑的人一样，天下第一美。

听了晚辈人的夸奖，宋美龄笑了，仲虎和他的三个朋友也都笑了。

姑姑留给宋仲虎的最后一面是她在作画——一幅白得质感的白牡丹。

宋美龄"大限"的前一天晚上，保健医生还问她今天吃得太少了，是不是哪里不舒服？她却说还好还好。医生劝她早点休息。谁知这一躺下，竟成了她人生的终点。

宋美龄驾鹤西去了，一生不甘寂寞的人终于寂寞了。

宋美龄驾鹤西去了，一生不甘人后的人终于人后了。

她的灵魂升入了天堂，她的传奇人生留在了人间。

附录　本书征引参考书目、资料

乔纳森·芬比著:《蒋介石传》,中国青年出版社 2011 年 1 月版。

杨耀建著:《宋氏姊妹在重庆》,中国文联出版公司 1986 年 12 月版。

埃米莉·哈恩著:《宋氏家族》,新华出版社 1985 年 9 月版。

哄鸣著:《蒋家王朝》,香港中原出版社 1986 年版。

寇维勇、詹长皓、蔡涛萍编著:《宋美龄传》,系台湾风云书系 18。

斯特林·西格留夫著:《宋家王朝》,澳门星光书店 1985 年版。

陈启文著:《宋美龄》,中国文联出版公司 1988 年 7 月版。

蒋经国著:《我的父亲》,(台湾)正中书局 1976 年 3 月版。

台湾蒋总统集编辑委员会编辑:《蒋总统集》,(台湾)国防研究部 1961 年 8 月版。

日本产经新闻古屋奎二编著:《蒋总统秘录》,(台湾)中央日报社 1977 年 8 月版。

《中国国民党历次代表大会及中央全会资料》,光明日报出版社 1985 年 10 月版。

宋平著:《蒋介石生平》,吉林人民出版社 1987 年 8 月版。

江南著:《蒋经国传》,中国友谊出版公司 1984 年 11 月版。

唐人著:《金陵春梦》,北京出版社 1983 年 4 月版。

《宋庆龄选集》,人民出版社 1966 年版。

姜念东等编著:《伪满洲国史》,吉林人民出版社 1980 年 10 月版。

《毛泽东传》

[英]菲力普·肖特　著

定价：49.00 元

　　迄今为止西方最新、最具深度的一部毛泽东全传。本书不仅向读者介绍了一位伟大舵手光辉、平易近人的一面，同时也展示了 20 世纪动荡中国的全景。

《蒋介石传》

[英] 乔纳森·芬比　著

定价：45.00 元

　　本书是近 30 年以来第一部完整的英文版的蒋介石传记。作者运用其广泛搜集的来自中国两岸三地、美国、英国、澳大利亚、法国等地的档案资料和最新研究成果，许多细节以前从未披露。权威、真实、客观。

《陈其美》

贾鸿彬　著

定价：39.00 元

　　他是孙中山的左右手，是袁世凯的死对头，是蒋介石的引路人，辛亥革命时期的风云人物。这本书，写热血飞扬的革命，写生死缠绵的爱情，情节曲折，引人入胜，展示了一代仁人志士的青春、理想、信仰、奉献和奋斗。

《抗日第一枪：马占山和江桥抗战》

张港　著

定价：48.00 元

　　江桥抗战是九一八事变后中国军队有组织、有领导抗击日本帝国主义侵略的第一枪，也是世界反法西斯战争的第一枪。本书以马占山为人物主线，全景式地展示了江桥抗战的历史。

《冰心全传》

陈恕 著

定价:45.00元

本书作者陈恕是冰心的女婿。作者以大量鲜为人知的资料和珍贵照片全面反映了冰心的一生和冰心生活的时代。

《东北教父》

贾鸿彬 著

定价:33.00元

张景惠是个扛豆腐盘子走街串巷的小贩,最后却扛起了上将肩章,当上了伪满洲国总理,一当就是十年,把对手一一整掉,成为"不倒翁"。战场、情场、官场,看似路路皆通,最终却难逃死于战犯管理所的命运。

《天津教父》

贾鸿彬 著

定价:31.00元

这是一部描写黑道人物袁文会曲折命运的小说。津门恶霸袁文会的奋斗和毁灭:穷小子暗恋大小姐,引发了一段生死情缘;黑社会尔虞我诈、弱肉强食,上演了一幕幕惊心动魄的故事;汉奸恶霸认贼作父,难逃正义的审判。

《上海教父》

贾鸿彬 著

定价:38.00元

杜月笙,上海滩一个响当当的名字。"找杜先生去"成为上海滩一个时期解决问题的"终南捷径":法国人要给他面子,日本人要看他脸色,政界要拉拢他,商界要仰仗他。本书揭示了"上海大亨"是怎样炼成的。